2024
米国経済白書

大統領経済諮問委員会

米国経済白書 2024

萩原伸次郎監修・『米国経済白書』翻訳研究会

翻訳者
- 萩原 伸次郎 （総論、大統領経済報告、第1、2、6章）
- 大橋 陽 （第4、5、7章、付録A）
- 下斗米 秀之 （第3章）

総論 ■ 萩原 伸次郎
うれしい予測外れ、2023年堅調となった米国経済
功を奏したのか、バイデン-ハリス政権の経済政策

2024年大統領経済諮問委員会年次報告

詳細目次
図・表・Box 一覧表

大統領経済報告 1

1 完全雇用の便益 15

完全雇用とは何か、そして、なぜそれが重要なのか？／完全雇用の便益についての証拠／完全雇用に到達させ維持する／結論

2 昨年の回顧と将来の見通し 47

昨年の回顧——継続する回復／2023年の金融市場／将来の展望

3 人口、高齢化、そして経済 91

21世紀における出生率の低下／死亡率——21世紀における不均等な進展／高齢化と経済

4 手頃な住宅の供給を増やす──経済的考察力と連邦政策の解決 117

規模とトレンド／住宅供給不足の原因／住宅供給不足／連邦政策の役割／結 論

5 国際貿易と国際投資フロー 140

貿易と外国投資の長期的トレンド／米国はグローバルな FDI の流れを導く／グローバルな統合が労働者、消費者、コミュニティにもたらすコストと利益／グローバルな統合の課題を解きほぐす／結論

6 クリーン・エネルギー転換への加速化 169

構造的変化の経済学／構造的変化とクリーン・エネルギーへの転換／公共セクターの役割／結論

7 人工知能を理解するための経済学的枠組み 195

「知的」オートメーションに向けて／テクノロジーの最前線から現実へ／AIのための制度を用意する／結論と未解決の問題

参考文献　231
付録 A　大統領経済諮問委員会活動報告　265

表紙写真提供：下斗米 秀之

総論

うれしい予測外れ、2023年堅調となった米国経済
功を奏したのか、バイデン―ハリス政権の経済政策

萩原 伸次郎（はぎわら しんじろう）
横浜国立大学名誉教授

はじめに

　今年の大統領経済報告は、2024年3月21日に公表されるという遅いものとなった。いうまでもなく、これは、バイデン大統領による一般教書演説が、異例の3月7日に行われたことによる。いつもだと、1月の後半に一般教書演説は行われ、2月初めに大統領の予算教書が発表され、2月14日のバレンタインデイの頃には、大統領経済報告は公表されたものだ。しかし、今年は、11月に大統領選があり、再選を期すバイデン大統領の支持率が、対立候補、共和党のドナルド・トランプに対して後れをとっていた。3月5日は、スーパー・チューズデイ、対立候補のドナルド・トランプが、共和党の大統領候補として確実になるだろうから、それを見越して、バイデン大統領は、一般教書演説をあえて、その二日後の7日に設定したとみて間違いはないだろう。

　バイデン大統領によるこの演説をCNNテレビは、「熱のこもった極めて政治的な演説」と伝えた。彼は、演説中、トランプという名は出さなかったものの、「前大統領」という言葉を13回も使い、トランプ前政権の批判を展開した。イスラエルによるガザへの軍事攻撃が多数のパレスナ人の命を奪う中、バイデン大統領は、「即時の人道的停戦」には一言も触れず、演説中、民主党進歩派議員が議場で即時停戦要求のプラカードを掲げて、抗議する一幕もあった。

　バイデン大統領は、この演説の中で、富裕層・大企業優遇の政治から中間所得層重視の政治への転換を訴え、「この国を築いたのはウォール街ではなく、労働者階級であり、労働者階級を築いてきたのは労働組合だ」と主張した、しかし、イスラエルへの軍事支援をめぐる民主党内の左派と右派との分裂は、11月の大統領選を控えて、政権奪還を目論む、ドナルド・トランプ前大統領へ有利に働き、民主党幹部のイライラを募らせたことは事実だ。最終的に、民主党は、再選に意欲満々だった、バイデン大統領を撤退に追い込み、カマラ・ハリス副大統領を11月の大統領選の正式候補者として8月の全国大会で選出した。

　外交政策上、民主党左派からの批判にさらされ、一向に支持率の上がらなかったバイデン大統領だったが、経済政策に関して、中間層重視の路線は、就任以来一貫しているといえるだろう。3月7日の大統領一般教書演説に続き、3月11日、予算教書が発表された。これは、大統領による三大教書（一般教書、予算教書、経済報告）の1つであり、大統領が、毎年、議会に提出する翌会計年度の連邦政府予算に関する要望書のことだ。米国の会計年度は、日本と違い、2025会計年度は、もう2024年10月に始まり、2025年9月で終了する。今年の予算教書の歳出総額は、前年度比4.7%増の7兆2,660億ドル、大企業・富裕層への増税で、今後10年で財政赤字を3兆ドル削減、低・中所得層支援の施策を追求するという。

総論

うれしい予測外れ、2023年堅調となった米国経済

バイデン大統領は、3月11日、ニューハンプシャー州で演説、「公平な税制こそ、医療、教育、国防など、米国を偉大にすることへの投資策だ」と強調、トランプ前大統領が社会保障やメディケア（高齢者向け公的医療保険）などの削減に言及していることを批判した。

予算教書は、15%の最低法人税率を21%に引き上げ、資産1億㌦を超える富裕層を対象に、新たに25%の最低所得税率を設けるという。社員に100万㌦以上の報酬を支払う企業には、所得控除を認めないという施策も示し、富裕層から税をとろうというものだ。一方、低・中所得層には、今後10年間で7,650億㌦の減税を実施するという。高騰する住宅費への支援、保育料の引き下げ、大学の教育コストの軽減に向け、120億㌦を盛り込むという。労働者向けには、12週間の有給休暇の保障、労働者の保護機関を強化するなど、また、製薬会社との交渉によって処方薬の価格引き下げを目指すという。

国防費は、ロシアの侵略を受けるウクライナへの支援やパレスチナ自治区のガザ攻撃を行うイスラエルへの軍事支援として、23年度実績比で4.3%増となる8,952億㌦を要求するとし、さらに、中国に対抗するため、インド太平洋地域での同盟国との統合抑止力を強化する重要性を強調した。これなどは、日本の岸田政権による大軍拡を積極的に評価する、バイデン政権の対日政策とも軌を一にしているといえそうだ。もちろん、米国における連邦予算の決定権は、議会が握っているから、これらがすんなり連邦政府の予算として通過するものではない。予算に関して強い権限を有する下院は、現在野党共和党が多数を占めているから、中間層重視のバイデン政権の財政政策は、このままでは、難航を極めることになるだろう。

2024年『大統領経済報告』の概要

さて、今年の大統領経済報告は、既述のように、2024年3月21日に公表されたが、その中心部分を占める、大統領経済諮問委員会年次報告の概要はどうなのか？

今年で3回目になるバイデン―ハリス政権の経済諮問委員会年次報告は、委員長ジャレッド・バーンスタイン、委員としてヘザー・ブーシェイ、C・キラボー・ジャクソンの三人によって作成された。一昨年と昨年の2回にわたって委員長を務めた、セシリア・エレナ・ラウズは、退任し、昨年まで委員だった、ジャレッド・バーンスタインが委員長に昇格、ヘザー・ブーシェイは、委員として留任、新たな委員として、C・キラボー・ジャクソンが任についた。

2024年3月21日の提出書とともに、大統領に提出された、この年次報告は、7章構成になっている。以下その章別編成を示せば次の通りだ。

第1章　完全雇用の便益
第2章　昨年の回顧と将来の見通し
第3章　人口、高齢化及び経済
第4章　手頃な住宅の供給を増やす―経済的考察力と連邦政策の解決
第5章　国際貿易と投資のフロー
第6章　クリーン・エネルギー転換への加速化
第7章　人工知能を理解するための経済的枠組み

今年で3回目になるバイデン―ハリス政権による大統領経済報告は、第1回の最初から新自由主義経済政策からの脱却を目指し、一貫して公共セクターの経済政策上の役割を強調してきたが、今回もその精神は貫かれている。私は、『米国経済白書2022』の総論のタイトルを「トランプ政権とは真逆のバイデン―ハリス政権の経済政策」とし、副題として「公的セクターの復権は、米国経済に実現可能か？」とした。事実、その『米国経済白書2022』の第1章は、「経済成長における公的セクターの役割」であり、その結論で、ラウズ委員長は次のようにいう。「エコノミストは、経済における政府行動は、民間セクターのパートナーとして公的セクターの役割を満たし、無数の方法を通じて成長と福利を促進することができると、長らく理解してきた。マクロ経済的安定を確実にし、公共財への投資、市場の失敗への対処、

そして、不平等を削減することは、市場が一人ではできないかなりの機能であり、政府なしではほぼ何もできないであろう。政府がこれらの役割を実現するとき、その役割は市場を締め出すことでもない。それらは、市場と包括的かつ繁栄する社会を作り出す潜在力を創出し、保護し、拡大するものである」（『白書2022』33～34ページ）。こうした政府の機能を積極的に評価する経済政策は、明白に市場機能万能主義の新自由主義ではない。バイデン―ハリス政権の経済政策担当者は、米国のシンクタンク、経済政策研究所（Economic Policy Institute）に関わるエコノミストたちから成立している。この研究所は、1986年に創立されたが、それは、当時レーガノミクスとして、米国を席巻していた新自由主義的経済政策に明確に対抗して設立されたリベラルな経済学者たちによるものだ。クリントン政権で労働長官を務めたロバート・ライシュなどがそうだが、ジョセフ・スティグリッツやポール・クルーグマンなど米国の著名な経済学者もこの経済政策研究所の立場を支持していることは、注目に値しよう。

バイデン―ハリス政権の公共セクター重視の路線

　さて、こうした公共政策の役割を積極的に評価するバイデン―ハリス政権の立場は、昨年の『米国経済白書2023』においても明確に引き継がれた。それは、第1章「今日の変化する世界において、成長促進の諸政策を追求する」に明確に表れている。この章は、米国における長い年月をかけた経済成長を歴史的に論じ、現在の米国における経済キャパシティーの拡大に関して3つ重要な課題を提起した。第一は、女性が教育達成度において男性を凌ぎ、1990年代末には、記録的な数で労働力に参加したのだが、近年その労働参加率が落ちてきていることだ。この女性の貢献は、20世紀後半の経済成長の促進に大いに役立ったのだが、ケアへの公共投資の欠落がケア提供の義務を負った女性の労働参加率を下落させているのだ。第二に、20世紀後半のうなぎのぼりの二酸化炭素の排出は、地球温暖化を促進し、その結果としての気候変動は、効果的な対応がない中で、急速に経済成長への障害となるということであり、第三に、コンピュータが以前とは比較にならないほど発展し、これらの変化は、成長を引き起こし、かなりの産業において COVID-19 パンデミックのような経済ショックを乗り切ることに役立ったが、新たなデジタル社会に対応する重要な諸課題が出現しているというのだ。そして、それらを解決するうえで、公共セクターの役割は、欠かすことのできないものであり、ラウズ委員長は、次のようにいう。「民間セクターとは異なり、公共セクターは、全体的状況の明白な考慮をもって経済に投資することが企図されるのである。これは、理想的に行われるべき投資のタイプに反映されるのであって、それらの多くは、市場全体の効率的機能を目指して行われるのである。公共セクターは、基礎的機関を運営し、法と財産権の規則を施行し、家計と企業が複雑な市場システムにかかわることを可能とするのである。それはまた競争を促進し、社会的に破壊的な利潤追求行動を阻止する任務があり、経済を円滑に進める金融インフラの安定性を追求し、その他世界との取引を行う諸条件の交渉において、米国経済の諸利益を代表するのである。

　加えて民間セクターが過少投資のとき公共セクターが人的かつ物的資本への投資に踏み込むことができるのである。民間過少投資は、さまざまな原因から引き起こされるが、しばしば、連携破綻、外部性、そして信用抑制など、かなりの組合せに帰結する。たとえば、明白にすべての企業は直接間接に米国中を走る便利な道路を持つことから利益を得ているが、彼らがそれらを建設する行動プランを調整することはほぼ不可能である。社会にとって最高のものになるであろうことと比較すると、企業は、クリーン・エネルギーの使用に関して、過少投資になり、それは企業が汚染コストの完全負担を負わないからである。（コストは外部化される）。そして、民間信用市場における情報の非対称性は、かなりの企業が、彼らの前払い投資の資金にアクセスすることを困難にさせるので

うれしい予測外れ、2023年堅調となった米国経済

あり、たとえこれらの投資が未来において民間ならびに社会的な収益を約束されていたとしても起こることで、結果は、信用の抑制につながってしまう」（『白書2023』18㌻）。

労働者重視の完全雇用政策とは何か

　こうした公共セクター重視の経済成長政策の提起は、今年2024年の『米国経済白書』においても明確に貫かれている。新しく委員長に昇格したジャレッド・バースタインは、昨年のこの経済成長重視の政策をさらに労働者重視の完全雇用政策に結実させ、『米国経済白書2024』の第1章において「完全雇用の便益」を労働者階級の立場から明確に論じている。彼はいう。「このトピックは、働くアメリカ人にとって極めて重要なものであり、バイデン―ハリス政権の労働者重視の政策のためにもまた重要なのだ」と。この章では、タイトな労働市場によって特徴づけられる3つの経済期間に注目するとし、1990年代末、2010年代末、そして、COVID-19パンデミックの結果始まる最近年の時期をあげている。なぜ、完全雇用が労働者階級の立場から見ると重要なのか？それは、いうまでもなく、労働者の賃金交渉力をアップさせるからに他ならない。バイデン―ハリス政権は、労働市場の不平等について、雇用主の買い手独占を問題にしてきた。つまり、労働市場において雇用主は、市場支配力をもち、多くの労働者の賃金を低くしてきたのだ。このテーマは、すでに『米国経済白書2022』第5章において詳細に論じられたものでもある。企業が雇用者や顧客を巡って競争しなければならないとき、市場はうまく機能する。うまく機能している労働市場では、労働者は仕事を変えることができ、賃金は生産性を反映し、稼ぎの差は能力、努力、教育、経験などを反映するだけだ。しかし、と『白書2022』はいう。「実証的経済研究により、この理想が現実を反映していない多くの点が明らかにされている。例えば、完全競争は多くの労働市場を説明しないし、必ずしもすべての労働者がより満足度の高い報酬を得るために労働力を容易に移動させることはできない。具体的な2つの例としては次のものがある。（1）雇用主の市場支配力。それによって不公正な雇用及び報酬慣行が可能になっている。（2）差別。それによって人種、性別を通じた持続的形態の稼ぎの不平等を悪化させる。米国の労働者の約20％が競争避止義務協定に拘束されていると報告されているが、それは雇用者が競合企業に加わったりそれを立ち上げたりする能力を制限するものである。また、一般的に雇用主の市場支配力は、完全競争市場の場合よりも少なくとも15％低い賃金の一因となっている。さらに、連邦政府の統計が示すところによるとヒスパニックと黒人の雇用者は、白人の雇用者の稼ぎの80％未満である。女性は平均して、男性の稼ぎの約83％しか稼いでおらず、その格差は、非白人女性の大部分ではさらに大きい。こうした稼ぎの差は、教育達成度や経験といった要素を調整したうえでも残っている」（『白書2022』135㌻）。

　こうした労働市場の雇用主による買い手独占を打ち破る条件として、タイトな労働市場つまり完全雇用は、労働力を販売する側の労働者にとっては、きわめて重要なのだ。とりわけ、人種や性別によって不利な立場に追い込まれている弱い立場の労働者にとって、完全雇用が賃金交渉力を強めることになる可能性があり、その便益は極めて大きいといわねばならない。今年の『白書』は、BOX1-2において、労働者の賃金交渉力と完全雇用について論じており、さらに具体的にその交渉力と労働組合の活動に論及しているのは注目に値する。「近年の労働組合のストライキ活動は、1980年代中頃以来のものであり、昨年2023年においては、とりわけ米国自動車メーカー・ビッグ3の自動車工場において、全米自動車労組（UAW）によってストライキが実施され、労働者の待遇改善につながったのである」、と今年の『白書』はいう。労働組合は、労働者の労働環境とその生活向上にとって重要であり、今年の『白書』が、それを雇用主の買い手独占に対抗する正当な手段と位置付けていることは、バイデン―ハリス政権の労働者重視の経済政策を示すものといえるだろ

う。かつて、米国では、独占禁止法である反トラスト法のもとで、労働組合運動が弾圧された時代があった。近年では、1980年代レーガン政権以降、新自由主義経済政策の下で、労働組合運動が抑圧されてきたが、バイデン－ハリス政権の成立は、それに対抗する運動が米国において、労働者とその組合を擁護する政権の樹立までこぎつけたことを示すものとして注目されてよい。

『米国経済白書2023』の外れた短期予測

　ところで、『米国経済白書2023』における2023年の短期予測は次のようなものだった。「わが政権の予測は、大きくは、ブルー・チップ予測官たちのコンセンサスに従っているが、そのGDP予測は、下方修正している。2022年3月と10月の間、6カ月にわたって、ブルー・チップ・コンセンサス経済予測は修正され、実質GDP成長はかなり低く、そして、2022年と2023年の2つの年においては、インフレは高くなっている（表2-4を見よ）」（『白書2023』68ﾍﾟｰｼﾞ）とした。そこで、実際、表2-4「ブルー・チップ・コンセンサスの実質GDPの推移」を見てみると、2022年3月の時点で2023年の実質GDP成長率予測値は、2.5％となっていたが、2022年10月の時点で、それは、0.2％となり、－2.3％の下方修正がなされた。また、インフレ（CPI）は、2022年3月の時点では、2023年の予測値は、2.6％だったが、2022年10月時点の予測値は、3.9％となり、1.3％の上方修正がなされたのだ。失業率の予測はどうであろうか？それに関しては、「緩慢なGDP成長と歩調を合わせるように、2022年11月において、2023年に失業率は少々アップし、平均で4.3％、しかし、2023年第4四半期には4.6％でピークを打つであろうと予測する」（『白書2023』69ﾍﾟｰｼﾞ）とした。したがって、私の『米国経済白書2023』の総論のタイトルも、「インフレ抑制で景気後退に向かうか米国経済？」としたのだが、結論をいえば、2023年の米国経済は景気後退とはならなかった。予測は外れたのだ。

　実際は、今年『米国経済白書2024』の表2-2を見れば明らかなように、2023年の実質GDP成長率は、0.2％という低率どころか、3.1％の上昇だったし、インフレ（CPI）は、3.9％という高さではなく、3.2％に落ち着いた。また、失業率は、昨年の予測値4.3％を大幅に下回り、4％をきり、3.6％の低さで推移したのだ。実質個人消費支出も予測値のはるかに上を行く、2017ドル換算で15兆5,000億ﾄﾞﾙだったし、実質可処分所得も2017年ドル換算で17兆ﾄﾞﾙ、そして、実質民間非住宅固定投資は、下落するという予測を覆し、やはり2017年ドル換算で3兆3,000億ﾄﾞﾙのレベルに達した。

新型コロナ感染症（COVID-19）パンデミック後の財政・金融政策

　2022年11月の時点で、悲観的な予測がなされたことについての要因は、いくつか考えられるが、その1つに、コロナ期のような大規模な財政支援策は期待できず、国民の貯蓄率が、急激に下落し、消費者マインドの落ち込みが予想されたことがあげられよう。以下では、2020年初め、米国にCOVID-19パンデミックが深刻に展開し始めて以降の連邦政府の財政政策と金融政策を振り返りながら、今日の米国経済に至るプロセスを検討してみよう。

　いうまでもなく、米国は、新型コロナ感染症（COVID-19）による影響を最も大きく受けた国だ。2020年春に感染が拡大し、実質GDP成長は、2020年4月から6月にかけて、年率30％を超える下落を示した。これは、1929年大恐慌以来の落ち込みであり、2008年9月リーマン・ショックに始まる世界経済危機における落ち込みをはるかに上回るものだった。当時政権は、共和党トラ

うれしい予測外れ、2023年堅調となった米国経済

ンプ大統領によるものだったが、2020年3月、「コロナウイルス援助・救済・経済安定化法」（CARES: Coronavirus Aid Relief and Economic Security Act of 2020）を成立させ、2兆2,000億㌦にも及ぶ財政支援策を実施した。申請者に2,700㌦の小切手支給、失業手当の増額・延長、家計の負債援助、中小企業支援、病院支援、教育支援など広範囲に及んだ。

2021年1月に誕生したバイデン―ハリス政権も、その3月パンデミック対策を主眼とした「米国救済計画法」（ARP: American Rescue Plan of 2021）を成立させ、トランプ政権に引き続き、強力な財政支援策を実施した。この救済計画法は、総額1兆9,000億㌦、主な支出項目は、富裕層を除き、1,400㌦を国民に現金支給、失業給付金は週300㌦を加算し、9月初めまで継続する、ワクチンの普及、感染検査、学校の対面授業の再開支援、中小企業支援、州・地方政府への援助、などなどとなっていた。

こうして米国では、政府支援の財政資金が家計に大量につぎ込まれた。その結果、2020年第1四半期から2021年第4四半期までに蓄積された、その余剰貯蓄額は、総計2.7兆㌦に上った。余剰貯蓄額は、2020年末には、1.3兆㌦に上り、それ以降その貯蓄は、個人消費に急速に使用され、莫大な有効需要が米国経済につぎ込まれた。2020年末、貯蓄率（可処分所得比）は、25％もの高率に達したが、その後の消費支出で、2022年第1四半期には、それは5％強レベルまで下落した。つまり、財政支援によって形成された余剰貯蓄は、2021年から2022年にかけて、米国経済に強力な需要となって出現した。これらの需要は、サービス部門ではなく物財部門に集中し、財市場の逼迫を引き起こしたのだ。米国はいうまでもなく貿易赤字の国であり、サービス部門の黒字に対して、物財部門は赤字だ。多くの物資を米国は輸入に依存している。物財への需要増は、財輸入の巨額化をもたらし、2020年の半ば、トランプ政権下では、新型コロナ感染症の急拡大によって需要が激減していたのだが、その後急速に回復し、バイデン―ハリス政権下の2021年末には、物財における膨大な貿易赤字を計上することになった。

2021年からのこの急速な米国市場における需要増加は、グローバル・サプライチェーンの混乱を引き起こした。つまり、急増する需要に供給が追い付かないという事態が、米国物財市場におこったのだ。しかも、物財の米国への輸入は、その多くがコンテナによって行われ、そのコンテナ港は、ロサンゼルスとロングビーチの港を通して運ばれるものが多く、そのキャパシティーの限界は、供給の遅れとなって現れた。

米国労働省が発表した、2022年7月の消費者物価指数は、前年同月より8.5％上昇し、1981年11月以来の上昇となった6月の年率9.1％よりは若干鈍化したが、8％を超えるのは5カ月連続となった。なかでもエネルギー価格の上昇が深刻だった。これは明らかに2022年2月に始まるロシアのウクライナ侵略の影響が世界に伝播した一環だが、2022年6月のガソリン価格は、前年同月に比べて61％も上昇し、7月は45％と若干下がったとはいうものの依然高い価格が続いた。

こうした物価高騰を受け、米連邦準備制度理事会（FRB）は、2020年3月から行ってきた量的緩和政策を取りやめることに転じた。FRBは、2020年初めからの新型コロナ感染症の急拡大による深刻な経済の落ち込みに対して、その3月以来、金融資産買取作戦（量的緩和政策）を強力に実施し、民間の需要増加を金融政策の面で支えた。つまり、FRBは、商業銀行に大量のマネタリー・ベースを供給し、財政支援策による需要増加によって生じるだろうマネー・ストック（マネー・サプライともいう）の上昇を金融的に支える政策を強力に進めた。これは、米国経済において、2020年5月からマネー・ストック（M1）が急増し始め、実質GDPが、2020年第3四半期（7月~9月）には、年率33.8％で急反発し始めるのを、FRBが金融的に支えたといっていいだろう。連銀のバランスシートは、2020年2月で4兆1,000億㌦だったが、3カ月もたたないうちにそれは、7兆1,000億㌦に膨れ上がり、急速な速さで上昇を続けた。2021年末には、連銀のバランスシートは、8兆7,000億㌦に膨れ上がった。

米国の消費者物価は、2021年3月ごろから上昇し始め、とりわけ、ガソリン価格の急騰は、2021年5月に年率56.2％の上昇、全体の消費者物価指数も、2021年12月には、7.0％の高率を記録する。こうした物価上昇にFRBのパウエ

ル議長は、2020年3月からとり続けてきた量的緩和政策で毎月購入してきた米国債などの金融資産1,200億㌦を11月から月額150億㌦ずつ減らしていくと表明した。順調にいけば、8カ月で購入額がゼロになる計算で、パウエル議長は、「22年半ばまでに量的緩和は終了する」と述べたが、インフレ傾向が一向に収まる気配がなく、この作戦終了時を早め、2022年3月に終わらせ、金利政策に回帰した。FRBがフェデラル・ファンド・レート（FFレート）を引きあげ始めたのだ。FFレートとは、米国の銀行が連邦準備銀行にある準備金を、ほかの銀行に翌日決済で貸し付ける金利（年利で表示）である。これが高く設定されると全体の金利水準が高まり、GDP成長には抑制的になる。2022年7月26日、27日にFRBは、FFレートの現状の誘導目標1.5~1.75%から、0.75%引き上げ、2.25~2.5%とすることに決定した。9月には追加の利上げが行われ、景気減速を認めつつも、雇用は底堅くインフレは続いているという認識で、パウエル議長は、物価安定を強調、FFレートは、2022年末には、4.0%、2023年1月には、4.25%を超え、その後も上昇を続け、2023年9月には、5.25%を超える水準になり、2024年になっても、パウエル議長は、米国経済の堅調を理由に下落させる気配はなかった。FRBは、5月1日連邦公開市場委員会で（FOMC）で、FFレートを据え置くことを決定、誘導目標5.25~5.50%のまま、全会一致で決定した。パウエル議長は、会合後の記者会見で、利下げ開始の前提となるインフレの持続的な鈍化の確信を得るには、「予想より長くかかる」とし、「妥当な限り、金利を現行水準で維持する用意がある」と述べ、高金利が長期化する可能性に言及した。米国のインフレ率は、2022年ピークから大きく低下し、消費者物価指数は、2024年3月に前年同月比2.7%上昇となり、伸び率は前月から拡大した。

インフレ鈍化の停滞を受け、FRBの利下げ開始時期に関する市場予想は、今年後半に後ずれし、米金利の高止まり見通しを背景に、日米金利差から外国為替市場では円安・ドル高が進行した。

2023年の米国経済は、なぜ堅調だったのか？
——功を奏したバイデン―ハリス政権による産業政策——

さて、2023年の予測が外れたことは既述の通りだが、それはなぜだったのか、その第一の要因は、貯蓄率が減少し、それが引き金になって個人消費が落ち込むと期待されたにもかかわらず、個人消費は堅調であったことがあげられよう。トランプ政権、バイデン政権の財政支援策による、所得水準の低い層の余剰貯蓄が、2022年末までには使い果たされ、2023年の消費者マインドが落ち込むだろうというのが大方の予想だったのだが、その予測は覆された。いくつかの要因が、個人消費堅調を支えたと考えられ、低い失業率、強力な雇用成長、そして、実質賃金の上昇などの実体経済の確実な前進が、堅調な個人消費を支えたことは事実なのだが、今年の『白書』の分析は、2023年の家計消費を支えたのは、強力な家計のバランスシートにあるとする。つまり、家計の流動資産が豊富であったことがその大きな要因であるとする。流動資産とは、通貨、預金（マネー・マーケット・ファンドを含むもの）のことをいうが、所得に対する資産比率が、統計によれば、COVID-19パンデミック前より高くなっているというのだ。この資産には、流動資産、金融資産、住宅資産全てを含むものだが、特に住宅に関しては、高い住宅金利にもかかわらず、住宅市場の供給不足は、住宅価格を高く維持させたという。伝統的に住宅資産は、中流階級の住宅所有者の消費を支えてきた。そして、高い金利とはいっても、2023年の米国株式市場は堅調であって、これは明確に富裕層の個人消費を支えたといっていいだろう。

個人消費もさることながら、2023年においては、既述のように、実質民間非住宅固定投資も下落の予測に対して、上昇した。2023年1月のブ

うれしい予測外れ、2023年堅調となった米国経済

ルー・チップ予測は、実質民間非住宅固定投資は、2017年ドルで換算して3兆2,000万ドルを切るレベルだったが、実際は、3兆3,000万ドルの水準まで到達したのであり、これまた大きく予測は外れた。たしかに、住宅投資を含めた実質民間固定投資は、3.1%の上昇でまずまずの数値だが、それは、高い住宅金利と住宅市場における単身世帯用住宅の供給不足による住宅投資の不振によるものだ。それに対して、非住宅構築物投資は、昨年ブームを迎え、14.8%の上昇だった。パンデミックによって、財の需要が急増し、企業は、サプライチェーンの構築を国内に求めて生産規模を拡大したのだ。それが、非住宅製造業構築物投資に集中した理由だ。それに対して、オフィスや商業用構築物投資は、まだ通常のレベルに戻ってはいない。

この昨年の企業の製造業への活発な投資活動に、バイデン―ハリス政権の製造業投資重視の政策が関連したことはここで指摘すべきだろう。バイデン大統領は、2023年大統領経済報告で次のように述べた。「第一に超党派インフラストラクチャー法は、米国とその競争力への投資である。・・・電気自動車を充電させるステーションのネットワークは、私たちの多くに、よりクリーンな自動車を運転させることを可能とするだろう。今日まで、われわれは、全国にわたって2万を超える建設プロジェクトに資金を提供してきたのであり、それが、何万もの高給の新しい雇用を創り出してきたのだ。

第二に、チップスおよび科学法は、8月に私が署名し成立したが、自動車から電気冷蔵庫、スマートフォンに至るまで、すべてを動かす半導体を開発・製造することにおいて米国が再び世界をリードすることを確実にすることとなるだろう。米国は、これらのチップを発明したのであり、今再びわが国で製造する時代となった。それゆえ、わが国経済が、海外のチップメーカーに多くを依存することが再びないようにさせることを確実にすることとなるだろう。民間会社は、この過去2年間で米国製造の新投資に3,000億ドル以上行ったと発表したが、その多くはこの法律によるものであり、わが国のいたるところに何万ものより多くの雇用を創り出すことだろう。

第三に、インフレ抑止法は、また昨年8月に立法化されたが、働く家族へのコスト削減へ特別の関心をもって力強く取り組む。・・・・・それはまた、気候変動の現実的脅威とたたかうかつてない国の重要な投資であり、気候対応の賢い農業からより柔軟な電気グリットまで、すべてに投資するのである。それは、新しいクリーン・エネルギー経済を建設し、しばしば取り残されたコミュニティに何千ものグリーン雇用を創出するだろうし、それはまた家族への家庭エネルギーコストの削減となるだろう」(『米国経済白書2023』4ページ)。

私が、『米国経済白書2023』の総論のタイトルを「インフレ抑制策で景気後退に向かうか米国経済?」としたことは既述の通りであり、その予測は外れ、景気後退とはならなかったのだが、副題として「バイデン―ハリス政権による経済政策は功を奏するか」とした。彼らの産業政策が、2023年のクリーン・エネルギー製造業の国内投資に強力に働きかけたことは、今年の『白書2024』においても指摘されており、その意味では、私の副題での問いかけには、一応「イエス」と返答できそうだ。

まとめにかえて
ウイリアム・スプリッグズ博士とは?

2024年大統領経済諮問委員会年次報告で、特筆されるべきは、第1章の「完全雇用の便益」が、ウイリアム・スプリッグズ博士にささげられていることだ。私は大統領経済報告の翻訳を監修してからもう20年以上にもなるが、最初の1つの章が、特定の人にささげられたことを見たことはない。ウイリアム・スプリッグズ博士とはどういう研究者だったのだろうか?若干の紹介をして、この総論のまとめにかえたい。

ウイリアム・エドワード・スプリッグズは、

1955年4月8日生まれ、昨年2023年6月6日にヴァージニア州、レストンの病院で、脳卒中のため68歳で急逝した。ハワード大学の経済学教授だった人だが、アメリカ労働総同盟産別会議（AFL-CIO）のチーフ・エコノミストであり、2009年から2012年にかけて、オバマ政権で労働政策の長官補佐を担当した労働経済学者だった。彼の仕事と調査は、労働力における差別、最低賃金、国内外の労働基準、賃金支払いの公平性に集中し、組織労働者をサポートし、生涯リベラルな経済学者の立場を全うした。彼を全米の経済学者に名を知らしめたのは、トランプ政権下で起こった警官による黒人男性ジョージ・フロイド殺人事件に抗議し、2020年6月、全米経済学者宛の公開書簡を発信したことによる。この書簡の中で、スプリッグズは、研究学問上の人種差別について告発し、とりわけ黒人研究者に向かって投げかけられた攻撃に反撃すべく、全米の経済学者に差別撤廃を訴えた。

　バイデン大統領は、スプリッグズ博士の逝去にあたり、深く哀悼の意を表明した。

ECONOMIC REPORT

OF THE

PRESIDENT

TRANSMITTED TO THE CONGRESS
MARCH 2024

TOGETHER WITH
THE ANNUAL REPORT
OF THE
COUNCIL OF ECONOMIC ADVISERS

目　次

2023 大統領経済報告――米国議会へ

　大統領経済諮問委員会の年次報告 *

第1章　完全雇用の便益

第2章　昨年の回顧と将来の見通し

第3章　人口、高齢化、そして経済

第4章　手頃な住宅の供給を増やす――経済的考察力と連邦政策の解決

第5章　国際貿易と国際投資フロー

第6章　クリーン・エネルギー転換への加速化

第7章　人工知能を理解するための経済学的枠組み

　参考文献

　付録A　大統領経済諮問委員会活動報告

　付録B　付表　所得・雇用・生産関連統計表

　　　　（訳註――本翻訳書では付録Bは割愛）

＊会議の報告書の詳細な目次については、7ページを参照

2024
大統領経済報告
米国議会へ
2021年3月21日

　私が大統領に選出されたとき、パンデミックは荒れ狂い、わが経済は混乱し、トリクルダウン経済学は、わが国の経済成長を長期にわたって弱体化させていた。私は中間層を完全に再建し、トップダウンではなく底辺層を持ち上げようと心に誓った。なぜなら、中間層がよくなることは私たちすべてがうまくいくことだからなのだ。私たちは、すべての人たちに、公平に成功の見込みを与え、誰をも取り残させなくすることができる。わがプランは、変転しながら前進をもたらしてきたのだ。

　近時においてわが政権は、勤勉な家族と企業がパンデミックをうまく切り抜けるのを即座に援助するために動いたが、それには画期的な救済計画が伴ったのであり、国民に予防接種を実施し、必要とする人々へ緊急な経済援助を行い、基本的なサービスを保つため州と市に資金を送った。民間セクターと労働組合とともに働き、わがサプライチェーンのボトルネックを取り除き不足を緩和し、未来に向かって再び財の供給を確実にし、わが経済をより柔軟にした。今日、米国は、世界におけるどんな先進諸国よりも、より強固な回復の途上にある。

　その途上、われわれは、何世代かにおいて、1つの最も成功裏にある立法上の記録を達成し、全国的にすべての規模の地域社会に新しい機会を提供した。公共インフラ、クリーン・エネルギー、そして先進的な製造業への過少投資に対処し、未来は、米国労働者によって、米国において創られることを確実にしつつある。われわれは何世代かにわたる米国インフラへの最大の投資を行いつつあり、それは、今日まで4,500の地域社会において、4万6,000プロジェクトの4,000億ドル以上を含むものだ。これらプロジェクトは、国のすべてにわたって道路、橋梁、港、空港、公共交通、水道システム、高速度のインターネットやそれ以上のものを再建しつつある。われわれはまた、歴史上もっとも重要な気候変動とたたかう投資を行っており、――クリーン技術の革新を前進させ、エネルギーの自立を促し、勤勉な家族の電気料金を削減し、汚染の結果押し込められた辺境の地域社会を再生させている。同時に、民間セクターと協力し、米国の半導体と先進的製造業をも強化するために働き、その便益を共有するため労働者と優勝企業に力をつけさせている。

　すでに、私の米国投資アジェンダは、多くの会社から6,500億ドルもの資金を引き付け、ここ米国において工場を建設しつつある。われわれは、製造業ブーム、半導体ブーム、バッテリー・ブーム、電気自動車ブーム、そしてそれ以上のブームに口火をつけたのだ。私のアジェンダは、何千もの高賃金雇用を創り出しつつあり、人々は決して家族を養い育てるため仕事を求めて故郷を去る必要はないのである。今日、米国は再び世界で最も強力な経済となっている。私の在職中に、1,500万人という記録的な雇用を創始しつつあり、1,500万以上のアメリカ人に確実な賃金支払いとともに尊厳と心の平安を与えつつある。失業率は、この50年以上の長期間において4%以下となっており、アメリカ黒人の失業率は記録的に最も低くなっている。経済成長は、強力だ。賃金は、価格以上に速く上昇している。インフレは3分の2も下落した。われわれは、もっとしなければならないが、しかし、人々はその結果を感じ始めている。実質所得と家計資産は、現在、パンデミック前以上に高くなっており、この数十年のいかなる時よりも消費者感情は高まってきている。アメリカ人は、私の政権樹立以降、記録的な1,600万

件の企業設立を申し込んでおり、その1つ1つが希望の行動といえるのだ。

重要なことは、われわれが、わが税制度をより公平にすることによってこれら画期的な投資の多くを行っていることだ。私が政権を樹立して以降、1兆ドルもの赤字を削減したのであり、それは歴史上最も大きな削減の1つであり、私は、次の10年以上にわたって1兆ドル以上のその削減を立法化したのであり、それはある程度、企業の最低税率を15％に引き上げ、富裕層と大企業にその公平な負担をしてもらい始めることによるものだ。

われわれがアメリカ人のため途方もない進歩をもたらしていることは明らかだが、しかし、この仕事を完了させるためにより多くのことをしなければならない。わが政権は、勤勉な家族への負担軽減のため闘い続けているが、それは、処方薬から住宅、子育て、そして学生ローンにまですべての面にわたっている。ワシントンのわが仲間たちが何十年にもわたり処方薬価格の削減に取り組んできたが、われわれの画期的なインフレ抑止法がそれを成し遂げつつある。それは、たとえば、高齢者のインスリン・コストを月35ドルに上限を設け、400ドルの金額からの下落となったのであり、次の年からメディケアの高齢者は、処方薬コストを年2,000ドル以上自費で支払うことはなく、何倍ものより費用のかかる高価な治療においてもそうなるだろう。それはまた、ケア適正化法を守り拡大するものであり、その結果、より多くのアメリカ人が今まで以上に健康保険でカバーされることになるのだ。

われわれはまた、住宅へのアクセスを拡大することにおいても実質的な増大を行っており、より多くの家族が、パンデミック前に所有するより多くの住宅を所有しており、家賃は緩和され、記録的なほぼ170万戸の住宅が全国的に建設中だ。借入援助を拡大することによって、住宅コストをより安くし、その供給を増加させること、より手ごろな住宅を建設するために建設業者が連邦金融にアクセスすることを促進し、はじめての住宅購入者へのモーゲージ支払いを削減するために、われわれは、働き続けるだろう。同時に一方では、労働者と消費者のために立ち上がり、航空会社、銀行、保険会社が、人々の勘定の中にこっそりと滑り込ませる不公正な、隠れた「不当料金」を厳しく取り締まっている。

同時に、われわれは、米国のすべての子どもが健康に育つのに必要な、強力な立ち上がりを可能とするため働いている。米国救済計画は、子ども税額控除を拡大し、2021年において子どもの貧困をほぼ半分に減少させた。われわれは、それを再び元気にさせ、一日たった10ドルの質の高い子どもケアに多くのアメリカ人家族がアクセスできるよう保障するために闘い続ける。わが救済計画はまた、米国史上最大の公教育への投資をおこなっている。今日、われわれは、必要となる学校への資金をよりいっそう上昇させ、放課後の指導プログラムの拡充を図り、そして、教師不足を緩和させることを推し進めている。私は、また学生ローンの深刻な押しつぶされそうな負担を軽減する約束を忘れてはいない。法律上の困難があるとはいえ、ほぼ390万人のアメリカ人の学生ローン、1,380億ドルを帳消しにしたが、そのアメリカ人には、教師、看護師、消防士、ソーシャル・ワーカーとその他の公務労働者75万人が含まれる。このような広範囲にわたる負債の帳消しは、人々を自由にし、最終的に彼らは住宅購入を考慮し、子どもを持つこと、あるいは、彼らが常に夢見てきた中小企業をスタートさせることを考えさせる。総じて、わがアジェンダは、今までになく、より多くの何百万というアメリカ人に米国の約束を現実のものとするだろう。

米国物語は、進歩と弾力性の物語であり、いつも前進し、決してあきらめない1つの物語だ。それは、多くの国の中でもユニークな物語の1つであり、われわれは、ことごとくすべての危機に入り込んでも、しかし、より強くなってそこから現れてくる唯一の国だ。それが、今日米国中において引き起こされていることなのだ。なおやるべき仕事は残されてはいるのだが、しかし、私は、過去において、今以上にわれわれの未来に楽観的になったことはない。われわれは、アメリカ合衆国であり、われわれが一致団結してことに臨めばわが能力を超えるものなどどこにもない。

j・R・バイデン・Jr

提出書

大統領経済諮問委員会

ワシントンD.C. 2024年3月21日

大統領閣下

　経済諮問委員会は、これに添えて、1978年の「完全雇用及び均衡成長法」によって修正された「1946年雇用法」にしたがって、その2024年年次報告を提出するものです。

敬具

ジャレッド・バーンスタイン
委員長

ヘザー・ブーシェイ
委員

C・キラボ・ジャクソン
委員

目 次

第 1 章　完全雇用の便益　15

完全雇用とは何か、そして、なぜそれが重要なのか？　16
　自然失業率の推定　17
　買手独占の労働市場　19
完全雇用の便益についての証拠　24
　労働市場の成果の長期のトレンド　24
　上げ潮は、他よりもかなりの船を持ち上げる──グループを通じての周期的変動　25
　賃金と家計所得への完全雇用効果　32
完全雇用に到達させ維持する　36
結論　44

第 2 章　昨年の回顧と将来の見通し　47

昨年の回顧──継続する回復　49
　2023 年の産出──正常な成長への回帰　49
　労働市場における需要と供給の漸次的リバランス　55
　2023 年のインフレーション　63
2023 年の金融市場　74
　長期金利の上昇　74
　より高い長期利率の推進要因としての実質金利　77
　実質政策金利のためのより高く期待される軌道　80
　ターム・プレミアム　82
　先行きの潜在的リスク　82
将来の展望　85
　短期　86
　長期　87

第 3 章　人口、高齢化、そして経済　91

21 世紀における出生率の低下　91
　世界金融危機以降の米国の出生率　92
　出生率の低さ──世界的な傾向　94
　機会費用　94
死亡率──21 世紀における不均等な進展　99
　感染症──ワクチン接種の重要性　99
　外的諸要因──中年期の死亡率の後退　103
　慢性疾患──技術革新と医療アクセスを通じた進展　104
高齢化と経済　105

持続する低出生率に立ち向かう　　　　　　　　　　　　　　　　　　　105
　　労働力ギャップを埋める移民の役割　　　　　　　　　　　　　　　　107
　　老年依存人口指数――高齢化と生産性向上の競争　　　　　　　　　　108
　　高齢化と財政展望　　　　　　　　　　　　　　　　　　　　　　　　111
　　人口動態の将来計画　　　　　　　　　　　　　　　　　　　　　　　115

第4章　手頃な住宅の供給を増やす――経済的考察力と連邦政策の解決　　117

　規模とトレンド　　　　　　　　　　　　　　　　　　　　　　　　　　118
　　住宅供給不足　　　　　　　　　　　　　　　　　　　　　　　　　　121
　住宅供給不足の原因　　　　　　　　　　　　　　　　　　　　　　　　123
　　価格と建設費のひらき――土地の価値　　　　　　　　　　　　　　　123
　　ゾーニングと土地利用規制――住宅供給への影響　　　　　　　　　　124
　　さらなる制約　　　　　　　　　　　　　　　　　　　　　　　　　　128
　住宅供給不足――厚生、経済的流動性、総産出に対する結果　　　　　　129
　　地区選択、人々の厚生、経済的流動性　　　　　　　　　　　　　　　129
　　資産蓄積　　　　　　　　　　　　　　　　　　　　　　　　　　　　129
　　所得ショック、住宅不安、ホームレス状態　　　　　　　　　　　　　130
　　インフレと総成長への影響　　　　　　　　　　　　　　　　　　　　131
　連邦政策の役割　　　　　　　　　　　　　　　　　　　　　　　　　　132
　　ゾーニング改革――住宅供給の拡大と住宅取得可能性の推進　　　　　132
　　連邦税と他の助成金による供給制約の緩和　　　　　　　　　　　　　135
　　農村部の住宅制約に処する移動型組立住宅の提供および資金調達の拡大　137
　結論　　　　　　　　　　　　　　　　　　　　　　　　　　　　　　　138

第5章　国際貿易と国際投資フロー　　140

　貿易と外国投資の長期的トレンド　　　　　　　　　　　　　　　　　　141
　　2、30年の急成長に続き、グローバルな統合は世界金融危機後に減速した　141
　　米国の貿易増加はグローバルなトレンドを追う――最近の減速と回復の兆し　144
　　米国の貿易赤字は総貯蓄と総投資のパターンによって規定される　　　149
　米国はグローバルなFDIの流れを導く　　　　　　　　　　　　　　　　150
　グローバル・バリューチェーンの台頭と再配置の兆候　　　　　　　　　154
　　2023年におけるサプライヤー再配置の兆候　　　　　　　　　　　　　156
　グローバルな統合が労働者、消費者、コミュニティにもたらすコストと利益　158
　　グローバルな統合と不平等　　　　　　　　　　　　　　　　　　　　159
　　貿易企業と雇用創出　　　　　　　　　　　　　　　　　　　　　　　162
　グローバルな統合の課題を解きほぐす　　　　　　　　　　　　　　　　163
　結論　　　　　　　　　　　　　　　　　　　　　　　　　　　　　　　165

第6章　クリーン・エネルギー転換への加速化　　　169

構造的変化の経済学　　　173
- 構造的変化とは何か？　　　173
- 構造的変化の諸決定　　　174
- 市場の失敗と政策含意　　　176

構造的変化とクリーン・エネルギーへの転換　　　176
- 化石燃料のコスト　　　177
- クリーン・エネルギーのチャンスと諸課題　　　177
- クリーン・エネルギー転換のスピードと規模に資金融通する　　　182

公共セクターの役割　　　183
- 供給サイド政策　　　185
- 需要サイドの政策　　　189
- 供給と需要の協調　　　190

結論　　　191

第7章　人工知能を理解するための経済学的枠組み　　　193

「知的」オートメーションに向けて　　　193
- 予測は改善しつつあるが制約に直面する　　　195
- ゴミを入れればゴミが出てくる　　　197

テクノロジーの最前線から現実へ　　　199
- 導入は困難でつねにテクノロジーの最前線に遅れる　　　199
- AIは将来いっそう大きな変革をもたらす力を秘めている　　　201
- いつ未来の到来を知るのだろうか？　　　203

AIと労働市場　　　203
- 技術変化が労働市場に及ぼす影響のモデル化　　　206
- 職業固有のAIの影響　　　208
- AIの影響についての事実　　　212

AIのための制度を用意する　　　213
- 所有権、責任、規制　　　214
- 競争と市場構造　　　217
- 労働市場の諸制度　　　220
- AIとその効果の計測　　　221

結論と未解決の問題　　　225

図・表・BOX 一覧表

章・図表		キャプション	頁
第1章	図 1-1	自然失業率の推計値	17
	図 1-2	CBO による自然失業率の推計値、1996 〜 2033 年	18
	図 1-3	失業率の人種間格差	25
	図 1-4	雇用・人口比率の人種間格差	27
	図 1-5	失業の循環的変動と平均失業	28
	図 1-6	LFPR の循環的変動と平均 LFPR	28
	図 1-7	転職率の循環的変動、人種別および学歴別	29
	図 1-8	障害者の非参加から雇用への月次移行率	30
	図 1-9	中位実質賃金、人種・エスニシティ別	33
	図 1-10	時給圧縮、COVID の前後	33
	図 1-11	世帯所得にたいする労働市場の緩慢化の影響	34
	図 1-12	議会予算局による失業率ギャップの推計値	36
	図 1-13	コア PCE 物価インフレと失業率ギャップ	38
	図 1-14	ベバレッジ・カーブ、COVID 前後	39
	図 1-15	フィリップス・カーブ、COVID 前後、大都市統計地域レベル・データ	39
	図 1-i	労働市場逼迫の計測値	22
	図 1-ii	ストライキにかかわった組合労働者の割合、1949 〜 2022 年	23
	図 1-iii	労働分配率の変化と失業率ギャップ、1948 〜 2023 年	24
	図 1-iv	職業別昇進指数	31
	表 1-1	COVID-19 前後の労働市場における賃金圧縮期間を通じての変化率	35
	表 1-2	特定の景気循環における実質世帯所得の予測変化	35
	表 1-3	総合 PCE ピーク以降におけるインフレと労働市場の形成	38
	Box 1-1	労働市場逼迫度の代替的測定	21
	Box 1-2	労働者の交渉力と完全雇用	23
	Box 1-3	職業のグレードアップ	31
	Box 1-4	構造的な労働市場の緩みに対処する諸政策	40
第2章	図 2-1	リセッション確率指標、2008 〜 23 年	47
	図 2-2	米国経済の特定の計測値、2019 〜 23 年	48
	図 2-3	個人消費に占める財とサービスの割合	51
	図 2-4	在宅勤務する米国雇用者の割合	51
	図 2-5	製造業構造物への実質民間固定投資、1959 〜 2023 年	53
	図 2-6	実質民間投資——構造物	53
	図 2-7	実質在庫・売上比率——差益卸売業、2013 〜 23 年	54
	図 2-8	要因別の財政上の影響	54

図・表・Box 一覧表

章・図表	キャプション	頁
図 2-9	実質 GDP とラグ付き実質 GDP およびラグ付き実質 PDFP の比較	55
図 2-10	非農業就業者数の月次変化	56
図 2-11	離職率、採用率、空きポスト率	57
図 2-12	労働市場逼迫の計測値	58
図 2-13	ベバリッジ・カーブ	59
図 2-14	離職の計測値	60
図 2-15	女性の働き盛り世代（25～54 歳）労働参加	61
図 2-16	労働力規模に影響する要因、2020 年 2 月～2023 年 10 月	61
図 2-17	企業セクター生産性とトレンド	62
図 2-18	民間セクター報酬の増加とインフレ	62
図 2-19	総合 CPI インフレへの寄与	64
図 2-20	特定の家賃上昇計測値	67
図 2-21	GDP 成長への寄与、連邦準備発表の金融環境が経済成長に及ぼす影響（FCI-G）に基づく	68
図 2-22	サプライ・チェーン圧力の計測値	68
図 2-23	コア PCE インフレの変化	73
図 2-24	実際のインフレと期待インフレ、2012～23 年	74
図 2-25	米国の特定の名目金利	75
図 2-26	ローン残高の対 GDP 比	76
図 2-27	企業向けローンの信用環境	76
図 2-28	債券リターンと未実現評価損益	77
図 2-29	財務省証券ボラティリティと市場環境	78
図 2-30	名目および TIPS 財務省証券利回り曲線	79
図 2-31	名目金利の構成要素	79
図 2-32	フェデラル・ファンド・レートとフェデラル・ファンド金利先物	80
図 2-33	タイプ別および保有者別の米国の債務	83
図 2-34	株式リスク・プレミアム	84
図 2-35	オークンの法則による潜在的産出成長の推定、2006～22 年	86
図 2-36	米国人口の年齢構成の推移	87
図 2-i	貯蓄率	65
図 2-ii	資産・所得比率と消費率	66
図 2-iii	消費動向の指数	69
図 2-iv	ミシガン大学消費者マインド、実際と予測	70
図 2-v	ミシガン大学消費者マインド――実際、予測、拡張	71
表 2-1	実質 GDP 成長とその構成要素、2023 年第 4 四半期	50
表 2-2	経済予測、2022～34 年	81

章・図表		キャプション	頁
	表 2-3	実際的・潜在的実質産出成長の供給サイド構成要因、1953～2034 年	88
	Box 2-1	消費者価格インフレの測定	65
	Box 2-2	フィリップス曲線とインフレのその他のモデル	69
第3章	図 3-1	人種別及びヒスパニック出自別の出生率、2003～22 年	92
	図 3-2	年齢別出生率の経年変化	93
	図 3-3	米国及びその他の高所得国と地域における合計特殊出生率、1950～2021 年	93
	図 3-4	出生時の余命、1900～2022 年	102
	図 3-5	主要死亡要因、1950～2021 年	103
	図 3-6	米国における男女の年齢分布	106
	図 3-7	2100 年までの総人口	108
	図 3-8	2050 年までの老年人口依存指数	109
	図 3-9	受給者1人当たりの年間メディケア支出額	112
	図 3-10	世界の処方薬の価格，米国の正価調整、2018 年	113
	図 3-i	最寄りの医療機関までの所要時間の変化、2021～23 年	97
	図 3-ii	米国の幼児死亡率、1995～2022 年	100
	図 3-iii	2022 年の貯蓄率と資産、年齢層別	114
	Box 3-1	気候と人口増加	95
	Box 3-2	生殖の自律性と労働市場への参加	96
	Box 3-3	ドブズ対ジャクソン女性保健機構判決後の中絶へのアクセスと出生率	97
	Box 3-4	乳児及び妊産婦死亡率	100
	Box 3-5	人的資本を通じた生産性への投資	110
	Box 3-6	長期介護	111
	Box 3-7	高齢化社会の消費と投資	114
第4章	図 4-1	住宅価格指数と賃金指数、1975～2023 年	118
	図 4-2	家族所得の 30％超を家賃に支出する賃借人世帯、1960～2022 年	119
	図 4-3	中位月額家賃を支払うのに必要な月間最低労働時間	120
	図 4-4	世帯主特性別にみた家賃負担が重い世帯の割合、2022 年	120
	図 4-5	地理別にみた家賃負担の重い世帯の割合、2022 年	121
	図 4-6	米国住宅生産、1963～2022 年	122
	図 4-7	1,400 平方フィート未満の新設一戸建て住宅の割合、1973～2022 年	122
	図 4-8	住宅価格と建設費、1980～2022 年	124
	図 4-9	住宅所有率と中位純家族資産、2022 年	130
	図 4-10	前年同期比総合 CPI インフレ、2013～23 年	131
	図 4-11	LIHTC 住戸入居者の経済的特性、2021 年	136

図・表・Box 一覧表

章・図表		キャプション	頁
	図 4-i	さまざまな資金調達シナリオの下での家賃比較	127
	Box 4-1	米国における排除的ゾーニング法小史	125
	Box 4-2	ディールのみきわめ──LIHTC を利用して賃貸住宅を開発するうえでの計算	126
	Box 4-3	需要への支援	133
	Box 4-4	州・地方自治体のゾーニング──最近の措置	134
第5章	図 5-1	対 GDP 比での財貿易、1995 〜 2022 年	142
	図 5-2	対 GDP 比での合計海外直接投資、2006 〜 22 年	143
	図 5-3	グローバル・バリューチェーン参加の指標	144
	図 5-4	実際と予測の実質四半期財貿易、1992 〜 2023 年	145
	図 5-5	実際と予測の実質四半期サービス貿易、1992 〜 2023 年	146
	図 5-6	大分類別の米国のサービス輸出、1999 〜 2023 年	147
	図 5-7	米国の貿易収支と実質成長、1992 〜 2023 年	147
	図 5-8	米国の対 GDP 比での FDI フロー、1990 年第 1 四半期〜 2023 年第 2 四半期	151
	図 5-9	米国の製造業新規拠点および拡張における実質 FDI、2014 〜 22 年	155
	図 5-10	米国の最終用途別の財輸入、1990 〜 2023 年	156
	図 5-11	国別にみた米国の輸入シェアの変化率、2017 〜 23 年	157
	図 5-12	先端技術製品についての米国の輸入シェアの変化率、2017 〜 23 年	157
	図 5-13	米国における貿易利益の貧困者優位バイアス（厚生上昇率）	160
	図 5-14	投資家の本拠所在国別にみた 2001 年第 1 四半期から 2023 年第 3 四半期におけるクリーン・エネルギー・プロジェクトへの FDI と、1990 年から 2007 年までの製造業雇用の減少（生産年齢人口に占める比率）	160
	図 5-15	1990 から 2007 年までの過去の製造業雇用低下と、2021 年第 1 四半期から 2023 年第 2 四半期までの最近発表されたクリーン・エネルギー・プロジェクトの総数および総額との間の相関	161
	図 5-16	企業規模別にみた財貿易をおこなう企業と雇用	162
	図 5-i	米中貿易赤字、2009 〜 22 年	149
	図 5-ii	実際の製造業投資合計に占める電池投資のシェア、2021 〜 23 年	152
	表 5-1	上位パートナー国別にみた高容量電池サプライチェーンにおける米国への輸入品に占めるシェア	153
	表 5-2	上位供給国別にみた原材料およびリチウムイオン電池部品の輸入割合、2021 〜 23 年	153
	表 5-3	フォード自動車会社による高容量電池原材料への投資発表、2022 〜 23 年	153
	Box 5-1	貿易収支と資本フロー──基礎的な推進要因	148
	Box 5-2	米国の高容量電池サプライチェーンと国内政策および貿易政策の補完的役割	152
第6章	図 6-1	米国の温室効果ガス純合計排出量、排出削減目標	170
	図 6-2	米国のセクター別排出、1990 〜 2021 年	171
	図 6-3	米国のエネルギー源別の発電、1990 〜 2021 年	171
	図 6-4	太陽光発電と陸上風力発電の資本コスト曲線、2000 〜 2020 年	180

章・図表		キャプション	頁
	図 6-5	図解——構造変化ダイナミクスのある場合とない場合の GHG 排出	185
	図 6-i	予想と目標の世界製造能力、2030 年	187
	Box 6-1	第 2 次世界大戦と技術変化	175
	Box 6-2	化石燃料の補助金	178
	Box 6-3	構造変化を加速化させる公共セクターの役割——韓国の場合	186
	Box 6-4	グローバルな気候協力の必要性	187
第 7 章	図 7-1	いかにして AI が予測を用いてオートメーションを拡張するのかについての定型化された図式	196
	図 7-2	経時的、タスク別の AI 潜在能力	197
	図 7-3	非農業労働生産性成長、1975 〜 2010 年（5 年移動平均）	200
	図 7-4	雇用・人口比率と週労働時間、1976 〜 2022 年	205
	図 7-5	学歴別にみた男女の実質週間勤労所得の累積変化	206
	図 7-6	職業別賃金分布をつうじた雇用および勤労所得の平滑化した変化	207
	図 7-7	勤労所得十分位別にみた高 AI 接触型職業の雇用	210
	図 7-8	人口動態別にみた高 AI 接触型職業の労働者シェア	211
	図 7-9	産業別 AI 接触度と、長期トレンドと比較した就業者数増加	213
	図 7-10	地理的な AI 接触の十分位別にみた平均人口密度	221
	Box 7-1	AI と公平／差別	198
	Box 7-2	政府による AI の応用	204
	Box 7-3	自主的な AI 協定は何を達成できるのか？	220
	Box 7-4	AI は課税さるべきか？	224

第1章
完全雇用の便益

この章は、すべての人々への経済的公正の促進を目的とした、ウイリアム・スプリッグズ博士（Dr. William Spriggs）と彼の生涯かけての努力に捧げられる。この章が彼の観点―「完全雇用とは、一部の人々に対してではなく、すべての人々に対しての完全雇用を意味すべきである」（Spriggs 2015）を反映したものであることが望まれる．

この章は、働く家族とマクロ経済へのタイトな労働市場の経済的効果を議論するものであるが、タイトな労働市場とは、大雑把にいえば、職を求める人に対して雇用が豊富に存在している状況をいう。このトピックは、労働するアメリカ人、そしてまた、バイデン-ハリス政権の労働者重視政策の重要な結果といっていいであろう。この章では、タイトな労働市場によって特徴づけられる3つの経済的時期、すなわち、1990年代末、2010年代末、そして、COVID-19パンデミックの伝染が開始される、最近の時期に注目する。

この章は、まず「完全雇用」の概念を叙述し、そして、買い手独占力として知られる企業市場力に根を持つ経済的枠組みについて考察する（Manning 2003）。この枠組みの直接的結果は、高賃金とより良い雇用を求めての労働者の交渉の立場の改善におけるタイトな労働市場の決定的な重要性である。買い手独占の枠組みはまた、完全雇用の、深くかつ重要な便益を理解する基礎を構築することに役に立つが、とりわけ、労働市場が不況の時にしばしば置きざりにされるグループにとって役に立つ。

この章の中心的発見はまた、しばしば経済的弱者といわれ人口動態的グループを通じた、労働市場成果――それは、失業、労働市場参加、賃金、そしてその他の指標で示されるのだが、それらに対する完全雇用の便益に光を当てる。とりわけ、大統領経済諮問委員会（CEA）の発見によると、他のグループに比べてより高い平均失業率を持つ教育、人種、そして性別によって規定されるような人口動態的グループは、拡張期において失業率のより大きな低下を見るという。関連していうと、より低い平均労働参加のグループは、より高い参加率のグループよりも拡張期において彼らの参加率は上昇することが見受けられる。これらの結果が含意することは、強力な労働市場は、グループを通して、重要な労働市場成果への収束に導くということであり、カジュナー他（Cajner and others 2017）ならびにアーロンソン他（Aaronson and others 2019）による研究と共鳴する発見である。逆もまた真理であって、経済沈滞と緩い労働市場は、とりわけ相対的に優位性の劣るグループにとっては、有害である。

この章ではまた、タイトな労働市場と伝統的に不利な人口動態的グループに関するいくつか衝撃的発見に光を当てる。まず、労働市場成果における人種ギャップは、タイトな労働市場においては縮小する。完全雇用の最近の時期――それは、ちょうどCOVID-19パンデミック前と最近の2年間のことだが――黒人と白人男性それぞれの間の失業と雇用のギャップは、記録的に最も低いレベルに落ちた。第二に、相対的に教育を受けていない経済的に脆弱なグループは、失業率が低い時にはより頻繁に雇用を変える傾向にあり、彼らをして

雇用が豊富な時は雇用のはしごを登ることを可能とする。第三に、働きの制限という障害に直面する労働者は、とりわけ強力な労働市場において、より雇用を獲得しやすいということである。第四に、賃金と報酬は、弱体的かつ停滞的な労働市場の時期を通じて上昇することはなくフラットだが、1990年代末、2010年末、そしてコロナ感染以後のような、経済がタイトな雇用市場を経験した時は、上昇するということである。第五に、賃金と年報酬は、以前示したように失業率と参加率が収束するように、タイトな労働市場においては、収束するということであり、その結果、2015年以降、90分位と10分位、そして、90分位と50分位の間の賃金比率の顕著な縮小に現れている。

これら便益の大きさゆえに、この章では次に、いかなる政策が労働市場の完全雇用を達成し維持することができるのかについて考察し、この目標に向かって機能する効果的なマクロ経済安定の決定的な政策の2つの柱に光を当てるのであり、その政策は（1）データを駆使した金融政策と（2）適宜な財政政策である。この2つによって、経済成長と産出ギャップへのマイナスのショックを和らげることができるのである。この章ではまた、完全雇用の潜在的コストについての考察、つまり、より以上の急激なインフレがそれ以外の場合以上に起こるかもしれないことについても考察する。ここでは、CEAの分析結果を示し、継続的なタイトな労働市場が必ずコストのかかるインフレ状況を引き起こす証拠はどこにもないとする。たしかに、COVID-19前の時期は、インフレなき状況の下で歴史的に低い失業によって特徴づけられたのである。多くの過去の完全雇用のエピソードは、明確に高インフレと相関するものではなかった（以前にはいくつかの例でそうであったが、最近ではそういうことはない）。そして、強力な労働需要が2021から22年にかけての過度なインフレに1つの役割を演じたとしても、その多くの要因は、明確にこの需要によるものではなく、労働市場以外の諸要因によるものであり、パンデミックとそのサプライチェーンへの衝撃によるものであった。

この章では、2022年6月以降の時期を概観することで結論とするが、その画期となる2022年6月は、総個人消費支出価格インフレが、年率7.1%のピークにあった時点である。フィリップス曲線モデルの観点から見れば、インフレ抑制は、失業増大のコスト、インフレ期待の下落、あるいは良好な供給ショックに帰結する。2022年6月以降、米国経済は、インフレ緩和を十分経験してきたのだが、労働市場の悪化という形での犠牲をこうむることはなかった。このことが示唆するのは、近年のインフレは、低い失業率以外のその他の要因によって多くが引き起こされてきたということなのである。長期のインフレ期待が錨のごとく沈められて以降、最もありうるインフレ説明は、供給混乱の結果によるものであり、それは、生産と労働の2つの面からのもので、COVID-19とそれからの回復過程によるものなのである。この説明は、近年のCEAによる分析によって支持されており、供給サイドの変数、それは、単独でも需要と相互連関しているのだが、過去数年のインフレ緩和の大部分を説明する（CEA 2023a）。

もちろん、より以上のインフレ緩和は、今まで起こってきたより以上の経済活動の下落を求めるであろう。しかし、現在までに引き起こされてきたインフレ緩和は、極めて明確にいえることだが、アメリカ人家計に決定的な便益を与えてきたタイトな労働市場状況の犠牲を伴ってきてはいないということである。

完全雇用とは何か、そして、なぜそれが重要なのか？

完全雇用は、新しい概念でも経済学者に限って議論されるものでもない。完全雇用の社会的議論は、1つの教訓として経済学に先んじて論じられている[1]。簡単にいえば、完全雇用とは、働ける、そして働く意思のある労働者が、望みの職と労働時間を確保できる経済のことである。現代経済学

第1章 完全雇用の便益

図1-1 自然失業率の推計値

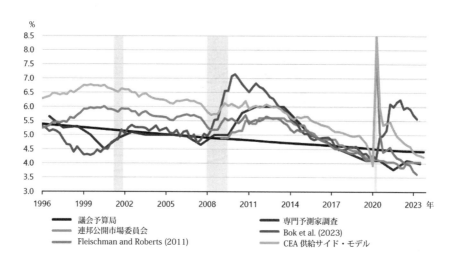

出所：Congressional Budget Office; Federal Reserve Bank of Philadelphia; Federal Reserve Board of Governors; Federal Reserve Bank of San Francisco; Bok et al. (2023); Fleischman and Roberts (2011); CEA calculations.
注：グレーの影はリセッションを示す。

は、一般に、完全雇用を安定的なインフレと調和した最低の失業率という理論的概念を用いることによって定義し、最低の失業率は、u^*（「u-星印」）、自然失業率、あるいは、インフレ加速を伴わない失業率（NAIRU）として表示される[2]。（Box1-1をみよ）。

特定のモデルや定義にもかかわらず、もし失業が u^* であり、労働力がフル操業であれば、その場合、必要労働者数（労働需要）は、提供された賃金で働こうとする人の数（労働供給）と大雑把にいって釣り合うことになる。u^* の値は、ゼロ以上でなければならない、というのは、完全雇用であっても、いわゆる摩擦的失業が存在し、そこでの、雇用を求める人（つまり、失業者のことだが）のかなりは、雇用主が支払いを好まないほど高い賃金要求を持っていると思われる人々だからである。

u^* を概念化する独自かつ経済的に重要な方法は失業がその自然レベルにあり、労働者への追加需要は、実質所得の上昇よりも、インフレを引き起こしかねないことを認識することである。この u^* の概念は、フィリップス曲線に表現されるトレード・オフ関係へ回帰させるのであり、それは、上述のように――何十年にもわたってマクロ経済モデルの中心にあり続けた失業とインフレとのマイナスの特別な相関関係のことなのだ[3]。

自然失業率の推定

歴史的記録は、一般的に失業とインフレとのマイナスの相関関係を確認するが、(Crump et al. 2019) 理論的かつ実証的の両面にわたって多くの問題が、u^* を政策的には実践的ではないと認定する。第一に、u^* は、観察不可能であり、推定されなければならないことを意味するのであるが、それは、ある特定のモデルのコンテキストの中でのみおこなうことが可能であり、そしてそれは、典型的には、誤差の大きな範囲とともにおこなわれるのである（『2016年大統領経済報告』第1章をみよ）。図1-1および図1-2がこの問題に2つの見方を提供する。図1-1は、複数の組織による自然率の現在推定値を比較したものである――議会予算局 (CBO) 報告、各種の連邦準備制度による推定、CEA分析、そして、専

17

図1－2　CBOによる自然失業率の推計値、1996～2033年

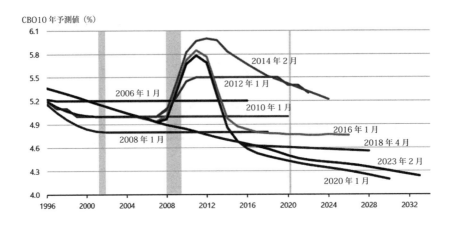

出所：Congressional Budget Office (CBO); CEA calculations.
注：示されている自然失業率は、議会予算局による四半期予測値の年平均である。グレーの影はリセッションを示す。

門予測機関の推定である。明確に、u^*の推定値は、時とともにそして推定機関を通して、かなり異なっている。グローバル金融危機の最高潮期においては、推定値の範囲がほぼ2%ポイントに広がり、COVID-19後の期間では、2%ポイントを超える。しかしながら、COVID-19前の比較的安定的な期間でさえ、推定値はほぼ1%ポイントほど異なっている。

第二に、失業の自然率の推定の基礎となる特定のモデルが、決定的である。たとえば、いくつかの推定は「長期の」推定とみなされ、それは、経済がショックなしに辿る経済に向かっての失業率として、考えることができる。短期のショック、たとえば、労働市場での労働者と雇用のマッチングを阻害し、失業（あるいはインフレ）を一時的に引き起こすようなものは、短期の自然率を引きあげることができ、それらは、グローバル金融危機とCOVID-19の後に起こったのである。図1-1において、提示されている自然率は、諸概念を合わせたものである。CBOの推定値は長期の率に近いもので、一方、専門的予測機関の調査は、その調査に対応した異なる分析を通した諸概念の合わせたようなものである[4]。ボク他（Bok and others, 2023）は、多くの測定を提供しているが、その1つは、失業の安定的インフレ率のフィリップス曲線概念に基礎をおいたものを含み、それは、短期アプローチに近いものである。

u^*推定の基礎となる時間軸とモデルとの間の特徴に関連して、図1-2は、その値を詳細に推計するにあたっての困難についてもう1つの見方を提供する。その図は、1990年代中頃に開始されるCBOによるいくつかある年型の予測を提供している。明らかなことは、推定は、年が経つにつれて大きな修正が施されていることである。それは、ある程度、CBOがそれ自身で時間が経つにつれて自然率の定義を変えたことによるもので、最近では、長期概念によって決着をつけ、一方で、その機関は、以前、短期と長期を率を区別していたのである。

理由のいかんを問わず、特定の年におけるu^*の実体的な推計は、もし失業が驚くべきことに立証期間の推定値u^*を下回り下落すれば、劇的に変化するかもしれないのであり、それは、低失業のCOVID-19勃発以前の時期に起こったのである。2019年のCBOによるu^*の推定値は、たと

18

第1章 完全雇用の便益

えば、CBOが2016年から2018年の推定値をアップデートした時に下落したし、そしてまた2020年に再び下落した。最後に、図1-1と図1-2が示しているように、u^*は、一定ではない。その動きは、マクロ経済の動きによって生み出されるのであり、労働者の人口動態、そして、財政と金融の政策変化によるのである。たとえば、CBOのu^*の推定は、グローバル金融危機の到来によって改定されたが（多くのその他の推計値もそうであったが）、危機からの回復の後期の段階では失業が減少したので、CBOのu^*の推定は重ねて下落した。経済学者ジェームズ・ガルブレイスが、u^*を評して、「それは、見えないだけでなく、動くのだ」（Galbraith 2001）と気の利いたことをいった良き理由もそこにあるといえるであろう。

政策目標としてu^*を使用するもう１つの鍵となる限界は、グループを通しての労働市場の成果の偏差を深くとどめているからである。構造的な労働市場成果のこの偏差は、社会にとって望ましいものとはいえないであろう。CEAがかなり詳細に検討しているように、労働市場の人口動態的グループ間の失業レベル（そしてその他の労働市場指標）においては、考慮すべき構造的偏差がある。黒人男性労働者は、たとえば、歴史的に（データが利用可能となる1976年をスタートとして）白人男性が直面する率より平均で7%ポイント高い失業率なのである。この差異は、（たとえば教育の違いというような）その他の観察可能な特徴によって完全に説明されえず、差別がこの継続する差異のファクターでありうることを示唆している。それゆえ、政策立案者が簡単にu^*の歴史的推定値を目標にしてしまうと、u^*は、大きな人種ギャップとともにあるのだから、長期にわたって取り残されてきたグループの永続的に不利な条件を組み込んでしまうリスクを冒すことになる。

そのすべての欠点に対して、CEAは、なおu^*を便利な概念としてみており、分析家は、それは正確に、とりわけリアルタイムで特定の率として理解はできないし、米国経済と労働市場において、決定的なダイナミズムが働くとも理解してはいない。今日、多くのエコノミストは、少なくとも、急激な短期のショックを取り除くことが許される長期にわたる期間においては、5%はu^*以上であり、3%は、それ以下だと認めるであろう。たしかにパンデミック前は、失業率は、3.5%から4%の範囲にあり、インフレ圧力を創り出しはしなかった。今日の回復過程では、この範囲の比率は、インフレが抑えつけられる間にも維持されてきた。別の言葉でいえば、最近の歴史が示していることは、3.5%と4%の間にある失業率は、長期における維持可能なインフレとともに一貫して変わらず、そして、米国経済に完全雇用の便益を享受させることを許してきたといえる。

タイトな労働市場と一段と上昇するインフレという近年のパンデミック後の時期は、2つの疑問を提示している。（1）u^*が構造的に上昇し、タイトな労働市場を維持することの追求は、以前の循環周期より以上に、過熱化しインフレリスクをもたらすのであろうか？ あるいは、（2）は、パンデミック経済は、特殊ケースであり、だから、その異常な効果の外で、米国労働市場はなお、高インフレに付きまとわれることなく、低失業とともに繁栄することができるのであろうか？

この節のu^*を目標とする実践にかかわる重要性を説明するために、次節では、簡単な理論的フレームワークを与え、完全雇用における労働市場の相互作用とCEAがこの章において提示する実証的発見を詳細に説明する。

買手独占の労働市場

簡潔な基礎的労働市場モデルの要約は、不完全労働市場の理解の基礎を教え込むのに役に立ち、その市場においては、雇用主は、かなりの賃金決定の力を持つのであり、それを経済学者は、一般的に買手独占と呼ぶ。対照的に、完全労働市場の教科書的バージョンは、市場レベルより下の賃金を決定できない諸企業を思い浮かべ、彼らはすべての労働者を他の雇い主に奪われるのではないかと案じるのであるが、そうしたケースでは、雇用主は、完全に弾力的な労働供給曲線に直面するのである。完全競争モデルが１つ意味するところは、賃金差別や労働の搾取は、持続できないということであり、それはなぜなら、競争企業がより良い労働条件と賃金支払いによって、労働者を引きつけることができるからである。より貧しい労働条件で働かせる差別的企業は、改善するか企業活動をやめてしまうかどちらかでなければならないの

である。

　実際は、買手独占力をもって、企業は、その相対的力を雇用市場において、かなりの程度賃金を設定するにあたり、使用することが可能なのである。（実証的研究の1つの要約として、Ashenfelter et al. 2022をみよ）。純粋な買手独占は、所与の市場において唯一の雇用主ということになるが、実際は、もちろんより複雑であり、買手独占と競争の両方を併せもったモデルに近いものである（Manning 2003, 2021; Yeh, Macaluso, and Hershbein 2022; CEA 2016b, 2022）。

　買手独占的競争に導ける多くのありうるメカニズムが存在し、——たとえばそれは、雇用マッチングを遅らせる求職摩擦、雇用主の集中、雇用の多様性、そして、非競争協定のような制度的あるいは、法律的制約などである（Burdett and Mortensen 1998; Manning 2021; U. S. Department of Treasury 2022）。買手独占として提起されている最もふつうの源は、求職摩擦の存在であり、それは、労働者が適切な雇用主とマッチングする過程を阻害するのである。買手独占の権威ある求職モデルは、バーデットとモルテンセン（Burdett and Mortensen 1998）によるものであり、そこでは、企業は労働者を引きつけるため賃金を公示する。このモデルの意味する決定的な点は、企業によって受け入れられる労働供給曲線が上方に傾斜していることであり、より高い賃金は消耗戦を軽減し、雇用能力を改善し、雇用を増加させるのである。このモデルは、完全競争モデルと極めて大きなコントラストを示しており、完全競争モデルでは、企業は賃金受容者であり、完全に弾力的な労働供給曲線に直面するのである。

　ここにおける分析にとって決定的に重要なことは、企業が行使可能な労働市場力の度合いであって、それは利用可能な雇用と労働者間の相対的優位性に関連するのである。タイトな労働市場だと、買手独占力は削減されるのであって、それは、別な仕事を見つけることが容易となり、より良い雇用が増加するにつれ、労働者のその雇用以外の選択肢が増大するからである。新しい雇用に移動する労働者の能力や仕事を辞め急速に新しい雇用先を見つける能力は、企業との賃金交渉における上限をさらに上昇させることを可能とする。関連して、企業は、消耗率の上昇に直面し、労働者を求めることがより困難となる。労働者の改善された交渉力にもとづく立場は、所得における労働者の取り分を上昇させるに効果的であり、それについては、Box1-2において議論される。

　雇用者が競争するとき、雇用主が市場力を発揮する経済的状況において意味する重要な事態は、労働者をジェンダー、人種、障害やその他の諸特徴をベースにして選択したり差別したりすることであり、——それはたとえば、雇用慣行の変更や労働者の特徴にもとづき履歴書を選別することであり——雇用市場が極めてタイトであれば、それらは、経済的に適切なやり方とはならない。そのようなリスクを冒し、雇用主が販売する製品やサービスの需要に合わせることに失敗すれば、利益の潜在的可能性を削減することになり、（差別をしない）競争者の後塵を拝することになるであろう。ぶっちゃけていえば、タイトな労働市場における雇用主による差別は、「銭をテーブルに置き忘れてくる」というようなリスクである。というわけで、買手独占的競争の経済的枠組みが示しているのは、——CEAが調査記録で広範に示しているように——よりタイトな労働市場は、優位的なグループとそうではないグループ間の執拗な人種、ジェンダー、そしてその他の労働市場ギャップに対処するには有益なのである。

　理論的モデルが完全雇用を定義する質的に重要な枠組みを提供しているとはいえ、CEAの分析が示しているには、完全雇用は、明確に意味のある交渉力を労働者に提供するに十分なタイトな状況の労働市場に明白に関連するのである。そのような力は、完全雇用の便益について、次節に述べられる実証的結果に明らかに示されている。

第1章 完全雇用の便益

Box 1—1　労働市場逼迫度の代替的測定

完全雇用の作業用定義の1つは、安定的なインフレと調和するという失業率である。しかし、その失業率は、その定義に反して労働市場の余剰人員を基準にすると、顕著な弱点を持つ。可能性として存在する弱点の中でも、労働力の外にある労働者、過少雇用の労働者、そして、満たされない空きポストをそれは無視している。

この章では、失業率、そして議会予算局（CBO）による失業の自然率に依存して叙述されている一方で、このBoxでは、労働市場における余剰人員の通常4つの代替的測定を考察する。(1) 雇用の空きポスト対失業比率（V/U）(2) U-6、かなりの非参加者とかなりのパートタイム労働者を組み入れた失業のより広範な測定、(3) 働き盛り年齢雇用対人口比率、そして、(4) 離職率である。

雇用の空きポスト対失業比率には、多くの特徴があり、それを魅力的なものにする。第一が、多くの失業モデルの部類の中で（Possarides 2000）、労働市場の逼迫度は、この比率によって測られる。第二に、職を求める労働供給への対応として、U/Vは、直接に、雇用の空きポスト、つまり満たされていない労働者需要の測定である（Elsby, Michaels and Ratner 2015）。失業よりも雇用の空きポストが多いとき、労働市場は、タイト、逼迫しているとみなされる。なぜなら、企業は、労働者を雇い入れるのに困難を抱えており、労働者は、職を見つけるのにより容易な時間を持てるからだ。V/Uは、強力に失業率と相互関係にあり、調査員によって、コアの個人消費支出とインフレが予想されるとき、失業ギャップよりもU/Vは、失業に関して予測エラーが引き起こされことは少ないことを発見している（Barnichon and Shapiro 2022）。（もちろん、同時に満たされていない労働需要の測定値として雇用空きポストをとらえることには批判がある。たとえば、デービス、フェーバーマンとハルティワンガー（Davis, Faberman and Haltiwanger 2013）は、企業によるリクルートの強さはそれ自身周期的であることを示している）。さらにベニグロとエガートソン（Benigno and Eggertsson 2023）は、失業とインフレの関係は、V/Uが1を超えた後、直線的にはうまくは進まず、労働市場がタイトな時は、価格の加速的上昇に導くという。

U-6と働き盛り雇用対人口比率の2つは、失業という範囲を超えて、職を求める人の定義を拡大する測定値である。ただ失業にだけ焦点を合わせると、労働力の外にある人は、職を見つけようとする人ではなくなってしまう。しかしながら、個々人が荒いグループ分けの中でばらばらにいるとき、職を求めてはいるが労働力の外にある諸個人は、長期の失業時においても、雇用に移行しようとしているのである。そしてかなりの参加者は、雇用を望むとはいわないものだ（Kudlyak 2017）。それゆえ、失業率は利用可能な労働供給を過小評価してしまうことになる（Hornstein, Kudiyak, and Lange 2014）。

U-6は、基本的に標準的な失業率から出発するが、しかしそれは、いわゆる限界的に仕事に食らいついている個人や経済的理由からパートタイムで働かざるを得ない労働者も含んでいる。もし、職のオファーがあれば職を受け入れ、彼らが過去数週間ではなく、昨年、職を探していたとすれば、それらの人たちは、限界的に仕事にくらいついている人と考えらえる。もし、労働者が、仕事が少なく、景気が良くなく、フルタイムの仕事を見つけることができず、季節的に需要が落ち込み、あるいは、そのほかの経済的理由で、1週35時間より少なく働くと報告すれば、その労働者は、経済的理由によるパートタイム労働者ということになる。

働き盛り年齢雇用対人口比率（PAEPOP）は、さらに潜在的に職を求める人として、参加者すべてを含める。働き盛り年齢（つまり25歳から54歳まで）に光を当てると、人口の高齢化の影響が除かれ、通学と退職の影響も省かれる。調査員が発見したところだと、失業と比較すると、PAEPOPは、コア個人消費支出インフレを予見し同時に、実質賃金上昇の可能性のより良き予見者であるということである（Furman and Powell 2021）。

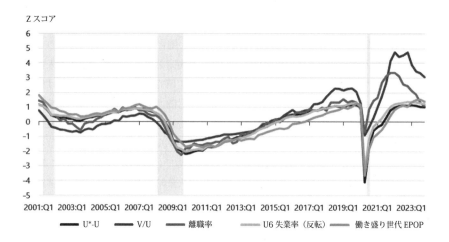

図1-i　労働市場逼迫の計測値

出所：Bureau of Labor Statistics; Congressional Budget Office (CBO); CEA calculations.
注：EPOP＝雇用・人口比率、u＝失業率、u*＝CBO による自然失業率。U6 失業率には、縁辺の人々と経済的理由のためにパートタイムで働く人々が含まれる。V/U= 求人数 ÷ 失業。Z スコアは、2001 年から 2019 年までの各計測値のサンプル平均と標準偏差を用いて計算された。グレーの影はリセッションを示す。

　もう1つ、労働市場の逼迫度の追加的測定値として、離職率があげられ、それは、雇用のパーセントとして、（退職や異動は除き）1カ月その職を自主的に離れる雇用された個人の数を数えたものだ。離職率は、労働市場の強さの良き指標の1つであって、労働者がより良き職を見つけることができると信じて職を自主的に離れる気高い数値だからである（Gittleman 2022; Yellen 2014; CEA 2022）。調査員はまた、離職率と転職の行動は、失業率よりもより良き賃金上昇とインフレを予知する数値であるという（Karahan et al. 2017; Moscrini and Postel-Vinay 2017; Furman and Powell 2021）。フェロシとメロシ（Faccini and Melosi 2023）が、いうには、高い離職率は、直接に 2021 年のインフレ率の上昇につながったという。

　図1-ⅰは、失業率ギャップとともに、4つすべての代替的測定値を描いたものであり、それぞれの数値は、2001 年から 2019 年まで（必要な場合は逆転させてある）その中央値によってそれぞれの測定値を標準化し、比較が可能なように標準偏差によって除したものである。すべて5つの測定値は、VOVID-19 前の時期中、相対的にお互いよく追跡できているが、しかし、V/U 比率は、COVID-19 前で、少々逼迫した労働市場を示した。パンデミック中とその後の両方において、V/U と離職率だけが、他の3つの統計数値の運動とは異なっている。2つの測定値は、失業率それ自身よりも 2021 年以降、顕著に逼迫した労働市場を示してきた。その2つの変数の展開は、なぜ政策立案者が、労働市場のベヴェリッジ曲線の運動と賃金圧力に焦点を当ててきたかの理由を示している。

第1章 完全雇用の便益

Box 1—2　労働者の交渉力と完全雇用

タイトな労働市場の1つの帰結は、雇用が職を求めている人に対して相対的に豊富であり、労働者の交渉力が改善されるということだ。その理由は理解しやすい――労働者の交渉力は、ある程度、労働市場での利用できうる選択肢の幅に由来するからだ。強力な労働市場においては、比較的仕事は見つけやすく、求められる職のオファーは、高い賃金と拡大した機会を含みがちである（賃金と上昇する職業については、以下に述べられる）。より詳細な議論は、スタンベリーとサマーズ（Stanbury and Summers 2020）を見よ。

もう1つの労働者が交渉力を発揮できる方法は、組織化と組合活動を通じてである。図1-iiが示していることは、失業率とCBOの自然失業率間のギャップ（x軸）が縮小すると罷業（y軸）に従事する組合メンバーのシェアが増加するのである。この図は、近年の組合活動の上昇に照らして際立つ素晴らしさを示している。COVID-19パンデミック前の2年間、年間約45万人の労働者が罷業に参加し、それは2018年から19年の教育者のストライキでハイライトをむかえた（BLS 2024）。これらの年のストライキ活動は、1980年代中頃に記録されたより以上の活発化であった。そして、2023年、再び顕著なストライキの波が押し寄せる、その中で最も顕著なのが、ビッグ3の自動車工場の全米自動車労働組合（UAW）に所属する労働者が起こしたものだ。もちろん、罷業は組合活動の1つの例に過ぎないが、それは容易に測りやすく、この分析に向いている。労働者による組合活動のその他の例として、組合選挙の登録、また公正な労働契約に向けての交渉があり、これらは、組合契約によってカバーされた労働条件に重要な効果を及ぼす

交渉力を引き上げる諸力の結果は、経済が完全雇用を達成すると、より大きな経済的分け前が労働者に行くということである（労働組合の労働者

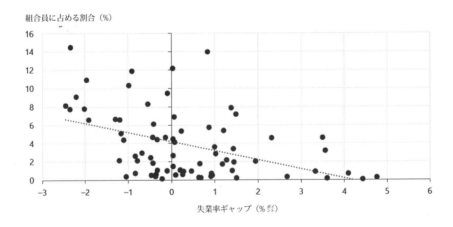

図1-ii　ストライキにかかわった組合労働者の割合、1949～2022年

出所：Bureau of Labor Statistics; Congressional Budget Office (CBO); Freeman (1998); Department of the Treasury (2023); CEA calculations.
注：点線は、グラフに描かれた統計に最も適合する線である。失業率ギャップは、失業率と、CBOによる自然失業率推計値の間のギャップを示す。

であろうがそうでなかろうが)。分け前の規模の1つの測定は、エコノミストが所得の労働の取り分といっているものであり、あるいは、大雑把にいえば、報酬という形で労働者に帰属する総所得のシェアである。図1-iiiは、より高い労働者のシェア(y軸)は、より低い失業率ギャップ(x軸)に関連していることを示している。

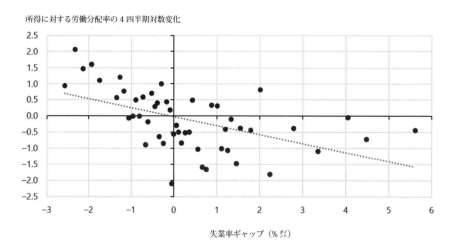

図1-iii　労働分配率の変化と失業率ギャップ、1948～2023年

出所：Bureau of Labor Statistics; Congressional Budget Office (CBO); CEA calculations.
注：点線は、グラフに描かれた統計に最も適合する線である。失業率ギャップは、失業率と、CBOによる自然失業率推計値の間のギャップを示す。労働分配率は非金融法人企業セクターのものである。

完全雇用の便益についての証拠

この節では、強い労働市場と完全雇用が労働者に与える便益について一連の定型的な事実を提示するが、それは、とりわけ、典型的には、労働市場にあまり接することが少なく、他のグループに比べて報酬の少ないグループに所属する人々への便益なのである。

労働市場の成果の長期のトレンド

人種およびエスニック・グループごとに分類した失業および雇用率の長期のトレンドは、強い労働市場の諸成果の便益的効果について顕著な図を描いており——スプリッグズ(Spriggs 2017)によって明らかにされた。この章においては、CEAの研究者が、カジュナー他(Cajner and others 2017)によって使われた方法を拡張するが、彼らは、年齢、地理的地域、婚姻状況、そして、教育によって調整された後の不明な、選択された人口動態的なグループ間における、失業率と雇用・人口比率のギャップを推定する[5]。図1-3は、よく知られている分解法を使って黒人男性失業率マイナス白人男性失業率、黒人女性失

第1章
完全雇用の便益

業率マイナス白人女性失業率の不明な部分をプロットしたものである[6]。図のパネルBは、ヒスパニック男性失業率マイナス白人男性失業率、そして、ヒスパニック女性失業率マイナス白人女性失業率を示している[7]。

観察される性格によって説明されえない、グループを通した失業率の違いの顕著ないくつかの特徴がある。まず、説明変数の違いを考慮した後においても、黒人男性、黒人女性の失業率は、白人男性、そして白人女性のそれよりもかなり高くなっている。しかしながら、1980年代初め以降、説明できないギャップは縮小してきている。第二に、脆弱な労働市場は、経済的に脆弱なグループにとってはとりわけ致命的である。グローバル金融危機の間中、黒人男性と白人男性との間の説明できない不明の失業率ギャップは、約2％ポイント上昇したが、一方で黒人女性と白人女性の間のギャップは、1.5％ポイント上昇した。さらに、説明できない不明の失業率ギャップは、リセッション後優位性の少ないグループにおいて高いことが持続したのであって、黒人男性の失業率は白人男性の失業率に対して回復するのがほぼ10年近くかかったのである。それにもかかわらず、それは回復し、CEAデータによってカバーされた、2018～19年と2022～23年のタイトな時期に近づくにつれ、黒人男性の失業率は、白人男性のそれに記録的に近くなってきた。

図1-4は、図1-3で示されたのと同じ調整を使用し、同じ人口動態的グループを比較し、雇用・人口比率の説明できない不明のギャップを提示している。雇用・人口比率は、失業率と労働参加率によって決定されるものであるが、それはともにグループを通じた労働市場の成果を要約するのに役立つ。一方で、雇用・人口比率の周期性は、あまり語られてはいないが、部分的には、長期の労働参加率のトレンド変化によるもので、数値は、強い労働市場がグループ間の労働市場成果のギャップを閉じるのに決定的であることを示している。たとえば、黒人と白人の女性間のギャップは、1990年代末の完全雇用労働市場においては、大幅に縮小したのである。2000年リセッションが起こった後、労働市場は、グローバル金融危機の回復からよくなるまで、弱く推移したが、白人男性・女性に対して、黒人男性・女性双方の相対的改善は欠落していた。労働市場が、2015～19年に完全雇用に到達したとき、ギャップはかなり縮小し、それは、COVID-19パンデミックの後まで続いた。分析は、部分的に労働市場成果を決定する諸性格、たとえば年齢のようなものを調整しているから、説明は、図1-4にみられる説明できない不明のギャップの源にかかっている。1つの決定要因は、明確に人種差別であり、それは、長期にわたって、労働市場と他の経済的成果の決定要因であり続けたのである（Charles and Guryan 2008; Lang and Lehmann 2012）。タイトな労働市場は、なぜ雇用における人種差別を削減するのか？[8] まず、労働者がより簡単に代替雇用とよりよい雇用を見つけることができるからであり、彼らが差別を経験するとき、よりよい機会を求めて離れることができるからである。第二に、タイトな労働市場は、差別行動のコストを上昇させ、経済的に適切なものとはならないからである。もし、人種によって差別するある雇用主が、その偏見にもかかわらず、利益を最大化するに必要な労働者を見つけることができるとすれば、そうすることには比較的コストはかかることはないであろう。とりわけ彼らは、法律的あるいは、名声からいって、差別行為に絡む害をこうむることはないかもしれないからである。しかし、もし労働市場がタイトであれば、その差別にはコストがかかり、利潤を失うということになるから、雇用主は、差別的にはならず、的確な労働者を締め出すというような雇用障壁を取り除くこととなるであろう。この力関係が、なぜ強力な労働市場が、その市場の人種ギャップを狭めることになり有益となるのか、その理由の少なくとも一部なのである。

上げ潮は、他よりもかなりの船を持ち上げる——グループを通じての周期的変動

CEAによる分析が示すには、米国においては、経済的に脆弱な人口動態的グループ——それは平均して労働市場の成果をよりひどく経験するのであるが——完全雇用から生じる便益を最も多く受けるグループでもある。この検証はウオルファーズ（Wolfers 2019）によって開発されたものと同じ方法を引き継いでスタートし、より低い総失

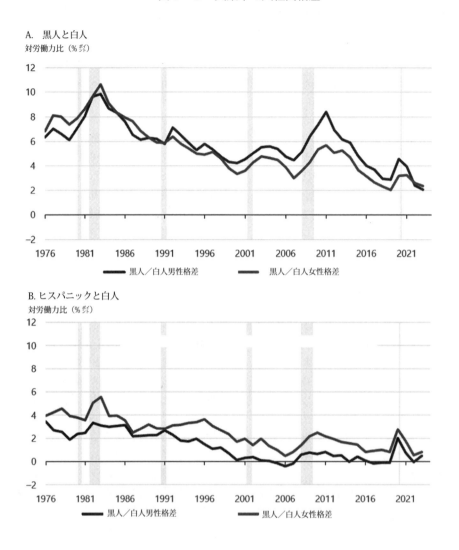

図1-3 失業率の人種間格差

出所：Current Population Survey; CEA calculations.
注：白人と黒人の集団は、非ヒスパニックである。Cajner et al. (2017) の方法論を用いて推計されている。グレーの影はリセッションを示す。

率と人口動態的に広範囲な幅の労働市場成果との相関関係を推定した。

まず、CEAは、働き盛りの人々を4つの人種・エスニック・カテゴリー（黒人の非ヒスパニック、白人の非ヒスパニック、その他非ヒスパニックグループ、そして、ヒスパニック）、性別、そして、2つの教育グループ（高卒あるいはそれ以下、大学卒かそれ以上）によって、16のグループに分けた。第二に、CEAは、荒いマイクロデータが利用可能となる、1976年以後のすべての景気循環を通して、それぞれのグループの失業への周期的対応を計算する。周期的対応とは、景気循環のピーク（谷）からそれぞれの谷（ピーク）までの、失業率の平均上昇（あるいは減少）として定義さ

第1章 完全雇用の便益

図1-4 雇用・人口比率の人種間格差

出所：Current Population Survey; CEA calculations.
注：白人と黒人の集団は、非ヒスパニックである。Cajner et al. (2017) の方法論を用いて推計されている。グレーの影はリセッションを示す。

れるが、日付は、総失業率ギャップの景気循環における最低値と最高値によって規定される。第三に、CEAは、1976年から2023年まで全体を通して各グループの平均失業率を計算した。

図1-5は、x軸上ではグループ特有の平均失業率、そして、y軸上では、失業率の周期的平均対応について、その2つに関連する回帰直線とともに示している。

この図は、グループの平均失業率（x軸において、より高く）と景気循環を通してそのグループの失業率変化の度合いとの（自動的なものあるいは起こる必要があり起こったものではない）

1つの顕著な強い関連を示している。たとえば、図1-5の最も右上の点は高卒あるいはそれ以下の働き盛り黒人非ヒスパニック男性の周期的反応を示している。グループの平均失業率は、びっくりするほどの12％であり、そしてこの率は、平均景気循環を通して約7％ポイントほども変化する。さらに、回帰線が示していることであるが、もしグループの失業率が平均して1％ポイントほど高いと、その失業率は、景気循環を通じて約0.5％ポイント以上変化すると期待される。

図1-6は、失業率を労働参加率（LFPR）に置き換えたものであるが、それは、優位性をあまり

図1−5　失業の循環的変動と平均失業

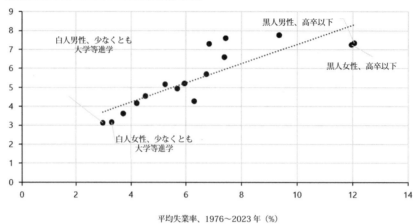

出所：Current Population Survey; CEA calculations.
注：点線は、グラフに描かれた統計に最も適合する線である。サンプルは働き盛り世代（25〜54歳）に限られている。白人と黒人の集団は非ヒスパニックである。

図1−6　LFPRの循環的変動と平均LFPR

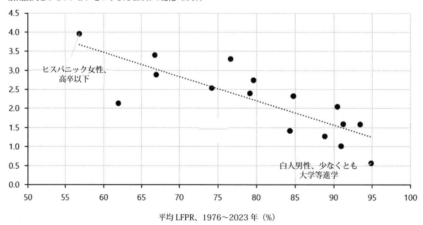

出所：Current Population Survey; CEA calculations.
注：LFPR＝労働参加率。点線は、グラフに描かれた統計に最も適合する線である。サンプルは働き盛り世代（25〜54歳）に限られている。白人と黒人の集団は非ヒスパニックである。

第1章 完全雇用の便益

図1−7 転職率の循環的変動、人種別および学歴別

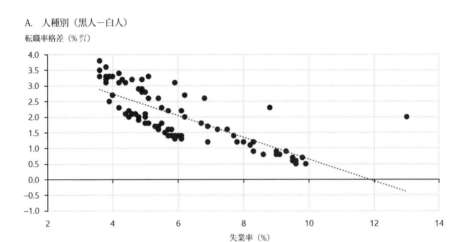

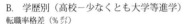

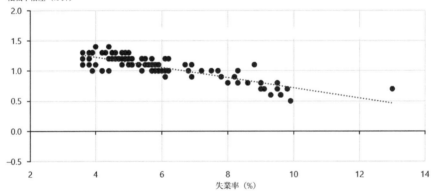

出所：Census Bureau; CEA calculations.
注：点線は、グラフに描かれた統計に最も適合する線である。白人と黒人の集団は非ヒスパニックである。

持たないグループが、強力な労働市場からより多くの便益をこうむっていることを明確に示している[9]。比較的低い平均労働参加率を伴うグループ（図ではx軸に沿って左に移動するのであるが）他のグループに比べて景気循環を通してLFPRにおける比較的より大きな増加を経験する。

失業率の下落、LFPRの上昇に付け加えて、より優位性をもたないグループの労働者は、より弱い雇用市場というその他の場合よりも雇用のはしごをより成功裏に上ることに成功する。職業を変える、より良い職業を見つける、そして、より高い賃金と便益を求めて交渉する能力は、労働者に対して長期にわたって継続する機会を提供する、経済のすべての重要な諸特徴である（Topel and Ward 1992; Bjelland et al. 2011; Haltiwanger et al. 2018; Bosler and Petrosky-Nadeau 2016）。図1-7が示していることであるが、雇用のはしごを駆け上がり、便益を刈り取る、経済的に脆弱なグループの能力は、経済がうまくいっていない時よりも、完全雇用の時の方がより大きくなるのであ

図 1−8　障害者の非参加から雇用への月次移行率

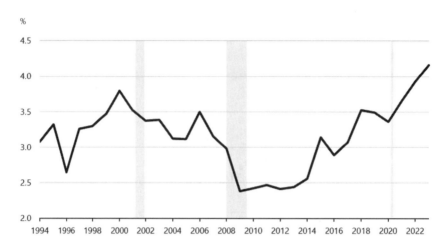

出所：Current Population Survey; CEA calculations.
注：グラフは、t 月に労働力でなく、t+1 月に雇用されたと報告した、自己申告で障害を持つ働き盛り世代（25〜54 歳）の年平均シェアを示す。グレーの影はリセッションを示す。

る。分析は、転職率の人口動態的グループ間の差異に焦点を当てる——つまり、四半期別に異なる雇用主での雇用につく労働者の率であって、——それは、センサスの長期的雇用主家計データによってつくられたものである[10]。

　図 1-7 のパネル A は、白人労働者に対する黒人労働者の転職率の差異を示したものである。たとえば、2000 年第 3 四半期から 2022 年第 3 四半期まででは、黒人労働者の転職率の平均は、6.8％であり、白人労働者は 4.7％であり、平均のギャップは、2.1％ポイントであった。しかしながら、2019 年の失業率が 4％を下回る場合、そのギャップは、3.4％ポイントへ上昇した。一方で、2010 年の失業率が 9％を超えるときには、そのギャップは、0.7％ポイントへ縮小した。この周期的パターンは、図 1-7 のパネル A における下降傾向の回帰線によって表される。

　図 1-7 のパネル B は、教育別グループにおけるこれら諸発見に呼応するものであり、大学かそれ以上の学位を持つものに対して、たった高校卒の資格を持つものの転職率の差異を示している。回帰線は、再び下降傾向にあり、強い労働市場は、より教育のあるものに対して、あまり教育を受けていないものに対する雇用はしごの見通しに便益を与えていることを示しているのである。Box1-3 は、平均賃金の周期的な上昇の重要性に追加的な光を与え、そして、上述の Box1-1 は、関連する測定、すなわち、辞職率を論じるのであって、それは、労働市場のタイト化の代替的測定なのである。

　完全雇用から直接便益をこうむる、もう 1 つの重要な労働者の類型は、労働に制限のある障害を持つ労働者である。図 1-8 が示しているのは、労働に制限のある障害を持つ働き盛りの年齢の労働者が、非労働参加から雇用へと移動する比率であって、長期的にマッチする現在人口調査データによって算出されたが、その率は、失業が落ち込むとしっかりと上昇するのである。いったんそのような労働者が雇用を見つけると、彼らは経験を積み、より良い雇用へと移転することができるのである。この動態的過程は、これら労働者とその家族へ長期にわたる便益をもたらすことができるのであり、同時に経済全体の生産能力の点からも便益が生じるのである（Yellen 2016）。

第1章 完全雇用の便益

Box 1—3　職業のグレードアップ

タイトな労働市場は、平均賃金レベルを持ち上げ、この章で提示された CEA の分析が示すように、労働者は、職を異動することによって、強力な労働市場の有利さを獲得する。この章が示すように、これら2つの動きは連動している：タイトな労働市場において、労働者は、職業のはしごを昇り、より高い給与に関連する雇用に異動する。

職業上の前進を評価するため、CEA は、2018 年と 2019 年の賃金中央値をとる職業指数を使用するが、それは、詳細なる職業によるものであり、時を前後するそれぞれの職業の労働力シェアに従うものである。2018 年と 2019 年の職業賃金レベルを測定するために、CEA は、（IPUM の調和済み 2010 年定義を使った）職業ごとの現下の退職ローテーショングループの人口調査の時間賃金の中央値をとる。より形式的にいえば、指数は、この通常の最小二乗法回帰：$W_{it} = b_0 + b_{it} + BX_{it} + e_{it}$ の b_0 と b_i のパラメータから算出するが、ここでサンプルは、個人レベルの現下の人口調査データを使用し、調整された職業 i の時間 t の労働力の各個人を含み、W_{it} は、2018〜19 年の職

図 1–iv　職業別昇進指数

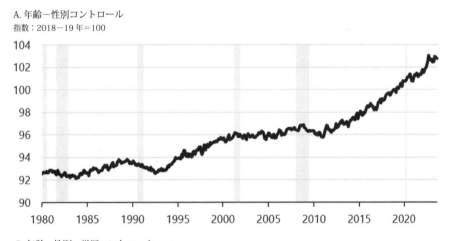

A. 年齢—性別コントロール
指数：2018−19 年＝100

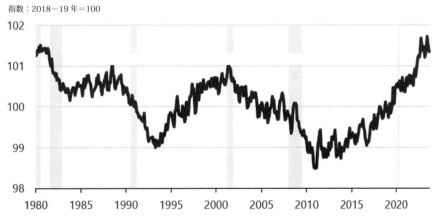

B. 年齢—性別—学歴コントロール
指数：2018−19 年＝100

出所：Current Population Survey; CEA calculations.
注：統計は両方ともコーホート・コントロールが含まれる。グレーの影はリセッションを示す。

業 i の賃金中央値であり、一方で X_{it} は、統計上の人口集団のベクトルである。

図 1- iv のパネル A においては、指数は、性、年齢、そして誕生世代の統計的集団とともに推計されている。それが示していることは、職業上の前進はたしかに周期的ではあるが、過去 40 年間において着実な前進を示してきたということである。パネル B に示された指数は、さらに教育について統計を示している。教育とその他の統計集団との重要な説明上の違いは、もし個人が、労働市場が緩んでいるとき教育プログラムに参加を選択すれば、教育達成度はある程度反周期的であるかもしれないということである。

過去 40 年間を通して、平均的教育達成度は、米国において上昇してきているということである。事実、図 1- iv のパネル A の明確な上方傾斜のラインに比べてパネル B のラインは、フラットであり、それは、1980 年代以降、教育が職業上の前進の鍵となる駆動因になってきているということを示唆する。労働者は、高校を卒業し大学の学位を獲得することが多くなればなるほど、より高い給料の職業に異動することができている。

さらに、諸結果が示唆していることには、1980 年代初期のリセッションそしてまた、2001 年と 2008 年においても（教育達成度は一定として）すぐに回復できない米国労働者間の深刻な職業上の下落を表している。対照的に、1990 年代末そして、2014 年から 2019 年のタイトな労働市場においては、職業上の前進は加速を再び始めているのであり、それは、COVID-19 パンデミック中においてもさらに加速されたのである。2014 年に始まるほぼ 10 年を通して、労働者は、職業上の前進の最初の 30 年の喪失を取り返した。2023 年までに、労働者は、平均でいうと、教育による統計操作を入れたとしても、1980 年以来いかなる時点よりもより高い給料の仕事についている。この結果が示唆しているのは、強力な労働市場が、教育以外の伝達経路を通じて働いているということであり、かつてのリセッションにおいて職業上の階梯をずり下した労働者を引き上げることができるということなのである。

賃金と家計所得への完全雇用効果

タイトな労働市場によって与えられる強力な交渉力は、雇用率を高めるだけではなく、より少ない優位性を持つグループの賃金と所得を上昇させる。図 1-9 は、1973 年以降の白人非ヒスパニック、黒人非ヒスパニック、そして、ヒスパニックの実質賃金の中央値を示したものである。この図が示しているように、実質賃金は、長期にわたって停滞しているが、例外なのが、1990 年代末、2020 年代末、そして、COVID-19 に続く直接的時期のタイトな労働市場期における継続する成長期である[11]。たしかに、1973 年から 1996 年の 23 年間において、CBO が 1990 年代末において、労働市場が完全雇用の長期の期間を開始したと推定した時、失業率は、四半期の約 27% において自然率をちょうど下回った。それらの期間において白人と黒人の賃金の中央値は、ほぼフラットであったが、ヒスパニックの賃金は、約 10% 下落した。1996 年から 2023 年のデータの終わりを通して、失業率は、四半期の 47% において、自然率を下回った。そして、賃金上昇は、良好であり、白人、黒人、そしてヒスパニックの労働者、それぞれで、中央値が、22, 23、そして 29% 上昇した。

図 1-10 はまた、実質賃金が最近のタイトな労働市場において収束したことを示し、とりわけ、所得分布の低い下の方においてのことである。図 1-10 において、CEA は、オートー、デューブ、マグルー（Autor, Dube and McGrew 2023）の最近の仕事を再現し、COVID-19 の前後の時期において賃金収束を推測し、年齢、労働市場経験、人種と民族、地域、そして出生による人口動態的差異を調整した[12]。人口動態的統制集団は、とりわけ、労働力に起こる巨大な移動による COVID が引き起こしたリセッションのピークを通じてとりわけ重要である。

図 1-10 は、パンデミック前後の顕著な賃金圧

第1章 完全雇用の便益

図1－9　中位実質賃金、人種・エスニシティ別

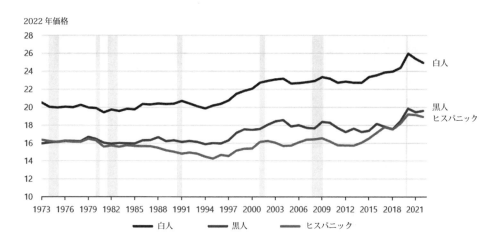

出所：Bureau of Labor Statistics; Economic Policy Institute's State of Working America Data Library.
注：白人と黒人の集団は非ヒスパニックである。グレーの影はリセッションを示す。

図1－10　時給圧縮、COVIDの前後

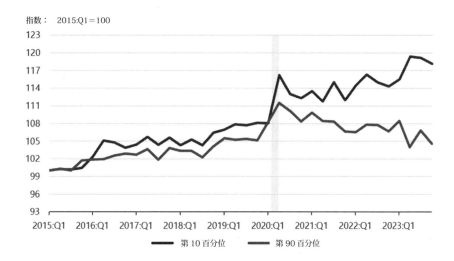

出所：Current Population Survey; CEA calculations.
注：Autor, Dube, and McGrew (2023) の方法論を用いて推計されている。グレーの影はリセッションを示す。

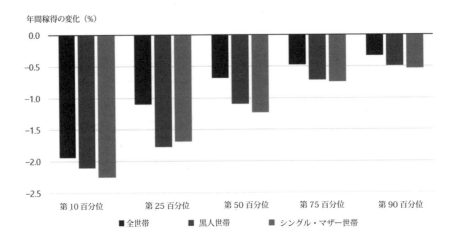

図1-11 世帯所得にたいする労働市場の緩慢化の影響

出所：Current Population Survey; CEA calculations.
注：1977〜2023CPS年間社会経済補足のデータを用い、Bernstein and Bentele (2019) の方法論を用いて推計されている。それぞれの棒グラフは、CBOによる失業率格差の推計値が1%ポイント上昇した場合の世帯所得の予想変化率を示している。

縮を示しており、それらの時期はいずれも完全雇用だった。第10分位の賃金上昇は、約3%が、第90分位のそれよりもCOVID前の2015年第1四半期から2019年第4四半期では高かったが、COVID後、それは、2020年第2四半期を谷とする景気循環の始まりで、2023年第4四半期を通してのことだが、実質賃金は、所得底辺層においては、そのトップよりも約7%も高く成長した。強力な労働市場という要因のほかにCOVID後の賃金圧縮を引き起こす要因は、たしかに存在し、——たとえば、リモートワークへの移動が高賃金労働者の賃金成長を抑えた（Barrero et al. 2022）というものもあるが、賃金圧縮は、1960年代中頃以降、米国の労働市場において最強の伸張を伴って引き起こされた。

表1-1は、2つの期間における賃金不平等の標準比率の変化を示したものである。データは、顕著な賃金圧縮を裏づけており、とりわけ、90/10の賃金比率による測定に示されているように、トップと底辺間の賃金圧縮が顕著である。

ベルンシュタインとベンテレ（Bernstein and Bentele 2019）の方法に従って、図1-11は、全人口、黒人家計、シングルマザー家計のCBOによる5分位に分けた勤労所得に対して、1%が総失業率の上昇が実質年間勤労所得（時間賃金で働く年間労働時間に等しいものだが）へどの程度の影響があるかを示したものだ[13]。労働市場の緩みと所得の関係は、すべてのグループにおいて、高額勤労所得者よりも低・中勤労所得者に対しての方がより大きい。さらに、所得は低所得黒人とシングルマザー家計に対してより大きく対応する。図1-11のライトブルーの棒は、黒人家計の係数を示しているが、全人口（ネイビーブルーの棒）のそれよりも分布のいかなる点においてもより大きなものとなっている。しかしながら、黒人家計に対して全人口との最も大きな差異は、25分位にある。同じ傾向は、シングルマザーによる家計の間において明らかであり、このグループは典型的に低賃金に直面しており、多くの他のグループより以上に労働市場に恩恵を被っていない（Miller and Tedeschi 2019）。

実質賃金と所得成長における係数は何を意味するのであろうか？ 表1-2は、各時期の第1列においては、労働市場がタイトあるいは緩んでい

第1章 完全雇用の便益

表1－1　COVID-19前後の労働市場における賃金圧縮
期間を通じての変化率

比率	2015年第1四半期～ 2019年第4四半期	2020年第2四半期～ 2023第4四半期
第90百分位／第10百分位	－3	－8
第90百分位／第50百分位	－3	－2
第50百分位／第10百分位	0	－5

出所：Current Population Survey; CEA calculations.
注：この表は、示された百分位の賃金の比率を示す。Autor, Dube, and McGrew (2023) の方法論を用いて推計されている。

表1－2　特定の景気循環における実質世帯所得の予測変化

世帯のタイプ	百分位	1992～2000年 景気拡大		2006～09年 リセッション		2009～19年 景気拡大	
		実質所得の 予測変化率	実質所得の 実際の変化率	実質所得の 予測変化率	実質所得の 実際の変化率	実質所得の 予測変化率	実質所得の 実際の変化率
すべて	第10百分位	7	52	-11	63	12	43
	第25百分位	4	27	-6	47	7	28
黒人	第10百分位	7	41	-12	64	13	29
	第25百分位	6	14	-10	146	11	45
シングル・マザー	第10百分位	8	44	-13	53	14	-145
	第25百分位	6	14	-9	135	10	65

出所：Current Population Survey; Congressional Budget Office; CEA calculations.
注：Bernstein and Bentele (2019) の方法論を用いて推計されている。

るときの各時期のさまざまなグループのCEAの簡単なモデルにもとづき実質所得の予想された百分率変化を示している。各時期の第2列は、予想所得変化（第1列からの）を相当するグループにより経験された実際の所得変化のシェアを示している。諸結果は、より大きな所得シェアの獲得と喪失は、総労働市場のパフォーマンスと関連しているということであり、強い経済は経済的に脆弱なグループにとって決定的であるという見解を強化している。

完全雇用に到達させ維持する

　上述の節において示したように、継続的なタイトな労働市場の便益は、とりわけ、しばしば労働市場の緩い時期に取り残されるグループに対して、重要かつ経済的に意味のあることなのである。しかしながら、近年の米国経済史は、完全雇用かそれに近い状況のいくつかの時期で特徴づけられる一方、第２次世界大戦後のより長い範囲では、励みとなるものは少なかった。図 1-12 は、$u>u^*$ の四半期は、ダークブルー、$u<u^*$ の四半期はライトブルーで示してあり、CBO による u^* の測定を使っている。図が示していることだが、1949年から1981年までの戦後の前半を通じて米国労働市場は、四半期の64%において失業率はその自然率を下回った。しかしながら、その時期の後半、1982年に始まったのだが、米国は、その四半期の38%において完全雇用を達成した。さらに、前半において、失業率がCBOの自然率を下回った時、失業率とCBOの自然率との間のギャップは、平均でマイナス1.2%ポイントだったが、後半では、それは平均でマイナス0.6%ポイントであった。

　この章において論じられた便益についてなくなった事は別として、そのほかの完全雇用ではない状況のコストをいえば、経済学者がヒステリシス（履歴効果）と呼ぶコストが存在し、それは、経済の供給サイドへの長期かつ構造的なダメージを意味し、その潜在的成長率をより低くする（Yellen 2016）。経済の成長率は、労働力の規模成長とこの労働力の生産性成長の広い意味での関数なのだ（CEA 2023b）。たとえばもし、弱い労働需要のため潜在的労働者が労働力から外れるとすると、彼らは、生産性向上の経験と継続的な労働力に備わっているスキルを危機におとしいれることになる。レイフシュナイダー、ワッシャー、ウイルコックス（Reifschneider, Wascher and

図 1-12 議会予算局による失業率ギャップの推計値

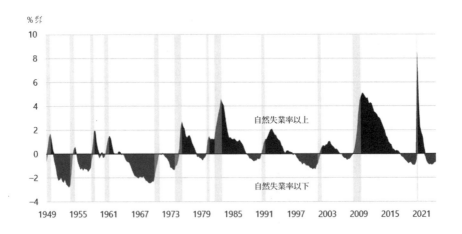

出所：Bureau of Labor Statistics; Congressional Budget Office; CEA calculations.
注：グレーの影はリセッションを示す。

第1章
完全雇用の便益

Wilcox 2013) による影響力のある分析は、「需要に関連した供給の内生性」として問題をとらえ、それが意味するところは、労働供給は、労働需要に影響されるということなのである。これが作用する1つのチャンネルは、弱い労働需要が潜在的労働供給を削減するということであって、もし労働者が長い失業の期間によってそのスキルを失い、それゆえ継続的に雇用の可能性が少なくなっているとすれば、そうなるということである。これが作用するもう1つのチャネルは、少ない雇用は、必要とする資本投資を削減し、それは、経済における生産的資本の供給を削減することにはね返ってくるということである。

この章のコンテキストにおいては、u^*を超える失業の長く続く期間は、執拗に有害なヒステリシスを生み出すということを意味する。タイトな労働市場の長く続く期間は、ヒステリシスを逆転させることができるという(つまり、経済の潜在成長率の改善)ということに多くの証拠がないとはいえ、その動きにはかなり期待できる(Yellen 2016)。この章で示したように、完全雇用が、もし、そうでなければ置き去りにされたかもしれない労働者を労働市場に引きつけるならば、ヒステリシスを逆転させる積極的な効果が実現されるかもしれない。完全雇用は、また、生産性のような他の供給サイドの積極的な効果を持つことができるかもしれない。

完全雇用の便益は、どのような政策選択が完全雇用に導き、どのようなトレード・オフに諸選択を導くのかという疑問を浮上させる。インフレと失業のトレード・オフがフィリップス曲線のフレームワークの基盤となっていることは、政策議論において長く支配されてきたが、それは、ベイカーとバースタイン(Baker and Bernstein 2013)が示したように、図1-12に示された長期の緩みの期間の1つの理由だった。しかしながら、近年では、多くの経済学者は、u^*の測定に困難を認識してきており(図1-1に埋め込まれている不確実性をみよ)、連邦準備のエコノミストを含めて、政策立案者は、「データ重視」となっており、u^*の点予測において時間をかけることが少なくなってきている(Staiger, Stock and Watson 1997; Powell 2018)。

より正確にいえば、データ重視の議論が浮上してきたのは、財政政策ならびに金融政策を操るに十分に信頼性のあるu^*を確定することが難しくなり、フィリップス曲線の価格が比較的フラットに観察され、経済政策立案者は、かなりのインフレ結果のリスクを低くして労働市場をタイトにすることが許されるようになった(Powell 2018)。タイトな労働市場の便益の均等化に関して上述のような発見は、サイドラインからの新しい労働者を引きつけることを含めて、その議論をさらに強化することとなった(Bernstein and Bentele 2019；Cajner, Coglianese, and Montes 2021)。

1990年代末そしてパンデミック前の完全雇用の経験は、データを通じて判断の必然性を示し、そのデータは、決定的な変数に関するものであり、雇用、LFPR、賃金、労働市場の人種差別、そしてその他というようなものだった。これらの時期を通じて、失業とインフレの双方は、比較的低く、顕著なインフレリスクもなく、経済的に脆弱なグループのためには、良好なトレード・オフを示していた。そして、たしかに図1-2が示していたように、パンデミック前のタイトな労働市場の間中、自然率の推定は、時間とともに下方修正され続けたが、それは、連邦準備のデータによるアプローチを有益なものとした。

過去の幾年かにおいてこのパターンは、困難となった。パンデミックが始まり、経済がシャットダウンされたとき、失業率はほぼ15%に上昇し、インフレは、マイナスに転じた。そこで、経済が画期的な強力な財政・金融政策援助によって、再開されるにつれ、失業は鋭く下落し、一方で、インフレは、2022年の夏には、40年来の高さに上昇した。このような動きは、価格がフラットではない、急な価格上昇フィリップス曲線と関連した。この章で述べたことだが、この期間において、2つの疑問が持ち上がる(1)u^*は、構造的に上昇し、タイトな労働市場を維持する政策の追求は、以前の景気循環以上のオーバーヒーティングとインフレリスクを生み出すのか？あるいは(2)パンデミック経済は、1つの特別ケースであり、その尋常ならざる結果の外で、米国労働市場はなお低失業が続き必ずしも高インフレに伴われることなく繁栄することができるのか？

CEAは、2023年大統領経済報告において同様の質問を追求し、そこでは、利用可能な事実を基

表 1－3　総合 PCE ピーク以降におけるインフレと労働市場の形成

結果	2022 年 6 月 （%）	2023 年 12 月 （%）	変化 （%ポイント）
総合 PCE、年	7.1	2.6	−4.5
総合 PCE、3 カ月年率	7.4	0.5	−6.9
コア PCE、年	5.2	2.9	−2.3
コア PCE、3 カ月年率	5.1	1.5	−3.6
失業率	3.6	3.7	0.1
黒人失業率	5.8	5.2	−0.6
LFPR	62.2	62.5	0.3
黒人 LFPR	62.2	63.4	1.2
非農業セクター就業者数 a	152,348	157,347	3.3

出所：Bureau of Labor Statistics; Bureau of Economic Analysis; CEA calculations.
注：PCE＝個人消費支出価格指数。LFPR＝労働参加率。失業率と LFPR は 2023 年母集団調整改定で調整されている。
　　a 非農業セクター就業者数は 1,000 人単位、非農業セクター就業者数の変化は % 単位である。

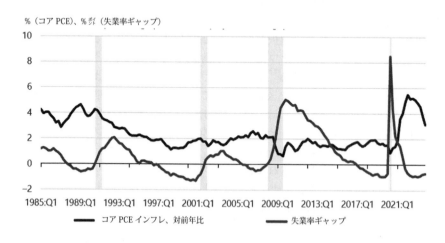

図 1－13　コア PCE 物価インフレと失業率ギャップ

出所：Bureau of Labor Statistics; Bureau of Economic Analysis; Congressional Budget Office (CBO); CEA calculations.
注：PCE＝個人消費支出。コア PCE インフレは対前年比変化率である。失業率ギャップは、失業率と、CBO による自然失業率推計値の間のギャップを示す。グレーの影はリセッションを示す。

第1章 完全雇用の便益

図1-14　ベバレッジ・カーブ、COVID前後

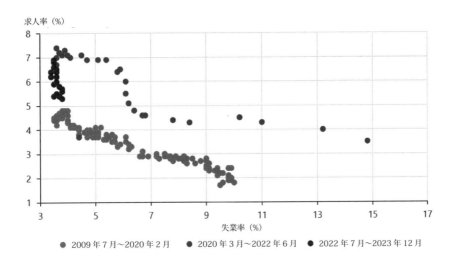

● 2009年7月～2020年2月　　● 2020年3月～2022年6月　　● 2022年7月～2023年12月

出所：Bureau of Labor Statistics; CEA calculations. 2024 Economic Report of the President.

図1-15　フィリップス・カーブ、COVID前後、大都市統計地域レベル・データ

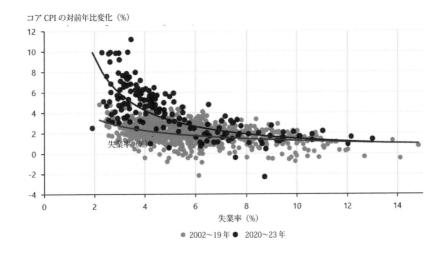

● 2002～19年　　● 2020～23年

出所：Bureau of Labor Statistics; CEA calculations.
注：MSA＝大都市統計地域。CPI＝消費者物価指数。コアCPIには、食料とエネルギーを除いたすべての品目が含まれる。データは半期ごとで、季節調整はおこなわれていない。あてはめ線は、対数重回帰分析による予測値である。水色のあてはめ線は、COVID以前の期間をつうじて推計されており、紺色の線は2020年から推計されている。

Box 1—4　構造的な労働市場の緩みに対処する諸政策

　この章では、多くを労働市場の周期的な緩みに注目し、労働市場における完全雇用を実現維持するための財政・金融政策を促している。しかし、経済的に恵まれない人々に注目する分解された労働市場データが明らかにしている通り、多くの人々は、周期的な失業に苦しんでいるばかりではなく、構造的失業にも悩まされているのだ。このことを明確に理解するための簡単な方法は、完全雇用にもかかわらず構造的障壁に直面する労働者にとって、彼らの失業率が、より高くされているということを知ることである。

　CEA の分析が明らかにしているように、完全雇用は、恵まれない人々のグループにとって、絶対的に（すなわち、失業が減少し、実質賃金が上昇する）か、相対的にか（他と比較してより得るものがある）、両方において役に立つのである。しかしながら、労働市場の周期とかなり関係のない構造的障壁を克服しようとするかなりの人々を救済するためには、そのほかの諸政策が必要とされる。

　手ごろな子どもケア　現下の周期のタイトな労働市場が、子どもを有する女性を含めて画期的な労働力の前進を促進している一方で、手頃な子どもケアの欠落は、強い労働市場において完全に参加しようとする子どもケアの責任を持つ女性の能力を押し付けている構造的障壁なのだ。手頃な子どもケア、それは、米国においては明らかに過少供給なのであるが（U.S. Department of the Treasury 2021）、それと雇用との関係は、今までよく調査されてきたのであって、この仕事は、2023 年大統領経済報告の第 4 章において要約されている（CEA 2023b, 132）。この文献研究が見つけ出したことは、手頃な子どもケアの利用可能性は、「大きな、プラスの効果を母親の雇用にもたらすのであって、・・・他国、とりわけ、カナダ、ドイツ、そしてノルウェーに関するプログラムに関するいくつかの研究は、また、[子どもケア] の拡大が母親の雇用の増大をもたらすことを確認している」。ケアの増大する利用可能性によって最も影響を受ける母親は、「比較的恵まれない（たとえば、シングルマザーや低いレベルの教育のみしか受けていない）人々になりがちなのだ。最後に、調査が見つけたことには、「[ケア] へのアクセス拡大政策は、労働現場での [働く母親たちの] 生産性を向上させることができるのであって、それは、彼女らをして、追加的な教育や職業訓練を受けさせ、彼女らがフルタイムで働く可能性を増進させることを許すからだ」。バイデン-ハリス政権の手頃な子どもケアへのコミットメントは、手頃な子どもケアの配分とマクロ経済的効果を真剣に受け止めている。最近の CEA 分析が示したのであるが、子どもケア産業への米国救済計画の画期的な投資は、家族のコスト上昇を緩和し、子どもケア労働者への安定的雇用と賃金上昇をもたらし、母親の労働参加率を上昇させているのである。（CEA2023 c）。

　反差別政策　この章の本文で議論されているように、完全雇用は、人種差別を雇用主がおこなうことをより高くつくものにしているが、しかし、歴史は、明確にタイトな労働市場は、差別を阻止するに十分なものではないことを示している（Kline, Rose, and Walters 2022）。たとえば、全体的な失業率が 4% 以下であっても、黒人労働者の失業率は、平均すると 6.1% なのである。あるものによる議論だと、それは、なぜなら、高度に教育を受けているグループはより低い失業率なのだが、黒人労働者の、平均すると低いレベルの教育がその違いを創り出しているのだというのである。しかし、図 1-3 が示しているように、教育を統計条件に入れたとしても、黒人労働者は、白人労働者よりも高い失業率に直面するのである。

　調査事実が明らかにしていることであるが、米国の歴史のある時期において、反差別政策がある程度構造的障壁を克服するに役立ったことがある。1960 年代、ジェンダーと人種に関する労働市場における差別に対処する法律が通過したことがある。各種の研究が示すところでは、これら新法は、第一に、広範な労働市場の差別を明らかにし、そ

第1章 完全雇用の便益

れを緩和させることに役立ち、それは、差別されたグループの完全雇用の周期的便益をある程度阻止した（Tomaskovic-Devey, et al. 2006; Kurtulus 2016; Sanchez Cumming 2021）。（1963年平等給与支払い法は、等しい労働に対してジェンダーにもとづく不平等な給与支払いを禁止した、そして、1964年公民権法―第7章―は、人種、ジェンダーそしてその他保護された階級による労働現場の差別を禁止し、1967年雇用における年齢差別法は、高齢者に対する雇用差別を禁止した。顕著なことは、その執行メカニズムが当初限界があり――たとえば、差別行為によって追及された雇用主は、捜査はされるのだが、訴訟にも持ち込まれることはなかった。Sanchez Cumming 2021。後に1990年になって、障害を持つアメリカ人法が通過し、それは、公民権法が障害を持つアメリカ人の保護に拡大された）。

しかしながら、これら政策を実施するプログラムの追跡記録は、一様ではなく、事実が示していることだが、それら効果は、1980年代初めに萎え、それは、政府後援機関と諸機関による資金不足とそれへのコミットメント不足にある程度よるものだった。サンチェス・カミング（Sanchez Cumming 2021,7）の指摘によると、レーガン政権の活動が労働現場の実践において、政府契約者による平等を強制する行政命令を廃止することを積極的に試みたのだ。レーガン政権は、その廃止努力に失敗したものの、サンチェス・カミングが書いているように、「遵守義務違反に発行される処罰数の低下があり、企業は積極的差別撤廃措置計画を採用する必要はだんだんなくなり、遵守レヴューにおいて、女性労働者や有色労働者が契約者の労働力として、不公平に取り扱われているとすることを見つけ出すことはまれになった」。反差別法と米国諸機関による労働市場における平等の宣伝実施は、より公正なより平等な諸結果へと導いたが、今日における雇用差別は、米国経済にあまねくはびこる特徴として継続している。不十分な資金付けと政治的気まぐれさへのかかりやすさは、しばしば、労働市場におけるさらなる差別を緩和させる努力の強制を阻止している。たしかに、前進の相対的遅れは、人種正義を唱える人たちに、保証された雇用プログラムとして最も知られる、構造的、制度的人種差別の効果に反撃するより野心的かつ直接的なプログラムを要求することに導いてきた。ポール、ダリティーとハミルトン（Paul, Darity, and Hamilton 2018,5）は、たとえば、「求められる18歳以上のすべての市民に、貧困に陥らない水準の賃金において雇用を供給する、連邦雇用保障」に代表されるものを議論している。

活気ある経済地域における手頃な住宅 この報告の第4章においては、米国における手頃な住宅の不足について記録されるが、それは、完全雇用というコンテキストで言うと、低所得家計が住むことのできるところと活気のある労働需要を伴うところとの間の空間的ミスマッチを増幅することになる。都市研究所（Urban Institute 2019）の分析がいうように、「地域的雇用集中と潜在的労働人口との間のこの空間的ミスマッチは、雇用のアクセスを制限する」。ギャノングとショアグ（Ganong and Shoag 2017）は、強い労働需要がある場所での手頃な住宅が、日ごとに不足するので、この問題は、時間がたつごとにいかに深刻となるかについて記している。彼らの仕事は、地域を通しての「所得の収斂」の鋭い下落を記述しているが、それは、住宅コストの上昇と、この報告の第4章で強調されているように、土地使用の制限の両方に結び付いているのである。

その他の構造的障壁 子どもケア、住宅、そして差別が、完全雇用に対する最も重要な構造的障壁ではあるのだが、そのほかの軋轢ももちろん存在する。増大する工業の集中化、そこでは、力のある企業が単一の産業を支配するのだが、反競争的効果を通して、職の創出と質を押さえつけ、それゆえ、強い周期においてさえ、構造的需要を削減するのだ。失業と教育レベルはマイナスに相関するから、より高度な教育にアクセスできない個人は、労働市場機会の構造的障壁に直面する。税制において増大する労働供給への負の構造的イン

センティブも存在し、それらには、「結合税ペナルティ」（つまり、個人で別々に税申告するより、共同で申告すると増税になる）と時間外労働への限界税率の上昇によって政府による便益の消失が含まれる。

　最後に、2つの最近の展開を記述することには価値がある。第一は、在宅勤務の多大な上昇が、ケアテイカーやその他（通勤時間が長い労働者）の労働への構造的障壁を削減する可能性を持つ。ハンセンその他（Hansen and others 2023）による最近の事実のいくつかが示すところだと10%を超える職業が選択を許されるということだが、そのトレンドが続くかどうかを言うには時期尚早である。

　第二に、ホビジンとサヒン（Hobijin and Sahin 2021）による労働市場フローの重要な最近の分析が見つけたところによると、ショックが人々を労働力から遠ざける要因となるとき労働市場ショック後に、完全雇用に戻るにはより長い時間がかかるということだ。それは、調査が見つけ出したことだが、労働者が労働力を離れるとき労働市場においてフルキャパシティに戻るには、時間がたくさん必要とされるということだ。この発見は、ヨーロッパの経済諸国においてより共通となったが、人々を経済が下降局面にあっても労働につなげておくという政策になったのだが、それに対して米国では、レイオフによって労働から離れた人々に対して、失業保険を強調するということになった。事実、米国は、短期間補償として知られる（非公式には「労働シェアリング」と呼ばれる）政策をもっており、それは、失業保険制度によって管理され、人々を需要が低い時に仕事につかせることができ、労働時間を短縮し、失われた報酬を償うためある程度その制度からの資金を使用するのである。もちろん、経済的ショックは、構造的変化に導くことも可能であり、その場合、完全な回復は異なるセクターの異なる職に異動させることを促進するのであり、だから経済的下落が起こった時、労働シェアリングを促進する政策選択に関して、それ独自の分析が必要となる。労働シェアリングが、雇用市場を完全雇用に回復させる時間を短縮させることができればできるほど、その使用は、この章において記される便益を刈り取ることと調和的である。

礎に、研究者は次のように結論づけた。「さまざまな要因の結合と相互作用が、インフレを上昇させ、悪化させた。それぞれの要因を比較してその重要性を決定することは困難だが、パンデミック、そして、それへの対応が、経済の供給と需要の両面に大きな影響を与えた。記録すべき特定される要因は、パンデミックが引き起こした供給の混乱、消費者需要の移転、過度な貯蓄の蓄積、そして、2020年と2021年中を通じて展開された刺激的な財政・金融サポートである」（CEA 2023b, 52）。

　以前の評価以来の年を越えての諸展開を前提にして、CEAは、供給要因が、インフレの上昇とその引き続く下落の双方に決定的な役割を果たしたというより確実な事実を発見した。もし、完全雇用がインフレ上昇の主たる要因であると考えれば、引き続く経済のディスインフレは、労働市場に緩みをもたらすはずである。しかしながら、いわゆる犠牲比率の低い大きさ——インフレを鎮めるのに必要な、増大する失業量あるいは、経済活動の減少のことだが——それは、2022年6月のピーク以後、直近のディスインフレ期において、別のことを示唆している。表1-3は、個人消費支出インフレの減少——それは、浮動的な食品とエネルギー価格を除いたコア消費支出と全体の消費支出の全体だが、——それを労働市場のさまざまな変数（図1-13もみよ）の変化とともに示している。カバーされている期間、それは公表時に利用可能な直近のデータを含むものだが、その期間を通じて、ディスインフレは、労働市場の緩みあるいは雇用喪失という犠牲を少しも必要とはしていなかったのである。

　この現象は、雇用機会と失業の展開に反映され、それは、図1-14に示されている、空きポスト率がy軸に失業率がx軸に示される、ベヴェリッジ曲線を通して分析されてきた。ベヴェレッジ曲線は、失業率の移動分析をおこなう通常の道具と

第1章
完全雇用の便益

なってきたのであって、分析家をして、失業率の変化が構造的あるいは周期的かどうかを決定するために失業率対空きポスト率の変化を読み取り分析することを許すのである（Daly et al. 2011; Elsby, Michaels, and Ratner 2015; Barlevy et al. 2023）。曲線が外に移動する（つまり、空きポストのレベルが一定で失業が増加するということだが）それが意味することは、労働者が利用可能な雇用を見つけ出す能力にかけている様子を示すものであり、エコノミストがu^*を推測するために使用する要因の1つなのである。

図1-14は、3つの、区分が明確な時期を示しているが、第一がCOVID-19パンデミックに至るグローバル金融危機後の時期、第二が、2022年6月（個人消費支出インフレのピーク）までのパンデミックが導き出したリセッションと回復の時期、そして第三が、表1-3でカバーされているディスインフレの時期の開始時期と一致する2022年7月から2023年12月までの時期である。2022年6月以来、空きポスト率は、20%を超える鋭い落ち込みだったが、一方失業率は少し上昇したに過ぎない、これは、空きポストと失業がマイナスの関係にある典型的タイプと鋭い対照を示している（Elsby, Michaels, and Ratner 2015; Figura amd Waller 2022; Blanchard, Domash and Summers 2022）。

失業率の上昇に対応することなしに空きポストが、最近減少する1つの説明は、経済学文献がいう、労働者とそれが入手できる雇用とのマッチング過程の効率性、あるいは「マッチング効率性」として叙述するものの改善といえるであろう。この解釈は、悪化するマッチング効率性の時期を示唆しており、——COVIDから2022年6月までの回復期を通してのブルーの点の軌跡——それは、労働市場の混乱から結果した可能性があり、その混乱には、COVIDによる攪乱からの労働者の離職の膨大な上昇が含まれる（Barley et al. 2023）。というわけで、最近のマッチング効率性、それは失業率のほぼコンスタントな状況での空きポストの削減ということだが、COVID後の再正常化を反映しているのかもしれない。もう1つの説明可能性は、フィグラとウオーラー（Figura and Waller 2022）によるものだが、理論的にいって、ベヴェレッジ曲線は、高い空きポスト率と低い失業率でとりわけ傾斜が急になるべきだとする。その理由は、失業数に対して空きポスト数が上昇するにつれ、——それは、ベヴェレッジ曲線図が左上に移動するということだが——空き雇用を埋めるのがだんだん難しくなるからだ、というわけで、企業は、各空きポストを埋めるためにより多くの空きポストを公表するというわけである。それによって、すべての追加的な空きポストに対して、失業は少ししか減らないということになる。つまり、フィグラとウオーラーの見解によれば、雇用空きポスト率は、経済が急なベヴェレッジ曲線を滑り落ちるから、雇用喪失や失業の巨大な増加ナシに下落しうるということになる。

究極的には、雇用空きポストがより高い失業という犠牲を払うことなく十分下落するのはなぜかという根本的理由については、長年にわたって知られないできている。これが、その根本的な疑問に分析家が答えることができない限界となっている。マッチング効率性は、改善を続けるのか、あるいは、労働市場は、ベヴェレッジ曲線のより平らなところに到達しているのか、そして、空きポストのさらなる削減は、失業の増加を必要としているのか？である。別の言葉で表現すれば、労働市場は、アメリカ人にとっての雇用と所得の見通しの決定的な悪化を伴わず、賃金と価格への圧力を削減し、さらなる正常化から便益をもたらすことができるのか否かが問われているということである。

これら経済状況が、いままでは低い犠牲比率を維持してきたが、現下のインフレ状況はまだ終わったわけではない。完全雇用を維持するためのカギとなる疑問は、インフレが失業の大幅な上昇なしに下落を続けることができるのか？ということである。図1-15は、それにかなりの見通しを提供するものであり、パンデミック前とそれ以降両方の価格フィリップス曲線を示しており、21の大都市統計地域（大雑把にいえば、主要都市のことだが）の利用可能なデータセットによって、y軸に年間のコア消費者物価指数インフレ、x軸に失業率を示したものだ[14]。フィリップス曲線は、COVID期間中は、かなり傾斜が急となっており、それは、COVID前のライトブルーの線とダークブルーの線を比較することによってみることができる（Barlevy et al. 2023もみよ）。失業の犠牲を伴わない今のディスインフレは、傾斜が急な

フィリップス曲線を押し下げている。

　インフレの正常化が、現在進行中であるとはいえ、分析家は、この時期に米国経済がどのような犠牲比率に究極的に直面するかは、たとえ現在までのところそれは低いものとなってはいるが、結論することはできない。どちらにせよ、事実は残るのであって、とりわけ、経済的に弱い立場のグループにとって、労働市場の完全雇用は便益となり、緩みはコストになるのであって、財政・金融政策の政策立案者は、緩い時期には完全雇用を達成し、維持するための拡張的マクロ経済政策を使用すべきであり、一方では、インフレ圧力に対応するためには、データを駆使した見解を維持すべきなのである。財政政策に関していえば、適切な時期と目標をもった財政刺激は、経済政策の決定的な柱となるべきであり、リセッション期の産出ギャップを閉じ、成長へのマイナス・ショックに対応することとなる。ここで明らかにしたように、もう1つの柱は、データを駆使した金融政策であり、それを実行するには、タイトな労働市場を実現する数多くの便益と連邦準備の完全雇用と物価安定の2つの使命を完遂する脈絡において u^* を取り巻く不確実性、それら2つを計算に入れなければならないのである。しかしながら、マクロ経済的安定政策がかなりのグループに完全雇用を実現することができる一方で、他のグループは、疑う余地なくこれら政策が、構造的不利益に対処することにうまくいかなければ、取り残されることになる。Box1-4は、政策という強硬手段の可能性について考察する。

結　論

　米国経済の分析家は、最近の数十年において多くの決定的なマクロ経済的教訓を学んできた。その1つの教訓が、政策立案者たちが、完全雇用の時期に導く、安定的なインフレと調和的な最低の失業率を推計することの困難である。これらの教訓は、しかしながら、労働市場の緊張度を創り出す供給力と需要力を評価するにあたって、政策立案者が、データに駆使されたアプローチに従うことをおこなう重要性を堅固にした。さらに、分析家が信頼をおいて u^* を確認できない一方、事実が示唆していることには、(1) 4%以下の失業率は、完全雇用の多くの便益を促進することの手助けになるということと、(2) COVID-19パンデミック中に起こったタイプの大きな供給・需要ショックの外で、低失業が低くかつ安定的なインフレとともにあるということが起こり得るということである。

　加えて、CEAによる検討は、タイトな労働市場は人口の広範囲においてあまねく便益を供給するということを発見した。平均でより高い失業率を有するグループは、比較的より低い失業率を有するグループより、完全雇用の労働市場においてより大きな失業の低下を経験する。平均で労働力への愛着が少ないグループは、また、失業率が低下する時に労働参加率をより大きく高めることを見る。関連していうと、労働市場での成果の人種的ギャップは、タイトな労働市場においては縮小する。COVID-19前と昨年の完全雇用の最近の時期においては、黒人と白人男性の間における失業と雇用に関してギャップは、記録的に最低の率に落ち込んだ。たとえば、比較的教育を受けていない経済的にいうと弱者のグループは、失業率が低い時には雇用を変えることがより良いにでき、雇用が豊富な時には雇用のはしごを上ることができる。労働が制限される障害に直面する労働者はまた、とりわけ強い労働市場においては、わきから入り込めまた雇用をしばしばより多く獲得することができる。この章において示したように、これらの労働市場の便益は、とりわけ、緩い労働市場においては、置いてきぼりを食わされるような労働者に対して、より高い賃金と所得に移し替えられるのである。

　賃金と所得は、弱いかつ停滞的な労働市場の時期においては、フラットになりがちなのだが、1990年代末、2010年代末、そして、COVID-19パンデミックの後、経済がタイトな時期を経験するとき、それらは成長する。そしてまた、失業率と雇用率においてちょうどあるように、グループ

第1章 完全雇用の便益

と百分位を通して賃金の収束現象が生じる。たしかに、2015年以来顕著な賃金不平等の顕著な減少が認められ、それは、2つの完全雇用の時期を特徴づけたときのことである。

人種の平等、不平等、労働者に政治権力をつけることについての完全雇用の重要性、そして、成長する経済において労働者の公正なシェアを要求するため交渉力を持つことを確実にするバイデン－ハリス政権の基本的目標を考慮に入れると、タイトな労働市場を維持することは、米国の政権にとって不可欠な政策目標でなければならない。多くのエコノミストは、労働市場が必ずしも完全雇用に落ち着く必要はないと認識して来たが、完全雇用の状況を積極的に促進する政策の重要性を再評価してきた。そして、完全雇用が起こるたびに、その便益は、実を結んできた。エコノミストと政策立案者は、だから、完全雇用を実現し、維持する政策ツールを彼らの意図に従って使うべきなのである。

注

1 たとえば、英国のヒストリカル・レジスター（British Historical Register 1731, 187）をみよ。「より明白なことは、多くの不都合なことが、ある製造業がお互い干渉しあいことから起こっていることからすると、雇用はより良いものである。一方で、ある部分の王国がその特徴的な製造品を供給することによって創出される取引の交流が起こる、これは、全王国に完全雇用をもたらし、すべての人々に多くの喜びをもたらすであろう、貧民にとっては、完全雇用の時以上に幸福であり、心休まるときは決してないのである。そして彼らが雇用されるとき富が国全体にいきわたるということなのだ」。

2 この定義は、雇用を失業に置きかえるのだが、それは主として、個人は、仕事から離れる選択をする多くの理由があり、学校に通い、退職し、家族を養うなどをするからである。完全雇用は、仕事を望む人々に、雇用を供給するに十分な需要がある場合である。もちろん、失業率はそれ自体、労働市場のタイト化の唯一かつ最も包括的な測定値でないかもしれず、それについては、Box1-1 に述べられている。さらに、政府は、個人が労働力として参加するインセンティブを喚起する多くの政策を立法化しうるのであって（そのいくつかについては、下記のBox1-4において描かれているが）、それは、たとえ自然失業率とはいわないまでも、雇用の均衡率を変化させたかもしれない。

3 たとえば、非常に簡単なフィリップス曲線の還元フォームは、この曲線の回帰から求められる1つのu^*を含意する：$\pi_t - \pi^* = \alpha + \beta u_t + \varepsilon_t$において、$\pi_t$は、インフレ、$u_t$は、失業率である。$\pi_t = \pi^*$（典型的には2%）とすれば、$u_t^*$は、$-\alpha/\beta$と定義される。

4 差異の詳細なる議論については、Bok et al.(2023) をみよ。

5 この仕事は、カジュナー他（Cajner et al. 2017）に従うもので、1976年に始まるデータの各年におけるオアザカ・ブラインダー（Oaxaca-Blinder）分解を推計し、労働市場の諸成果における違いの不明な部分（つまり、説明変数の方法における違いによるものではない部分）について報告するものである。年齢とジェンダーが雇用と失業を形成する重要な外生的ファクターの明確な選択である一方で、カジュナー他は、教育のような選択の結果である諸変数を調整するメリットも議論している。たとえば、もし特定のグループが教育への構造的障壁に直面すれば、そこでは、教育による調整は、そのグループが直面する差別によって労働市場の成果における違いは過少評価されてしまうかもしれない。

6 この章では、カジュナー他（Cajner et al. 2017）によっているが、カジュナーは、労働市場成果の比率よりもグループを通しての労働市場成果の絶対的違いに焦点を当てている。

7 ここで示されている人口動態的グループは経済的に弱い立場にあるグループをすべて取り上げているということではないことをしるすことは重要である。たしかに、提示されていつ比較的粗雑なグループ内においては、労働市場成果において多くの多様性があり、一般的な社会経済的福利においても多様である。

8 保護された階級に対する雇用差別が違法である一方で、労働市場における人種ギャップは、しつこく残っている。平等雇用機会委員会と連邦契約コンプライアンス・プログラムのような諸機関による強制された強力な反差別強制は、そのような差別を阻止する雇用実践における長期の構造的な

変化を創り出すのに重要なのである。

9　その関係がLFPRに対してより明確ではない2つの理由があるようである。まず、照合して確かめることのできないLFPRの継続的な長期のトレンドがあり、トレンドから周期を推定することを困難とするからだ（CEA 2014; Aaronson et al. 2014）。第二に、LFPRの周期性は、典型的に、失業率よりもより明確ではなく、構造的なより複雑なラグがあるからだ（Cajner, Coglianese, and Montes 2021）。

10　CEAによって分析されたセンサス測定は、大雑把にいえば、t四半期にある雇用主における雇用とt+1四半期におけるもう1つ他の雇用主における雇用を持つ労働者の数によって定義される。

11　労働力の構成が、賃金動態に重要な含意を与えるということが知られており、とりわけ、高く雇われている労働者よりも、最も低く雇われている労働者が、典型的に職を失う、景気循環の時において、顕著なのである。このことは他ではそうであった以上に、リセッション期に賃金を下落させてきた周期的偏りの上昇をあまり目立たないものとする。(Solon, Barsky and Parker 1994; Daly and Hobijin 2017)。この構成効果は、図1-9と1-10に示された賃金データに大きなインパクトを与えるのであり、とりわけ、そのれは、COVID-19リセッション期に顕著であり、そして、賃金がなぜ景気下落期の初めに急激に上昇することが現れるかの1つの理由なのである。

12　オートー、デューブ、マッグルー（Autor, Dube, and McGrew 2023）は、ディナルド－フォティン－レミエー（Dinardo-Fortin-Lemieux 1996）の再加重過程を実施するが、それによって、個人的特徴の分布は基礎となる年――このケースだとパンデミック直前ということになるが、――に固定されるという仮定の下に分布が異なる時点で賃金比較が可能となる。

13　とりわけ、図1-11は、CBO失業率ギャップのCPSデータへの年間社会経済サプルメントから、実質年間勤労所得対数の特定グループの回帰係数をプロットしたものである。

14　マックリーアイとテンレイロ（McLeay and Tenreyro 2019）そしてハゼル他（Hazell et al. 2022）は、インフレと失業の地域的バリエーションは、全国データが拾い損ねているダイナミクスを確認することができると示している。

第 2 章
昨年の回顧と将来の展望

2023 年初め、多くのマクロ経済予測家は、米国経済はその年の遅くには、リセッションンに陥ると期待した（図 2-1）彼らはまた、2023 年は、弱々しい成長率によって特徴づけられるであろうと予測した。経済は、それにもかかわらず、実質国内生産（GDP）、失業率、実質個人消費支出、実質可処分個人所得、そして、実質民間非住宅投資を含め指標によって計測すると、驚くべき程の立ち直りであった（図 2-2）。この立ち直りは、とりわけ顕著であり、インフレの落ち着きとともに同時に起こった。

財政抑制、利子率上昇、積み重なる地政学的リスクを含む諸傾向は、主要な経済的逆風としてとらえられてきており、これら悲観的な予測を形成した。加えて、低貯蓄率そしてパッとしない消費者の意向というようなファンダメンタルズが、削減された総需要を悪化させ、失業を上昇、そして、消費者支出を下落させるリスクとなった[1]。一方で 2023 年春の銀行危機は、削減される信用利用性について懸念を引き起こした、上昇する利子率

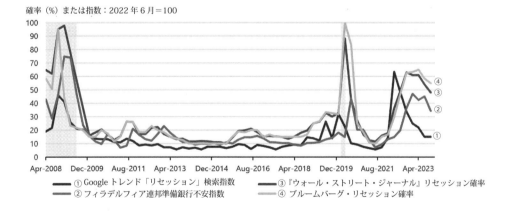

図 2-1　リセッション確率指標、2008～23 年

出所：Federal Reserve Bank of Philadelphia; Wall Street Journal; Google; Bloomberg; CEA calculations.
注：グレーの影はリセッションを示す。Google トレンドのデータは、ピーク月である 2022 年 6 月を基準に指数化されており、2004 年 1 月 1 日から 2023 年 12 月 31 日までのデータを、2024 年 1 月 11 日にダウンロードした。フィラデルフィア連邦準備銀行のデータは、当該年の Q2 である。不安指数は、次の四半期に実質 GDP が低下する確率を表している。

47

図2−2　米国経済の特定の計測値、2019〜23年

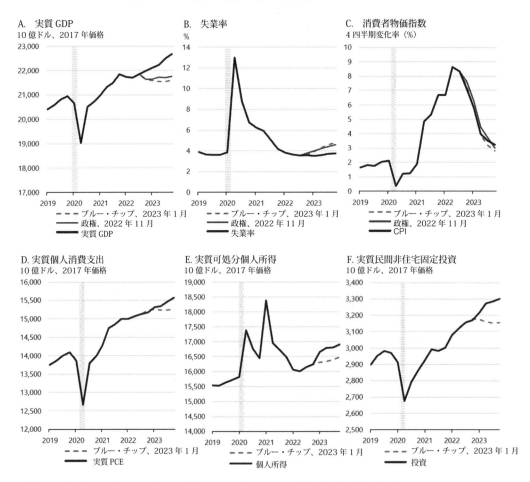

出所：Blue Chip Economic Indicators; Bureau of Economic Analysis; Bureau of Labor Statistics; CEA calculations
注：CPI＝消費者物価指数。すべての値は季節調整済み。年は、その年のQ1を示す。政権の予測は、2022年11月に最終決定されたが、2023年版『大統領経済報告』と2024会計年度予算で公表された。グレーの影はリセッションを示す。

そして消えゆく財政サポートが相まって、リセッション到来の心配を増幅した——つまりいわゆるハードランディングのシナリオである。2022年遅くと2023年初め、イールドカーブの反転は、これら予測と整合性があり、金融市場もまたリセッションを予測させるシグナルを送ったのである[2]。

米国経済は、これら2023年の予測を裏切っただけではなく、しっかりした足取りで前進さえした[3]。いまから振り返ってみれば、2022年の経済の顕著な緩慢化は、2021年の強力なリバウンド後の一時的な供給抑制を反映したものであって、差し迫るリセッションの前ぶれを示したものではなかったのである。2023年の実質GDPレベルは、議会予算局（CBO）の予測も含め、COVID-19パンデミック前のかなりの予測さえ超えていたのであって、それは、ある程度、継続する強力な消費支出と製造業構築物投資（CBO n.d.）の復活によって持ち上がったのである。州と地方の購

第2章 昨年の回顧と将来の展望

入も 2023 年には、活気的な 4.5% のペースで上昇した[4]。一方、近年の健全な家計バランス・シートと強力な労働市場は、米国消費者をして、以前の拡張期とまさに酷似したペースでその支出を増加させた[5]。2023 年において失業率は、記録的な低さから少々上昇したが、通年で 4% を下回るにとどまった。労働参加率も 2022 年から 23 年にかけて上昇し、それは、男性、女性を問わず総体で上昇し、年齢や人種グループを通しての上昇であった。

同時に一方では、インフレの低下は相当なものであった。2022 年から 23 年にかけて、主な消費者価格指数（CPI）は、2%ポイントほど下落し、エネルギーや食品のより浮動性の高い物品を除いた、コア CPI インフレは、3%ポイントほど下落した。加速度的な実質活動の時期にインフレが下落したことは、サプライチェーンと労働供給の双方からなる供給問題の解決が 2023 年予測の知覚されたトレンドから離れた経済を再形成するのに重要な役割を果たしたとする仮説を強化する。

2023 年のこれらの展開——つまり、下落するインフレと回復する労働市場と強力な活動は、「ソフト・ランディング」シナリオと矛盾することはないのである。

しかし、課題はまだ残っている。パンデミックの初期と比較して、だんだんと上がった実質利子率は、——リバランスしてきたことが明らかなる労働市場の背景に反して——利率に敏感なセクターの投資を削減させたし、加えて、市場とサプライチェーンの地政学的コンフリクトは不確実なままだ。消費者の態度が、付け加えてインフレよりは価格レベルに対応する限り、消費者の意向は、価格が確実に広範に下落するということでもないので、経済データが予測するよりより弱くとどまるかもしれない。しかしながら、最近の賃金上昇は、信頼と消費者支出の両方を支えることを可能性として促進するかもしれないのである。

この章では、2023 年の経済の概観から始める。まず、実質 GDP の加速化とその諸要因について検討し、主要な労働市場の展開を調査し、「ソフト・ランディング」シナリオと整合性があることに光を当てる。引き続いて、この章では、ディスインフレの最近の進行について叙述する。そして、金融市場の展開について述べ、上昇と下落のリスク双方の可能性について探求する。最後に、この章は、大統領の 2025 会計年度予算を強固にする見通しを概観し、短期と長期の予想を要約する。

昨年の回顧——継続する回復

この節では、2023 年のパンデミック後の継続する回復とサプライチェーンのボトルネックの緩和につい叙述し、労働市場の需要と供給のリバランス状況を探求し、昨年を通してのディスインフレの進行について現況を明らかにする。

2023 年の産出——正常な成長への回帰

実質 GDP は、2023 年の 4 つの四半期を通して 3.1% のペースで加速化し、幾分それは、COVID-19 パンデミック前の拡張期の約 2.4% の平均成長を上回ったが、2022 年第 4 四半期の 0.7% の弱々しいペースより高かった。表 2-1 は、実質 GDP 成長をその主要構成要因に分解して示している。

消費支出 消費支出 (個人消費支出、つまり PCE) の回復が、過去一年の実質 GDP 成長の増加をほぼ説明する。支出成長は、すべての消費の主要サブカテゴリーにわたって上昇した。財の PCE、それは、2020 年の第 3 四半期以来のそのパンデミック前のトレンドを超え、2022 年に落ち込んだのち、2023 年には 3.5% の成長であった。そして、耐久・非耐久両方の消費が成長したが、前者（自動車の顕著な成長が含まれる）は、財消費の成長の一番大きな部分を占めた。実質サービス

表 2 － 1　実質 GDP 成長とその構成要素、2023 年第 4 四半期

構成要素	第 4 四半期比成長率（%）	第 4 四半期比成長率への寄与度（%ポイント）	第 4 四半期比成長率への寄与度、2010 ～ 2019 年平均（%ポイント）
合計	3.1	3.1	2.4
消費支出	2.6	1.8	1.6
財	3.5	0.8	0.8
耐久財	6.1	0.5	0.4
自動車および部品	4.1	0.1	0.1
非耐久財	2.2	0.3	0.3
サービス	2.2	1.0	0.8
投資	1.8	0.3	0.9
企業固定投資	3.1	0.5	0.9
非住宅設備	4.1	0.6	0.7
構築物	14.8	0.4	0.1
設備	-0.1	0.0	0.4
知的財産	2.6	0.1	0.3
住宅投資	-0.1	0.0	0.1
民間投資の変化	—	-0.2	0.1
純輸出	—	0.3	-0.1
輸出	2.1	0.2	0.4
輸入	-0.2	0.0	-0.6
政府	4.3	0.7	0.0
連邦	4.0	0.3	0.0
国防	3.3	0.1	0.0
非国防	4.7	0.1	0.0
州・地方政府	4.5	0.5	0.0

出所：Bureau of Economic Analysis; CEA calculation.
注：GDP ＝国内総生産。第 2 列は、実質 GDP の年成長率に対する各構成要素の寄与を挙げている。これらは、国民所得・生産勘定で用いられている計算式で近似しているため、正確には合計に合わない場合がある。第 3 列は、記載期間の平均 GDP 成長と寄与度を挙げている。

PCE も成長したが、その 2022 年成長と同じ率での成長であった。図 2-3 は、全消費に占めるサービスと財の消費のシェアが、いかに不活発にそれらのパンデミック前のトレンドに戻っているかを示している。未来の年データは、消費者選好の構造的、長期の移転が進行中かどうかを示すであろう。

そのようなパターンを説明する 1 つの要因は、2020 年以降のリモートワークの増加の維持である（図 2-4）。家で働く人々は、サービス（レストランや通勤を含む）よりも、より財（食料雑貨類や家の改善というような）に支出する傾向にあるかもしれないのである。

投資　実質民間固定資本投資は、2023 年の 4 つの四半期を通して、3.1％の上昇であり、COVID-19 パンデミック前の時期の正常値よりよ

第2章 昨年の回顧と将来の展望

図2−3　個人消費に占める財とサービスの割合

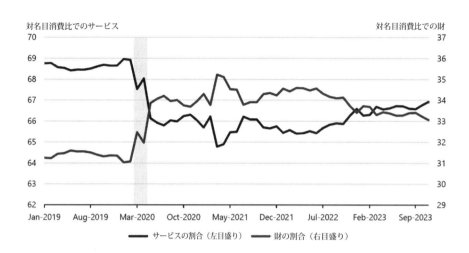

出所：Bureau of Economic Analysis; CEA calculations.
注：グレーの影はリセッションを示す。

図2−4　在宅勤務する米国雇用者の割合

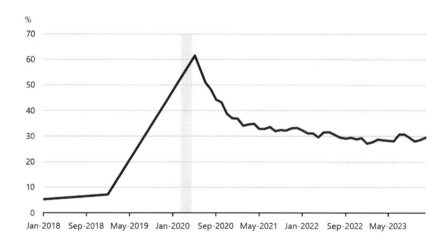

出所：Barrero, Bloom, and Davis (2023).
注：グレーの影はリセッションを示す。

り率が鈍化した。住宅投資は、GDPを抑え続けているが、それは、高い住宅ローン金利と一家族居住用供給の不足が住宅市場を圧迫した(この『報告』の第4章をみよ)。

対照的に、非住宅構築物投資は、昨年ブームであり、14.8%の増加、2014年以来最も速い速度であった。諸要因のコンビネーションがこの結果を引き出した。第一に、パンデミック中の財消費へのシフトが、企業をして彼らのサプライチェーン再考そして国内キャパの拡大を考慮することの原因となった。同時に一方で、インフレ抑止法 (IRA) とチップスならびに科学法 (CHIPS and Science Act) が強力にクリーン・エネルギー製造の国内投資の動機付けとなった (White House 2022, n. d.) 図2-5は、非住宅投資の急上昇が製造業構築物に集中していることを示しており、昨年のGDP成長への製造業構築物の貢献は記録的に最も高いレベルに近づいたのである。その他の非住宅構築物の投資、とりわけ、オフィスと商業用構築物 (図2-6) は、なおパンデミック前の正常値に復帰してはおらず、働き方の契約変化は、より永続的に長期にわたっての市場のリバランスを証明しているのかもしれない(図2-4をみよ)。そして、2023年における設備と私的財産への投資には、ブレーキがかかったのであるが、このスローダウンは、企業が彼らの資源を製造業構築物に再度向けていることにその要因を帰せしめることができるかもしれない。設備と無形財産への投資は、新しく建設された製造業設備が新しい設備の設置を必要とするから、引き続く諸年において跳ね上がることになるであろう。

最後に、2023年において、在庫投資は継続的にGDP成長を抑えつけた。パンデミック直後、GDPへの在庫投資の貢献は、朝鮮戦争以来、見たこともない高さに上り詰めたが、それは、企業がサービスから財への消費のシフトに急速に対応したからであった。しかしながら、消費パターンが2022年においてサービスに向かってリバランスしたので、かなりのセクターが力強い効果から被害を受けたのである。望ましいレベルを超えた在庫・販売比率があったから、諸圧力は企業在庫を需要に合わせたレベルへと戻したのである。この現象は、商人の卸売販売セクターにとりわけ鋭く表れ、そこでは、在庫・販売比率は、現在のところ、1.43月次供給になっているが、歴史的に

いうと、それは、2019年の平均1.37を超える高い数値だ(図2-7)。

輸入と輸出 世界経済が2020年において突然閉じられたとき、パンデミックによって引き起こされたリセッションは、実質GDP成長へのネットでの輸出の貢献へ混乱をもたらした。しかしながら、このカテゴリーにおいて大きな揺り戻しが、われわれの背後に出現したのは、在庫投資の正常化と同じようなものであった。2023年、ネットでの輸出は、4半期ベースでGDP成長に0.3%ポイントの貢献であり、第一と最後の四半期における大きなプラスの貢献は、その年の中頃において通常のパンデミック前に近い動きの貢献によって部分的には相殺された(第5章をみよ)。

政府支出 連邦政府による2023年の実質購入(支出と総投資)は、2022年よりもGDP成長へ4分の1%ポイント大きい貢献であった。軍事、非軍事支出それぞれは、GDP成長にほぼ等しく貢献した。州・地方の実質政府購入は、2023年に加速化されたが、それはこれら政府が雇用を増加するために強力な予算措置をとったからだ(図2-8)。財政インパクト測定 (FIM) 指数——それはGDP成長への連邦・州・地方の財政政策の全体の効果をとらえたものであるが——それは、大きな財政抑制、それは主としてパンデミックの緊急援助の落ち込みによって直近の諸年において成長を抑えてきたのであるが、2023年末までにはGDP成長を抑えるということはもはやなくなったことを示唆している[6](図2-8)。

民間国内最終購入 民間国内最終購入 (PDFP) は、ただ消費と固定投資のみを含むGDPの測定値のことであるが、在庫投資、政府購入、そして、ネットの輸出というようなより浮動性のある構成要因を取り除いたものである。PDFPは、2022年の4つの四半期を通して約0.8%のペースから2023年には2.7%へ加速化した。このPDFPの急上昇の多くは、消費支出と非住宅投資によるものであり、住宅投資は——より高い利子率に最も敏感なセクターであり——成長を少しばかり抑制した。PDFP成長は、より良く経済動態を要約しており、GDPそれ自身より将来のGDP成長を予測するのによいものである (CEA2015)。そして、この関係は、今日の経済環境においてより重要なものとさえいえるかもしれない。在庫投資やネットの輸出のような、PDFPから除かれたこれら測

第2章 昨年の回顧と将来の展望

図2-5 製造業構造物への実質民間固定投資、1959～2023年

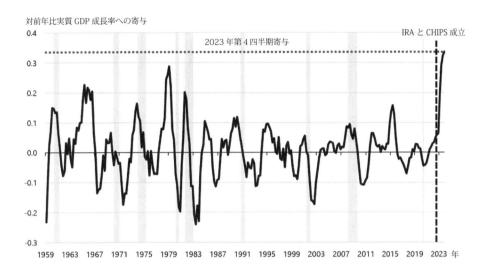

出所：Bureau of Economic Analysis; CEA calculations.
注：IRA＝インフレ抑止法。CHIPS＝半導体製造に有益なインセンティブ創出、または、CHIPSおよび科学法。グレーの影はリセッションを示す。

図2-6 実質民間投資——構造物

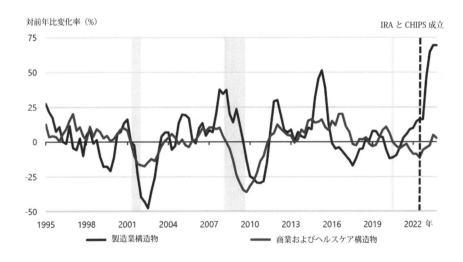

出所：Bureau of Economic Analysis.
注：IRA＝インフレ抑止法。CHIPS＝半導体製造に有益なインセンティブ創出、または、CHIPSおよび科学法。すべての値は連鎖型。グレーの影はリセッションを示す。

図2-7　実質在庫・売上比率——差益卸売業、2013～23年

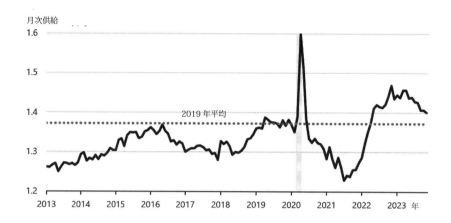

出所：Bureau of Economic Analysis; CEA calculations.
注：データは季節調整済み。グレーの影はリセッションを示す。

図2-8　要因別の財政上の影響

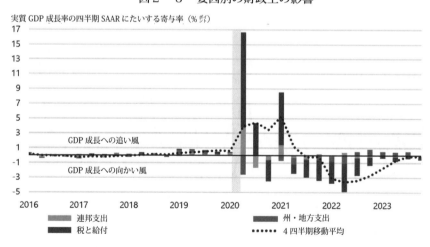

出所：Brookings Institution.
注：GDP＝国内総生産。SAAR＝季節調整済み年率。財政政策には、連邦、州、地方のプログラムが含まれる。グレーの影はリセッションを示す。

第2章 昨年の回顧と将来の展望

図2-9 実質 GDP とラグ付き実質 GDP およびラグ付き実質 PDFP の比較

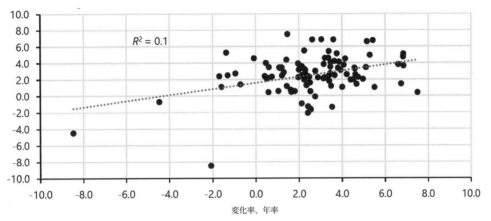

出所：Bureau of Economic Analysis; CEA calculations.
注：GDP＝国内総生産。PDFP＝民間国内最終消費。データは四半期。実質 GDP は y 軸。パネル A では、1 四半期ラグ付き GDP が x 軸。パネル B では、1 四半期ラグ付き実質 PDFP が x 軸。

定値からの GDP への貢献は、とりわけ、パンデミックが引き起こしたショックとサプライチェーンの混乱によって浮動的であることが証明されてきた（図 2-9）。その結果、GDP 成長のこれら構成要因は、雑音要因であり、経済に潜む動態についての意味のあるシグナルを掴むにはあまり意味がないのである。

労働市場における需要と供給の漸次的リバランス

労働市場は、2023 年を経過するにつて徐々に緩和された。失業率はその年平均で 3.6% であり、パンデミック直前に観測された年間の低さに近いものであり、有給雇用は、平均で月 25 万 5,000

図2−10　非農業就業者数の月次変化

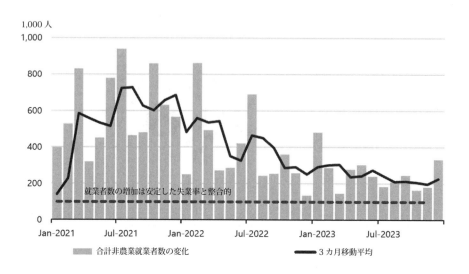

出所：Bureau of Labor Statistics; CEA calculations.

人の成長で、その失業率を維持する一方で労働力成長を吸収するに必要な平衡ペースの上を行くものであった[7]。平均四半期雇用成長のペースは、年末までには少々落ち込み、3カ月のペースで月当たり約22万7,000雇用にスローダウンしたのであるが、それでもなお活発なペースではあったが、2022年に作り出された月37万7,000雇用のペースには遠く及ばなかった（図2-10）。このスローダウンは、予期されたものではあるが、多くのセクターでは今日パンデミック前の最後の労働報告である2020年2月における雇用より高かったのである。そして、かなりのセクターでは、パンデミック前のトレンドから予測されるレベルを超えていたのである。事実、2023年の雇用成長は、その多くを今なお進行中の労働市場のリバランス中の一握りのセクターに帰せしめることができるのである。2023年12月時点で、レジャーとホスピス、教育と健康サービス、そして政府セクターの雇用レベルは、2020年2月レベル以下に留まっている、しかしながら、これらセクターの2023年における給与増加は2019年のそれぞれの平均より高かったのである。

いくつかの追加的な指標が示唆していることは、労働市場はゆっくりとしているが、労働供給と労働需要の漸次的リバランスは、近時に完了するというのである。2022年のピーク後において、採用率と離職率の双方は、2019年レベルに落ち込んだ（図2-11）[8]。離職率は、とりわけ、賃金圧力と労働者の希少性の意味のある測りであるし、その下落は、労働者が、より支払いの良い雇用をどこか外で待つというパンデミックからの回復期における彼らよりも自信のない労働者を示唆する（Moscarini and Postel-Vinay 2017）。

ある1つの雇用に留まる労働者と雇用を変えるその他の労働者の間の給料ギャップは、2023年に減少したが、パンデミックによるリセッションとそれにつながる回復期においては、そのギャップは十分増大したものであった（Federal Reserve Bank of Atlanta 2024）。この計量は、離職率によって示唆された物語と整合性があり、雇用空きポスト率は2019年レベルの上を行き留まっているにもかかわらず、労働市場の動きは遅かった（図2-11、パネルB）。

しかしながらそれでも、雇用空きポスト率のタ

第2章 昨年の回顧と将来の展望

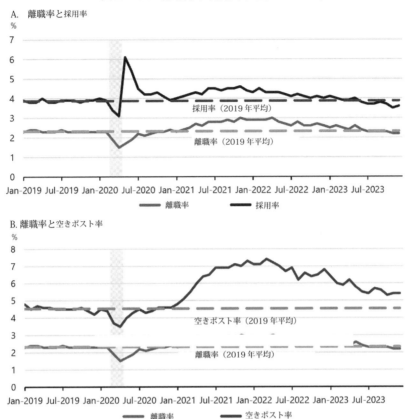

図2-11 離職率、採用率、空きポスト率

出所：Bureau of Labor Statistics (Job Openings and Labor Turnover Survey); CEA calculations
注：離職率は、対雇用比での離職数と定義される。採用率は、対雇用比での採用と定義される。空きポスト率は、雇用および求人に占める空きポスト率の比率と定義される。データは季節調整済み。グレーの影はリセッションを示す。

イト化について測る能力については、疑うべき理由があるのであって、入手可能な雇用と入手可能な労働者とのギャップ、あるいは、失業労働者に対する雇用空きポストの数というような、雇用空きポストを合体させる測定についても同じことがいえるのである。図2-11の2つのパネルの比較が示しているように、雇用空きポスト率は、一般的に採用や離職率というよりは、景気循環に敏感であり、その関係は、とりわけパンデミック以降、強力になってきている。たとえば、雇用空きポストは、逼迫に関して直線的関係があるわけではなく、企業は、労働市場がより正常であるとき以上に労働に枯渇しているときは、異なる職種に外部からの空きポストを配置することをやるかもしれない。その結果、雇用の空きポストの上昇す

る水準（図2-12に示されているように）は、市場の逼迫という状況の真実を誇張しているかもしれないのである。もし、雇用の空きポストが離職と採用によってキャッチアップするとすれば、空きポストは、近い将来急速に落ち込むかもしれないのである。図2-13 パネルBに示されてある通り、その雇用空きポストは、離職と採用の共通の周期的構成要因を含んでいるか、あるいはそれに代わる方法によって調整されているのであるが（Mongey and Horwich 2023; Elsby et al. 2015; Cheremukhin and Restropo-Echanvarria 2024)、それが示唆するところだと、市場の逼迫度は、パンデミック前の正常値に戻り、現在の労働市場の位置は、パンデミック前のベヴェリッジ曲線（雇用の空きポストと失業率との関係を示したもの）

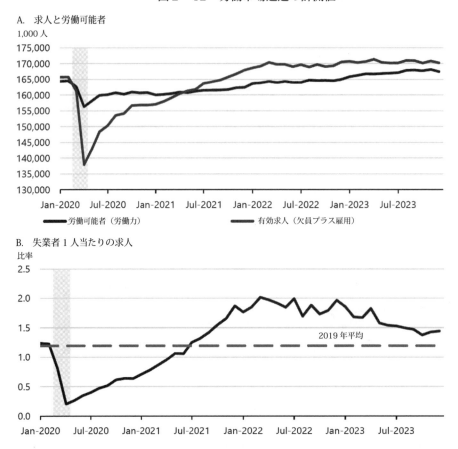

図2-12　労働市場逼迫の計測値

出所：Bureau of Labor Statistics (Job Openings and Labor Turnover Survey); CEA calculations.
注：失業者は16歳以上である。グレーの影はリセッションを示す。

に戻っているというのである。これらの調整が意味していることは、図2-13、パネルBに示されている標準的ベヴェリッジ曲線の計算は労働市場のバランシングに置いてくるであろう将来の進歩を過剰表現しているかもしれないというのである（それについては、FIgura and Waller 2022）。

一方で、一時解雇と解雇による雇用喪失者の数は、2023年では基本的にフラットであった（図2-14）。これら指標は、リセッションの到来とともに急速に上昇する傾向にある。そして、それらが比較的平穏であることは、米国経済がより正常、かつリセッションを回避し維持可能な状況に回帰しているという見解を支持するものである。失業保険の最初の請求、それはもう1つのしばしば引用されるリセッションの指標であるが、2023年においてはフラットであった。

最後に、労働供給は、確実に上昇傾向にあるようだ。年齢25歳から54歳までの、働き盛り市民の労働参加率は、20年来の高さに近づいている。そして、働き盛りの女性の参加率は、今年は今までにない高い数値だ（図2-15）。雇用主によるCOVID-19パンデミック中、そしてそれ以後のより柔軟な労働の仕方の許可は、──在宅勤務の調整の上昇も含めて──働き盛り女性の労働参加率の記録に貢献したかもしれない[9]。手頃な子どもケアへの増加するアクセス、それは、バイデン－ハリス政権の鍵となる政策の1つであるが、労働供給のさらなる改善と関連しているのかもしれない（CEA 2023a）[10]。

これらの労働参加率のプラスの展開は、米国人

第2章 昨年の回顧と将来の展望

図2−13 ベバリッジ・カーブ

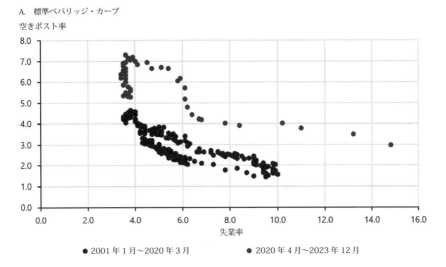

A. 標準ベバリッジ・カーブ
空きポスト率

● 2001年1月～2020年3月　　● 2020年4月～2023年12月

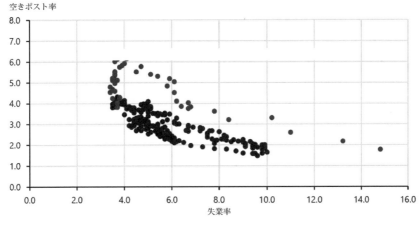

B. 欠員調整済みベバリッジ・カーブ
空きポスト率

● 2001年1月～2020年3月　　● 2020年4月～2023年12月

出所：Bureau of Labor Statistics (Job Openings and Labor Turnover Survey); CEA calculations.
注：空きポスト率は、雇用および空きポストに占める空きポストの比率と定義される。パネルBでは、欠員率を用いた修正ベバリッジ・カーブは、長期的な労働市場の関係を反映するように調整されている。データは月次、季節調整済み。

口の高齢化の結果として労働力の長期にわたる下降傾向の背景の中でとりわけ特筆されるべき事態だ。65歳かそれ以上の歳の民間人の労働参加率は、パンデミック後の経済において急速に下落してきている。増大する退職が、人口の高齢化とともに予期されるときにおいて、パンデミック到来以降これらのことはその期待を大幅に超えるものである。CEAによる計算によれば、過剰の退職は、ほぼ90万人の労働者を2023年の労働市場から引き抜いた（図2-16）。

労働市場のスローダウンと実質GDPの加速化は、2022年において落ち込んだ後の2023年における労働生産性（図2-17）のリバウンドを意味する[11]。生産性は近年において典型的な周期性を示してきたが、現在パンデミック前の傾向に近づきつつあり、それは、企業が望まれる採用レベルに追いついている結果だといえるであろう。しかしこれにもかかわらず、将来の生産性の軌道は、確実とはいえない。生産性成長にかかわる潜在的上方リスクは、人工知能である。人工知能の発展

図2−14　離職の計測値

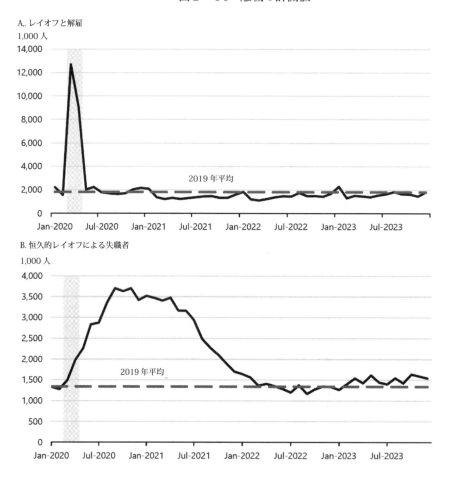

出所：Bureau of Labor Statistics (Job Openings and Labor Turnover Survey); Current Population Survey; CEA calculations.
注：グレーの影はリセッションを示す。

が、1990年代末の情報技術革命を導き出したように生産性の加速化に火をつけるか否かは、見守っていかなければならない（これについては第7章をみよ）。

通常の賃金インフレのすべての入手可能な測定――これは、雇用コスト指数、平均時給、単位労働コスト、そして、アトランタ連銀の賃金追跡――によれば、昨年の名目賃金成長は緩和した（Federal Reserve Bank of Atlanta 2024）。強力な労働市場は、それにもかかわらず、実質労働報酬の前進をもたらした。報酬成長、それは、雇用コスト指数によって測られるが、それには、諸手当と給料の両方が含まれ、構成的効果を調整したものであるが、――2022年第4四半期以降、インフレを上回っている（図2-18）、ということは、労働者の購買力は、昨年においては改善したということになる。さらに、実質平均時給――それは、賃金と給料の時宜を得た代替的測定であり、しかしながら、構成要因効果により影響を受けやすいのであるが――インフレにキャッチアップする以上になっており、現在は、パンデミック以前の上をいっており、それは、生産と非監督職種の80％の労働力構成である。インフレ率を超える緩やかな賃金上昇は、過剰貯蓄が徐々に枯渇する

第2章 昨年の回顧と将来の展望

図 2−15　女性の働き盛り世代（25〜54歳）労働参加

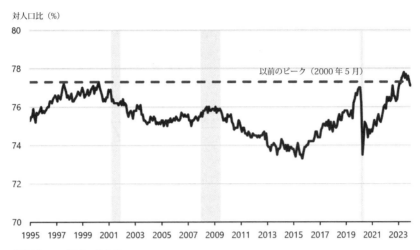

出所：Bureau of Labor Statistics.
注：すべての値は季節調整済み。データは月次。グレーの影はリセッションを示す。

図 2−16　労働力規模に影響する要因、2020年2月〜2023年10月

出所：Current Population Survey; CEA calculations.
注：*＝年次母集団コントロールで調整。**＝2012〜18年トレンドを基準。***＝高齢化を差し引いた諸要因の合計。

61

図2−17　企業セクター生産性とトレンド

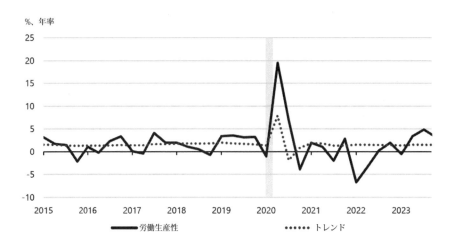

出所：Bureau of Labor Statistics; Federal Reserve Board; CEA calculations.
注：トレンドは、FRB/US 供給サイド構成要素の修正版で推計されており、人口動態のコントロールをくわえている。グレーの影はリセッションを示す。

図2−18　民間セクター報酬の増加とインフレ

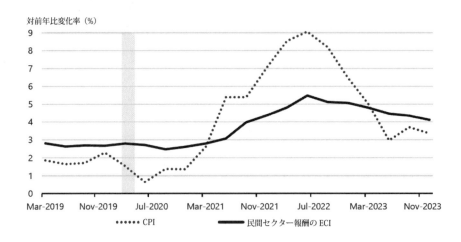

出所：Bureau of Labor Statistics; CEA calculations.
注：CPI＝消費者物価指数。ECI＝雇用コスト指数。グレーの影はリセッションを示す。

時にあたって、消費総支出を継続的にサポートする重要な要因なのである。とりわけ、全体の購買力にとって重要なのは、賃金分布の最下層25%における賃金上昇のペースが2023年のインフレを超えたというのである[12]。

2023年のインフレーション

2022年の夏にピークを打った後、インフレーションは、2023年末にかけて下降傾向を辿った。食品、エネルギー、そして財のディスインフレは、この反転に大きな役割を果たしている（図2-19）。サービス・セクターのインフレは――賃金によって最も大きく影響を受け、それは、賃金が最も重要なサービス生産におけるコストだからだ――が、賃金インフレの徐々なる緩慢化に歩調を合わせて、ゆっくりと収束の傾向にある。

住宅インフレは、2023年の目標を超えて、インフレを保つのに大きな役割をはたした。レンタル契約は、そう頻繁に更新されるものではないから、レンタル価格圧力の調整にはより時間がかかる（レンタル価格には、ビルのメンテナンス、労働コスト、公共料金、生活のための一般コストが含まれる）。しかしながら、ジロー・レント指数、そして、労働局統計の新テナント・レント指数のような、新しく契約されたデータにおいては、2023年の最後の2つの四半期においては、下落がみられたのであり、住宅インフレは来る四半期においては静まることを示唆している（図2-20）。

ほかの予測家達は、コア・インフレは2023年においていちはやく静まるであろうと予測したが、これは彼らの弱くなる経済活動と高い失業率という予測と一致する[13]（図2-2、パネルBをみよ）。しかしながら、これらの予測、そして1970年代と1980年代の経済と対照的に、米国消費者に対する価格安定を再確立する進行は、いままでのところ失業率のかなりの上昇と成長の鈍化ということなしに達成されてきている。いくつかの原因がインフレ下落を引き起こしたといえるが、その中で最も顕著なのが、金融政策のタイト化、供給の隘路を解決した前進、そして輸入価格の低下であった。

金融政策の緊縮は、より高い利子率を導き総需要の抑制となり、それは、典型的には、住宅市場を冷やし、耐久消費財の需要を抑えたのであって、その両者とも金利に敏感だからであった。より高い利子率は、また、株式市場の下落要因となり、資産効果によって消費をさらに抑えたのである。成長への連邦準備局金融状況指数インパルス（FCI-G）――それは、実質GDP成長への金融の全体的影響をとらえる測定値であるが――によれば、金融政策とその金融市場への効果は、2022年中頃の月に経済成長への逆風を創り出した[14]。しかしながら、FDI-Gによれば、住宅価格も株式価格もいずれも2023年のGDP成長を抑えはしなかった（図2-21とBox 2-1をみよ）。

ディスインフレに貢献した第二の要因は、――実質GDPの加速化と密接関連したのであるが――供給の隘路を解決した進展があげられる。供給の隘路は、正確に把握するのが難しい――それは、かなりの予測家がインフレを削減するためのその隘路の解決策の役割を過小評価し、かわって、弱い実質経済活動を予測した一方で、少なくない利用可能な測定値は、十分な前進を示唆している。たとえば、不十分な労働が報告されている製造業プラントのシェアは、2022年のそのピークから十分に落ち込んだ、それは、労働供給、とりわけ、上述した中軸的労働者の供給であるが、それの改善が反映されたパターンである[15]。その一方、供給管理研究所供給者配達指数（Institute for Supply Management's Supplier delivery index）とニューヨーク連邦準備銀行グローバル・サプライチェーン圧力指数（New York Federal Reserve Bank's Global Supply Chain Pressure Index：GSCPI）は、それぞれ、昨年のサプライチェーン圧力の減少を指摘していた（図2-22）[16]。

コア輸出価格――これは、もう1つのコストアップ要因であったが、インフレの最近の下落の第三の説明要因の可能性があり――また、下落したのである。輸入価格はそれら自身、多くの異なる要因によって形成されるが、――外国の需要、外国のインフレ、グローバル・サプライチェーンの圧力、そして、ドルの相対的強さなどがその要因に含まれる。2023年を通して、非石油輸入価格は、1.6%下落、それは、国内生産の多くのインプットコストへ下方圧力となった。

2023年、インフレの削減に効果的な要因は、

図2-19 総合CPIインフレへの寄与

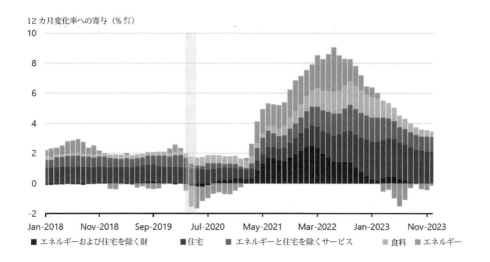

出所：Bureau of Labor Statistics; CEA calculations.
注：CPI＝消費者物価指数。グレーの影はリセッションを示す。

また、フィリップス曲線の枠組みの中で評価されることもできる。供給ショックと需要と供給の隘路の代理変数とともに増幅されて、フィリップス曲線は、2023年に導くCOVID-19パンデミック年におけるインフレ増進と同時にその引き続く下落を、労働市場と総需要の悪化なしに、簡潔にとらえる。(CEA 2023b)。(1) コストプッシュ要因として相対的輸入価格 (2) サプライチェーン圧力の測定値として、ニューヨーク連邦準備銀行のGSCPI、(3) 緩み（CBOの失業ギャップ測定値に代理される）をもったGSCPIとの相互作用条件――それらのすべては、サプライチェーンの混乱時における需要が引き起こした隘路を取り除くことを意味するのであるが、これら3つを含んだフィリップス曲線を考えるのである[17]。インフレ期待については、専門予測家長期PCEインフレ期待の調査によって代理される。図2-23が示していることは、モデルは、2018年から2022年のインフレ増進の多くをサプライチェーンの混乱にもとめ、引き続くその下落の多くを、サプライチェーンの混乱回避と需要の隘路の解決に求めている。規律の緩みや孤立という要因は、最近のインフレ上昇の説明としては通用しない。

長期のインフレ期待は、2021年にインフレが始まった時には、着実に存在したが、これらの期待はインフレが上昇する時にも低かった。図2-24は、2つの最もふつうのインフレ期待の測定値の軌跡を辿ったものであるが、1つは、次の12カ月にわたっての年間％変化を予測した中央値であり、もう1つは、次の5年から10年にかけての平均年間価格％を予測した中央値であり、ミシガン大学月次家計調査からのものである。2つとも、2022年中にピークとなり、2023年末にかけて減少している。長期のインフレ期待はとりわけ、きわめて安定的であり、それは、家計は短期の上昇するインフレは予想するが、長期にわたってインフレが続くとは予想しないというのである（Box 2-2）。

第2章 昨年の回顧と将来の展望

Box 2−1　消費者価格インフレの測定

インフレは、正確に定義し測定することに対する挑戦的課題でありうる。このボックスでは、インフレでないものとそうであるものとを、そして、政府はどのようにしてインフレを測定し、カギとなるインフレ測定の情報は何を提供するかを叙述する。

インフレを定義する　インフレは、論じるに扱いにくいものである。第一に、インフレは、価格レベルの変化率であり、諸価格のレベルをいうものではない。高いインフレとは、価格が急速に上昇することを意味し、諸価格が高いということを意味するものではない。第二に、特定の財とサービスの価格上昇は、必ずしもインフレを反映したものではない。相関的な需要と供給の変化によって、特定の財とサービスはいつの時間でもお互い相関的に上昇し、下落する。たとえば、COVID−19パンデミック中は、テレビジョン・セットへの需要は上昇し、そしてその価格は上昇した。同時に、航空チケットの需要は落ち、その価格は下落した。価格指数——それは、消費者価格指数（CPI）と個人消費支出（PCE）価格指数については、以下において述べるが、価格レベルの測定を試みる経済の総価格のことである。インフレは、価格レベルのプラスの変化率である。

インフレ測定　価格レベルを測定すること、つまりインフレを測定することは、困難な仕事である。この章では、しばしば、消費者が直面する価格レベルを概算する2つの測定値に言及する。第一は、CPIであり、労働統計局（BLS）によって作成されたもの、第二は、PCE価格指数であり、経済分析局（BEA）によって作成されたものである。

（主要なテキストは、もっぱら、CPI−Uに言及するが、それは、都市部の消費者の市場バスケットに従うものである。「都市部」の叙述は、極端な田舎以外に住んでいる人に言及され、したがって、米国人口の約90％をカバーする。BLSはまた、CPIのいくつかその他のバージョンをもっている。CPI−Wは、賃金受給者の市場バスケットに従

図2−i　貯蓄率

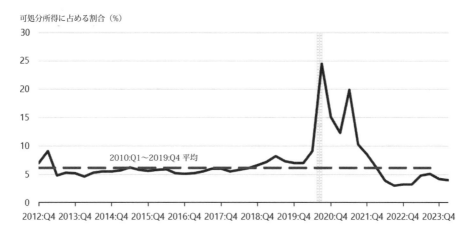

出所：Bureau of Economic Analysis.
注：データは季節調整済み。グレーの影はリセッションを示す。

うもので、CPI－Eは、高齢者のそれに従うもの、連鎖CPIは、CPI－Uと同じ消費者に従うもので、しかし、それは、より代替的フォーミュラーとともに総計するのである）。

　CPIは、消費財とサービスの固定されたバスケットの価格を測定する（BLS 2020）。バスケットは、2002年から2022年にかけて、2年ごとにアップデートされ、将来は、毎年アップデートされる予定であり、年次消費者支出調査で調べられた家計の平均消費を概算する。固定された消費者バスケットの想定は、時間を超えて同じ財とサービスの価格を比較するのであり、かなり容易にできるが、しかし、もし家計が、価格が変化したとき彼らの消費を変化させるなら、家計が実際に直面（あるいは経験）する価格変化率を誤って表現しうる。たとえば、もしオレンジの価格が、リンゴの価格と比較して下落するとすれば、消費者は、普通より多くのオレンジを買い、リンゴを買い控えるであろう。PCE価格指数は、CPIと比較して、そのような代替行動を許すフォーミュラーを使用している。さらに、CPIは、自己負担の支払いに焦点を合わせるが、PCE価格指数は、消費者コストのより広い範囲をカバーし、それは、たとえば、雇用主提供の健康保険も含まれる。大雑把にいえば、PCE価格指数は、より多くの代替行動を考慮する（またその他の違いもあるが）ので、ここ20年において、PCE価格指数の12カ月変化は、平均すると対応するCPIの変化より35ベーシス・ポイントほど低くなる。

　公表インフレ対コア・インフレ　エコノミストと政策立案者は、インフレの継続的動きをより良く把握するため、食品やエネルギーなどの浮動性の高い財とサービスを除いた価格指数に焦点を合わせる（Gordon 1975）。食品とエネルギー価格は、天候や国際商品市場によって影響されるので、不規則に大きく動き、それゆえ、大きな部分が国内的に決定されるその他の財・サービスの価格とは独立に動く。コアCPIとコアPCE価格指数は、食品とエネルギーを除き、一方で、それに対応する公表CPIと公表PCE価格指数は、食品とエネ

図2－ii　資産・所得比率と消費率

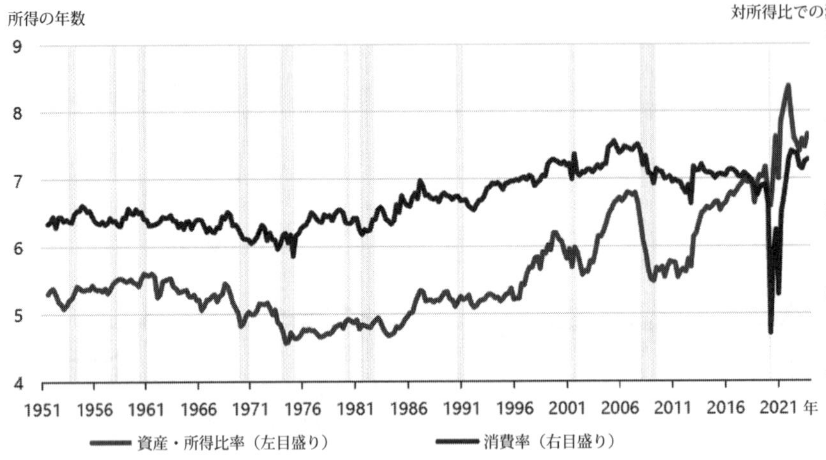

出所：Bureau of Economic Analysis; Federal Reserve Board; CEA calculations.
注：2023年第4四半期の値はCEAによる推計である。グレーの影はリセッションを示す。

第2章 昨年の回顧と将来の展望

ルギーを含む。もちろん、消費者は食品とエネルギーを購入するから、公表インフレ測定値の方が、消費者が実際に直面するコストをより良く反映している。

月次インフレ対年次インフレ 毎月、BLS と BEA は、CPI と PCE 価格指数のそれぞれ、そして、各価格レベルの月次変化をアップデートしている。彼らは、また、12 カ月の％変化を報告するが、それは、12 か月にわたる月次％変化の蓄積だからかなり浮動性は低くなる。年率換算の 3 カ月あるいは 6 カ月インフレの測定値は、また──3 カ月あるいは 6 カ月％変化を 12 カ月あるいは年率と比較できるように数学的に調整されたものであるが、──未加工の価格指数から算出されうるものである。これらの測定値は、月次インフレより浮動性は低いが、しかし、年次インフレよりよりも、よりタイムリーである。図 2-i は、4 つの価格指数の年率換算された 6 カ月インフレをプロットしたものであり、公表 CPI、コア CPI、公表 PCE 価格指数、そして、コア PCE 価格指数である。すべて 4 つのインフレ指数は、2021 年に上昇を開始し、しかし、2022 年後半には下落に転じている。

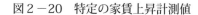

図2-20 特定の家賃上昇計測値

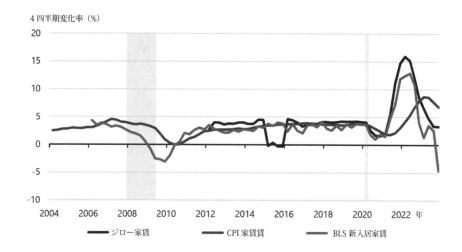

出所：Bureau of Labor Statistics; Federal Reserve Bank of Cleveland; Zillow.
注：CPI＝消費者物価指数。BLS＝労働省労働統計局。データは四半期。グレーの影はリセッションを示す。

図2−21　GDP成長への寄与、連邦準備発表の金融環境が経済成長に及ぼす影響（FCI-G）に基づく

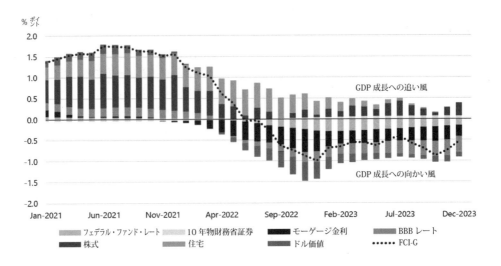

出所：Federal Reserve Board; CEA calculations.
注：BBB＝商事改善協会。データはFCI-G（ベースライン）からのもので、数字が金融環境計測値として読めるように反転させている。

図2−22　サプライチェーン圧力の計測値

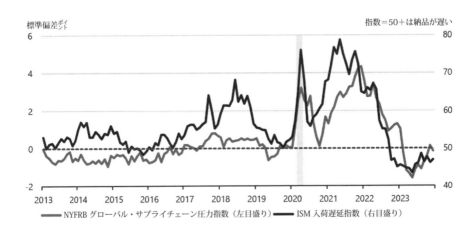

出所：Federal Reserve Bank of New York (NYFRB); Institute for Supply Management (ISM).
注：入荷遅延指数の値が50を上回ると、納品が遅いことを示す。NYFRBグローバル・サプライチェーン圧力指数は、ゼロが統計の平均値を指すように正規化されており、プラス／マイナスは、そのポイントが平均値より何偏差値高い／低いかを示している。

第2章 昨年の回顧と将来の展望

Box 2-2 フィリップス曲線とインフレのその他のモデル

　エコノミストは、多くの時間と努力をインフレの説明と予測に費やしてきたが、それには、さまざまな方法とアプローチがある。このボックスでは、フィリップス曲線タイプの関係によらないインフレ理論を簡単に議論する前に、1つの共通モデルである、フィリップス曲線を説明し、その近年の歴史を叙述し、その構成要因のそれぞれについて議論する。その構成要因とは、インフレ、経済的緊張あるいは「緩み」、インフレ期待とその他の要因である。

　「フィリップス曲線」という言葉は、インフレの形態と、経済的緊張と緩みの測定値の2つの間の実証的関連に言及されることで使用され、クラインとゴールドバーガー（Klein and Goldberger, 1955）によって開発されたマクロ経済的モデルにおいて用いられ、フィリップス（Phillips 1958）によって（賃金インフレと失業に関して）と、その2つの間の理論的関連について注意が払われたものである。今日、政策立案者と予測家は、しばしば、「期待値・増幅型のフィリップス曲線」に言及し、それは、インフレ期待が、経済的緊張と緩みに関係なく独立にインフレに影響することができると認識する。

　本書の図2-7にみられるように、緊張の1つの測定値としての失業率とコアCPIインフレとの間の実証的関係は、インフレ期待をおさえているときでも、徹底的に変化しうる。フィリップス曲線は、2016年『大統領経済報告』で議論したように（CEA 2016）、2000年代になって「フラット」（平ら）になって現れた。より詳しくいえば、失業率変化に関するインフレ係数がゼロ近くであった（それゆえほぼ平ら）。2009-19年循環拡張期のフラット化は、図2-7では、ダークブルーの点で示されており、それに沿って平らなダークブルーの点線が付き添っている。上昇する失業率は、この循環の前半では、よりインフレを抑えることに失敗しており、一方でこの循環の後半では、低下する失業率はインフレ上昇を起こ

図2-iii　消費動向の指数

出所：University of Michigan; Conference Board; CEA calculations.
注：グレーの影はリセッションを示す。

すことに失敗している。

　2022年末からみると、フィリップス曲線は、十分に変化しており、2022年の歴史的に低い失業率の下落は、1980年以来初めての米国インフレの上昇と軌を一にしているが、それは、図2－7のライトブルーの点によって明らかで、それに沿ってライトブルーの点線が傾斜を深くして付き添っている。2021年から2022年にかけてのインフレ上昇は、経済予測のコンセンサスを大いに上回っており、それは、なぜなら大体の予測家が、安定的なインフレ期待によって重しをつけられたフラットなフィリップス曲線を信じることになったからである（Federal Reserve Bank of Philadelphia 2020）。

　2023年の経済が直面する重要な問題の1つは、フィリップス曲線が、インフレが収まり続ける中でその傾斜が深く傾いたままにとどまるのかということである。もし、フィリップス曲線が深いままとどまるとすれば、このことが意味するのは、インフレが失業率の増加をもたらすことなしに下落するということである。パンデミック前のスロープに近くフィリップス曲線が戻るということは、インフレが2022年後半におけるよりも高い失業率を伴って下落するかもしれないということである。

　フィリップス曲線におけるインフレ測定　Box 2－1において叙述したように、食品とエネルギー価格を含んだインフレ測定は、国内経済に関係ないさまざまな理由によって浮動的なのである。というわけで、食品とエネルギーを除いた、コア・インフレ測定は、応用予測のためにより良く、フィットし、好まれる。フィリップス曲線の適格性と予示能力を増進させるため、かなりの実践家は、より深い、より継続し、そこに横たわるインフレ率の推計を使用するが、それは、アスカリとスボーダン（Ascari and Sbordone 2014）、イエレン（Yellen 2015）、ルッド（Rudd 2020）によって叙述され、示唆されている。図2－7は、年率換算の3カ月コアCPIインフレを使用している。（この根深いインフレの簡単な推計は、2011年デトマイスター〔Detmeister 2011〕によって議

図2－iv　ミシガン大学消費者マインド、実際と予測

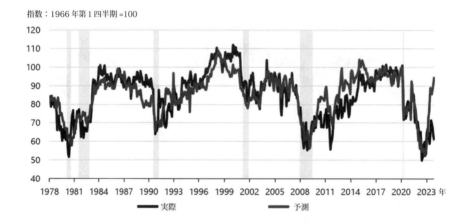

出所：University of Michigan; Bureau of Labor Statistics; Bureau of Economic Analysis; CEA calculations.
注：ミシガン大学マイクロデータの予測最小二乗法は、1978年1月から2022年6月までの以下を用いた推計値である。スタンダード＆プアーズ500の対前年比変化率、1世帯当たりの実質可処分所得（賃金と賃金以外に分けられる）、住宅価格、食料・エネルギー・コア財・コアサービスの個人消費支出価格指数、失業率の対前年比の差、COVID－19症例総数の対数である。推計値にはまた、性別、年齢、学歴、出生コーホート、国勢調査地域、調査サンプルの月、暦月による一定の影響も含まれる。データは2023年11月時点のものである。グレーの影はリセッションを示す。

論されているように、風変わりな方法と測定が含まれる。これらの測定値は、インフレデータの月を通した平均が含まれ、クリーブランド連銀からのCPI中央値のような、特別な支出カテゴリーのインフレ率を使用し、そして、とりわけ、ダラス連邦準備銀行からのトリムド・ミーンPCEのように、インフレ率を計算するとき最も高いインフレと低いインフレを見るカテゴリーを摘み取って算定している)。

フィリップス曲線における経済的緊張と緩みの測定 的確な経済的緊張と緩みの測定を選択することは、1つの困難な概念問題である。「緩み」は、経済の資源利用の集約度に言及される(Yellen 2015)。図2-2は、可能な1つの緩みの測定値を示しているのであって、それは、実質GDPと実質GDPの長期のトレンドとの差異である。2022年末の状況は、実質GDPがそのトレンドより高いのであり、それが意味するのは、資源の稼働が通常よりもより高いということであり、それは、産出一単位を生産する企業へ増大するコストを通してインフレ的な圧力が伝わるということである(Boehm and Pandalai－Nayar 2020)。

もう1つの普通使われている緩みの測定は、失業の自然率からの失業の偏差であり、失業の自然率とは、経済が長期に安定し、ショックによって乱されていないときに存在しているとされる失業率のことである。失業の自然率を推定することは、それ自身観察できるものではないから、困難な任務である(多くの実践家たちは、フィリップス曲線とともに失業の自然率を推定する。しかし、分かれて測定力を持つためには、自然率の推定は、ミカエラートとサエズ(Michaillat and Saez 2022)がやったように、フィリップス曲線それ自身の推定の外部からの方法によって行う必要があるであろう)。簡単化のために、自然率の外部からの推定を行うことなく、図2-7は失業率だけを使用している。

フィリップス曲線におけるインフレ期待 期待・増幅型フィリップス曲線は、インフレ期待を含んでいるが、それは、なぜなら多くのインフレ

図2-v ミシガン大学消費者マインド——実際、予測、拡張

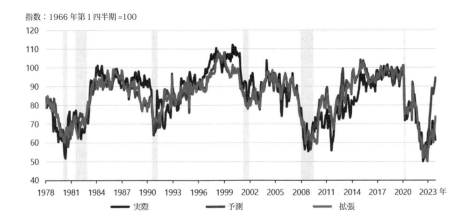

出所：University of Michigan; Bureau of Labor Statistics; Bureau of Economic Analysis; CEA calculations.
注：ミシガン大学マイクロデータの予測最小二乗法は、1978年1月から2022年6月までの以下を用いた推計値である。スタンダード＆プアーズ500の対前年比変化率、1世帯当たりの実質可処分所得（賃金と賃金以外に分けられる）、住宅価格、食料・エネルギー・コア財・コアサービスの個人消費支出価格指数、失業率の対前年比の差、COVID－19症例総数の対数である。推計値にはまた、性別、年齢、学歴、出生コホート、国勢調査地域、調査サンプルの月、暦月による一定の影響も含まれる。データは2023年11月時点のものである。グレーの影はリセッションを示す。

理論は、期待がかなりのケースで予定通り成就されるかもしれないと示唆するからだ——それは言葉を変えれば、人々が、インフレが起こると信じれば、インフレが起こり、そして、もし、人々が、インフレが落ち着くと信じれば、インフレは落ち着くのである。実証的にいえば、期待は、1970年代以来のインフレ下落と2010年代のその安定を説明するのに重要である（Blanchard et al. 2015）。インフレ期待と実際のインフレとの厳密なリンクについては、なお議論がなされている（Rudd 2021; Bernanke 2007, 2022; Werning 2022）。図2－7は、専門的予測調査からのコアCPIインフレの見通しを使用している。

インフレ期待の重要性を前提にすると、期待を管理することは、インフレを管理する重要なものである。インフレ期待は、それらが多く変化しないときは、たとえ経済環境が変化しているときでも、「落ち着いている」ということができる。多くの人は、連邦準備制度が1990年代かそれより早くインフレを落ち着かせることを望む暗黙のインフレ目標をもったと信じているが、それは、ただ2012年において、連邦準備制度が明白な長期のターゲット2％の年率PCE価格指数インフレを宣言したに過ぎないのである（Federal Reserve 2012）。2020年において、連邦準備制度は、その「長期の目標と金融政策戦略の表明」を修正し、2％のインフレ期待に落ち着かせるように求めるやり方において実施し、長期にわたって平均2％のインフレに帰結する政策を実施すると表した（Federal Reserve 2010）。後に述べられるように、2021年と2022年のインフレは、2％を軽く超えたとはいえ、長期のインフレ期待の測定値が、比較的安定的にとどまり、それは連邦準備制度が成功裏にインフレ期待を落ち着かせたという観念をもたらしたのである。

その他の要素　フィリップス曲線は、しばしば、インフレの出し惜しみモデルであるといわれる一方、期待と緩みよりほかの要素が、その影響による曲線とコントロールを実証的に推定することを促進するよう使用されうるかもしれない。イエレン（Yellen 2015）は、輸入財価格の変化の重要性に光をあてたのであって、輸入財は、多くの生産プロセスへの投入財であるし、為替相場の動きを代理している。同様の流れで、以下では、サプライチェーン圧力の測定と生産者サイドのインフレ測定に関連することに光を当てる。コア・インフレと底流のインフレを測定するのにエネルギー価格は除かれているのではあるが、エネルギー価格がまた含まれる可能性はある、だが、それは、近年小さくなってきていた（Calrk and Terry 2010）。

インフレのその他のモデル　フィリップス曲線は、エコノミストがインフレを理解するときに使う最も普通のフレームワークの1つである。しかし、それがただ1つというわけではない。たとえば、彼らが供給と需要がどのようにインフレに影響するのかを語るとき、彼らは、普通、ケインジアン総需要・総供給モデル（AD－AS）に言及しているのであって、それは、1930年代におけるジョーン・メイナード・ケインズ（John Maynard Keynes）の考えをジョン・ヒックス（John Hicks）が定式化した試みによるものである（Hicks 1937; Keynes 1936）。フィリップス曲線はしばしば、ケインズ理論の一部として考えられており、なぜならそれは、雇用と実質産出との間のリンクによるもので、AD－ASモデルから考えられたものとどこか似ているからである。ケインズ理論は、実証的なフィリップス曲線において観察されるインフレと緩みとの関係の1つの説明として理解することが可能だからである。ニュー・ケインズ理論、それは、ケインズ理論を現代的に、数学的に形式化し、発展させたものであり、1つの関連する説明を提供する（Gali 2015）。標準的なニュー・ケインジアン・フィリップス曲線は、インフレを理論による緩みの測定と関連づけ、多くのケインズ・モデルよりも期待の役割を大きく取り上げる。

マネタリズムには、フォーマルな数学モデルのグループを叙述する理論とフォーマルな考えが少ない一連のものという2つがある。理論と

第2章
昨年の回顧と将来の展望

して、それはミルトン・フリードマン（Milton Friedman）と最も関係が深く、これは彼の有名な言葉であるが「インフレはいつでもどこでも貨幣現象であり、産出よりも貨幣量が急速に増加することにより生み出されるということなのである」（Friedman 1970）。マネタリスト・モデルは、産出のレベルと成長に比較して、貨幣量のより大きな成長の結果インフレが起こるというもので、インフレと事業の緩みとの関係に注目しないのである。

最後に、多くのインフレモデルは、政府負債の重要性を強調する。これらの中でよく知られた1つは、価格レベルの財政理論（FTPL: Fiscal Theory of the Price Level）であり、政府負債は、未来の税収の増加や未来の支出の削減を通じた信頼のおける払い戻し約束によって裏打ちできていないとインフレに導くというものである（Cochrane 2023）。FTPLの支持者と批判者は、この関係における因果関係の方向について、またその因果関係が含む暗黙の仮定について意見が合わず議論している（Bassetto 2008）。

図2−23　コアPCEインフレの変化

％ポイント、四半期年率の年平均

	2018〜2022年	2022〜23年*
期待	+0.4	-0.1
輸入物価	-0.1	-0.4
スラック	-0.0	+0.0
スラック-サプライチェーン相互作用	+0.9	-0.6
サプライチェーン	+1.6	-0.5
残差	+0.3	+0.2
合計	+3.0	-1.4

出所：Yellen (2015); Bureau of Economic Analysis; Congressional Budget Office; Bureau of Labor Statistics; CEA calculations.
注：＊＝2023年の最初の3四半期のみ。PCE＝個人消費支出物価指数。

2023年の金融市場

　市場は、2023年において事件に満ちていたが、少なくとも3つの重大な諸展開があったことによって特筆される。第一が、リスクなしの利率——とりわけ、10年を基準とする財務省証券のような長期の地平を持つ債券——が、グローバル金融危機に至った以来見たこともないレベルに上昇したが、年末に至るまでその上昇のほとんどは反転した。その年を通じてネットでの変化はあまりなかったとはいえ、長期の満期を持つ、リスクなしの利率が過去10年で相対的には最も高く維持され、トレンドは、企業、消費者そして政府にとって、より高い借入コストとなった。第二に、それに関連し、注目された少なくない銀行の破綻が貸し手の信用拡大の意欲に影響し、リスクなしの利子率に対して借り手コストへ上方圧力を発揮し、信用状況のさらなる逼迫を引き起こした。しかしながら、これら諸影響の多くは、ある程度、迅速かつ効果的な政策対応によって短期で済んだ。第三に、インフレ効果を差し引いた利子率構成は——実質利子率のことであるが——2023年に顕著に上昇した。実質政策レートは依然高く、年末に向かって長期の実質金利の上昇の多くは反転したが、すべてを通して金利は、金融危機後の時期に比較すると相対的に高かった。実質金利の動きが何を引き起こすかを理解することは、最近の経済トレンドの耐久性を評価するためには重要である。

　長期金利の上昇

　フェデラル・ファンド金利、10年物財務省証券、そして、30年の固定モーゲージ金利を含んだ鍵となる金利は、すべてほぼ2023年中において上昇した。10月をピークとした後、長期金利は下落し、はじめの上昇分の多くは反転したが、政策

図2-24　実際のインフレと期待インフレ、2012〜23年

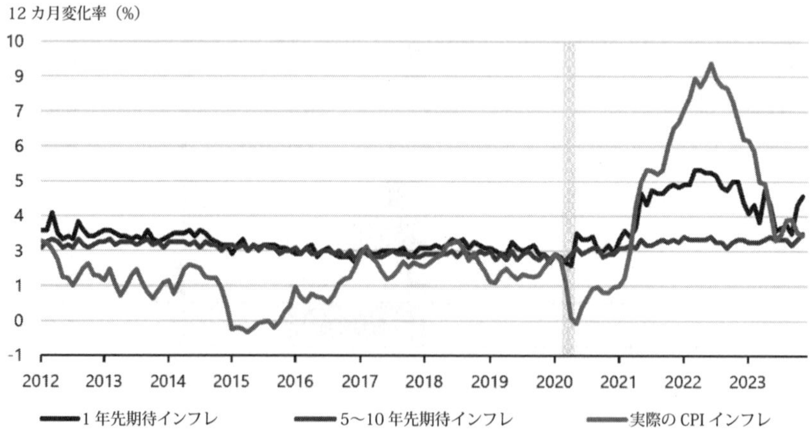

出所：University of Michigan; Bureau of Economic Analysis; CEA calculations.
注：CPI＝消費者物価指数。データは月次。グレーの影はリセッションを示す。

第2章　昨年の回顧と将来の展望

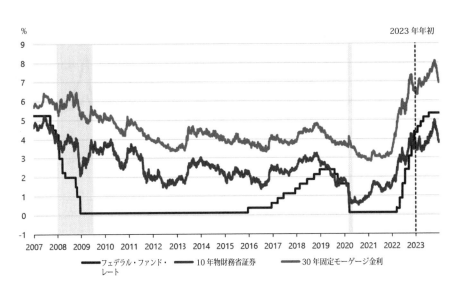

図2-25　米国の特定の名目金利

出所：Federal Reserve Board; Bloomberg.
注：20年固定モーゲージ金利は、ブルームバーグ経由Bankrate.comによる米国30年固定モーゲージ商品平均金利である。フェデラル・ファンド・レートは、フェデラル・ファンド目標金利レンジの中間点に対応している。グレーの影はリセッションを示す。

金利は2001年以来その最も高いレベルを維持した（図2-25）。長期満期の利回り（イールド）は、2008年末から2015年末を通して、維持されたゼロ金利金融政策の時期において異常に低かった。10年物利回りは、2022年3月に引き締め政策が始まった時、2.2％を下回っていたが、それ以来、オーバーナイト政策金利は5％ポイント以上に上昇し、長期の財務省証券利回りは、一日内原則で5％の高さまで上昇した。それは、1980年代以来の引き締め周期において、最大の政策金利上昇であり、10年物財務省証券利回りの最大の上昇でもあった。その年の末までには、10年物財務省証券の利回りは4％以下に落ち込んだがオーバーナイト・フェデラル・ファンド目標金利は5％以上に留まり、2023年中の1％ポイントの累積の上昇であった。

よりリスキーな利率の基準として、長期財務省証券利回りは、社債利回りと30年固定モーゲージ金利のような、企業と消費者にとって重要な金利の基盤となる。モーゲージ・ローンを規定に従って組む（コンフォーム）ための30年固定金利の全国平均は、10年物財務省証券の利回りよりも上昇した[18]、それは、図2-25の緑がかった青い線で示されており、2023年末に約7％に下落前は、8％を超えてピークを打った。その間、商業用貸付残高量は、GDP成長率に対して下落した（図2-26）。2023年初め銀行は、企業と家計に貸付基準を引き締め、借入の下落はまた、高金利環境によるより低い需要によって引き起こされた（図2-27）。

資産価格への高利率の影響は、経済に広く大きな意味を持つことになる。利率の急上昇は、固定利率の証券保有者に大きな「含み」（あるいは、「市場でのみ記録される」）損失を生じさせる。連邦準備がその政策金利を上昇し始めた2022年3月16日から、2023年3月8日まで、10年物財務省証券の利回りは、ほぼ2％ポイント上昇した。新規発行の証券へのより高い利率は、より低い固定金利の現存する証券価格の下落をもたらし、より低い固定金利の証券所有者は、銀行を含めて膨大な帳簿上の損失を経験したが、それについては、図2-28に示されている。たとえば、2023年3月までに、諸銀行の財務省証券の価値は、約8兆ドルも下落したかもしれないのである。これらの動

75

図 2−26　ローン残高の対 GDP 比

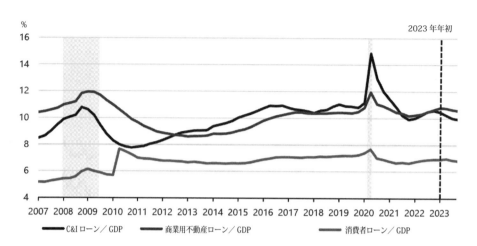

出所：Federal Reserve Board; Bureau of Economic Analysis; CEA calculations.
注：C&I ＝商業および工業。GDP ＝国内総生産。ローン金額は、連邦準備の H.8 公表の全商業銀行についてのものである。グレーの影はリセッションを示す。

図 2−27　企業向けローンの信用環境

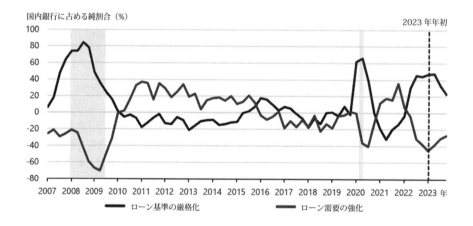

出所：Federal Reserve Board.
注：この図は、企業向けローンについて、融資基準を厳格化している、または、需要を強化している国内銀行の純割合を示している。それは、連邦準備制度理事会の銀行融資慣行にかんする上級融資担当者調査から銀行によるローン残高で加重している。グレーの影はリセッションを示す。

第2章 昨年の回顧と将来の展望

図2-28 債券リターンと未実現評価損益

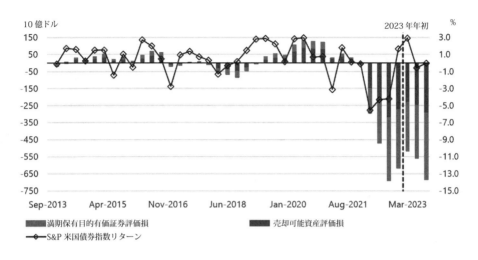

出所：Federal Deposit Insurance Corporation (FDIC); Standard & Poor's (S&P).
注：未実現損失はFDICの2023:Q3四半期銀行プロファイル、表7のものである。データは四半期ごと。

向は、シリコン・バレー銀行とシグネチャー銀行を含めて、さまざまな銀行を破産に追いやった。

銀行のストレスが実質経済に到達する主たる経路の1つは、信用の抑制である。信用状況が逼迫し始めると、図2-29パネルAの青い線で示されているように、銀行株が広範な市場で急速に不全に陥るので、資産の浮動性が上昇した。銀行破産の真っただ中、10年物財務省証券の利回りは、投資家が安全を求めて逃げるので、半％ポイント以上下落し、MOVE指数（Mrrill Lynch Option Volatility Estimate index）、それは、将来の財務省証券市場の浮動性を予測するよく知られた測定値であるが、2020年3月のパンデミックによって引き起こされた金融市場混乱以来の最も高い位置に跳ね上がった。図2-29パネルAにおける濃い青い線は、財務省証券の利回り浮動性と銀行株価格の測定値間の強力なマイナスの関係を示しており、銀行のバランス・シートの健全性にとって利子率の動きの重要性を強く示している。連邦準備は迅速に2023年において新しい貸付機能──銀行定期資金プログラム──を導入し、それは、損失を以て高質の固定所得証券を販売する銀行に対

する圧力を軽減することが目的とされ、連邦預金保険公社、連邦準備そして財務省が大統領と相談し、シリコン・バレー銀行とシグネチャー銀行の顧客預金の包括的保証に踏み込んだのであり、この行動は金融危機の伝染を阻止した。その年の終わりまでに逼迫は反転の経路を進み始めた。信用スプレッドは狭まり、VIXによって示された通り、証券の浮動性は下落し（図2-29パネルB）それはまた、経済活動の活発化に関する継続的な活気データの動きとも一致した。

より高い長期利率の推進要因としての実質金利

長期実質利回り、それは、財務省インフレ保護証券（TIPS: Treasury Inflation-Protected Securities）で代理されるが、上昇しそして下落した、それは、大雑把にいうと、2023年中の名目財務省証券利回りとともに同時に起こったが（図2-30）、インフレ期待が全く変わらないことを示し、名目利回りの多くの変化は、利率の実質的構成要因に帰せしめることができることを示している[19]。

実質利率の変化の背後にある諸要因は、しばし

図2-29　財務省証券ボラティリティと市場環境

A. MOVE財務省証券ボラティリティ指数と銀行業サブ指数

B. 市場信用状況

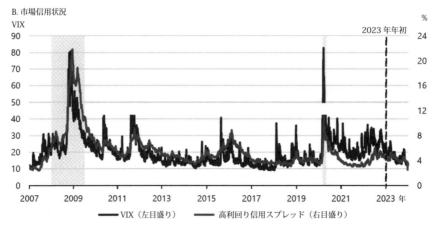

出所：Bank of America; Bloomberg.
注：MOVE指数は、インターコンチネンタル取引所により公表されている。その指数は、2年物、5年物、10年物、30年物の財務相証券の1カ月物オプションのバスケットの予想利回り変動率を計測する。銀行株価サブ指数は、スタンダード・アンド・プアーズ（S&P）500種のレベル2銀行業種グループのものである。VIXは、シカゴ・オプション取引所によって公表されるものである。その指数は、S&P 500株価指数の1カ月物オプションのバスケットの予想変動率を計測する。グレーの影はリセッションを示す。

ば、不確かであって、2023年も例外ではないことが証明される——とりわけ、利率がなぜ急に鋭く上昇し、また下落するのかについても不確かである。図2-31は、名目利率の構成要因として実質タームの利率が示されている。示唆される実質利率の最初の鋭い上昇の説明には、よりタイトな金融政策、より高い中立実質利率（これは、経済を刺激したり緩慢にしたりしない、理論的利子率である）、短期の証券に対して長期の証券をもとうとする投資家によって要求される収益の違い、が含まれるが、それはまた、「ターム・プレミアム」として言及もされる。しかしながら、これらの要因は、なぜ長期の、リスクのない実質利率の上昇が、その年の後半に大きく反転したかを完全に説明することに失敗して、これらの要因が未来にいかに出現するかの予測を困難にしている。利率運動の駆動因を特定することは困難である、というのは、中立利率とターム・プレミアというような概念は、資産価格に見出すことは直接的にはできないからだ。研究とターム構造モデルは、名目と実質利子率を構成するさまざまな構成要因を推定するために使用されることはできる（Kim and Wright 2005; D'Amico and Kim, and Wei 2018）。

第2章 昨年の回顧と将来の展望

図2-30 名目およびTIPS財務省証券利回り曲線

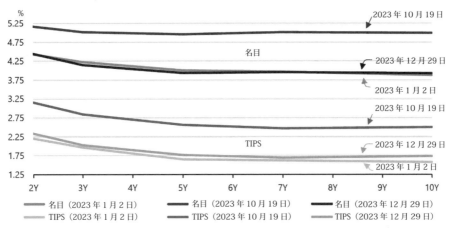

出所：Bloomberg.
注：TIPS＝財務省インフレ連動債。その数字は、実質と名目の利回り曲線と年間の変化を示す。

図2-31 名目金利の構成要素

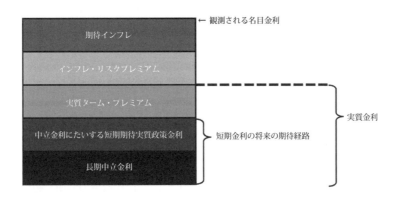

出所：CEA analysis.

図2-32　フェデラル・ファンド・レートとフェデラル・ファンド金利先物

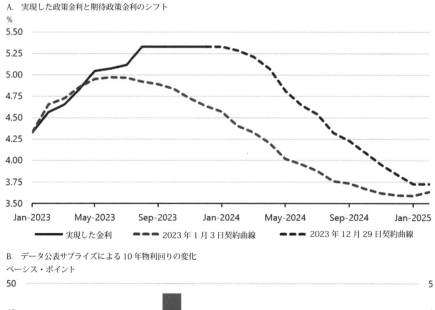

A. 実現した政策金利と期待政策金利のシフト

B. データ公表サプライズによる10年物利回りの変化

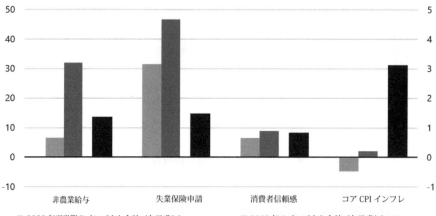

出所：Bloomberg; CEA calculations.
注：UI＝失業保険、CPI＝消費者物価指数。パネルAでは、期待は、2023年12月29日時点と2023年1月3日時点のフェデラル・ファンド金利先物契約からのものである。実現したレートは、日次フェデラル・ファンド実効レートの月間平均である。パネルBでは、データ公表サプライズは、そのデータが期待とは異なる場合として分類される。サプライズごとの変化は、予測値であり、調査された期待の中央値の標準偏差で計測される。

実質政策金利のためのより高く期待される軌道

連邦準備が2022年と2023年においてその目標金利を上昇させたので、近時の政策の期待される軌道の推定は、中立を下回る——刺激的なもの——から制限的なものへと移行したのは驚くべきことではない。名目政策利率は、2001年以来最も高いレベルに上昇したので、推定される実質政策利率は、グローバル金融危機以来最も高くなったし、また、危機以後の時期で初めて制限的になった。

2023年の大部分（図2-32 パネルA）で上昇するタイトな金融政策への期待は、ある程度、一連の経済データのシリーズからの帰結であって、それは、労働市場の回復と消費の活発化を示しており、その年を通じて予測家を驚かせたのである。図2-32 パネルBは、10年物財務省証券の利回

第2章 昨年の回顧と将来の展望

表2－2　経済予測、2022～34年

年	変化率（第4四半期比）			水準（%）			
	インフレ計測値			失業率		金利	
	実質GDP	GDP物価指数	CPI	年間	第4四半期	3カ月物財務省証券	10年物財務省証券
実際							
2022	0.7	6.4	7.1	3.6	3.6	2.0	3.0
2023	3.1	2.6	3.2	3.6	3.8	5.1	4.0
予測							
2023	2.6	3.0	3.4	3.6	3.8	5.1	4.1
2024	1.3	2.3	2.5	4.0	4.1	5.1	4.4
2025	2.0	2.1	2.3	4.0	4.0	4.0	4.0
2026	2.0	2.1	2.3	3.9	3.9	3.3	3.9
2027	2.0	2.1	2.3	3.9	3.8	3.1	3.8
2028	2.0	2.1	2.3	3.8	3.8	2.9	3.8
2029	2.1	2.1	2.3	3.8	3.8	2.8	3.7
2030	2.2	2.1	2.3	3.8	3.8	2.8	3.7
2031	2.2	2.1	2.3	3.8	3.8	2.7	3.7
2032	2.2	2.1	2.3	3.8	3.8	2.7	3.7
2033	2.2	2.1	2.3	3.8	3.8	2.7	3.7
2034	2.2	2.1	2.3	3.8	3.8	2.7	3.7

注：予測は2023年11月3日時点で入手可能なデータにもとづいている。2023年の実際のデータはのちに届いた。3カ月（91日）物財務省証券の金利は流通市場割引ベースで計測されている。

出所：Bureau of Economic Analysis, Bureau of Labor Statistics; Department of the Treasury; Office of Management and Budget; CEA calculation.

りの総変化と平均変化を示し、非農業給与、失業保険請求、消費者信頼感、そして、コアCPIインフレという主要データの公表による変化を集約的に示した。それは、10年物の利回りのプラスとマイナスを合体したものであり、連邦公開市場委員会の会議やその他の主要データにならない市場衝撃に伴う出来事を無視している。失業請求、それは、週単位で公表されるが、2023年の10年物財務省証券利回り上昇の最も大きな累積的貢献を示し、――図における濃い緑色の棒であるが――一方で、月次インフレデータは、驚きについて、最も大きな衝撃を示した[20]。薄緑色と濃い緑色の棒の差は、その年の前半を通じての衝撃を示している。推計は、予測されない給与支払い公表の部分が、その年の前半の利回り上昇へ不釣り合いな衝撃を与え、一方で、年末に向けて利回りの鋭い下落を伴ったとはいえ、失業請求が2023年後半に相対的により大きく貢献したことを示している。

2023年12月中頃、連邦公開市場委員会は、ステイトメントを発表し、データについて何か驚きがなければ、緊縮政策はピークに達し、次の動きは政策利率をカットするというシグナルとして広範に解釈される市場についての見通しを公表した（Federal Reserve 2023a; Federal Reserve, Federal Open Market Committee 2023）。図2-32, パネルAは、市場が含意するフェデラル・ファンド・レートの短期の軌道のスナップ写真を供給

し、2023年中の目標政策金利の上昇軌道（図の途切れのない群青色の線）と年末までの目標利率の予想される軌道（群青色の破線）を示した。期待される年末までの緩和の移行にもかかわらず、予想される政策軌道は2023年初めよりより高くとどまったのである（青い破線）。

ターム・プレミアム

上昇する財務省証券ターム・プレミアムは、さらに2023年を通してより高く追いやった。概念上は、実質ターム・プレミアムは、短期の実質利率の期待される未来軌道によって説明されるのではない長期のリスクのない実質利率の構成要素である（図2-31）。10年物財務省証券ターム・プレミアムは、2023年中続くパターンである利子率上昇の環境の最中、しばしばプラスになる前までは、2019年から2021年にかけて大きくマイナスであった。

いくつかのタイプのリスクが2023年のターム・プレミアムを支えることができた。利子率が上昇し、債券価格が下落、しかし関係は、一対一ではない。期間中のリスクの価格付けは（その他条件すべて等しいとして）債権の満期が長くなれば長くなるほど、利子率の％上昇当たりの価格下落は大きいことが認識される。満期の前に債券を売る必要がある投資家にとってキャピタル・ロスのリスクは、彼らをしてより高いターム・プレミアムを要求する動機付けとなる。より高い実質ターム・プレミアムへ貢献する可能性として、中長期の実質利率についての、より大きくなる直近の不確実性であり、それは、連邦準備の未来の政策金利についての投資家の不確実性に由来することができるかもしれない。高まる期待される利率浮動性、というのは政策への期待は急速に変わるからであり、それは、債券タームのプレミアムの継続リスクの価格付けを豊富にすることができる。MOVE指数——上述したようにそれは、未来の財務省証券利率の浮動性に関しての測定値であるが（図2-29パネルA）——それは、満期にかかわらない利率、そして、2021年遅くに始まったターム・プレミアム推定値とともに上昇した。2023年3月、MOVE指数は、2008年金融危機のピーク以来、利子率リスクに関連する銀行ストレスのさなか、一時的に跳ね上がった。その指数は、2021年以来の範囲内に、年末までには治まったが、それは、金融危機後の時期内に比較すると相対的になお高い。

先行きの潜在的リスク

長期満期、実質リスクなしの利率が後に下落する前——とりわけ政策引き締めが始まる前の2年間の実質利率マイナスと比較すると——2％以上の実質リスクなしの収益への劇的な移動は、かなりの予測された結果を生み、かなりの困難と潜在的リスクを突き付けた。市場と経済の構造的変化は、約15年前、同様の利率環境に米国があったその時以来、企業と個人のより高い率への対応方法を変えたかもしれない。付け加えるならば、諸組織が現在そのショックへ対応するスピードが見通しへの不確実性の追加的度合いを高めている。

財務省債務は、2011年に株式会社債務を追い抜いて以来米国が発行する債務の最も大きな部分を占めているが、それは、図2-33に示されている通りだ。年金基金、その他投資ファンドと保険会社は、財務省と株式会社証券という、二大債務カテゴリーのトップの所有者なのであり、それについては、図2-33に示されている通りだ。基金の構造によって、損失の可能性あるいは急速な投資家の償還は、これら諸機関が急速にリスクの様相を変化させる対象になり得る。比較的短期証券の所有である投資家、主として財務省手形を保有するマネー・マーケット・ファンドのような機関は、そうリスクにさらされることはない。というのは、より長期の証券が利子率の変化にはより敏感だからである。銀行は、財務省証券のトップの保有機関ではないが、集中された保有は、リスクをもたらすかもしれないので、それは、とりわけ小さな地域的銀行のような多様化していない金融機関においてのことである。

より高い実質利子率は、公的機関であろうが民間であろうが、借金で貸付投資をおこなう機関にとっては、不都合な出来事のリスクを増大させる。証券取引委員会に保管されている多くの最近のデータによれば、負債証券のヘッジファンドによる所有は、今までになく高くなり、彼ら総資産の三分の一より多くなった（Federal Reserve

第2章 昨年の回顧と将来の展望

図2−33 タイプ別および保有者別の米国の債務

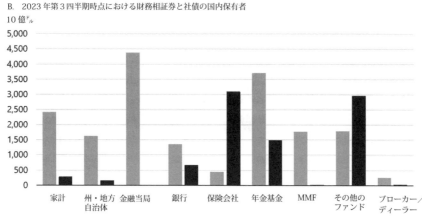

出所：Federal Reserve Board.
注：MBS＝モーゲージ担保証券、MMF＝マネー・マーケット・ファンド。データは連邦準備制度の金融勘定による。米国保有者のうち大きなカテゴリーだけが示されている。「その他のファンド」カテゴリーには、投資信託、クローズド・エンド・ファンド、上場投資信託が含まれる。家計カテゴリーには非営利団体の保有も含まれる。社債保有には外国債券も含まれる。グレーの影はリセッションを示す。

2023b)。市場における帳簿上の損失は、実際の損失ではないが、しかし、市場の浮動性や所得の途絶などが、信用事件に展開する損失覚悟の資産の流動化を強いるかもしれない。この過去3月に起こった銀行危機は、これらリスクを思い起こさせるに貢献した――それは移行期における重要な警戒事項だ。

　より高い実質金利はまた、将来の株価にネガティブな動きのリスクを増幅させる、というのは、株価評価は、より高い競争的な実質収益と調整されるからだ。実質リスクなしの利率がマイナスの時、投資家は、財務省証券よりは株式のようなよ

りリスクのある資産へ投資することによってのみプラスの実質収益を獲得できる。過去10年にわたって、リスクなし利率の平均は、約0.3％であり、株式投資への低い垣根であった。2023年末までには、実質リスクなしの利率は、約1.5％（図2-34 パネルB）以上であり、それは、投資家がよりリスキーな資産から獲得しうる最低の実質収益を十分上昇させたのである。

　スタンダード＆プアー500（S&P500）株価指数は、2023年において約25％上昇した（図2-34 パネルA）、そしてS&P500会社の1株式当たりの平均株価・収益比率は、少々上昇した。株

図2-34 株式リスク・プレミアム

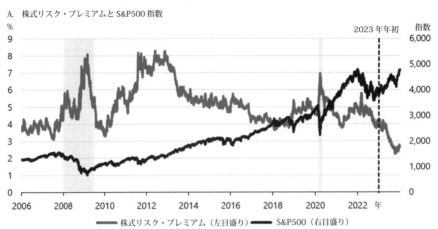

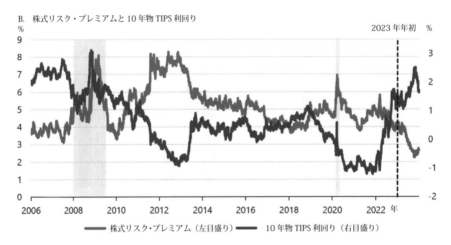

出所：Bloomberg.
注：S&P＝スタンダード＆プアーズ、TIPS＝財務省インフレ連動債。株式リスク・プレミアムは、平均株式利回りから実質リスク・フリー・レートを差し引いたものである。グレーの影はリセッションを示す。

価上昇は、それゆえ、平均すると改善された収益よりはより高い株の評価によっていた。株価・収益比率の逆数である、収益・株価比率は、期待株式収益の普通の代理変数である。ぴんとくることは、収益は、配当として投資家に支払われるか、未来の成長を引き上げるために再投資されるかである（Campbell and Shiller 2001）。実質リスクなし利率を差し引いた残りの収益は、株式リスク・プレミアムと呼ばれる。S&P500指数の平均株式リスク・プレミアムは、実質利率の代理変数として10年物TIPS利回りを使用すれば、約2.65%でその年を終えたが、その10年平均より低かったし、その多くは、実質利率の鋭い上昇に帰せしめることができ、それについては、図2-34パネルBにしめされた通りだ。その図はまた、2023年において、いかにして推定された株式リスク・プレミアムが2008年金融危機ちょうど前のそのレベル以下に下落したかを示している。株式評価の鋭い反落は、より高い収益・株価比率を含むが、消費をへこませ、潜在的に市場を不安定にするかもしれない。しかしながら、より穏当な徐々に引き起こされる減少は、株式リスク・プレミアムを比較的途切れることなく今までにない価値の線で戻すことができるかもしれない。

より高い利率は自然と財務省証券の債務返済コストを新しい発行に関して上昇させるが、それは、上昇に導く利回りの構成要素には関係がない。しかしながら、将来の負債のより高い率とGDPが示唆し、そしてそれが、そのより高い負債返済コストを多かれ少なかれ維持可能とするか否かは、上昇する利率による主たる原動力にかかっているのである。たとえば、中立の実質利率の予想される上昇が——多分、より速い生産性成長のトレンドによって促進され——それがまた、GDPを突き上げる諸要素に反映することができるかもしれず、そうなると、その他すべてを等しいとして、負債・GDP比率を控えめにする可能性は十分にある。しかしながら、より高いターム・プレミアム——それがいかなる予想される生産性増大を引き出すことなく投資に重しをかけることになれば——経済活動をネットで引きずる明確な要因となる。

将来の展望

　バイデン-ハリス政権は、2023年11月9日、11月3日までの利用可能なデータを使って、その公式経済予測の最終版を終了させた。予測は、2024年から2034年までの次の11年を通じての鍵となる経済変数のわが政権の計測を提供するが、それは、表2-2に示されている。この予測が終了し、この『報告』が公表されるまでの間、2023年データ以上のデータが利用可能であるから、この章で議論される公式の予測は、2023年の現下の予測とは異なるかもしれない。たしかに、予測が終了してから、インフレはかなり期待されたものよりかなり落ち込んだし、利子率も下落した、一方で、雇用と経済活動は繁栄を続けた——ということは、もし予測が今日終了したとすれば、より低い利子率を、インフレ、成長、そして雇用の継続的前進とともに、示すことになったであろう。この全体の予測は、大統領2025会計年度予算へ批判的にインプットしており、多くの連邦機関の予算見通し、そして、予想税収に通知されている。

　すべての経済予測は、結果の可能性の範囲に影響するかなりの不確実性の下にある。予測が終了した時、不確実性の明確な源には、サプライチェーンの混乱、ディスインフレの進行、上昇する利子率、そして、重要な商品のグローバルな取引へのスピルオーバー効果を危機におとしいれる地政学的諸問題が含まれた。最近年の予測からの変化として、COVID-19パンデミックは、もはや経済成長の主要な阻止要因として予想されてはいないというのである。ワクチン接種、免疫の増加と新しい治療は、死亡者数の安定に帰結し、2023年で平均一日206人、2021年と2022年に、平均で一日それぞれ1255人と670人であったころから比べると下落した（CDC n. d.）。

　予測年の初めの年2024年、実質GDPは、1.3%で成長すると予測、それは潜在成長率より低く、なぜなら、利子率が依然高くインフレが遠のくとするからだ。2025年にスタートして、インフラ、ケア、人的資本、そして移民改革への大統領の政策は、潜在的ならびに実際のGDP成長率を増加させることが期待される。予算期間の最後の5年間を通して、2030年に始まるのであるが、予測は、ベビー・ブーム世代の退職に起因する労働参加率の下方引き下げが減少すると算定する。大統領の政策からの後押しゆえに、人口動態的引き下げの減少とともに、潜在的GDP成長は、2006年から23年にかけてと比べるとより強くなると予測される。失業率と成長率との逆の相関関係は、オクーンの法則として知られている[21]。図2-35は、実質産出の5四半期の変化に対する失業率の4四半期の変化を示している。この関係は、2006年から2022年を通して失業率の分散83%を説明する[22]。実質潜在産出成長率は、安定的な失業率における実質GDP成長率として推定され——±0.2%ﾎﾟｲﾝﾄの標準偏差をもって1.73%で、回帰線は、x軸を横切ることを表している。

　次の11年間の潜在的実質GDP成長のコンセンサス見解は、この回顧的なものと同様で、オクーンの法則を基盤にした推定（図2-35）である。

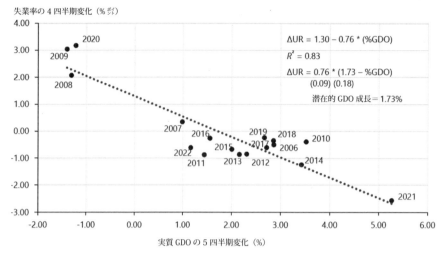

図2-35 オークンの法則による潜在的産出成長の推定、2006～22年

出所：Bureau of Labor Statistics; Bureau of Economic Analysis; CEA calculations.
注：GDP＝国内総生産、GDI＝国内総所得、GDO＝国内総産出。GDOはGDPとGDIの平均である。X軸は、各年のQ4までのGDOの5四半期平均成長率をプロットしたもので、t年のQ4とt-1年のQ4が1/8のウェイト、Q1、Q2、Q3が1/4のウェイトを与えられている。

予想の毎年成長は、2023年10月の民間専門長期予想のブルー・チップ最近調査においては、平均1.8％である。わが政権の長期実質GDP成長予測ペースは、このコンセンサス・ペースを超えており、その大きな理由は、政権予想の通常のやり方として、それは、いまだ立法化されていない予算における成長誘導型の政策の効果を予期するからであり、そして、ブルー・チップ予測は、ベビー・ブーマーの退職の下方への引っ張りの減少を考慮していないからだ。

短期

バイデン-ハリス政権は、進む財政統合とタイトな金融政策の後遺症を反映して、2024年において潜在的より低い産出を予想する。2024年の4つの四半期を通じて、実質GDPは、1.3％であり、オクーンの法則から算出された1.7％の潜在推定値より少々ゆっくりしており、失業率は第4四半期までに4.1％にまで上がると予測する。2023年のブルー・チップ・コンセンサス予測（わが政権がその予測を終了するときに利用可能であった最新のもの）の実質GDP成長0.9％と年末のコンセンサス失業率4.3％と比較するとわが政権の予測は少々楽観的である。しかしながら、2024年ブルー・チップ予測と比較すると、この『報告』が出版される直近では、実質GDPは、上方修正されたし、失業率は、下方修正されたのであって、わが政権の予測は、直近のコンセンサスと近くなる。

CPIインフレは、さらに落ち込むと予測され、2023年4半期中の3.4％から2024年中の2.5％に予測される。CPIインフレは、PCEインフレより高い傾向にある。というわけで、CPIインフレ率2.5％は、ほぼPCEインフレ率2.2％にほぼ相当する。GDP価格指数として測定されるインフレは、そうしているうち、2023年中の予想された3.0％から下落し、2024年には2.3％に下落すると予測される。

インフレが目標値に下落して戻るが、失業率は、少々上昇し、2024年第4四半期には、4.1％のピークに達するであろう。失業率は、そこでジリジリ下がることが予想され、2027年第4四半期までには、最終的には3.8％に下落するであろう

図2-36 米国人口の年齢構成の推移

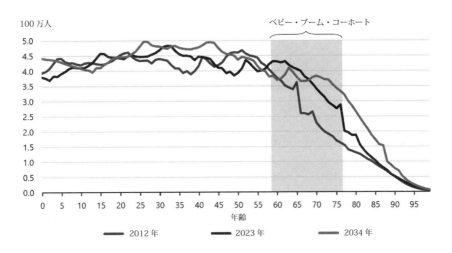

出所：Social Security Administration.
注：米国の社会保障人口は、米国非軍事非収容人口とはわずかに異なる。

が、それは、長期にわたるインフレ安定と調和的なものとわが政権は考える。

　10年物財務省証券の利回りは、約1%ポイントばかり、以前のわが政権の中間レビューの時期、2023年5月から予測修了時の2023年11月まで上昇したが、上述のごとく、長期利率は、2023年末までその上昇の多くを取り戻した。わが政権は、それ故、2つの金利——91日財務省証券（T-bill）と10年物財務省証券——の直近（2024年）予測を十分上昇させた。これら証券の利子率は、それぞれ、2024年には平均5.1%、4.4%になることが予測され、それらの2023年10月下落するが、ブルー・チップ・コンセンサス・パネルによって予測されたものより下落は小さい。明示的ではない10月先物市場の予測は、２０２４年のT-billのわが政権の予測と同じだが、先物市場は、明示的ではないが10年物財務省証券のより高い利回りを予測した。わが政権は、これらの利率はゆっくりと最初の予測期間5年を通して下落すると予測し、T-billが2.7%、1年物財務省証券は3.7%に結果として平準化するとするが、それは、ブルー・チップ・コンセンサスのそれぞれ2.6%と3.5%より少々高く、しかし、先物市場の2023年10月に示されたものよりかなり低いものである。

　わが政権は、中間レヴューに対して2023年の産出成長予測をかなり増加させたが、実質GDPへの影響は、2024年と25年の予想成長を下方修正することによって、ある程度取り除いた。2023年9月国民所得・産出勘定（NIPA）のベンチマーク修正の調整後、実質GDPレベルは、（中間レヴューに対して）約1%だけ2025年からその後において、上方修正された[23]。

　長期

　短期の見通しと対照的に、バイデン‐ハリス政権の実質GDPの長期予測は、2025年から2034年の10年間において、ブルー・チップ・コンセンサス予測を平均で0.3%ポイント上回っている。わが政権予測の通常のやり方として、予測には、大統領の提示した経済政策が前提されており——人的資本形成の増大、子どもケアの提供、移民政策の改革がそれらには含まれており、立法化されれば、

表2-3　実際的・潜在的実質産出成長の供給サイド構成要因、1953～2034年

構成要素	成長率 (%ポイント)					
	1953年第2四半期～2019年第4四半期(1)	1990年第3四半期～2001年第1四半期(2)	2001年第1四半期～2007年第4四半期(3)	2007年第4四半期～2019年第4四半期(4)	2019年第4四半期～2023年第3四半期(5)	2023年第3四半期～2034年第4四半期(6)
1　民間・非機関人口	1.4	1.2	1.1	1.0	0.6	0.7
2　労働参加率	0.1	0.1	-0.3	-0.3	-0.2	-0.1
3　労働力雇用シェア	0.0	0.1	0.1	0.1	0.0	0.0
4　平均週労働時間（非農業企業）	-0.2	0.0	-0.2	-0.1	-0.2	0.0
5　1時間当たり産出（生産性、非農業企業）	2.1	2.4	2.4	1.5	1.3	1.7
6　労働者1人当たり産出の差（GDO対非農業）	-0.3	-0.3	-0.6	-0.4	0.4	-0.2
7　合計：実際の実質GDO	3.0	3.5	2.4	1.8	1.8	2.0

注：GDPとは、国内総生産のこと。GDOは、GDPと総国内所得の平均。実質GDOと実質非農業企業産出は、所得と生産サイドの測定の平均値である。労働者1人当たり産出の差（6行）は、全体（世帯雇用によって除されたGDO）経済における1人当たり労働者の産出成長と非農業企業セクターの1人当たり労働者産出成長との差である。すべての寄与度は、年率%ポイントである。予測は、2023年11月のデータ使用可能から始まる。総計は、丸められているから加算して出たものではない。1953年第2四半期、1990年第3四半期、2001年第1四半期、2007年第4四半期と2019年第4四半期すべては、四半期の景気循環ピークである。人口、労働力、世帯雇用は、人口シリーズの不連続性のために調整されている。

出所：Bureau of Labor Statistics; Bureau of Economic Analysis; Department of the Treasury; Office of Management and Budget; CEA calculations.

2030年から34年にかけて潜在実質GDP成長の平均率を緩やかに持ち上げるであろう。

人口動態は、いくつかの道筋で（図2-36）長期の予測に影響を与える。わが政権は、ベビー・ブーム世代の退職が、予算予測期間（2028~34年）中には、おさまり、労働参加率への下方圧力を緩和すると認識する。この圧力は、2008年に始まり、その年は、（1946年誕生の）最も年齢の高いベビー・ブーマーが年金退職年齢62歳に最初に達した時であり、この継続する参加率の下方圧力は、2028年までにはほぼ半分になり、この世代の最も若い人たちが66歳になる年だからだ。過去5年間にわたって、この人口動態的力は、年間約0.4%ポイントの労働参加率上昇と実質GDP成長率上昇を低くしてきたのであるが、しかし、2029年~34年の期間を通して、下方圧力は、年に約0.2%ポイントだけ減少させることが予想される――それは、0.2%ポイントの改善であり（第3章においてこれらの人口動態的傾向の深い分析をおこなう）。

長期成長の供給構成要因は、表2-3に示されてある通りであり、過去と未来予測について示されている[24]。16歳以上の民間・非機関人口は、2023年から24年にかけて0.7%の平均年間率によって成長すると予測するが、それは、2007年から2019年までの年間平均成長率1.0%を下回る[25]。この予期された成長の多くは、移民の結果引き起こされたようだ[26]。

労働参加率への継続する下落としてのしかかる人口動態的諸要因は、わが政権の人的資本と子ども政策への提起によってその多くは相殺されるであろう。そして、週の労働日数・時間は、女性の労働力参加の上昇と全雇用に占める製造業のシェアの下落によって引き起こされた長期間の減退の後、安定すると予測される。これらの諸要因は、過去の数年より、労働日数・時間の軌道を支配することは少ないであろう。

労働力の雇用シェアは、現在のレベルを維持し、

第2章
昨年の回顧と将来の展望

それゆえ、予測の地平にネットでの貢献はないと予測される。生産性成長（時間当たり産出で計測される）は、11年の予測期間にわたって年平均1.7%の成長と予測され、長期の平均であるその2.1%よりいくぶん遅いが、2007年から19年までの1.5%成長よりはより速い。最後に、労働者産出の異なり——経済全体の一人当たり産出と非農業企業セクターの一人当たり産出の違いであるが——それは、マイナスになることが予測され、それは、多くは、生産性は、政府と家計のセクターにおいて成長しないという国民所得統計の慣習の結果なのである。産出の違いは、それゆえ多くの場合、長期にわたってマイナスであるが、表に与えられたその他長期よりもより、予測期間においてマイナス度は少なく予測されているが、それは、全産出における政府のシェアの減少が予測されるからだ。

実質GDP予測は、3つの主要な層からなる合計を表現する：（1）オクーンの法則による分析を通じて発展した基礎測定、（2）この基礎測定を、推計期間を通して、労働参加率の違いから予測されるその期間におけるその行動を通じて、適応させ調整する、（3）わが政権の成長促進政策の諸結果を反映する潜在GDP成長の上昇。基礎測定の1.7%成長の可能性、ベビー・ブーム世代の退職が少なくなることによる0.2%ポイントの調整、そして、政権の成長促進政策の貢献度0.3%ポイントを合計すると、わが政権の最後の5年間の予測期間における年間実質GDP成長率、2.2%という予想に帰結する。

注

1 望まれる長期の率を下回る貯蓄率は、所得が上昇しなければ、消費者の支出を抑えるかもしれない。純資産効果について——事情が変われば、この議論では無視されているが——この章では後にBox 2-1において検討される。
2 イールドカーブは、短期利子率（すなわち、フェデラル・ファンド・レート）が長期利子率（すなわち、10年物財務省証券の利率）を超えたとき「逆転」といわれる。これら逆転はそうしばしばおこるものではないが、それらはしばしばリセッションの前ぶれとなる。
3 この章終わりの表2-1をみよ。
4 その他と記載がない限り、年成長率は、四半期／四半期ベースによって算出されている。
5 この章の終わりBox 2-1をみよ。
6 FIMは、GDP成長への全体の財政立法の貢献を測るものである。それは、連邦、州、そして、地方の購入を考慮するが、そこには、税や移転についても含まれる（Asdourian et al. 2024）。
7 CEAは、平衡ペースを月8万から10万の雇用と推定するが、移民や労働参加率のトレンド、その他の要因に依存する。繁栄と継続する雇用成長を伴って、2023年の失業率は1969年以来、記録的に低いものとなった。
8 空きポストと労働回転調査（JOLTS; BLS 2024）による離職率は、2022年春に空前の3%の高さに到達したのであるが、調査の日付は、たった2000年代初めだけのものである。初期の雇用市場、とりわけ1970年代の活気的な労働市場との、かなりの比較を提供するために、歴史的に最も類似性のあるものといえば、生産を中止した製造業労働回転調査（MLTS）であり、それは、1980年代初めを通しておこなわれたものであり、製造業セクターのみしか含まない。比較が示唆していることは、製造業セクターの労働市場は2022年においてタイトであり、それは、1970年代のようであったというのである、JOLTSによれば、製造業セクターの離職率は、2022年5月には2.7%に達したが、それと類似を求めれば、MLTSによれば、1973年の2.8%のピークとなる。
9 調査による事実が示唆するところでは、平均して、女性は男性に比べて柔軟な労働調整へより高い価値を見出しているといえそうだ。アクソイ他（Aksoy et al. 2022）とマスとパライス（Mas and Pallais 2017）をみよ。
10 フランシネ・ブラウとその仲間たち（Francine Blau and her colleagues）による調査によれば、米国とその他先進諸国との間における働き盛り女性の労働参加率の上昇するギャップは、米国における家族政策の弱さによって説明できるとする（Blau and Kahn 2013）。
11 労働生産性は、企業セクターにおける一時間当たりの産出として測られる。
12 賃金分布の最も低い4分の1にあたる消費者は、より高い限界消費性向を持つ傾向にある。

13　かなりの批評家は、インフレに対して闘ういかなる進行も失業率の鋭い上昇ナシで起こるということに関しては懐疑的であった。この点については、この『報告』第1章をみよ。

14　FCI-Gは、金融状況が実質経済に影響を与える可能性を示すのであるが、金融状況は、資産価格、住宅価格、そして利子率——これらすべてはまた金融政策によって影響をこうむるのである。(Ajello et al. 2023)。

15　これらデータは四半期別プラント能力調査(Quarterly Survey of Plant Capacity)からのものである(U. S. Census Bureau n. d.)。

16　ISMによる指数は、供給者の配達回数の変化を計測する。50回より下の測定値は、配達がより速くおこなわれているということであり、サプライチェーン圧力が緩和されたということ。GSCPIは、いくつかのサプライチェーン指標を要約するが、供給者配達の指数も含まれる。

17　これらの計算に使用されるフィリップス曲線は、イエレン(Yellen 2015)によるものである。

18　規定に従って組まれたモーゲージ・ローンは、連邦住宅機関によって、保険付きとなる。「規定に従って組む」ためには、ローンは、連邦住宅金融当局によって設定された、質的条件と状況(最低の信用スコアが借り手に求められ、借りる金額の最高額)を満たさなければならない。

19　厳密にいうと、名目利回りからTIPS利回りを差し引いたスプレッドだけが、投資家へのインフレ補償を測定するのであって、それはまた、名目証券に対する異なるTIPSの流動性そして投資家のインフレ補償となるかもしれないリスク・プレミアムによってもまた影響されるから、それは、インフレ期待の直接的測定ではない。ドアミコ、キム、ウエイ(D'Amico, Kim, and Wei 2018)のモデルからのこれら効果の推定が示しているところだと、2023年中の平均で、平衡利率は、約10ベーシス㌽ほど期待されるインフレを過小評価した。

20　ここで与えられた推計は、1日の期間における10年物財務省証券の利回りの変化の事件研究回帰分析からのものであり、ニュースの驚き構成要素の経済データ公表を前提としている。1日期間はアナウンス前の日付の終値から出発し、アナウンス・データの終値でもって終了する。驚き構成要素は、実現された結果とブルームバーグ調査の期待値との差であり、提出された調査期待値の標準偏差によって測られる。

21　かつてのCEA委員長であったアーサー・オクーン(Arthur Okun)は、オクーンの法則として知られるものを1962年に提案した(Okun 1962)。GDPが、その潜在率よりも速く成長するとき、失業率は下落し、実質産出がその潜在率より遅く成長すると、失業率は上昇する。その簡単な第一の変化を特定化すると、オクーンの法則は、$\Delta UR = \beta (y^*-y)$の形態をとる。そこで、$\Delta UR$は、失業率の変化、そして、$y^*$と$y$は、それぞれ、潜在実質GDP成長率と実際の実質GDP成長率である。βとy^*は、推定される係数であり、βは、ゼロから1の間、そして、y^*は、潜在実質GDPの推定される率である。

22　2023年の完全データは、この『報告』が出版されるときには利用することができなかった。

23　実質GDPへのベンチマーク調整は、2012年から、レベルと成長に影響してきたので、ここでの計算は、2022年第4四半期以来だけの成長率を積み重ねる。

24　多くのこれら成長率の構成要因は、短期では不規則だから、表2-3は、景気循環のピークからピークの長期の期間の歴史的成長率を記録する。例外は、5列であり、景気循環のピークからピークまでの期間は、2019年第4四半期から2023年第3四半期までである(この予測が終了する最新の利用可能な四半期だからだ)。

25　民間・非機関人口は、投獄されている人、精神病院で生活する人、老人福祉施設で生活する人、あるいは、軍の施設で活動的に仕事に携わっている人達を除く。算出された人口成長率は、ソーシャル・セキュリティ庁の人口統計官からのものである。

26　ソーシャル・セキュリティ庁・年金保険局からの予測をみよ(2023b)。

第3章
人口、高齢化、そして経済

　米国における死亡率は、過去100年間にわたって低下し、アメリカ人は平均して以前よりも寿命が延び、健康に生きられるようになった。出生率も同様に低下して、20世紀半ばには一時的に上昇したが、着実な安定的に欠ける。

　出生率と死亡率の低下は、ジェンダー平等にむけた教育や労働市場における機会の拡大、さらに医療や公衆衛生分野における技術的進歩という文脈から生じたものである。今日の米国における人口増加の減速は、この国の歴史において前例のないものである。

　この章のテーマとなる人口増加の減速の影響とその他の人口動態の傾向は、わが国と経済に重要な影響を与えるであろう。これらはこの『報告』の他の章、すなわち労働市場、人工知能、気候、住宅などがもたらす結果になるのかについての背景をなしている。これらの変化がアメリカ人にどのような影響を与えるのかは、わが国の制度や政策環境によって決まる。人口動態の傾向のなかには、早急な対策が求められるものもある。薬物の過剰摂取による死亡の増加や妊産婦死亡率の悪化は、断固たる行動が求められる差し迫った課題である。その他の人口動態のパターン、たとえばアメリカ人の出生率の歴史的な低水準や高齢者の人口比率の増大などは、わが国がその変化を予測し、計画し、管理するために理解することが重要である。人口の高齢化は、労働人口の割合が低下するにつれてメディケアやメディケイド、そして年金制度などの社会的セーフティネット計画の財政課題であることを意味する。出生率の低下は、米国の人口と労働力の成長や構成を形成するうえで、ますます移民政策が重要な役割を果たすことを意味する。移民の純増がなければ、米国人口は2040年頃から減少をはじめることが予測されている（U.N. DESA 2022a; CBO 2024）。

　本章では出生率と死亡率の傾向とその要因を説明していく。COVID-19パンデミック時の死亡者の急増のように短期間で終わるものもあれば、米国の家庭の小家族化や少子化のように、社会的、政治的、経済的な変化が広く緩やかに進行するため、長期間持続する可能性が高いものもある。この長期的傾向は、米国人口の高齢化が続くことを意味しており、本章ではわが国の高齢化が、米国の労働力や消費者需要のパターン、生産性、貯蓄や借入、ケアエコノミー、財政の将来にどのような意味を持つのかを論じる。

21世紀における出生率の低下

　2009年以降、米国は急激な出生率の低下を経験している。過去数十年における他の先進国と同

様に低下傾向を示している。小家族化はアメリカ人の間で広がっており、その背景には、さまざまな背景を持つ米国の女性や人口統計グループが、この国の歴史上かつてないほどに少子化を選択し、出産を遅らせるようになっている（Aragão et al. 2023; Smock and Schwartz 2020）。この節ではこれらの傾向と経済的な要因について説明し、これらのパターンが一時的なのか今後数十年にわたる可能性があるのかを予測する。この節の重要なテーマとは米国および世界の出生率の広範かつ長期的な低下が生活水準、賃金、そして機会の改善に深く根差しているということである。

世界金融危機以降の米国の出生率

米国の出生率の低下は決して新しいものではなく、世界金融危機以降に加速した長期的な傾向が継続している（Bailey and Hershbein 2018）[1]。出生率を直感的に理解できる尺度を要約したものが、合計特殊出生率（TFR）であり、女性が特定の時点で自国の年齢別の出産パターンに従った場合に産む子どもの数を表している。たとえば合計特殊出生率が 2.0 とは、女性がその場所と時代の典型的な出産パターンに従った場合に、生涯で子どもを 2 人産むということである。TFR が 2.0 未満は「人口置換水準を下回る」こととなり、移民がいなければ、最終的に人口が減少することを意味する[2]。

米国の TFR は 2007 年の 2.12 から 2022 年には 1.67 に低下している（Hamilton, Martin, and Ventura 2009; Hamilton, Martin, and Osterman 2022）。世界金融危機以降の TFR の低下は、子どものいる家庭の家族規模が縮小したことによるよりも子どものいる家庭数が減少したことが原因であった（Kearney, Levine, and Pardue 2022）。このパターンは結婚と出産の規範における広範な社会変化と一致している（Parker and Minkin 2023）。

出生率の低下は、人種、エスニシティ、出生地によって定義されるすべての集団に及んでいる。しかし世界金融危機以前は、出生率が大きく異なる人口集団もあった。2007 年にはヒスパニック系の女性の出生率は、ヒスパニック系でない黒人女性と比べて 40% も高く、ヒスパニック系で

図３−１　人種別及びヒスパニック出自別の出生率、2003〜22 年

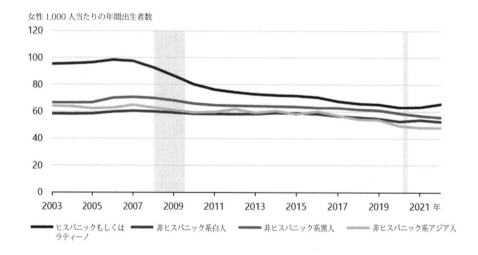

出所：Source: Centers for Disease Control and Prevention WONDER.
注：特定年次における 15〜44 歳までの女性 1,000 人当たりの年間出生者数。人種やヒスパニック出自は母親に照会している。影はリセッションを示す。

第3章
人口、高齢化、そして経済

図3－2　年齢別出生率の経年変化

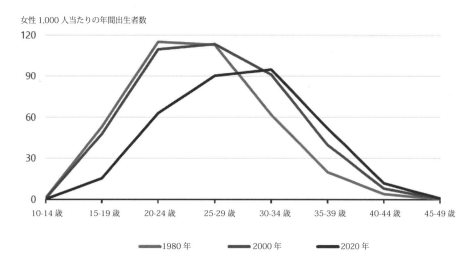

出所：National Center for Health Statistics.
注：年齢別の女性1,000人当たりの年間の出生者数。プロットされた期間はすべての州を代表している。

図3－3　米国及びその他の高所得国と地域における合計特殊出生率、1950～2021年

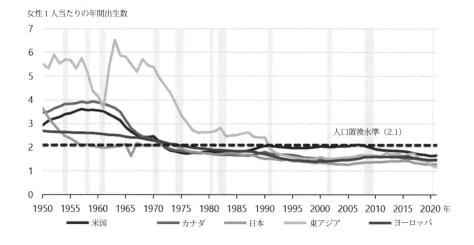

出所：United Nations, World Population Prospects 2022.
注：影はリセッションを示す。

ない白人女性よりもおよそ60%高かった。2019年までに出生率は大部分、収束していった（図3-1を参照）。

図3-2は、今日の女性がこれまでの女性に比べて出産を遅らせる傾向にあることを示している。この図は年齢別出生率（すなわち、各年齢層でみられる女性1,000人当たりの年間出産数）を表しており、過去数十年にわたって出産年齢プロファイルがいかに右側に移ってきたのかを示している。つい2006年から2011年までは、年齢別出生率は、25歳から29歳が最も高かった（Erbabian, Osorio, and Paulson 2022）。2022年の最新データによれば、出生率が最も高いのは、30歳から34歳の女性である。図3-2は、過去数十年と比べて、全体として2020年の出産時における出生数の減少と平均出産年齢の高齢化の両方を示している。

図3-2は過去40年間にわたって30代後半と40代の女性の間の出生率が上昇していることを示している。避妊へのアクセス改善と生殖補助医療技術（ART）—妊娠を実現させるためにつくられた医療処置を指す包括的な用語—の発展によって多くの女性が年を重ねてから子どもを産むようになっている。ARTの発展とその利用によって女性やその家族は高齢になってからでも希望する数の子どもを産めるようになった。2020年に米国で生まれたおよそ360万人の乳児のうち7万4,000人（2%）はARTによって妊娠している（CDC 2022）。出産を遅らせるために卵子を凍結する健康な女性数は、2016年の約7,000人から2020年の1万2,000人へと70%以上も増加した（Kolata 2022）。他の先進諸国でもARTの利用が増えていることからも（Chambers et al. 2021; Lazzari, Gray, and Chambers 2021）、この技術は米国でますます重要な役割を果たす可能性が高く、かなりの女性が高齢でも希望する家庭を築くことができる最終的な妊娠の成功に自信をもってまたかなりの若い女性がそれを遅らせることも可能となる。

出生率の低さ――世界的な傾向

世界金融危機以降の近年の出生率の低下には大きな注目が集まりやすいが、米国の出生率はより長いスパンで低下している。図3-3は米国、カナダ、日本、東アジア、そしてヨーロッパのTFRを描いたものである。図によれば、米国ではベビー・ブームのピークに近い1960年のおよそ3.6から2021年の約1.7まで値が低下している（U.N. DESA 2022a）。

米国の傾向は世界の出生率の低下と一致している。20世紀半ばには、世界のTFRは4.9であった。世界平均では、2021年には女性1人当たりに産む子どもは2.3人まで低下している（U.N. DESA 2022a）。今や世界人口の3分の2が人口置換水準を下回る国に住んでいると推定され（Spears 2023）、世界人口は今世紀中に減少に転じると予測されている（Spears et al. 2023; U.N. DESA 2022a）。世界全体の出生率は、現在の水準やこれまでの移行経路における国による大きなばらつきを覆い隠しており、ヨーロッパと東アジアの先進国が平均より低い出生率を示している[3]。

他の先進諸国の経験は、米国の将来の潜在的な人口動態に手がかりを与えてくれる。ヨーロッパのTFRは1950年の2.7から2021年の1.5まで低下した（U.N. DESA 2022a）。20世紀後半以降、世界で最も出生率の低い国がアジアの主要国であることがわかった。多様な経済、政策、社会環境を持つ中国、韓国、日本はいずれも今日、出生率の低さが特徴となっている。TFR1.3の日本は、ブラジル、カナダ、チリ、ドイツ、タイなどとともに過去数十年間、人口置換水準を下回っている。

他の国の歴史的経験は、出生率の低下が自動的には回復しないことを証明している。ヨーロッパの平均出生率は、20世紀後半に徐々に低下していった。より最近の傾向としては、米国も高所得国に典型的な人口置換水準以下の一般的な傾向に収束していることを示している。2021年の米国の出生率はヨーロッパや東アジア諸国よりは高水準を維持したものの、世界的な人口動態の傾向からみれば、米国も今後数十年間は低下し続ける可能性がある（PWI 2023）。

機会費用

親になるか、いつなるか、どのような家族を築くかという判断は、きわめて個人的かつ複雑なも

第3章
人口、高齢化、そして経済

Box 3—1　気候と人口増加

過去の1世紀は、米国および世界的において、生産性や生活水準、人口規模が急速に成長した時代であった。また化石燃料の燃焼、農業、土地利用の変化による温室効果ガス（GHG）の排出量がかつてないほど増加した時代でもあった。温室効果ガス削減に関する経済学は、この『報告』の第6章で詳しく議論する。このボックスではいかにして政策が、人口規模と環境への害とを切り離すことができるかに焦点を絞り、人口増加の減速が温室効果ガスや気候への害の削減を目指す政策努力を和らげる根拠にはならないことを説明する。

人口規模に対する排出量の弾力性（すなわち人口1人の増加当たりどれだけ排出量が増加するか）は、人口規模や繁栄、環境への害との関係を絶えず変化させている環境政策と決定的な相互作用を持つため、決して一定ではない。たとえば1987年に米国と他の45カ国が参加したモントリオール議定書は、保護用の成層圏のオゾン層を破壊していた米国のフロンガスの排出量を劇的に削減した（EPA 2007）。同様に1990年米国大気汚染防止法の一部である米国酸性雨プログラムは、1990年から2021年にかけて米国の二酸化硫黄を94%削減した。2022年現在、大気汚染や酸性雨の原因となる二酸化硫黄の排出量は過去最低水準となっている（EPA 2022）。これらの成功は、バイデン-ハリス政権が明確に行ったように米国やその他の政権が環境問題に立ち向かうことを選択した場合、人口と環境悪化の関係性を大幅に削減できることを示している。

アナリストが予測する世界人口増加の減速と最終的な逆転（Spears 2023）は、米国が環境政策に取り組む緊急の必要性から解放されたことを意味しない。人口増加の減速は、出生率が高いという事実とは異なる状況に比べて排出量が減少することを意味するが、人口動態の変化は温室効果ガスに関する決定的な政策行動に代わるほど大きなものではない（Kuruc et al. 2023）。

バイデン-ハリス政権が主導する政策的措置のおかげで、人口に関する排出量の弾力性は向こう数十年間縮小を続けるであろう。2022年にバイデン大統領が署名して成立したインフレ抑止法は、現在まで気候危機に取り組む最も野心的な投資である。2021年超党派インフラ法とその他に成立した政策とともに、2030年までに2005年比で米国の温室効果ガスの排出量を推定40%削減することに役立つであろう（DOE 2022）。これらやその他の気候に焦点をあてた政権の取り組みは、アメリカ人と米国の経済活動が環境に与える影響を根本的に変えるであろう。今日生まれた子どもは2100年まで生きると予想される。生涯にわたる二酸化炭素排出量は、現在選択されたエネルギー、輸送、農業、土地利用に関する政策に影響を受けるであろう。

のである。ピューリサーチセンターがおこなった調査によれば、今後も子どもを持つことはないと回答した子どものいない成人の理由は重層的かつ多様で、根底には困難や制約があることが明らかとなった。回答者は、経済的・医学的理由や世界情勢・気候変動への懸念をあげた（Brown 2021）。（米国の人口成長の鈍化が近年の気候変動とどのように関係しているかについての議論は、Box 3-1を参照のこと）。すでに親である回答者も年齢とともに、これ以上子どもを望まない理由を同じように挙げている。しかし、両グループで最も多い共通の回答は、単純に子どもがほしくない（もしくはこれ以上増やしたくない）というものであった。

経済分析によってこれらの判断の性格を完全に捉えることはできないが、部分的には出生率の傾向の基盤となる推進力を理解することができる。結局のところ、子どもを持つか否かの決断はある程度、経済的な側面があるからである。研究によれば出生率は大部分、景気循環同調効果があり、景気拡張期には上昇し、景気後退期には低下する。しかしリセッションのような一時的な経済状況は、女性が主に生涯で何人の子どもを持つか、あるいは生むかということよりも、子どもをいつ産むか

という判断に影響する（Sobotka, Skirbekk, and Philipov 2011）。メディアや一般的な情報もまた、子どもの直接経費によって出生率の低下を説明できるというが（たとえば、Picchi 2022; Hill 2021）、住宅や育児にかかる経費の高騰は、確かに家庭に影響を及ぼすものの、米国における出生率の低下を説明することはできないと指摘する研究もある（Kearney, Levine, and Pardue 2022）。

長らく研究者たちは、出生率の経済的決定要因を突き止めようとしてきた。ゲイリー・ベッカー（1960年）による正統かつ代表的な研究では、子どもに対する個人や家族の需要を、子どもが親にもたらす個人的な満足と、育児にかかる時間的・金銭的な機会費用とを比較検討して理解している。ベッカーの洞察は今日でも重要であるが、機会費用の概念的枠組みについては、教育機会や賃金率の特定の変化が、その国のTFRに与えた影響を定量的に予測するのに正確とはいえない。しかしこうした理解は、実質所得が比較的急速に上昇した地域の出生率が徐々に低下することとは一致する（PWI 2023）。実質所得の上昇は、ドル換算で食料品や住宅などの投入コストに余裕をもたらす（所得効果）一方で、育児の機会費用という点からは全体として手頃ではなくなる（代替効果）。この2つの効果は、出産の意思決定を正反対の方向に向かわせる。過去半世紀、希望する家族の大きさや実現した家族数をみると、代替効果のほうが優勢であるとわかる。

米国では過去50年間以上にわたって、若い女性の労働市場への期待が劇的に変化した。それは大学や専門職学位の取得、労働力参加、そして初婚年齢の上昇などの革命の一環としてもたらされた（Goldin 2004）。こうした社会、経済的に重要な改善と連動しつつ、出産に対する希望や決定も変化していった。20代から30代半ばの女性たちは、キャリアの重要な形成期でもあることも多く、出産の機会費用を押し上げている（Goldin and Mitchell 2017）。Box 3-2は、生殖の自律性と女性の労働力参加との関係について、Box 3-3は中絶へのアクセスについて論じている。

キャリアと家庭を両立させることを含めた過去50年の機会の拡大は、社会的にも経済的にも重要な成果であった。バイデン－ハリス政権は、働く親の選択肢を広げることに全力を注いでいる。政権は議会に対して出産や養子縁組後にただちに仕事に復帰しなければならないという経済的圧力

Box 3―2　生殖の自律性と労働市場への参加

1968年には20歳から21歳の女性の約30%しか35歳まで働くと回答していなかった。1975年までに、この割合は約2倍の65%になった（Goldin 2004）。子どもを産むかどうか、いつ産むかという選択肢を持てることは、女性が市場経済に完全に参加するために必要不可欠である。よって、半世紀前に女性労働者が急速に労働市場に参加するようになった時期と、生殖に関する健康管理の選択肢が急速に改善された時期と、とくにホルモン剤による産児制限やロー対ウェイド裁判の下で、憲法上の権利として選択できるようになった時期とが一致するのは、偶然ではない。

数多くの研究が、性と生殖に関する健康管理へのアクセスが労働市場やそれ以外にも及び恩恵をもたらすことを明らかにしている。これらには10代の妊娠の減少、晩婚化、そして教育達成度の改善なども含まれる（Goldin and Katz 2002; Bailey 2006; Guldi 2008; Hock 2007; Bailey, Hershbein, and Miller 2012; Boonstra 2014; Myers 2017）。

バイデン－ハリス政権は、性と生殖に関する権利が過去数十年にわたる社会的、政治的、経済的な進歩を維持するために重要であったと考えている。医療費負担適正化法（ACA）は、ほとんどのプランに患者の費用負担を強いることなしに避妊をカバーすることを義務付けており、避妊へのアクセスを大いに前進させた（HHS 2022）。政権は、インフレ抑止法において市場の保険購入のための補助金強化やACAの避妊適用条項の強化の導入を含むACAの基盤を築いてきた（White House 2023f）。

第3章 人口、高齢化、そして経済

Box 3—3 ドブズ対ジャクソン女性保健機構判決後の中絶へのアクセスと出生率

性と生殖に関する健康管理へのアクセスは、女性の健康にとって重要で、人口動態の変化にも影響を与える可能性がある。2022年に下されたドブズ対ジャクソン女性保健機構判決によって、連邦最高裁判所は憲法上の選択権を認めた先例の1973年のロウ対ウェイドの判決を覆すこととなった。ドブズ判決によって、各州は中絶に関する新たな規制を制定し、全面禁止を含む既存の規制を新たに実施することができるようになった（Nash and Guarnieri 2022）。他の州では性と生殖に関する健康管理へのアクセスを守り促進する法律を通過させ、いくつかの州の有権者は、住民投票を通じて性と生殖に関する権利を擁護する投票を行った。

出産可能年齢（15歳から44歳）の女性の3人に1人以上は、中絶禁止の州に住んでいる（Shepard, Roubein, and Kitchener 2022; Myers et al. 2023）。これらの法律は州によって異なるとはいえ、数百万人の女性が現在も全面禁止の州に住んでいる。他の州では、女性の健康が危険にさらされている時や妊娠がレイプや近親相姦による時など、きわめて限られた状況下において中絶へのアクセスが認められる場合がある。中絶が制限されているこれらの州や他の州において、避妊やその他の必要不可欠な公共医療サービスを提供する診療所が閉鎖され、その他の形の性と生殖に関する健康管理を含む、重要な診療所がなくなっている（McCann and Walker 2023; Nash and Guarnieri 2022）。州による中絶禁止は、研修医や診療計画をめぐる医療専門家たちの地理的な決定にも影響を及ぼしており（Edwards 2023; Woodcock et al. 2023）、これらの州における産婦人科の労働力不足の可能性を増大させている。州による中絶禁止が多くの州で中絶へのアクセスをなくすか厳しく制限するようになったことで、多くの女性は必要な治療を受けるために州を越えた移動を余儀なくされている。図3-i はマイヤーズらのデータにもとづく、制限されたある州から

図3-i 最寄りの医療機関までの所要時間の変化、2021〜23年

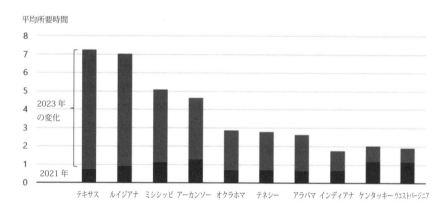

出所：Abortion Access Dashboard; CEA calculations.
注：運転時間は出産年齢の女性人口で加重平均している。この数字は、海外旅行の可能性を考慮していない。

中絶の治療を求める女性が直面する平均所要時間を示している。図はドブズ判決が出される前の2022年3月から2023年9月までのアクセスを比較したものである。南部諸州の広域で中絶禁止が実施されたため、いくつかの南部の州から最寄りの医療機関までの所要時間は3倍以上になっている（この図は海外渡航の可能性を考慮していない）。

1970年代以降の性と生殖に関する健康管理へのアクセスと経済的機会、家族の形成、出生率のパターンとの間にある歴史的関係を考慮すると（Myers 2017; Goldin and Katz 2002）、ドブズ判決がこれらの結果にどのような影響を及ぼすのかを理解することは重要である。研究によれば、女性が中絶を拒絶された場合、拒絶されたことは女性の幸福に深刻な結果をもたらし、経済状況や家族に悪影響を及ぼすことが示されている（Foster et al. 2018; Foster 2021; Miller, Wherry, and Foster 2023）。ドブズ判決以降、中絶治療にアクセスできた女性にとっても、長時間移動やストレス、遅延や費用、仕事から離れる時間による経済的、精神的、個人的なコストがかさむ可能性がある（Lindo and PinedaTorres 2020）。流産や子宮外妊娠、妊娠合併症を経験し、治療を拒否されたり遅れる可能性のある女性の健康を含めて、中絶規制は妊産婦の健康への深刻なリスクをもたらし、最終的に彼女らの健康と命を脅かすことになる（Howard and Sneed 2023; Sellers and Nirappil 2022）。

ドブズ判決が国中の女性にもたらした壊滅的な結果に対処するために、大統領は議会に対してロウ対ウェイド判決の保護を回復する連邦法を可決するよう求めている（White House 2022c）。その間にもバイデン－ハリス政権は、性と生殖に関する健康のあらゆる領域へのアクセスを保護するための行政措置をとった。ドブズ判決の結果として、大統領は2つの大統領令と大統領覚書を発表し、緊急医療と薬剤誘発性人工流産へのアクセスを含めた性と生殖に関するサービスへのアクセスを保護するための包括的な行動を指示している。2023年6月に大統領は、3度目の大統領令を発表し、性と生殖に関する健康の重要な側面である、高品質で手頃な価格の避妊へのアクセスを強化した（White House 2023g）。政権は引き続き、これら指示の実施と性と生殖に関する権利の擁護に全力を尽くしていく。

ドブズ判決による女性の健康や幸福への影響は明白であるが、判決によって中絶へのアクセスを失ったとしても最終的な出生率への影響はごく僅かであろう。連邦議会予算局の推計によれば、新しい法的状況の結果として、年間の出生率はおよそ1%増加している（CBO 2023a）。出生率全体への影響が比較的小さいのは、性行動のパターン、避妊具の使用、人々の中絶治療へのアクセス方法に予測される変化が一因となっている。ドブズ判決の影響を分析した初期の研究によれば、2023年前半に中絶を求めた人々のおよそ4分の3から5分の4が禁止されていたにも関わらず、中絶することができた（Dench, Pineda-Torres, and Myers 2023）。全体として初期のデータによれば、中絶が禁止された州では、治療への障壁が高まり困難が増えているにもかかわらず、判決から1年後の米国の中絶はドブズ判決の前の水準よりも上回っていた（WeCount 2023）。

を軽減し、新しい子どもとの絆を深めることを支援する全国的な包括的有給家族医療休暇計画を創設し資金を出すことを繰り返し要求してきた。

手頃な価格で質の高い保育へのアクセスを高めることも、特に女性の働く親や介護者に対して政策立案者が支援できるもう1つのチャネルである（Herbst 2022; Morrissey 2017）。バイデン－ハリス政権による育児支援の取り組みや投資は包括的なものである。政権はCOVID-19パンデミック下に、米国救済計画を通じて、保育産業に歴史的な240億ドルを割り当てた。これまでのCEAによる分析によると、これらの資金によって保育士の雇用は安定し、保育料を支払う家庭の自己負担費用は減り、数十万もの母親の労働市場への参

第3章　人口、高齢化、そして経済

加と復職を支援した（CEA 2023a）。これまでのCEAの分析によれば、2024年大統領会計年度予算におけるこれらの資金は、保育士の賃金を引き上げる一方で、幼児のいる家庭の保育へのアクセスを劇的に拡大させるために、10年以上にわたって4,000億ドルを要求している。大統領の計画のもとでは、大半の家庭の一日当たりの保育料は、10ドル以下になる。2023年3月に大統領はまた、手頃な価格で質の高い保育へのアクセスを拡大し、既存の連邦プログラムを通じて保育士や家族介護者への支援を強化するよう政権に支持する歴史的な大統領令に署名した（White House 2023a）。

死亡率——21世紀における不均等な進展

死亡率とは、人口の年齢構成を決めるうえで重要な要素で、それゆえに経済的成果全体に影響を与える。しかしより重要なのは、長寿は本質的に価値があるということである。カトラーら（Cutler, Deaton, and Lleras-Muney 2006, 97）の言葉を引用すると、「人生の喜びとは、それを経験するために生きなければ、何の価値もない」ということである。

米国の平均寿命は、20世紀転換期から30年近く伸びている[4]。早死にからより健康的な長寿へと抜け出せたのは、知識や栄養、下水処理や公衆衛生のインフラ（たとえば、小児期の予防接種など）の改善の上に達成された（Deaton 2014）。米国の高齢者は、過去数十年より長く生きるようになり、100年前の米国では当たり前だった幼児期の死亡が今ではめったにない悲劇となった。図3-4はその進歩をグラフにしたものである[5]。

長い進歩の弧を描いているのは明らかであるが、近年、長寿化に停滞がみられる。詳しくは図3-4に示したようにCOVID-19パンデミック以前の10年以上にわたって、平均寿命は基本的に横ばいであった。この失速は長寿の生物学的な上限に達したことを反映しているわけではない。他の先進諸国の平均寿命は、米国の水準を超えて伸び続けているからである（Schwandt et al. 2021; Heuveline 2023）。過去10年間の米国の死亡パターンは微妙に違っている。銃や自動車事故、薬物の過剰摂取を含めて外的要因による死亡が増加したために、米国の若者、中年成人の死亡率は打撃を受けた。子どもの銃による死亡が増加し、現在の1歳から19歳までの子どもとティーンエイジャーの死因第1位となっている（CDC 2023a）。一方で高齢者と乳児の死亡率は、引き続き徐々に改善している。とりわけこれらの力の正味な影響は、COVID-19パンデミックが起きるまでの数年間、男女ともに平均寿命はほとんど変わらなかった。

米国の死亡率の傾向は、感染症、外的要因、慢性疾患という3つの明白な死因によって決まっている[6]。3つのカテゴリーにおいてはすべて、長寿の改善に公的介入は適しているが、それぞれ異なる政策的な対応が求められている。

感染症——ワクチン接種の重要性

過去100年の大半において、感染症による死亡は減少してきた。1950年以降、人口1人当たりのインフルエンザおよび肺炎による死亡者数は、80％近く減少している。感染症による乳幼児の死亡率は、特に公共政策に敏感に反応し、小児期のワクチン接種や、衛生設備、水のろ過や消毒処理、乳幼児のケアと公衆衛生教育など、その他の公衆衛生インフラの改善によって低下した（Cutler and Miller 2005; Cutler, Deaton, and Lleras-Muney 2006; Bhatia, Krieger, and Subramanian 2019）。（Box 3-4を参照）。

COVID-19は、感染症による死亡率の大きな後退の原因となった。米国の総死亡者数は、パンデミックが始まった2019年から2020年にかけて19％上昇し、平均寿命は急激に下落した（Sabo and Johnson 2022）。平均寿命は2020年の77.0歳から2021年の76.4歳まで2年目も下落し、2022年には77.5歳に回復した（Xu et al. 2022; Arias et al. 2023）。

Box 3—4　乳児及び妊産婦死亡率

米国における若年死亡率に関する物語は、一様ではないとはいえ継続した進歩の1つである。乳児死亡率（出生1,000人当たりの生後12カ月間で死亡した数）は、19世紀後半以降、減少している（Lee 2007）。19世紀初頭の乳児死亡率は100であり（CDC 1999）、これは10人の子どものうち1人は生後1年以内に死亡することを意味した。完璧なデータが入手可能な最新の2021年では、その比率は95%近く低下し、5.4となった（Ely and Driscoll 2023）。乳児をこえて幼児死亡率まで範囲を広げても同様のパターンがみられる。20世紀転換期には、米国の子どもの20%以上は5歳まで生きることができなかったが、現在その割合は1%未満である（Gapminder 2022）。図3-iiは1990年代半ば以降の乳児死亡率のグラフであるが、2022年の割合は20年前より19%低下している（Ely and Driscoll 2023）。

米国の乳児死亡率は、2021年の5.44から2022年に5.60に上昇したものの、過去数十年間にわたって着実に減少しており、歴史的な低水準を維持している。COVID-19による公衆衛生上の緊急事態が最近の上昇にどのような役割を果たしたのかについては依然として明確ではない。しかし米国はこの指標において他の先進諸国に後れを取っている（Bronstein, Wingate, and Brisendine 2018）。米国は経済協力開発機構の加盟国のなかで6番目に乳児死亡率が高い（OECD 2021）。COVID-19パンデミックによる医療崩壊や社会の大混乱が起こる前の2019年には、米国の乳児死亡率は5.58であった（Ely and Driscoll 2023）。他の先進諸国の乳児死亡率は大幅に低く、たとえば日本では1.9、英国では3.7であった（OECD 2021）。

米国は妊産婦死亡率（すなわち出生10万人当たりの妊産婦の死亡者数）においても同様に国際比較では成績が悪い。2021年の米国での妊産婦の死者は約1,200人であり、同年の薬物過剰摂

図3-ii　米国の幼児死亡率、1995-2022年

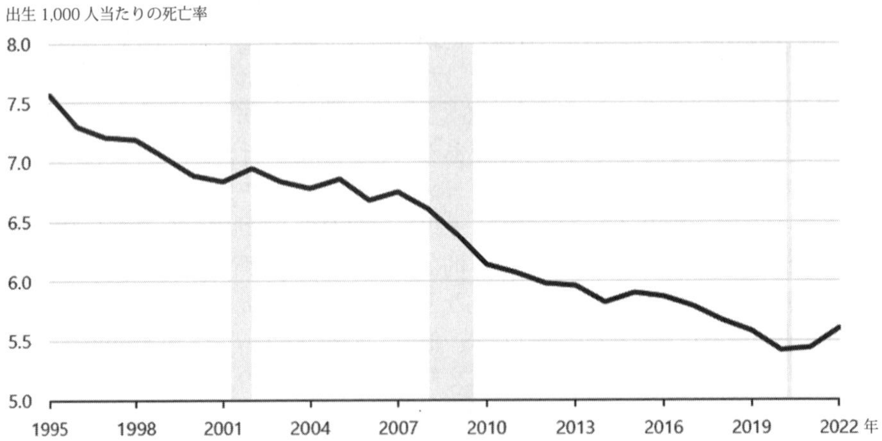

出所：Centers for Disease Control and Prevention.
注：死亡率は出生1,000人当たりの死亡者数である。影はリセッションを示す。

第3章
人口、高齢化、そして経済

取による死者は10万人、心臓病では70万人であった。2018年から2021年までにその割合は、2倍近くとなり、出生10万人当たりおよそ17人から33人となったが、この傾向がCOVID-19によるものなのかは明白ではない（Hoyert and Miniño 2023）。（それ以前の妊産婦死亡率に関する統計は、データ符号化方式の変更によって直接比較することができない。NVSR2020を見よ。かつて報告されていた2002年から2018年までの妊産婦死亡率の上昇は、州間で徐々に普及してきた新しい符号化による人為的な結果であって、一貫して適用されている計算における実際の死亡率の悪化を反映させたものではない。ジョセフ2021を参照（see Joseph et al. 2021））。

米国の赤ちゃんと母親の転帰が比較的悪いのはなぜか。研究者たちは出生時体重と在胎期間の国による違いが、乳児死亡率の違いのかなりの部分を占めていると指摘する（Chen, Oster, and Williams 2016）。なぜなら乳児の出生時体重のような健康指標は母親の妊娠期間中の幸福度を示すことも多いため、この結果は母親の健康の重要性を指摘している。

黒人女性の妊産婦死亡率は白人女性の2〜3倍と驚くほど高く、過去数十年で最も増加している（Hoyert and Miniño 2023）。貧困は乳児および妊産婦死亡率の両方に寄与するものの（Turner, Danesh, and Moran 2020; Kennedy-Moulton et al. 2023）、重要なこととして、人種およびエスニック集団間における乳児と母親の健康の違いは、単に貧困発生率の差だけでは説明できないことである。米国の黒人女性とその乳児の死亡率の上昇は、所得によって説明できるよりもより大きい（Kennedy-Moulton et al. 2023）。研究によれば、既往歴がある可能性が高いこと、有害な妊娠転帰の可能性が高いこと、人種偏見や差別などがすべて組み合わさることで黒人女性の妊産婦死亡率が高くなると示唆されている（Lister et al. 2019）。妊産婦の健康の重要性と、より広く女性の健康に関する理解の格差を認識して、バイデン－ハリス政権は2022年に妊産婦死亡率に対処しこれらの不平等を減らすための青写真を発表した（White House 2022d）。

妊産婦の健康と人種間の妊産婦死亡率の格差を解消することは可能である。黒人アメリカ人は1990年に始まる20年間で、とくに低所得地域において年齢、性別、死因カテゴリーを問わずに死亡率が大幅に改善した（Schwandt et al. 2021）。この進歩によって、白人の死亡率が改善されたにもかかわらず黒人と白人の妊産婦死亡率の格差は縮小した。医療へのアクセスの改善は重要で、バイデン－ハリス政権は妊産婦の健康の改善と保険適用範囲の拡大に取り組んでいる。バイデン大統領が署名して成立した米国救済計画では、低所得の産後女性に対するメディケイドの適用範囲を産後60日から1年に延長する新しい州のオプションを設立した（White House 2021）。2023年12月現在、41の州とワシントンD.C.では産後1年間の保険適用延長が施行され、他のいくつかの州でも延長が検討されている（KFF 2024）。

COVID-19に対応した米国の経験は、感染症を統制するにあたって政策と公衆衛生当局が果たす役割を説明する良い例である。就任以来バイデン－ハリス政権は、すぐにワクチンの配布計画を加速、向上させて、米国史上最大の成人ワクチン接種プログラムを実施し、2023年3月までに2億7,000万人がCOVID-19のワクチン接種を受けた。また連邦政府の取り組みによって、8,000万の世帯に対して7億5,000万個のCOVID-19検査薬を直接発送して、無料で配布した（HHS 2023a）。

バイデン－ハリス政権がワクチンとブースター接種に成功すると、COVID-19による死者は劇的に減少した。今日、公衆衛生上の緊急事態は急性期を脱しつつあるようにみえる。COVID-19による入院患者数は2021年1月から2023年5月までに91％減少し、同期間の死亡者数は95％減少した（HHS 2023a）。パンデミックのピーク時には、COVID-19に関連した死亡者は1週間当たりで26,000人近くに達した。2023年9月の時

図3－4　出生時の余命、1900〜2022年

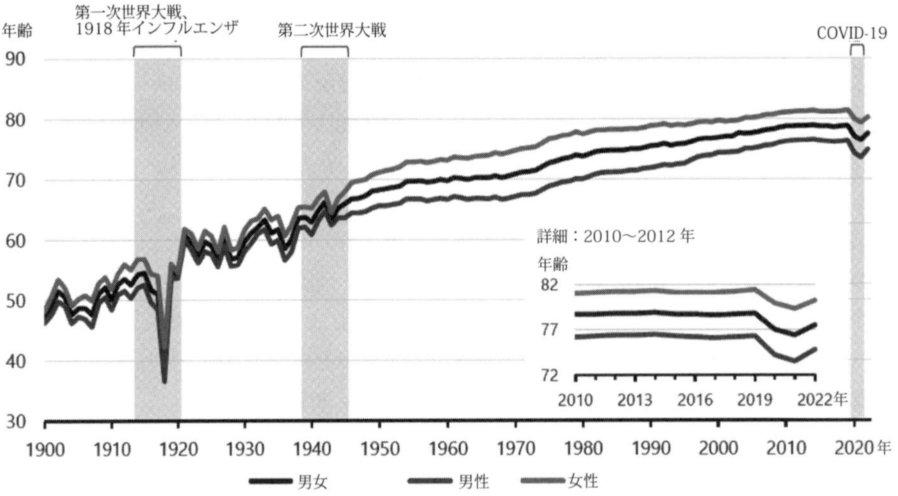

出所：National Center for Health Statistics.
注：2022年のデータは暫定値である。

点で、この数は約1,400人である（CDC 2023b）。

また他の感染症による死亡の原因についても進歩は続いている。呼吸器合胞体ウイルス（RSV）は非常に感染力の強いウイルスであり、主に乳幼児と高齢者の間で病気を引き起こし、米国では年間1万人が死亡している（CDC 2023c）。2023年5月、食品医薬品局は世界初のRSVワクチンを承認した。同月末には2種類目のワクチンも承認した。これらの進歩は、胎内期に母親に投与されるワクチンによって乳児を保護することを含めて、乳児と高齢市民の死亡率の継続的な減少を約束するものである（Fleming-Dutra et al. 2023）。

残念なことに、感染症に最も強力で有効な手段の1つであるワクチン接種は、政治的対立を引き起こし、偽情報が蔓延している。ワクチン懐疑論は、乳児と子どもの幸福の継続的な改善に逆風となっている。アメリカ人の88％は、子どもへのはしか、おたふく風邪、風疹の予防接種がもたらす純便益を信じているが（Funk et al. 2003）、いくつか不安な兆候も見られる。学童のはしか、おたふく風邪、風疹の予防接種義務化に対する支持を評価した世論調査では、民主党および民主党寄りの回答者では近年、高水準で基本的に横ばいの傾向であったが、共和党および共和党寄りの回答者では、2019年10月から2023年3月にかけて79％から57％に低下した（Funk et al. 2003）。

米国の家族の健康を長期的に改善し続けるには、バイデン－ハリス政権が子どもや高齢者のワクチン接種を重視したように公衆衛生を優先させ続ける必要がある。今日、政権は偽情報に対抗するための省庁横断的な取り組みを継続しており、地方コミュニティにおいてワクチン教育や公共福祉のための教育や援助を提供している（HHS 2021; White House 2022a）。政権はまた、ワクチンへの財政的障壁を軽減する取り組みもおこなっている。

それは、疾病予防管理センター（CDC）が推奨するすべての成人用ワクチンをメディケア・パートDとメディケイド受給者間の負担分担を撤廃させるインフレ抑止法の規定などを通じて実施されている。

第3章 人口、高齢化、そして経済

外的諸要因——中年期の死亡率の後退

感染症が若者と高齢者にきわめて偏って影響するのに対して、外的要因による死亡は年長児や中年の成人に偏っている。この対比は、米国における死亡率の傾向が単純には語れないことを浮き彫りにしている。今日の米国では、自動車事故や殺人、自殺、薬物の過剰摂取など、外的要因による死亡が若年層や中年層で上昇している。近年では薬物の過剰摂取による死亡が上昇しており、外因死のグループのなかで最大のカテゴリーとなっている（Lawrence et al. 2023; CDC WONDER n.d.）。2021年には薬物の過剰摂取が25歳から44歳のアメリカ人の死因の第1位、45歳から64歳のアメリカ人の死因としては、がんや心臓疾患、COVID-19に次いで第4位となった（CDC WONDER n.d.）。

図3-5は、その他の主要な死因とともに、事故や薬物の過剰摂取によるすべての年齢層の死亡率の変化をグラフにしたものである。ケースとディートン（2015）による先駆的な研究もあって大きく関心を集めるようになった外因死は、1歳から44歳までの個人の死亡最大のカテゴリーとなっている。図3-5で明らかなように薬物の過剰摂取と事故死の増加傾向は、深刻な社会的問題である。

研究は合法的なオピオイド処方が広まった歴史が、現在の米国における薬物の過剰摂取の流行をもたらしたことを明らかにした（Cutler and Glaeser 2021）。1990年代半ばのオピオイドによる死亡の増加は、製薬会社がオキシコンチンを同業他社に比べて処方への監視が緩く処方者の多い州に対して積極的に宣伝したことと関係している（Alpert et al. 2022; Arteaga and Barone 2023）。研究者たちは、さらに医療専門家間における患者の獲得競争が、オピオイド処方を自由にしていることを明らかにした（Currie, Li, and Schnell 2023）[7]。

州や連邦政府の政策立案者たちがオピオイドの有害性に気が付き、その過剰処方や乱用に対処しようとしても、すでに薬物中毒に苦しんでいる集団がいるため、オピオイドへの需要は依然として非常に高い。この需要は、処方オピオイドの代替

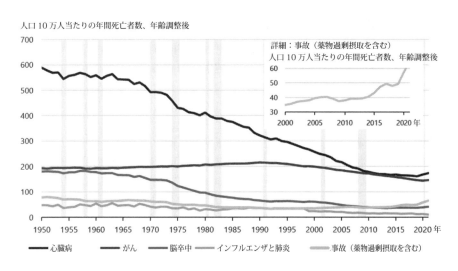

図3-5　主要死亡要因、1950～2021年

出所：National Center for Health Statistics; Centers for Disease Control and Prevention WONDER.
注：事故とはすべての「不慮の傷害」を指し、過失による薬物過剰摂取も含まれる。影はリセッションを示す。

品、最初はヘロイン、次にフェンタニルの供給の増加を加速させた（Giltner et al. 2022; Alpert, Powell, and Pacula 2018）。そしてさらに危険な非合法オピオイド供給にシフトしたことにより、致命的な薬物の過剰摂取率を加速させた（Lancet 2022）。

バイデン-ハリス政権の国家薬物統制戦略は、人命救助を政権の「北極星」とした（White House 2022b）。米国食品医薬品局によって承認された医薬品のいくつかは、オピオイド使用障害の治療に有効である。薬物療法を含む治療を受けることは、転帰の大幅な改善と関わっている（Mancher and Leshner 2019）。治療法の普及を促進させ、患者がうまく治療に進めるよう支援することは、政権戦略の重要な要素となっている。さらに2023年3月に食品医薬品局は初めて致命的なオピオイド過剰摂取の予防に重要なツールであることが示された、処方箋なしで購入できるナロキソン鼻腔用スプレーを承認した（HHS 2023b）。2023年8月には、バイデン-ハリス政権はオピオイド関連の薬物過剰摂取の死亡に取り組むために新たに4億5,000万ドルの資金提供を発表した（White House 2023b）。そして8,000万ドル以上が、地方における過剰摂取リスクへの対応を支援することになる（HHS 2023c）。

慢性疾患──技術革新と医療アクセスを通じた進展

慢性疾患は依然として毎年最も多くのアメリカ人の命を奪っている。45歳以前の死因としては外因死が最も多いものの、ほとんどの死亡は45歳以降に発生し、慢性疾患が支配的な原因となっている。歴史的に、慢性疾患への対処の進歩は、医療の技術革新や効果的な治療にアクセスしやすくなる健康保険の適用範囲にかかっている。

20世紀後半から心臓病による死亡は減少した（図3-5を参照）。特に喫煙の減少などの健康に関わる行動の動向が重要な役割を果たした（Cutler, Glaeser, and Rosen 2009; CDC 2014; DeCicca and McLeod 2008; Evans, Farrelly, and Montgomery 1996）。また技術革新は、高血圧やコレステロールをコントロールする新薬、ステントやバイパス手術のような新しい治療法を導いた。心臓病の減少による長寿は、当初、がんによる死亡の緩やかな増加と同時に起こった。がん死亡率は1991年にピークを迎えたが、それは喫煙傾向の結果であり（ACS 2023）、また、心臓病の減少により人々が長く生きられるようになった結果、がんリスクにさらされるようになったからであった（Honoré and Lleras-Muney 2006）。1990年以降、がんによる死亡者は減少している。それでもいまだに人種や民族、男女を問わず65歳以上の人々のすべての死因の第2位である。

過去10年間、慢性疾患の死亡率の進展は、緩やかで不均等ではあったものの、前向きなものである。COVID-19の公衆衛生上の緊急事態が発生する前の2010年から2019年にかけて、全体の死亡率と65歳以上の平均寿命は改善していた。さらなる進展は可能であり、バイデン-ハリス政権は、慢性疾患に対処することを目的にいくつかの新たな取り組みを主導してきた。バイデン大統領のがん・ムーンショット・イニシアティブは、がん検診へのアクセスと技術の拡大、がんを未然に防ぐためのヒトパピローマウイルスワクチンの成功を基盤とし、連邦資金の戦略的配分など、がんに対する進歩の継続という重要な仕事を確認するものである。がん・ムーンショットはまた、米国特許商標局のがん治療技術革新のための特許を迅速におこなうプログラムを拡大している（White House 2023c）。

2023年11月にバイデン大統領は、女性の健康に関する研究、特に有色人種の女性や障害のある女性など、歴史的に研究対象から排除されてきたコミュニティに対する歴史的な資金不足の結果に対処するため、史上初の「女性の健康研究に関するホワイトハウス・イニシアティブ」（White House 2023d）を設立した（White House 2023e）。このイニシアティブでは、中年の健康や高齢化に関連する慢性疾患に対処する。数十年にわたる男性を対象とした研究は、男性と比べて女性の健康に重大な研究格差が生じており、女性の健康転帰にとって大きな違いが覆い隠されてきた。たとえば、男性と女性とでは心臓病の発作の症状に違いがあるため、従来の男性向けの診断ツールが女性の誤診につながる可能性がある（Mehta et al. 2016）。

治療はそれを受診した人だけが恩恵を受けるた

め、罹患率や死亡率を改善させるための健康保険の適用範囲の重要性を浮き彫りにしている。いまや一般に健康保険の拡大やバイデン‐ハリス政権が支持した医療費負担適正化法（ACA）でつくられた特定の健康保険の拡大が、人々の健康や生命を救ったという多くの実証的証拠がある。それ以前のメディケイドの拡大によって乳幼児や小児の死亡率が低下したことを明らかにしており（Currie and Gruber 1996; Goodman-Bacon 2018）、研究者たちは、ACAの拡大によるメディケイドと市場の補償範囲の拡大が成人の死亡率を引き下げたことを示している（Goldin, Lurie, and McCubbin 2021; Miller, Johnson, and Wherry 2019）。

さらに、多くの研究によってACAの結果、医療アクセスや医療の利用、自己申告による身体的・精神的健康、慢性疾患、妊産婦と新生児の健康が改善されたことが報告されている（Guth, Garfield, and Rudowitz 2020; Soni, Wherry, and Simon 2020）。

バイデン‐ハリス政権は、保険適用の拡大による医療アクセスの確保を約束している。2023年初めには、医療保険に加入していない無保険者の割合が7.7％と史上最低の水準となった（HHS 2023d）。今日、インフレ抑止法によって保険加入の補助金を増額したこともあって医療保険市場の加入者数は過去最高となっている。

高齢化と経済

出生や死亡、そして純移民数のパターンは、人口の年齢構成を決定づける。今日、米国は高齢化しており、人口の年齢プロファイルは、過去数十年に比べて、若年層が相対的に減少し、高齢者層が増加する方向にシフトしている。高齢化社会は、年金制度の財源や高齢者の社会的、インフラ需要への対応、全人口に占める労働力の割合の減少への対応などの課題に直面している。

米国はこうした課題に直面している唯一の国ではない。世界中の社会が出生率の低下による高齢化社会を迎えている（World Economic Forum 2022）。20世紀の大半を特徴づけた急速な人口成長の間、大半の先進諸国人口の年齢構成は、底が厚く若年層の割合が高いという特徴があり、高齢者の増加に伴いそれは次第に細くなってきた。出生率と死亡率の低下への人口転換は、いまや米国がより大きく高齢化に傾いた年齢分布に直面していることを意味する。その結果として、過去の「ピラミッド型」ではなく、「柱型」の時代になっている。図3-6は、米国がきわめて近い将来直面する高齢化の課題を示している。2000年には、全体の12％が65歳以上の人口だったのに対して、2040年には21％を占めると予想されている。

持続する低出生率に立ち向かう

あらゆる予測は不確実性を伴うが、数世代先まで続く人口予測では、不確実性の度合いが増す可能性がある[8]。しかし10年から20年という期間であれば、比較的正確な人口予測が可能となる[9]。予見できない社会的、経済的な変化は長期的に望ましい家族の人数や死亡率に影響するかもしれないが、米国にとって最もあり得る近い将来とは、図3-6に示したような低い出生率と高齢化が持続することである。

人口予測担当者は、出生率の大幅な回復を予測しておらず、国連世界人口展望の中期予測によれば、米国のTFRは今世紀末まで1.71を維持し（U.N. DESA 2022b）、2022年の割合とほぼ同じになると推定されている。同様に米国議会予算局（CBO）も、人口置換水準を上回る出生率への大幅な回復はないと予測している。その予測では今世紀半ばまでの出生率は1.7と横ばいである（CBO 2024）。国勢調査の予測によれば、出生率はさらに低下し、今後100年間で1.52へと徐々に収束していく（Census 2023a）。国連、CBO、そして国勢調査は、その仮定や方法論の細部に違いはあるものの、いずれも図3-6に示すような2040年の人口の「柱」を示唆している。

これらの予測に具体化された持続的な低出生率の今後の可能性に備えるにはいくつかのまとまった理由がある。第1に低出生率という現象

図3-6 米国における男女の年齢分布

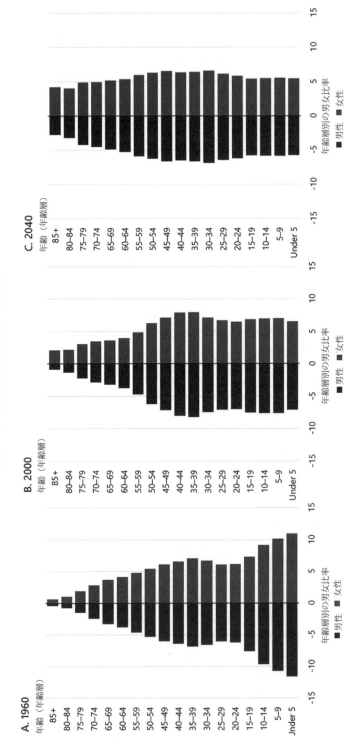

出所：Census Bureau; Congressional Budget Office; CEA calculations.
注：2040年のデータは長期の人口動態統計予測に基づくものである。

第3章 人口、高齢化、そして経済

は、部分的には教育や労働市場の機会の改善を含む社会的・経済的な進歩に根差している。出産と子育ての直接経費と機会費用は、持続する可能性が高い。第2に米国がこれからも人口置換水準を下回ると予測されるのは、ヨーロッパや東アジアのこれまでの出生率傾向と一致している。最後に近年の米国の出生率予測は、時が経つにつれて上方修正ではなく下方修正される傾向にある。たとえば2012年に国連は米国の長期のTFRは2.0に収束すると予測したが、2022年には1.7に更新している（U.N. DESA 2012, 2022a）。CBOによる2019年の人口動態の将来展望では、長期的なTFRを1.9としたが、2024年の展望では1.7に更新した（CBO 2019, 2024）。国勢調査の2017年の予測では、TFRは2.0に収束するとしていたが、2023年には1.5に更新された（Census 2018, 2023a）。こうした理由から、世界の先進国の大半がそうであるように、米国でも人口置換水準を下回る出生率が続く可能性がある。政策の審議と決定は、こうした力学を念頭に置いておこなわれる必要がある。

労働力ギャップを埋める移民の役割

年齢分布の変化が直ちに意味することの1つは、米国の労働力人口の伸びが後退することである。労働力人口の規模は、さまざまな局面で重要となる。労働力人口の上昇と生産性の上昇は、経済成長率の構成要素であり、労働力人口の成長が緩やかになるということは、経済成長全体が減速することを意味するからである[10]。労働力人口は、米国の給付金制度を支える税基盤の大部分を構成している。2023年から2052年にかけて、25歳から54歳の人口は年平均0.2%で成長すると予測され、1980年から2021年にかけての成長率1%を大きく下回る。この成長率は、2023年から2052年にかけて予測される高齢者人口の成長率1.2%も下回っている（CBO 2022）。

歴史的にみれば、移民は職業的・地理的な労働力人口ギャップの縮小に寄与してきた。米国における外国生まれ人口は、移民の比較的高い地理的移動性（Basso and Peri 2020）によって、地域の雇用ショックや労働市場全体にわたる雇用の伸びの格差に反応している（Blau and Mackie 2017）。COVID-19のパンデミック以降、外国生まれ労働者は、特に食品サービスや農業などの産業で重要な存在となっている（CEA 2023b）。彼らはまた、スキル・ギャップやその他の問題によって現地の労働者では充足されない重要なポジションの埋め合わせにも役立っている（Hooper 2023）。また彼らは、新しい会社を立ち上げ、新しい雇用を生み出し、市場が提供する家事サービスの価格を引き下げることによって、高いスキルを持つアメリカ生まれの女性の労働市場への参加を促進している（Azoulay et al. 2022; Cortés 2023）。

近年の移民と米国の出生率パターンが結びついたことによって、労働力人口の成長と将来の成長予測は、外国生まれの労働者に大きくかかっているようになった。2000年から2017年にかけて、米国の労働力人口の増加の43%は移民によるものであった（Basso and Peri 2020）。移民は、アメリカ生まれの仲間よりも労働年齢で正規雇用職に就いていたことから、米国の総労働力人口に占める割合以上に貢献している。2016年には移民の78%が18歳から64歳であったのに対して、アメリカ生まれのその年齢層は59%であった（Vespa, Medina, and Armstrong 2020）。

図3-7は、移民の純増の有無による今世紀末の米国人口の予測を示したものである。移民がいなければ、人口は14年から16年以内に減少を始め、国連予測（図3-7）によれば2038年、CBOの予測では2040年である（CBO 2024）。かりに移民が過去数十年のパターンをたどれば、米国の人口は今世紀末までに4億人近くに達することになる。

全体として移民は、生産性、起業家精神、科学的技術革新などの好影響を通じて、米国経済に重要な純利益を生み出している（Hunt and Gauthier-Loiselle 2010; Peri 2012; Prato 2022; Azoulay et al. 2022）。しかし移民の費用と便益は、利害関係者や地域間で不平等に分配される可能性がある（Hooper 2023）。大多数の研究は、アメリカ生まれに対する移民の賃金効果は小さく、ゼロに近いことを明らかにしているが、移民は一部の低賃金労働者の賃金を押し下げる可能性がある（Butcher and Card 1991; Borjas 2003; Card 2009; Peri and Sparber 2009; Ottaviano and Peri

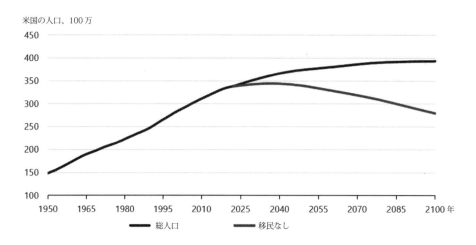

図3-7　2100年までの総人口

出所：United Nations World Population Projections (2022), medium variant.
注：移民人口予測の算出には、中位推計を採用した。

2012)。国全体としては、移民がもたらす経済活動や生産性の向上から恩恵を受ける一方で、最近移民が流入した地域や比較的教育水準の低い移民のいる地域では、1人当たりの税収が減少し、公共サービス、特に幼稚園から高校までの教育（K-12）への追加的な支出が増えるため、目先の財政コストに直面する可能性が高い（Edelberg and Watson 2023; Blau and Mackie 2017）。バイデン-ハリス政権は最近、ベネズエラ移民の一時保護資格の延長と就労許可手続きを早める措置をすすめた。この政策は、移民が持続可能な生活を送り、正規の労働セクターに参入し、そこで州や地方の所得税の基盤に貢献することを保証するものである。

老年人口依存指数──高齢化と生産性向上の競争

人口の高齢化は、連邦政府の赤字や負債に対する圧力を増大させる（Sheiner 2018）。人々が高齢になり引退するにつれて、労働所得を通じて支払われる税金による政府歳入への貢献から、年金制度やメディケア給付の受給へとシフトする。ライフサイクルのパターンと発展する国の年齢構成は、世代間をこえた公平な資源配分の問題を複雑にしている。出生コホート・レベルでは、年金制度による退職後の扶助は各世代が拠出した額とほぼ同額であるが、世代内では漸進的な再分配がおこなわれている（Steuerle, Carasso, and Cohen 2004; Steuerle and Smith 2023）。メディケアを通じて、個人は税金で支払うよりも生涯平均でかなり多くの額を受け取ることになる（Sabelhaus 2023; Steuerle and Smith 2023）が、これは主に時間の経過とともに医療技術と治療法が急速に向上し、ケアの水準と実質支出が上昇しているためである。

図3-8は、人口の年齢構成と給付プログラム財政の関係を支配する中心諸力の1つを描写している。20歳～64歳の人口100人に対する65歳以上を老年人口依存指数として定義するが、近年ベビー・ブーム世代の退職が進むにつれて、急速に上昇している[11]。2024年から2050年にかけて、この比率は30％増加すると予想される。その後はやや緩やかに上昇を続け、2024年から今世紀末までの間にほぼ倍増することになる。

第3章 人口、高齢化、そして経済

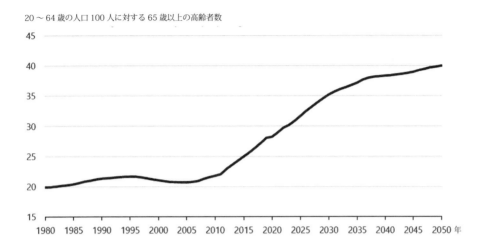

図3－8　2050年までの老年人口依存指数

出所：Census Bureau; Congressional Budget Office; CEA calculations.
注：老年人口依存指数は20～64歳の人口100人に対する65歳以上の人口数として計算される。

　老年人口依存指数によって引き起こされる財政課題の程度は、労働力人口に占める生産年齢人口の割合だけでなく、労働者の生産性にも左右される。労働生産性は、労働時間1時間当たりに生み出される経済生産高によって測定される。それは人的資本の改善、労働増大的な物的資本、技術の進歩によって時間とともに成長し、1人当たりの社会をより豊かにする。

　米国における老年人口依存指数は、生産性の伸びの変化と比較してどのように変化するか？　多くの識者は、近年の生産性上昇の鈍化を指摘し（たとえば、Syverson 2017; Dieppe 2020）、いくつかの実証的証拠によれば、高齢化がスタートアップ活動を減少させることを含めて（Karahan, Pugsley, and Şahin 2019）、生産性上昇ペースが低下していることを示唆している（Maestas, Mullen, and Powell 2016）。しかし、たとえ生産性の上昇が緩やかであっても、老年人口依存指数の伸びを上回る可能性はある。たとえば、2023年の非農業部門の労働生産性は、2000年の1.5倍であり（BLS 2023a）、これは今日の1時間の労働が生み出す生産高が、2000年のそれよりも50％多いことを意味する。これは、この期間の実質成長率が年換算で1.8％であることを意味する。労働統計局によれば、2020年から2030年にかけての労働生産性の伸びは1.7％と、わずかに低くなると予測している（BLS 2021）。いずれの成長率も、2050年までに予想される30％の老年人口依存指数の上昇、年換算で0.8％の上昇を劇的に上回るであろう。したがって、たとえ労働生産性の上昇がきわめて緩やかだったとしても、老年人口依存指数に対する懸念に対抗する重要な力として機能するのである[12]。Box 3-5は、生産性上昇における人的資本投資の役割について論じている。

　経済成長理論は、米国と世界における空前の人口減少もまた、重要なスケール効果をもたらす可能性があることを示唆する。世界の人口増加の歴史的なタイミングは（人類の長い歴史のなかで）、1人当たりの生産性の伸びと密接に対応している。成長理論家は、この関連性を重要視しており、「事実上すべての経済成長理論は、人口規模と生産性の間に正の関係があると予測している」（Peters 2022, 1）。専門化、貿易、イノベーションと知

Box 3-5　人的資本を通じた生産性への投資

米国では年齢構成の変化によって総人口に対する労働人口の割合が低下しているため、バイデン－ハリス政権は生産性を促進し、少ない労働者であっても実質生産高を高める政策に取り組んでいる。幼少期の健康や教育を通じて人的資本に投資することは、生産性を向上させるための最も明確な道の1つである。

研究によれば、子どもや若者への教育投資は、生産性を高め、全体的な経済成長に貢献することが報告されている（Valero 2021; Hanushek and Wößmann 2010）。質の高い保育もまた就学準備や認知能力の発達、その後の人生の雇用や収入などの結果にとっても重要であることが示されている（Deming 2009; Duncan and Magnuson 2013; Campbell et al. 2014; Gray-Lobe, Pathak, and Walters 2022）。同様に、メディケイドや児童医療保険プログラムを通じて子どもに医療を提供することは、人的資本に好影響を与え、長期的な利益を与えることが研究によって示されている（Cohodes et al. 2016; Brown, Kowalski, and Lurie 2020; Miller and Wherry 2019; Goodman-Bacon 2021; Arenberg, Neller, and Stripling 2020）。人的資本への初期投資は、複利効果を持つ傾向にあり、初期投資によって利益を得た個人はそうでなかった人よりも後の投資によって多くの利益を得ることを意味する（Cunha and Heckman 2007; Johnson and Jackson 2019）。

こうした研究と一致するように、公的プログラムの比較分析によれば、幼齢の子どもに対する保育やK12教育、医療や住居を含めた直接投資は、公共投資に対する最も高いリターンをもたらすことを示している（Hendren and Sprung-Keyser 2020）。これらの政策はのちの人生における雇用や収入、税収を増加させ、政府移転支出を減らす傾向にある。たとえば、メディケイドの受益者に対する直接的な利益を脇に置いたとしても、子どもへのメディケイドの拡大はしばしば支払い以上となり、受益者の生産性に影響を与えて、当初のプログラム費用を上回る純利益を生み出す。アナリストの推計によれば、メディケイドは、プログラムをより多くの子どもに支出することによって1ドル当たり、2ドルの将来税収増を生み出す（Ash et al. 2023）。

生産性としてのリターンを考えれば、子どもへの投資はしばしばウィン－ウィンの関係になる。児童税額控除は重要な直接投資である。2022年に児童税額控除の拡大を更新するという大統領の呼びかけに議会が応えなかったため、2022年には300万人の子どもが貧困に陥った（CEA 2023c）。高齢化に直面する米国は、ますます労働生産性の向上への依存を高めるため、子どもに投資しないことは損失の多い政策の誤りになる。

識の非競合的性質はすべて、より大きな人口からより高い1人当たり生活水準への経路を示唆している（Jones and Romer 2010）。人口の増加と1人当たり生活水準の上昇を結びつける重要な概念は、非競合財の生産であり（Romer 2018; Jones 2019）、それは、ある人がそれを使用しても、他の人が利用できる量を枯渇させることがないというユニークなものである。このような財には、細菌理論や微積分のような知識や、水の塩素消毒、インターネット通信プロトコル、改良型RNAワクチン（最初のものはCOVID-19のパンデミックに対応して初めて承認され、配備された）のような実用的な発明が含まれる。そのため、知識とアイデアの総ストックは1人当たりのストックと等しくなり、人口が減少する世界では、すべての人の生活を向上させる重要な技術革新を取り逃してしまう可能性がある（Jones 2022）。

人口減少は、介護労働の家族内負担にも影響する。高齢化する人口には介護が必要であり、その負担はしばしば家族にのしかかる。低出生率は、家族の介護という世代間合意に参加できる子や孫の数が減ることを意味する。たとえば、米国がい

第3章 人口、高齢化、そして経済

Box 3—6 長期介護

米国の高齢化が進むにつれて長期介護の需要はますます重要になるであろう。今日、長期施設や在宅・地域密着型の有償介護サービスと友人、隣人らによる非公式の無報酬の介護者が混在して、国の高齢者介護を提供している（Osterman 2017）。介護労働力は、3,710万人以上の無報酬提供者（BLS 2023b）と470万人の有償提供者（PHI 2022）によって構成され、大多数は女性が担っている（BLS 2022）。2021年には、無報酬の家族介護者による経済貢献は6,000億ドルと評価された（Reinhard et al. 2023）。

高齢者やそれを支える若い家族のニーズに対処するには、手頃な価格の施設介護へのアクセスを良くすることや個人の嗜好に最も適した在宅、地域社会によるサービスの拡充を継続することである。

長期介護サービスの主な支払者として、メディケイドが果たすべき役割は重要である。在宅および地域密着型サービスは、1995年にはメディケイドの長期介護支出の20%未満だったが、今日では50%を超えている（Grabowski 2021）。2020年の時点で、560万人のメディケイドの長期介護登録者のおよそ75%は、在宅および地域密着型サービスモデルを利用している（Chidambaram and Burns 2023）。バイデン−ハリス政権は、予算案や大統領令の中で、在宅ケアの選択肢を広げることを提唱してきた。政権はまた長期介護の質と基準を改善させるための歴史的な投資を行ってきた（White House 2023a）。

長期介護の改善は高齢者やその愛する人にとってだけでなく労働市場にとっても重要である。在宅もしくは介護施設における公的ケアへのアクセスの改善や手頃な価格のケアを増加させることは、無報酬の介護者の負担を軽減し労働市場への参加の改善に役立つ（AARP 2020; Schmitz and Westphal 2017）。公的な在宅介護へのアクセスが改善したことによって、困窮する両親の成人した子どもが労働市場から抜ける可能性が低くなり、そうでない場合よりもフルタイムで長時間働く可能性が高まった（Shen 2023; Coe, Goda, and Van Houtven 2023）。ある研究によれば、メディケイドを通じて公的な在宅介護を受けている高齢の親を持つ娘3人につき1人は公的な介護を受けることによって、代わりにフルタイムで働けることがわかった（Shen 2023）。長期介護の需要が高まるなかで、連邦政府はそれゆえに高齢者の厚生を高め、労働力全体の強さを維持するために引き続き介護への投資を続けなければならない。

つまでも現在のTFR1.66を維持するならば、長期的には祖父母1人につき平均0.7人の孫が生まれることになる。これは、過去の世代のアメリカ人が平均して経験してきた介護とは異なる未来となるであろう。人工知能をはじめとする技術の進歩によって、いつの日かその負担を軽減してくれるかもしれないが、今日、介護の人的負担は未解決の問題である（Box 3-6を参照）。

高齢化と財政展望

年金制度とメディケアは、米国の高齢者に対する2つの主要な連邦政府扶助制度であるが、メディケイドは介護施設入居者の10人に6人の保険者として、長期介護においてますます重要な役割を果たしている（CBPP 2020）。給付金制度は、今後30年間の財政支出を長期的に増加させる重要な原動力となり、2023年には30%に満たなかったのが2053年には非金利支出の40%以上を占めるようになると予測されている（CBO 2023b）。

現在、年金制度はおよそ人口の5分の1、6,700万人の受給者に所得補助金を提供している。2050年までに人口の約4分の1が給付を受けるようになり、年金支出は国内総生産（GDP）の6%にまで引き上げられ、現在の5.2%から上昇すると予想されている（SSA 2023b）。

労働者から退職者へと移行する人口の割合が増

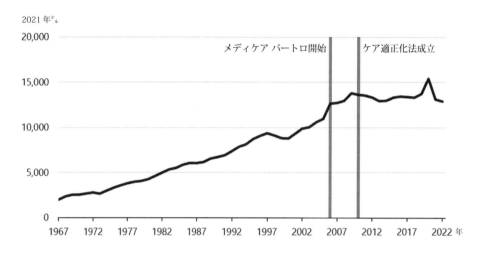

図3-9 受給者1人当たりの年間メディケア支出額

出所：Centers for Medicare and Medicaid Services 2023 Medicare Trustees Report; CEA calculations.
注：ACA＝ケア適正化法。受給者1人当たりの支出は、総支出をパートA、B、C、Dを含む総加入者数で割ったものである。

加するにつれて、メディケアの総費用もまた増加する。2053年までのGDPに占める医療プログラム支出の増加予測のおよそ3分の1は、人口の高齢化に起因するものである（CBO 2023b）。受給者の86％が少なくとも65歳以上であるメディケアは、2053年には連邦医療費の60％以上を占めると予測されている。人口動態の変化は財政赤字を悪化させ、メディケアと年金信託基金が、それぞれ2031年と2034年から枯渇すると予測されている（CMS 2023a; SSA 2023c）[13]。しかし、信託基金の計算は、現行法を用いた仮定にもとづいている。外部の識者は、歳入や給付の面からもプログラム構造の変更を提案している（たとえば、Lee and Edwards 2002; Sheiner 2018）。2010年の医療費負担適正化法（Affordable Care Act of 2010）では、高額所得者に対する追加のメディケア税を通じてそのような調整がおこなわれ、2024年度大統領予算案では、メディケアの支払能力をさらに高めるためのパッケージの一部として、40万㌦以上の所得と不労所得に対する増税が提案された（IRS 2024; U.S. Department of the Treasury 2023）。

こうした状況を背景に、過去10年間のメディケア支出は予想より緩やかなものとなり、財政的に明るい話題となっている。受益者1人当たりの実質メディケア支出の伸び率は、1987年から2005年の6.6％から2013年から2019年の2.2％に低下した（CBO 2023c）。図3-9は、受益者1人当たりのメディケア支出が過去数十年間どのように推移してきたかを描いたものである。メディケア支出の増加が鈍化したことには、いくつかの現象が寄与している。独占販売期間満了後のジェネリック医薬品の参入と新薬導入の減少の両方によって処方薬費の伸びが予想を下回ったこと（CBO 2023c）、より効果的な治療法も一因となって急性の心血管系イベントによる入院が減ったこと（Cutler et al. 2019）、高価な新しい医療技術の普及と採用が減少したこと（Smith, Newhouse, and Cuckler 2022）、ケア適正法（ACA）の影響である（Buntin et al.）。特にACAによるメディケア事業者と民間のメディケア・アドバンテージ保険会社に対する支払い改革は、金額を抑える重要な源泉であった（White, Cubanski, and Neuman 2014; CEA 2016）。

第3章 人口、高齢化、そして経済

この費用の伸びの鈍化の重要性を理解する1つの方法は、1人当たりメディケア支出を予測される実質GDP成長率の1.6％に抑えるシナリオ[14]と、1人当たりメディケア支出が1980年から2005年までの成長トレンド（年率3.5％の成長率）を再開するシナリオとの間の将来の支出の違いを考えることである。この軌跡の違いは、メディケアを支える人口が2050年までに8,700万人に増加することと結びついて、2024年と2050年の間の差額は約14兆㌦（2021年ドル換算）となる（CMS 2023b）。

1人当たりの実質メディケア支出は伸び悩んでいるが、いつまでも続きそうもない。医療技術の進歩に伴って、アメリカ人は寿命を延ばし生活を向上させる高価な新しい治療法や良薬をメディケアでカバーすることを期待するようになる。過去の治療法や良薬の発展は劇的であった。たとえば1960年、米国の1人当たりの実質医療費が現在の10％以下であった時代（NHEA2023）、閉塞した動脈を取り除く血管形成術をおこなった医師も、がんを治療するために化学療法を併用した医師も、また生物学的製剤や合成インスリンを処方できた医師もいなかった。それ以来の改善により、死亡率は低下し、重篤な慢性疾患を抱える人々が元気に生活できるようになった。今後数十年の間に、同様の飛躍的な進歩がもたらされる可能性は高く、社会はそのための費用を支払えるよう計画しなければならない。

インフレ抑止法は、これからもメディケアの薬剤費に下方圧力をかけていくであろう。同法は、もし製薬会社がインフレより速く価格を上げた場合に、メディケアに払い戻すことを義務付けている。そして2026年からは、メディケアはプログラム史上初めて、一部の医薬品については交渉で引き下げられた価格を支払うことになる。これは、重要な進展である。なぜなら米国はこれまで、同じ医薬品に対して他の先進国の2倍の金額を支払ってきたからである（Mulcahy et al.2022）[15]。図3-10は米国と他の国々の薬価を比較したものである。IRAが承認した交渉プロセスでは、他国が長年おこなってきたように、また退役軍人省や国防総省が長年おこなってきたように、重要な顧客である米国の影響力を利用して価格の譲歩を引き出すことになる（GAO 2013）。価格交渉の対

図3-10 世界の処方薬の価格，米国の正価調整、2018年

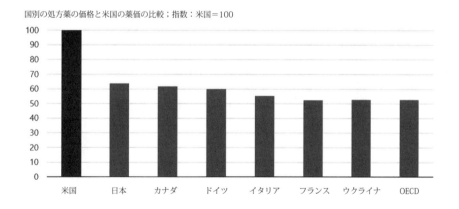

出所：“Sources: Office of Assistant Secretary for Planning and Evaluation, Department of Health and Human Services; IQVIA MIDAS; CEA calculations."
注：OECD＝経済協力開発機構。ここでは「OECD」はOECD比較対象の32か国を合計したもの。米国の価格は100とする。各国で販売された一部の処方箋のみ二国間比較に寄与している。この図における米国の薬価は、正価の推定平均を差し引いた正価の推定値を反映している。

Box 3—7　高齢化社会の消費と投資

米国の人口が偏って高齢化するにつれて、全体の消費パターンも変化する。交通費や衣料品、外出先で購入した食料品などの非住宅支出は、ライフサイクルを通じて、大部分こぶ状のパターンをたどり、労働力として働き始めた時期（25歳以下）が最も低く、最盛期（45歳から54歳）が最も高く、退職時（65歳以上）に低下する（Foster 2015）。入院や処方薬などの医療の消費量は、年齢とともに劇的に増加する（Hales et al. 2019）。

高齢化は、需要の変化に適応するため経済セクター間で雇用がシフトするため、労働市場に上流効果をもたらす。労働統計局は医療および社会扶助セクターはこれから10年間で210万人の雇用を増やし、ほかのどのセクターよりも急速に成長すると予測している（BLS 2023c）。今後10年間で新規雇用の6件に1件は医療補助職になると予測されている。

年齢分布の変化は、総支出、借入高、貯蓄にも影響を与える。権威あるライフサイクル仮説モデルでは、人々は期待所得の流れと望ましい消費量とを考慮して、生涯の消費量を円滑にするために詳細な情報を得たうえで意思決定をすると予測している（Modigliani and Brumberg 1954）。

円滑な意思決定には、一般的に若い頃の借入需要と中年期の退職後のための貯蓄によって特徴づけられる。これらの行動は、住宅や自動車のような耐久消費財の所有を除いたとしても人々は高齢になるにつれて富が増加する傾向にあることを示している。一般に資産残高が最高齢になってから減少を始めることは、米国人口の全体的な高齢化によって貸付資金の総供給量を増加させている可能性が高いことを示唆している。

図3-iiiで示したクロス・セクション支出データは、この予想を裏付けている。消費者支出調査によれば、2022年の25歳以下の消費者の貯蓄率は平均して実質的にゼロであった。中年のアメリカ人になると貯蓄率は上昇し、45歳から54

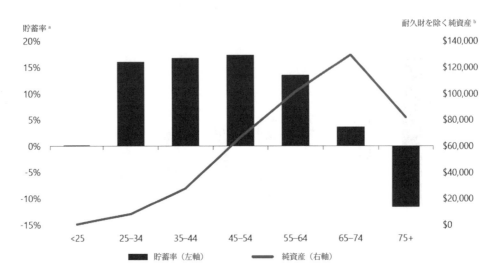

図3－iii　2022年の貯蓄率と資産、年齢層別

出所：Bureau of Economic Analysis; CEA calculations.
注：a 貯蓄率＝1－総支出/CEXにおける税引後利益　b 各年齢層の世帯主をもつ家庭の純資産の中央値、住宅資産と純車両資産を除く（車両価格の合計から車両ローン残高合計を差し引いたもの）

第3章 人口、高齢化、そして経済

歳までの17.4％がピークとなり高齢のアメリカ人は反対に75歳より上では－12％となる。研究によればベビー・ブーマーが貯蓄の最盛期を迎えたことによって、総貯蓄率は1980年から90年にかけて約2％ポイント上昇した（Dynan, Edelberg, and Palumbo 2009）。

貯蓄率や総貸付資金への影響から、人口動態の変化は実質金利にも影響を及ぼし、退職のために貯蓄する高齢化したコホートが自然利子率に下降圧力をかける。安定した状態であれば、ライフサイクルを通じて移行するコホートが時変的な影響を与えることはない。しかしベビー・ブーム世代が不釣合いに多く、米国がますます出生率を下げて退職後の長寿化が進んでいるため、その変化は結果全体に影響を与えるであろう。カルバーロら（Carvalho, Ferrero, and Nechio（2017））は、平均余命の増加が貯蓄の増加につながり、とくに実質金利を押し下げたと論じる。ギャニオンら（Gagnon, Johannsen, and Lopez-Salido（2016））は、1980年以来、人口動態要因が米国の実質金利の1.25％ポイント低下の原因であると推定している。貯蓄率が低下し、資産が縮小を始める変曲点は存在するが、図3-iiiに示すようにその低下は65歳をかなり過ぎてから起こる傾向にある。ベビー・ブーマーの最後がまもなく貯蓄マイナス・ライフサイクル期に入るものの、実質金利に上昇圧力をかけるプロセスは徐々に展開されていくであろう。退職者の毎年の消費は貯蓄総額のごく一部に過ぎず、大半は繰り越され再投資される。このことは現在の自然利子率への下方圧力がそれゆえに長期間にわたって持続する可能性を示唆している。

象となる医薬品のリストは将来拡大し、メディケアの薬剤費全体が削減され、米国の薬価と他の先進国の薬価との差が縮まることになる。

人口動態の将来計画

出生率、死亡率、そして移民は、米国の人口動態の将来に多岐にわたって大きく影響を与えることになる（Box 3-7を参照）。オピオイドの流行やCOVID-19を含む深刻な死亡危機は、政策的に解決しうるものであり、平均余命の全般的な改善は、公衆衛生への取り組み、医療の技術革新、公的および民間保険の適用への支援にかかっている。健康と長寿の将来的な改善は、（1）特に薬物の過剰摂取などの外因死の増加への対処と、（2）慢性疾患との闘いへの投資という2つの軸に沿って進むであろう。

政策と出生率には直接的な関係はほとんどない（Brainerd 2014; Sobotka, Matysiak and Brzozowska 2019）。なぜなら出生率の低下は、とりわけ女性のおける改善されたさまざまなチャンスにその原因があるため、いつまでも持続する可能性が高い。来るべき人口動態の変化に備えるには、そうした変化の予想される速度やこの新しい人口転換を抑制させるために移民の潜在的な役割の現実的な評価を含めて、注意して計画をたてる必要がある。米国の政策立案者たちは、今こそ、人口形態の変化が意味するものと真剣に立ち向かい、責任ある計画を打ち立てるべき時である。

注

1 この章でいう"Fertility"とは、出生率を測定したものである。医学的概念である「不妊症」とは別物である。
2 「人口置換水準」は2.0をわずかに上回る値で、時代や場所によって変動する。これは出生時に生じる性比の不均衡やすべての人が出産適齢期まで生き残るわけではないということが主な原因である。どのような場所や時代でも、2.0を下回ると人口置換水準を下回る出生率である。
3 中国の出生率の低さがもたらす社会的、政治的、経済的な影響については、特に2023年に総人口でインドに抜かれてから注目が集まっている(U.N. DESA 2023)。しかし出生率の低下は世界的な現象であり、いまやインドの出生率も人口置換水準を下回っている（Spears 2023）。
4 ある集団についての平均余命は、仮想コホート

のメンバーが生涯にわたってさらされる死亡リスクを平均してどれくらい生きるのかを表したものである。

5　図 3–4 は、1940 年代以降に平均寿命の年々の変動が減少したことを示している。寄生虫性疾患や感染症疾患の減少、市販のペニシリンの導入、米国初の民間用インフルエンザワクチンの配布などはすべて寄与していると考えられる。しかし 1948 年に始まった平均寿命の算出方法の変更が、平均寿命のばらつきを減らした原因であり、前後の比較を困難にしている（Smith and Bradshaw 2006）。

6　米国疾病管理予防センター（CDC）の定義による外因死には、「不慮の傷害」、中毒（薬物の過剰摂取を含む）、医療や外科治療の合併症が含まれる（CDC 2019b）。

7　ある論文によれば、処方基準が厳しいと医師はオピオイドの転用－患者もしくは意図せず他の利用者による誤用の可能性－がリスクとなる場合、オピオイドの処方に慎重になることがわかっている（Schnell 2022）。これらの研究結果は処方基準の緩い医師が果たす役割の重要性を示唆している。

8　たとえば、老年病医学における技術的ブレイクスルーは、現在の予測を超えて長寿となり、人口ピラミッドをさらに逆転させる可能性がある。

9　10 年から 20 年という時間枠では、既存人口が予測可能な方法で人口予測の結果を決定する傾向にある。たとえば、現在 40 歳の人口を基に 10 年後の 50 歳人口を予測する場合、関連する年齢層の死亡率がすでに低いことを考えれば、間違う余地はほとんどない。本章で使用する国連の人口予測は、こうした予測時間枠を通して比較的正確であることが示されている（Ritchie 2023）。

10　生産性が一定の成長経路をたどる場合には、労働力の成長が減速することは、人口に占める労働力が減少すれば、1 人当たりの GDP 成長率の低下を意味する。言い換えると、1 人当たりの GDP にとって重要なのは、1 人当たりの労働力数で、高齢化によってこの測定基準は低下している（図 3–8 を参照）。

11　この老年人口依存指数の標準的な定義とは、利用可能なデータをビニング（グループ化）したものである。これは、平均的な労働寿命を正確に叙述するものではなく、その代わりとなるものである。たとえば、1960 年生まれの一般的な退職が 67 歳であることやフルタイムの労働参加が始まる年齢が 20 歳であることが不正確な指標であることは考慮されていない。

12　とはいえ、労働生産性が 2 倍になることが 1 人の労働者に関連する税収が 2 倍の高齢者を支援できるというわけではない。なぜなら生活水準や高齢者を養う費用もまた時間とともに上昇するからである。たとえば、当初の社会保障給付は個人の人生を通じて一般的に上昇する生活水準を反映するように賃金に連動するからである（SSA 2023a）。したがって、最初の社会保障給付は生産性の上昇に伴って時間とともに増加していく。

13　社会保障年金信託基金とは、老齢・遺族保険信託基金と障害保険信託基金を合わせたものである。

14　予測される 1 人当たり実質 GDP 成長率は、CBO による実質 GDP 成長率の長期予測と国勢調査からの人口予測にもとづいている（CBO 2023b; Census 2023b）。

15　図 3–10 で示した米国の処方薬の価格は、推定平均リベートを差し引いた正価の推定値を反映している。

第4章
手頃な住宅の供給を増やす
── 経済的考察力と連邦政策の解決

バイデン–ハリス政権は、すべてのアメリカ人が安全で手頃な住宅を取得できるようにすべきだと考えている（White House 2023a）。住む場所によって、労働市場へのアクセス、交通の選択肢、学校、犯罪からの保護、環境の質、社会的ネットワークなど、住宅の質や環境が決まるのであり、それらすべてが生活の質や世代間経済的流動性に影響を及ぼすのである（Chetty and Hendren 2018）。しかし、過去3、40年、住宅供給は住宅需要に追いつけず、全米で150万戸から380万戸の住宅が不足し、住宅費が上がることになった（Calanog, Metcalfe, and Fagan 2023; Khater, Kiefer, and Yanamandra 2021; Lee, Kemp, and Reina 2022）。その結果、現在、賃借人の45%が家族所得の30%以上を家賃に支出している過剰負担となっており、その割合は1960年の2倍以上である（Ruggles et al. 2023）。

住宅市場の経済分析によると、供給を制約する軋轢が少なくとも2つ明らかにされている。すなわち、(1) 土地利用規制やゾーニング規制であり、それによって何を建設できるかが制限されていること、(2) 建設に関連した投入コストが上昇していること、である（Khater, Keifer, and Yanamandra 2021）。土地利用規制の一部には、工場を学校から遠ざけるとか、住宅エリアの近くに公園を必ず設置するとか、コミュニティ計画の一部としてもっともなものもある。他方、建築規制の多くは、住戸密度や建物の高さを制限したり、最低限の敷地面積や駐車場の設置を求めたりするものであり、成長を妨げ、住宅コストを上昇させる人工的な障壁を作り出すことになる。こうした政策は、住宅所有者によって左右されるローカルな意思決定プロセスから当然のこととして生じる。住宅所有者は、住宅価格が上昇することを望み、渋滞の増加など、住宅が増加することによって身の回りに生じるコストは考慮するが、地域全体、あるいは、国全体の利益を考慮することはない。

このような住宅規制のコストは地区内にとどまらない。住宅不足は、非効率的で低水準の労働移動や人的資本投資につながり、個人の福利にもマクロ経済にも影響を及ぼす。研究が明らかにしたところによると、ローカルな土地利用規制の緩和は移住を増やし、労働者が生産性の低い地域から高い地域に転居できるようにし、総産出を押し上げる（Peri 2012; Moretti 2012）。さらに、住宅所有は、米国では長い伝統を持つ資産構築手段であり、抑制的な住宅政策は、資産および経済的結果における階級間、人種間格差を説明する重要な1要素となる（Rothstein 2017）。住宅供給の増加は、手頃な賃貸物件や所有物件の生産を直接支援する政策を伴った場合にはとくに、金融リソースに乏しい集団のアクセスと持ち分を増やし、資産全体を増やし、集団間の格差を縮小させることができる（Carroll and Cohen-Kristiansen 2021）。

本章では、米国で長年にわたって生じている住宅不足、とくに手頃な住宅の不足の主たる原因と結果に焦点を合わせるとともに、こうした問題を軽減する連邦政策の力に焦点を合わせる。すべてのレベルの政府に政策手段は備わっているが、本章では連邦政策に焦点を絞る。たとえば、公的資金は、ゾーニング改革と一緒になれば、手頃な住宅開発の資金調達制約を緩和するために使え、労

働力訓練は、住宅建設に用いる労働力の供給を増やすことができる。第 1 節では、過去 60 年にわたる住宅供給不足の規模とトレンドを説明する。第 2 節と第 3 節では、住宅不足の原因と結果について論じる。第 4 節では、連邦政策が住宅供給を公平に押し上げ、住宅取得困難性を緩和できるいくつかの領域を浮き彫りにする。

規模とトレンド

米国では、住宅費の世帯予算に占めるシェアは増している。それだけでなく、米国住宅市場は長期的な供給不足に直面している。

取得困難な住宅

図 4-1 は、過去 20 年、住宅価格上昇が賃金上昇を上回ってきたことを示している。2000 年から 2020 年代初期にかけて、住宅価格は 3 倍になり、他方、世帯所得は 2 倍になった。言い換えると、過去 20 年、住宅価格は世帯所得よりも 50％ 上昇した[1]。もちろん、住宅への支出が増加したのは、合理的な消費選択かもしれない。より良い場所やより新しい建物など、より良い住環境を選好するため、住宅以外の消費を切り詰める代わりに、住宅により多くを支出することを選ぶ者もなかにはいるであろう。しかし、長年にわたって住宅の経済的負担がしだいに上昇したことは、多くの家族にとって、高額な住宅は好んで選んだ選択ではなく、受け入れざるをえなくなったトレンドであることを意味している。

過去 60 年、住宅支出が重い世帯の割合は着実に上昇してきた。家賃負担が重い世帯を示す一般的指標は、所得のうち住宅（つまり、家賃／住宅ローン、光熱費、その他住宅に必要な費用）に支出される割合である（Cromwell 2022）[2]。米国

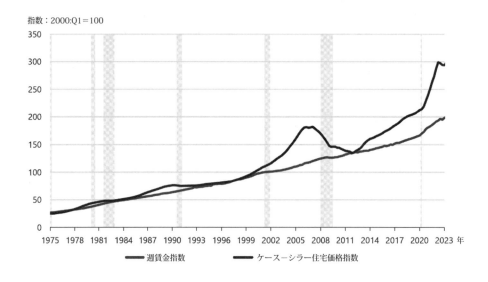

図 4－1　住宅価格指数と賃金指数、1975～2023 年

出所：Bureau of Labor Statistics (Quarterly Census of Employment and Wages); CEA calculations.
注：週賃金指数は 4 四半期移動平均を用いて平滑化されている。グレーの影はリセッションを示す。

第4章 手頃な住宅の供給を増やす

図4－2　家族所得の30%超を家賃に支出する賃借人世帯、1960〜2022年

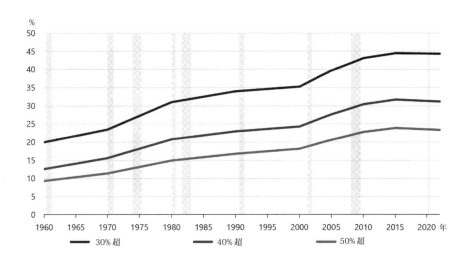

出所：Census Bureau (American Community Survey); CEA calculations.
注：2000年以降の時代のデータは、5年の範囲で平均化されている。グレーの影はリセッションを示す。

住宅都市開発省は、この割合が30%を超える場合、その家族を家賃負担が重いと定義している[3]。図4-2は、所得の30%超、40%超、50%超を家賃に支出する賃借人世帯の割合を示している。いずれの計測値についても、その割合は1960年代以降2倍以上になった。今日、約45%の賃借人は家賃負担が重く、約24%の賃借人はきわめて家賃負担が重い。

住宅費の経済的負担は、住宅費を支払うのに必要な労働時間数によって示すこともできる。図4-3は、2002年、2012年、2022年について、中央値の月額家賃を支払うのに必要な月間最低労働時間数を示している。推計値は、中位賃金を稼ぐ世帯、連邦最低賃金の世帯、子どものいない単身成人世帯についての連邦貧困水準の100%に相当する賃金を得ている世帯、に分けて示されている[4]。中位賃金所得者は、2002年に月額住宅費を支払うために約55時間働かなければならなかったが、それは週40時間労働だとすると月に1週以上働かなければならなかった計算になる。この数字は、2022年には70時間以上、つまり、2週間弱の労働に増加した。連邦最低賃金の世帯は、2002年に住宅費を支払うのに110時間働かなければならなかったが、それはフルタイム労働者の月間労働時間の約3分の2に相当する。この数字は2022年には180時間に増加し、現在、中位家賃を支払うにはまるまる1カ月の最低賃金労働が必要なことを意味する。言い換えると、中位家賃は、低賃金労働者にとってますます手が届かなくなり、中位賃金労働者も月間勤労所得のかなりの割合を住宅費に充当しなくてはならない。

図4-4は、2022年の家賃負担が重い世帯の割合を、年齢、人種およびエスニシティ、婚姻状態、所得別にみたものである。若い世帯はそれより年齢の高い世帯よりも家賃負担が重い可能性が高く、ヒスパニック世帯はヒスパニック以外の世帯よりも家賃負担が重い可能性が高く、単身世帯は既婚世帯よりも家賃負担が重い可能性が約2倍高く、所得分布の最低五分位の世帯の74%は家賃負担が重い。さらに、図4-5は、米国大都市だけでなく、地理的地域別、人口密度別に、家賃負担の重い世帯の割合を示している。人口動態上、地理上の特性にもとづいて差はあるが、全米でかなり

図4－3　中位月額家賃を支払うのに必要な月間最低労働時間

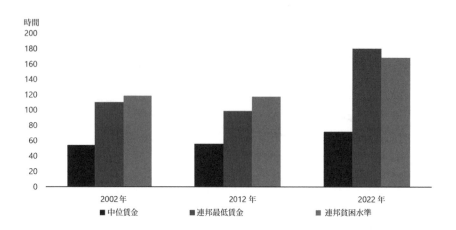

出所：Bureau of Labor Statistics; Census Bureau; Department of Labor; CEA calculations.
注：実質中位家賃はそれぞれ、2002年に923㌦、2012年に914㌦、2022年に1,306㌦である。連邦貧困水準は、子どものいない単身者の貧困水準である。2009年7月より、連邦最低賃金は7.25㌦に引き上げられた。2002年または2012年とは異なり、2022年には連邦最低賃金は連邦貧困水準を下回る所得になる。

図4－4　世帯主特性別にみた家賃負担が重い世帯の割合、2022年

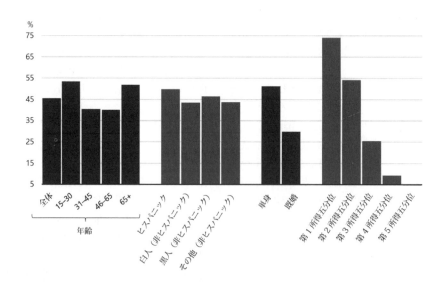

出所：Census Bureau (American Community Survey); CEA calculations.
注：家賃に費やされる家族所得の割合が30％超の場合、その世帯は家賃負担が重いと定義される。

第4章 手頃な住宅の供給を増やす

図 4-5 地理別にみた家賃負担の重い世帯の割合、2022 年

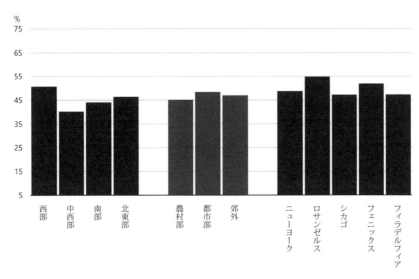

出所：Census Bureau (American Community Survey); CEA calculations.
注：家賃に費やされる家族所得の割合が 30% 超の場合、その世帯は家賃負担が重いと定義される。グラフで選択された都市は 2022 年時点の人口でみた米国の 6 大都市に含まれる。2022 年米国コミュニティ調査のデータに記録されていないため、ヒューストンはここでは示されていない。

の割合の世帯が家賃負担が重い。家賃負担が重い世帯は、都市中心部や沿岸諸州だけにいるのではない。地方の世帯の 45% が家賃負担が重い状態にあり、南部では 44%、中西部では 40% の世帯が家賃負担が重い状態にある。

住宅供給不足

長年にわたり、世帯形成の割に新規建設が不十分であったために、住宅供給不足が生じた (Khater, Keifer, and Yanamandra 2021)。合計住宅不足ストックの推計値は、150 万戸（Calanog, Metcalfe, and Fagan 2023）から 380 万戸（Khater, Keifer, and Yanamandra 2021）に及び、建設中の不足戸数の年間フローは 10 万戸と推計されている（Parrott and Zandi 2021）。

住宅需要の増加は、経済成長と人口増加に推進されている。しかし、過去 3、40 年、住宅生産は劇的に落ち込んだ。図 4-6 が示すように、1,000 人当たりの四半期新設住宅着工件数（紺色で示されている）は、1963 年から 1980 年までの 22 ～ 40 戸から、1990 年から 2005 年までの 15 ～ 21 戸へと減少した。図 4-6 はまた、水色で四半期一戸建て新設住宅着工件数を示している。一戸建て新設住宅着工件数は、1963 年から 2005 年まで比較的一定であった（1,000 人当たり平均 10 ～ 18 戸）。新設住宅着工件数はすべてのタイプでグローバル金融危機後に急減し、2007 年以前の水準まではまだ回復していない。

新設住宅建設の減少は、比較的小さな「最初に購入する家」や、家賃の低い賃貸物件が取得しにくくなったことと同時に発生している。図 4-7 に示されているように、全一戸建て新設住宅に占める 1400 平方フィート未満の住宅の割合は、1970 年代初めの約 40% から 2020 年代初めには約 7% に低下した。さらに、家賃の低い賃貸物件を、契約家賃が所得分布の最低五分位の世帯が最大限支払える金額に収まるものの割合として計測すると、それらはインフレ調整後、2011 年の 26.7% から 2021 年には 17.1% に減少した。これは、この 10 年で 390 万戸の手頃な物件が失われたことを意味する（Joint Center for Housing Studies 2023）。

図4-6　米国住宅生産、1963～2022年

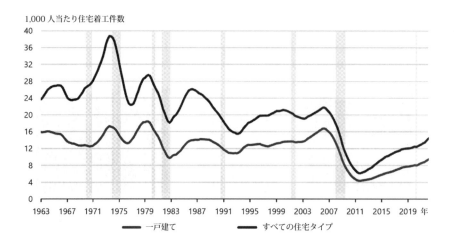

出所：Census Bureau; CEA calculations.
注：四半期データは3年移動平均を用いて平滑化されている。グレーの影はリセッションを示す。

図4-7　1400平方フィート未満の新設一戸建て住宅の割合、1973～2022年

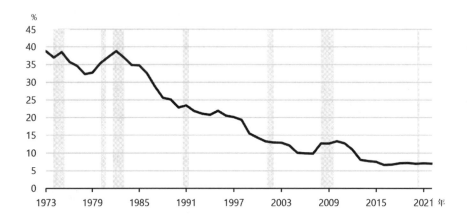

出所：Census Bureau; CEA calculations.
注：データは、完成した1400平方フィート未満の新設一戸建て住宅の割合を示す。グレーの影はリセッションを示す。

第4章 手頃な住宅の供給を増やす

住宅供給不足の原因

いくつかの重要な利害関係者のインセンティブが住宅市場の経済モデルには反映されており、それは住宅供給の制約を予期させる。第1に、住宅所有者は、自らの住宅価格を最大化しようとするのが一般的である。第2に、地方自治体は、住民の福祉を最大化するために公的資金を調達するインセンティブを持つ。公的資金は、なかでも財産税をつうじて土地価格に結びついているのが一般的である。第3に、デベロッパーと土地所有者は、住宅用および商業用不動産の経済開発から生じる利潤を最大化しようとする。これらのインセンティブが合わさって、ゾーニング規制と土地利用規制をつうじてコミュニティ内の地価が決まり、それがアウトサイダー（賃借人とこれから不動産所有者になろうとする者）を犠牲にして、インサイダー（既存の不動産所有者）にお金をもたらすのが一般的である（Fischel 2001）。

経済モデルによって、利害関係者のインセンティブがいかにして土地利用規制、住宅供給、住宅価格の変化に影響を及ぼすのかについて、いくつかの予測がもたらされる（Ortalo-Magne and Prat 2014; Hilber and Robert-Nicoud 2013; Glaeser, Gyourko, and Saks 2005）。賃借人よりも住宅所有者が多い場所は、他の場所よりも住宅供給が厳しくなり、住宅所有者の政治的影響力が高まるにつれてその規制は強化される（Fang, Stewart, and Tyndall 2023）。規制は、住宅供給の価格弾力性を低下させる。言い換えると、住宅供給は、規制が多い市場ほど市場価格に反応しなくなる。

研究が一貫して明らかにしているところによると、ゾーニング規制が厳格化されるほど、住宅建設は減少し住宅供給の価格弾力性は低下する一方、ゾーニング規制が緩和されるほど住宅建設費は上昇し住宅供給の価格弾力性は上昇する（Baum-Snow 2023; Gyourko and Molloy 2015; Stacy et al. 2023; Landis and Reina 2021）。ゾーニング規制の程度と住宅価格の間の関連は単純にはいえない。ゾーニング規制の厳格化によって、新築住宅は建築面積と敷地面積をより大きくすることが求められることが多いため、住宅はより高額になる（Gyourko and McCulloch 2023）。ゾーニング規制の緩和によって、小さく、コストの低い住宅の供給が増え、少なくとも一部の場合には、価格や家賃が低下したり、既存の住宅の家賃の上昇が鈍化したりすることがある（Crump et al. 2020; Been, Ellen, and O'Regan 2023; Baum-Snow 2023; Greenaway-McGrevy 2023）。

大まかにいえば、地方自治体の意思決定プロセスは少なくとも2段階の住宅市場の失敗をもたらす。第1は負の外部性である。住宅所有者、デベロッパー、地方自治体が隣接コミュニティの人々やこれから住民になろうという人々に対して生じるこれらの規制の厚生コストを考慮しないため、社会的に最適な状態に比して過剰な土地利用規制をもたらす。過剰な規制によって住宅市場は不完全となり、そこでは民間セクターは需要に十分見合った供給を生み出さない。州または連邦レベルの是正策は、住宅供給と住宅需要の間の差を埋める一助となる。

価格と建設費のひらき——土地の価値

米国における住宅供給不足の原因と結果は、住宅市場の価格決定効率の文脈、つまり、価格とコストの間の関係で理解できる。図4–8に示されている通り、物的建設費は、主として人件費と資材費の上昇によって、1980年代以降4倍になった（Khater, Keifer, and Yanamandra 2021; CBRE 2022）。これも図4–8にみられるように、住宅価格は建築費よりも速く増加してきた。1980年から2020年代初めまでに、住宅価格は6倍以上上昇し、建設費の4倍以上上昇よりも約50％上がったのである。経済学者によれば、米国住宅市場における住宅価格と物的建設費の乖離の原因は土地価格にあり、土地価格は制限の多い土地利用規制の影響を大きく反映している（Gyourko and Molloy 2015）。

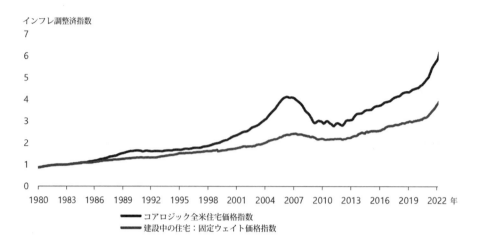

図4−8　住宅価格と建設費、1980〜2022年

出所：Census Bureau; CoreLogic; CEA calculations.
注：いずれの価格指数も、1982年＝100とした個人消費支出物価指数（住宅を除くコア・サービス）を用いてインフレ調整済み。データは季節調整をしていない。グレーの影はリセッションを示す。

ゾーニングと土地利用規制──住宅供給への影響

排除的なゾーニング政策は、地方自治体の土地利用規制の一部を成しており、住宅供給を抑制し、そうして住宅取得可能性を損なっている。たとえば、集合住宅の禁止、高さ制限、最低敷地面積、最低建築面積、駐車台数要件などがあり、それぞれが住戸密度と人口密度を抑制する機能を果たす。研究者の推計によれば、土地利用規制の緩和によって、今後10年にわたり、大都市圏の住宅供給には、少ないが意義のある増加がもたらされるであろう（Stacy et al. 2023）。

ゾーニング法のなかには1800年代後半まで歴史をさかのぼれるものもある。当時、都市計画者は、火災の危険性、日照や外気へのアクセス、工業への近さを懸念していた（Fischel 2004）。ゾーニング法のなかには、貧しく恵まれない家族の生活の質を改善することを意図したものもあったが、マイノリティ集団を分離し、郊外や都市部の地区の不動産価格を上昇させようとしたものもあった（Rigsby 2016; Mangin 2014）。初期のゾーニング法の一部は1917年頃登場した。当時、最高裁判所は、《ブキャナン対ウォーリー事件判決》で、ゾーニング条例における人種を理由にした明示的な分離を禁止した（Rothstein 2017）。研究者が明らかにしたところによると、特定のゾーニング慣行によって都市は人種を理由にした分離を継続することができた（Gray 2022; Kahlenberg 2023）。Box 4-1は、ゾーニング法の歴史と、それが人種およびエスニック・マイノリティに及ぼした影響について、さらに詳細な説明をおこなっている。

一戸建てのゾーニングは、全米のほとんどの住宅用地で実施されており、全米の全住宅用地の70％を占めている（Frank 2021）。最低敷地面積要件により、デベロッパーは、さもなければ市場が供給した区画よりも大きな区画に住宅を建設せざるをえない（Gyourko, Hartley, and Krimmel 2019; Furth and Gray 2019）。たとえば、コネティカット州の土地の81％は、最低1エーカーの区画を求めている（Bronin 2023）。研究によると、最低敷地面積を2倍にすると、販売価格は14％、家賃は6％高くなる一方、住宅分離が強まる（Song

第4章
手頃な住宅の供給を増やす

Box 4–1　米国における排除的ゾーニング法小史

最も早い時期のゾーニング条例のなかには、屠殺場など迷惑施設による土地利用を住宅地と分離するため、1800年代半ばから末にかけて施行されたものもある。しかし、さらなる住民保護という名目のもと、ゾーニング条例が制定され、人種およびエスニック・マイノリティを分離したこともある。たとえば、歴史的な「中国人洗濯屋」規制によって、中国人事業主を排除する一方、多くの白人経営者に許可を与えた（Howells 2022）。

1910年、ボルティモアは、その条例が市民を保護すると示唆することによって、地区を明示的に分離する最も初期のゾーニング法を制定した。1917年の最高裁判所による《ブキャナン対ウォーリー事件判決》は、あからさまな人種差別的なゾーニング法を撤廃した（Howells 2022）。

《ブキャナン対ウォーリー事件判決》の結果、新たなかたちのゾーニングによって、人種による隠された分離が始まった。1910年代初め、カリフォルニア州バークレーでおこなわれた一戸建てゾーニングは、「黒人とアジア人」が特定エリアに居住することを禁じようとしたものであり、そのやり方が全米にひろがりはじめた（Barber 2019）。一戸建てゾーニングはまた、集合住宅や他のタイプの手頃な住宅を禁止したので、階級分離が拡大した（Gray 2022）。セントルイスは、1919年、ほとんどの黒人家族には手が届かないエリアの住宅を保全する意図でゾーニングを導入し、その後同市では、多くの黒人家族が移り住んでくると、エリアのゾーニング指定を住宅用地から工業用地に変更することがしばしばあった（Rothstein 2014）。同様に、シアトルの1923年ゾーニング法は、多数の黒人または中国系アメリカ人家族のいる多くのエリアを、住宅用地から商業用地に変更した（Twinam 2018）。《ユークリッド対アンブラー事件判決》で、最高裁判所は、集合住宅についてなど、さまざまなゾーニング規制を支持し、階級にもとづく差別を助長した。新たなゾーニング規則は、新設住宅水準を抑制し、低所得で多くが非白人の世帯に対し、価格は手が届かないものになった（CEA 2021）。

1920年代、ハーバート・フーバー商務長官は、「ゾーニング入門」を発行し、州が地方自治体に排他的ゾーニングを採用するのを認めるよう奨励した（Gries 1922）。1923年標準州ゾーニング授権法は、州が自治体にゾーニング権限を与えるためのモデル法案を示した。最終的に、すべての州が自治体に対し、ローカルなゾーニング規制を決定する権限を与えた（Flint 2022）。ゾーニング規則を持つ都市の数は、1916年から1936年までにさらに1246自治体増加した（Fischel 2004）。

1970年代には、次の2つに応じ、ゾーニングの第2波がみられた。(1) 1968年公正住宅法は、人種その他の要因による差別を取り締まろうとしたものであるから、コミュニティは経済的に差別的なゾーニングを増加させた。(2) 世帯の金融ポートフォリオにおける不動産の重要性が高まった。2000年代までに、米国では3万以上の地方自治体がゾーニング規則を持つに至った（Kahlenberg 2023）。ここ2、30年、米国の地区は人種と所得により分離されてきた（Loh, Coes, and Buthe 2020）。

2021）。ボストンと、ミネアポリス－セントポールにおいて、集合住宅を認める最近のゾーニングの変更によって、住宅供給は増加し、人種分離は軽減され、黒人とヒスパニックの居住者の割合が上昇した（Resseger 2022; Furth and Webster 2022）。

別の重要な土地利用規制は最低駐車台数要件であり、住宅1戸または1事業所につき最低限の敷地内駐車スペースを定めている。しかし、研究によると、要件はしばしば需要に見合った台数を上回っているため、過大な敷地が駐車場に充てられている。たとえば、デトロイトの市街地の

Box 4—2　ディールのみきわめ——LIHTC を利用して賃貸住宅を開発するうえでの計算

新設集合住宅開発プロジェクトには、多額の初期費用と長期的投資収益という特徴がある。住宅開発から生じる収入の大半は、入居者に請求される家賃から生じるものであり、ローカルな市場環境によって決定される。低所得者向け住宅税額控除（LIHTC）によって、デベロッパーはこれらの初期コストをまかない、家賃を抑え、建設後 30 年にわたって物件を手頃にできる。

デベロッパーは、物件が建設するに値するかどうか判断するため、将来の収入の流れと、開発および資金調達コストとの間のバランスをとる。言い換えると、そのディールが「うまくいく」かどうかを判断するのである（Garcia 2019）。開発コストは次の 3 つのカテゴリーに分類される。(1) ハードな物理的建設コストで、人件費や資材を含む。(2) ソフト・コスト（たとえば、手数料、資金調達、コンサルティング、税金、権利書、保険）。(3) 土地取得コスト、物件引渡し完了に関連したコストを含む（たとえば、環境調査やゾーニング問題の解決）。ローカルな市場環境は全米中で異なっているが、一般的に土地コストが総コストの 10～20％、ソフト・コストが 20～30％、ハード・コストが 60～70％ を占めている。自治体の土地利用規制、たとえばゾーニング規制、駐車台数要件、密度制限などはすべて、開発コストを増加させる可能性がある（Urban Institute 2016; Hoyt and Schuetz 2020）。

プロジェクトの資金調達をするため、デベロッパーは、債務とエクイティから資金をえる。債務はたいてい資金の大半を占め、ローン対コスト比率は 50％ から 70％ である（Urban Institute 2016; Garcia 2019; RCN Capital n.d.）。歴史的に、金利は 4％ から 8％ の間で変動してきた。エクイティは、民間投資家からのものが主であり、債務とプロジェクト・コストの差額を埋める。住宅開発エクイティは、プロジェクトが収入を生むまでに時間が必要なため、比較的リスクの高い投資である。ざっくりいえば、エクイティ投資家は資本収益率——プロジェクトの初年度の純営業所得とコストの比率——と、不動産の収益性を示すキャップ・レート[還元利回り]を比較する。ローカルなキャップ・レートは、代替住宅プロジェクトの平均収益率を示しており、たいてい 3％ から 6％ である。ある分析によると、資本収益率とキャップ・レートの間の 1％ から 1.5％ の差が、民間投資のインセンティブとなる（Garcia 2019; JPMorgan Chase 2022）。

たとえば、2,000 万ドルのプロジェクトでは、建物は 1300 万ドルのローン——この場合金利を 6％ と想定すると 78 万ドルの利払いが必要となる——と、700 万ドルのプライベート・エクイティで資金調達することができるが、典型的な市場キャップ・レートをもとに魅力的なものにするには 45 万 5,000 ドルのリターンが必要である。一戸当たり家賃を全国中央値と等しいと仮定すると、その建物は、136 戸を持つことになる。この建物は、10 年間、6.5％ のキャップ・レートを生み出すことができるであろう。これらの物件は、2022 年の中位所得（7 万 4755 ドル）を稼ぐ入居者には手が届くが、低所得世帯には手が届かないであろう。たとえば、所得分布の下位 20 百分位の世帯は、負担が重いとみなされずに支出できるのはせいぜい月額 765 ドルで、全米中央値の月額家賃（1300 ドル）の約半額である。デベロッパーは、市場家賃を下回る家賃を請求することで一部の住戸を手頃な住宅に指定することを自由に選択できるが、収益性を維持するには、残りの住戸の家賃を引き上げなければならない。

手頃な住宅は、住宅開発プロジェクトの純営業所得を減少させ、その存続を脅かすことがある。LIHTC は、手頃な住戸を建設するのと交換条件で税額控除エクイティを提供することにより、手頃な住宅を建設するインセンティブを提供する。他の要件のなかでも、資格をえるには、プロジェクトは 3 つの所得検査のうちいずれかを満たさなくてはならない。

A.　少なくとも 20％ の住戸が、家族数で調整した所得がエリア中位所得（AMI）の 50％

第4章 手頃な住宅の供給を増やす

以下の入居者で占められること。
B. 少なくとも40%の住戸が、家族数で調整した所得がAMIの60%以下の入居者で占められていること。
C. 少なくとも40%の住戸が、家族数で調整した後、平均所得がAMIの60%以下の入居者で占められており、所得がAMIの80%を超える入居者が占める住戸がないこと。

LIHTCは、住宅プロジェクト建設コストにもとづいて、そのプロジェクトが競争配分か非競争配分のどちらによって承認されたかにより、10年間にわたり、適格基準の現在価値の30%か70%に等しい金額の税額控除を与えるものである（Tax Policy Center n.d.）。LIHTCは、控除を流通市場で売買できる限られた税制プログラムの1つである。とくにデベロッパーは、LIHTCや他のプロジェクト関連税制優遇措置を活用し、課税額を抑えられる投資家に、その税額控除を売却できる。税額控除はたいてい割引価格でデベロッパーによって売却されており、貨幣の時間価値を反映して、2021年時点では税額控除1㌦につき0.85㌦から0.90㌦の間で変動している（Kimura 2022）。タックス・エクイティ投資家はたいてい受け身であり、税額控除を受けるが、日々の意思決定には関与しない。

2,000万㌦の建物の場合、前述の所得検査Aで定められたように、住戸の20%を低所得の入居者のために確保し、LIHTCクレジットが競争的に与えられる場合、投資家が1㌦につき0.85㌦の割引でクレジットを購入する意思があると想定すると、LIHTCプログラムは140万㌦のエクイティを提供することができる。このタックス・エクイティがあれば、わずか560万㌦のプライベート・エクイティが必要とされるだけで、資金調達コストを賄うための家賃からのリターンは7%少なくてすむ。

図4-iは、LIHTCの有無と以下の2つのケースの下で、手頃な住戸と他の住戸の一戸当たり家賃を比較したものである。(1) 全米中央値所得の50%で入居できる住戸が20%、(2) 全米中央値所

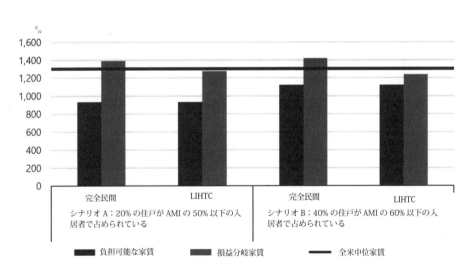

図4-i　さまざまな資金調達シナリオの下での家賃比較

シナリオA：20%の住戸がAMIの50%以下の入居者で占められている
シナリオB：40%の住戸がAMIの60%以下の入居者で占められている

■ 負担可能な家賃　　■ 損益分岐家賃　　— 全米中位家賃

出所：Census Bureau(2022); CEA calculations.alculations.
注：LIHTC＝低所得住宅税額控除、AMI＝エリア中位所得。数字は、2,000万㌦の仮想建物についての計算を示している。

> 得の60％で入居できる住戸が40％。図示されているように、LIHTCプログラムによって、デベロッパーは、残りの部分の住戸の家賃を引き上げる内部補塡をおこなうことなく、住戸を低所得賃借人に配分できる。そうせずに、たとえば包摂的ゾーニング要件を満たすため、民間で手頃な住戸の資金調達をすることを選択する場合、説明目的のために全米中位家賃にもとづいて図4－iで示されているように、デベロッパーが収支を合わせるには、建物の残りの部分の住戸は市場価格を上回る価格で賃貸に出されることになる。しかし、この資金調達シナリオは、市場価格以上の住戸に対する需要があることがデベロッパーになんら保証されないので、さらなるリスクが生じる。

30％が駐車場に使われているが、ロサンゼルスでは12％、シカゴでは4％である（Sorens 2023; Chester et al. 2015; Kaufmann 2023）。駐車台数要件は敷地面積によらず駐車スペースを求めるので、住宅供給を減らし、住宅供給コストを増加させる（WGI 2021）。研究によると、ロサンゼルスにおける駐車台数要件は集合住宅の戸数を約13％減らした（Shoup 2014）。駐車台数要件を減らすシアトルの改革は、デベロッパーが建設する駐車場を改革前に必要とされた駐車台数よりも40％減少させたことが分かっている。その結果、駐車スペースが1万8,000台減少し、建設費が5億3700万ドル節約され、最終的に住宅価格が下がったのである（Gabbe, Pierce, and Clowers 2020）。

ある分析によると、マンハッタンの建物の40％は、ゾーニング規制に適合していないため、今日では建築できない（Bui, Chaban, and White 2016）。密集した都市中心部は、現代の最低駐車台数要件があったら建設することはほとんど不可能であり、多くの新規開発は、ゾーニング規則を回避するために特別許可を受けるか、規制適用除外を受けるかしてようやく承認される（Bui, Chaban, and White 2016; Gray 2022）。住宅供給を制限する他の要因には、法定の公聴会、手数料と賦課金、環境審査、設計基準、区画構成要件、建築面積規制、保険料の上昇、入居規則がある（Bronin 2023）。それぞれの規制は、デベロッパーが建設できるものを制限し、建設時間と構造コストを増加させ、多くの潜在的住宅プロジェクトを財政的に実行不能にする。

さらなる制約

新設集合住宅開発は、賃貸物件であろうが分譲物件であろうが、複雑で長期的な資本投資プロセスであり、マクロ経済環境に非常に影響を受けやすい。そのプロジェクトにはさまざまな開発コストがかかる。たとえば、(1) 物理的建設（「ハード」）コスト、(2) プロジェクトの設計・開発（「ソフト」）コスト、(3) 土地代、がある。デベロッパーは、債務と、完成したプロジェクトに求める収益率が異なるエクイティ［資本］を組み合わせてプロジェクト資金を調達しているが、最低収益率の閾値を設定し、民間開発を金利変動に結びつけている。それだけでなく、集合賃貸住宅開発では多くの収入は、入居者に請求される家賃から生じるもので、自治体の土地利用規制に関連している。Box 4-2 は、住宅開発プロジェクトの資金調達の背後にある計算法を説明している――この計算法は、「ディールのみきわめ」と呼ばれることがある。

アメリカの人口動態の変化は、住宅の供給と需要両方に影響を及ぼす。たとえば、前世紀における余命の急伸は――ベビー・ブーム世代の高齢化とあいまって――高齢者の住宅需要を増加させている（Berkeley Economic Review 2019）。さらに、住宅所有者は年齢を重ねるにつれて引っ越さない選択をするようになるので、その分だけ現行の住宅ストックの繰り返し販売の割合が減少し、取得できる住宅の供給が減少する傾向がある。出生率や海外移民の変化も住宅需要に影響を及ぼす。研究者の推計によると、平均余命、海外からの移民、都市化、出生率の変化の影響を合わせると、1970年から2010年までに観測された住宅価格上昇の41％を説明でき、2050年まで住宅

価格がさらに 5% から 19% 上昇すると予測される（Gong and Yao 2022）。同様に、研究が明らかにしたところによると、現在の出生率が 1%ポイント上昇すると、25 年から 30 年後、住宅価格は 4% から 5% 上昇する。さらに、2040 年までに、外国生まれの世帯主が新設住宅需要の主たる源泉となると予想されている（Nguyen 2015）。

住宅供給不足
―― 厚生、経済的流動性、総産出に対する結果 ――

機能している住宅市場でさえ、世帯間の所得格差は、低所得世帯が高所得世帯よりも住宅費負担が重いことを意味する。土地利用規制が供給制約をもたらす場合、都市と地区における住宅需要増加は、新設住宅開発よりむしろ、住宅価格のさらなる高騰をもたらす（Baum-Snow 2023）。その結果、住宅不足は、空室率の低下、賃金上昇により価格と家賃の急激な上昇として顕在化する。市場価格と生産コストの間の差がひろがると、住宅不安を経験する世帯が増え、それは人々の厚生と経済的流動性に悪影響をもたらす（Been et al. 2011; Taylor 2018）。

地区選択、人々の厚生、経済的流動性

価格は住宅タイプの選択だけでなく、住む場所の選択にも影響を及ぼす。住む場所の決定は、仕事や交通へのアクセス、学校、犯罪の危険性、環境の質、医療へのアクセス、社会的ネットワークなど、ローカルな住環境の束と結びついている。重要なことに、地区選択は、子どもの長期的な教育的、経済的結果を形成し、地区環境は成人の健康と幸福に影響を及ぼす（Chetty and Hendren 2018; Chyn and Katz 2021）。

財産税はたいてい公立学校の財源である。1 人当たり課税ベースが大きいほど、教育のために使える資金は大きくなる。高所得世帯の子どもは、高額な地区に居住する傾向があるので、質の高い学校に通学できる。高得点の公立学校に近い住宅は、低得点の学校に近い住宅よりも、平均 2.4 倍、年間約 1 万 1,000 ドル多くコストがかかる（Rothwell 2012）。手頃な住宅という選択肢は質の高い学校の近くにはほとんど存在しないため（DiSalvo and Yu 2023）、質の高い学校に通う黒人やヒスパニック、また低所得の生徒の数は減少し、世代間不平等を悪化させる（Ihlanfeldt 2019）。分離された学校に通う黒人とヒスパニックの生徒は、あまり分離されていない学校に通うそうした生徒よりも、高校を卒業して大学に進学する可能性が低く、成人してから就労する可能性が低く、勤労所得が低い傾向にある（Gould Ellen, De la Roca, and Steil 2015）。

ティボー（Tiebout 1956）によって開発されたような経済モデルは、その学校で地区を評価すること以外に、世帯が「足による投票」をおこない、自らの選好に最も合う地区を選択することを示している。しかし、住宅市場は不完全であり、手頃な住宅は質の高い住環境を備えた地区では取得できないことが多いため、住宅価格上昇は低所得世帯を住環境の劣る地域に向かわせる。

住宅供給制約は、米国の人口動態上のシフトに影響することがある。たとえば、若年層は主に最初に購入できるような低価格の住宅を求める。その結果、エントリー・レベル市場セクターにおける不足は、若年層が最も感じる。研究が明らかにしたところによると、住宅価格上昇の一結果として、世帯形成率は近年低下した。住宅価格が 1%ポイント上昇すると、世帯形成は若年層で約 5% 低下する（Kiefer, Atreya, and Yanamandra 2018）。この事実と整合的なことに、住宅所有率は若年層で時間の経過とともに低下している（Goodman, Choi, and Zhu 2023）。

資産蓄積

米国では、住宅所有は長い間資産蓄積への一般的経路であり、高額な住宅を購入できる人々にとって、リターンはきわめて高かった（Wolff

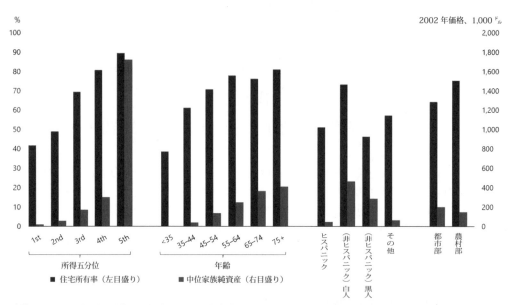

図4−9　住宅所有率と中位純家族資産、2022年

出所：Congressional Budget Office; Federal Reserve Bank of Philadelphia; Federal Reserve Board of Governors; Federal Reserve Bank of San Francisco; Bok et al. (2023); Fleischman and Roberts (2011); CEA calculations.
注：第5所得五分位の値は、第80～89.9所得者百分位と第90～100所得者百分位として報告されたデータを平均することによって算出されている。

2022)。その結果、住宅供給の制限は、資産蓄積に影響を及ぼす（La Cava 2016）。図4-9は、所得別、年齢別、人種およびエスニシティ別、地域別に、住宅所有率と中位純家族資産を示している。一般的に、これらの特性にしたがった住宅所有率のパターンは、資産パターンと相関している。高所得で、比較的年齢が高く、非ヒスパニック白人の世帯は、他のグループよりも住宅を所有し、より多くの資産を蓄積している可能性が高い。

世代間の資産移転は、住宅所有と相互作用する。たとえば、両親が住宅所有者の場合、住宅所有者でない場合に比べ、住宅所有者になる可能性が約8％ポイント高い（Choi, Zhu, and Goodman 2018）。ほとんどの世帯にとって住宅は資産の主たる源泉であるから、住宅所有率と住宅評価額のグループ間格差は、資産蓄積の格差となるであろう（図4-9）。とくに、住宅市場における何世代にもわたる差別は、米国でかなりの人種間資産格差を生み出してきた。ある研究の推計によれば、平均すると、2019年に白人の資産1ドルにつき、黒人は17ドルの資産を持つにすぎなかった（Derenoncourt et al. 2023）。多くの研究者は、こうした傾向

が将来まで続く可能性が高いことを示している（Derenoncourt et al. 2023; Aaronson, Hartley, and Mazumder 2023）。黒人とヒスパニックの住宅所有者はまた、自分たちの住宅価値で評価バイアスを受けており、人種およびエスニシティ別の世帯資産格差をひろげている（Avenancio-Leon and Howard 2022）。

所得ショック、住宅不安、ホームレス状態

住宅所有と住宅価格は、世帯が所得ショックに耐える能力に影響を及ぼす。黒人とヒスパニック世帯は、世界金融危機後の差し押さえ危機によって、またCOVID−19パンデミックに起因した経済的困難によって受けた影響が不釣り合いに大きかった（Reid et al. 2016; Bayer et al. 2016; Gerardi et al. 2021; Cornelissen and Pack 2023; Hermann et al. 2023）。差し押さえは、他のかたちの経済的困難にくわえて、持続的な住宅不安をひきおこし、将来の住宅所有を難しくする（Diamond, Guren, and Tan 2020）。

住宅所有者は自らの地区の住宅費上昇から利

第4章 手頃な住宅の供給を増やす

益をえるが、住宅を賃借している 35% の世帯は利益を受けることはなく（Ruggles et al. 2023）、持ち家のない低所得の住民は強制立ち退きにおびやかされている。強制立ち退き命令は、勤労所得が減少したり職を失ったりしたあとに起こりやすくなるもので、ホームレス状態を生み、将来の勤労所得、耐久消費、クレジットへのアクセスをいっそう低下させる（Collinson et al. 2023）。子どもは、強制立ち退きでリスクが最も高く、広範囲に及ぶ研究によると、子どもは住宅不安に実質的かつ永続的に悪影響を受ける（Graetz et al. 2023）。最後に、住宅安定性、質、安全、住宅取得可能性はすべて、健康結果の改善と関連している（Taylor 2018）。

事実が示すところでは、住宅費と住宅の取得可能性の地域差は、ホームレス状態の地域差を説明できる（Aldern and Colburn 2022）。直感に反し、ホームレス率の高い場所では、貧困率は低い（Aldern and Colburn 2022）。ホームレス状態は、都市またはカウンティ・レベルの中位家賃と強い相関がある。ある研究の明らかにしたところによると、都市圏では、中位家賃が 100㌦増加すると、ホームレスが 15% 増加するという関連がある（Byrne et al. 2016）。さらに、事実が示すところでは、ホームレス率の上昇は、メンタル・ヘルス問題や薬物濫用の発生率の上昇、あるいは、自治体のセーフティ・ネットの手厚さとは関連がない（Aldern and Colburn 2022）。カリフォルニア州全域の調査によると、ホームレス住民の 75% は、彼らが最後に居住していたカウンティにとどまっている（Benioff Homelessness and Housing Initiative 2023）。

インフレと総成長への影響

地域をまたいで住宅供給が制限されると、移住摩擦が生じ、地理的な労働の誤配分が起こる（Ganong and Shoag 2017）。他の条件が等しければ、生産性、それゆえ賃金が都市間で等しくなるまで、労働者は生産性の低い都市から高い都市へと移住すべきである。生産性の高い都市はまた、住宅供給が制約されており、生産性と賃金のインセンティブに反応できる労働者はほとんどいない。最近の事実が示すところによると、住宅費の上昇

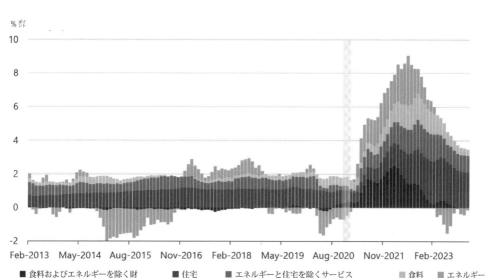

図 4-10　前年同期比総合 CPI インフレ、2013〜2023 年

出所：Congressional Budget Office; Federal Reserve Bank of Philadelphia; Federal Reserve Board of Governors; Federal Reserve Bank of San Francisco; Bok et al. (2023); Fleischman and Roberts (2011); CEA calculations.
注：グレーの影はリセッションを示す。

が賃金のあらゆる上昇を完全に打ち消しさってしまうので、多くの労働者は賃金の高い場所に移り住まない可能性がある（Card, Rothstein, and Yi 2023）。

住宅供給の制限はインフレーションも助長する。消費者物価指数（CPI）で計測すると、インフレは、食料、エネルギー、住宅を含む、消費財・サービスの市場バスケットに支払う価格の時間をつうじての変化を反映する。住宅支出——バスケットの単一で最大の構成要素——は、1993年以降、CPIバスケットのうち少なくとも25％を占めてきた。図4-10は、市場バスケットのコア要素の内訳を含め、10年間のインフレ傾向を示している。住宅価格の水準が上昇するにつれて、CPIに対する住宅の寄与度も同時に上昇している（CEA 2023a）。高住宅インフレは、住宅供給がすでに制約されているところに、たとえば在宅勤務の増加など、住宅需要シフトが生じたことを1つには反映している（Mischke et al. 2023）。住宅インフレは2023年春のピークからしだいに低下しており、その結果、2023年末には年率のインフレは3.4％まで低下した。

連邦政策の役割

長期的な住宅供給不足と住宅取得可能性の問題に関連した3つの切迫した摩擦は、(1) 自治体で決定される土地利用規制であり、それが排他的ゾーニングをもたらすこと、(2) 資金調達やその他の建設コストであり、それが住宅生産コストを増加させること、(3) 労働者と雇用の空間的ミスマッチであり、それが総産出を低下させること、である。これら3つのコストは、連邦政府政策による複数の解決策の動機となる。

住宅供給政策のほとんどは地方のものであるが、連邦政府は、さまざまなメカニズムをつうじて国家の優先事項に影響を及ぼすことができる。たとえば、政府は、長年にわたるあからさまな、また隠された差別的ゾーニング慣行への対処を手助けできる。これを実現するため、連邦政府は、建設できるものを制限する障壁を減らすゾーニング改革を促進するため、政府機関のリソースと政策の優先順位をそろえることができる。同様に、連邦政府の予算は、既存の優先事項を進め、新規イニシアティブを開始するために使えるから、住宅供給制約を緩和し、手頃な住戸の生産を増加させ、わが国で進行している住宅取得困難性に対処できる。

バイデン―ハリス政権の中心目標は、すべてのアメリカ人が安全で手頃な住宅を手にできる経済である。一方で、住宅費が重い世帯に対する直接補助など、需要サイドの政策は急性的な住宅取得困難性に対処する助けとなる。他方で、供給サイドの政策は、住宅建設を直接促進するもので、解決策には欠かせない。

ゾーニング改革——住宅供給の拡大と住宅取得可能性の推進

自治体のゾーニング規制と土地利用規制は、住宅供給を増やすことに対し、長年にわたる根本的なハードルである。これらの規制の下で、住宅供給不足はますます顕著になり、住宅に費やされる家計予算の割合は増えている。住宅供給に対する障壁を削減することは、いくつかの利点をもたらす。たとえば、住宅生産の増加、経済成長、雇用創出、階級および人種分離の軽減、スプロール現象と通勤時間の削減をつうじた気候回復力の向上である。幸い、ゾーニング改革の機運が高まっており、数多くの政策変更が州・地方自治体レベルで実施されている。Box 4-4で詳述されている事例には、以前は一戸建て住宅に割り当てられていたエリアで集合住宅の建設を認可すること、付属居住スペースを建築し貸し出す住宅所有者の権利を拡大すること、最低駐車台数要件を廃止するイニシアティブなどがある（Greene and González-Hermoso 2019; Parking Reform Network n.d.）。連邦政策は、これらの成功に立脚し、各都市や各州が引き続き改革するのを支援できる。

連邦政府の資金は、州・地方自治体の政策立案者が住宅政策目標を達成するインセンティブを創出できる。たとえば、住宅都市開発省が主催する

第4章 手頃な住宅の供給を増やす

Box 4—3 住宅需要への支援

十分な供給があり機能する住宅市場でさえ、多くの低所得世帯はそれでも住宅費を支払うのに苦闘している。連邦政府の政策は、住宅支出と個人の財源とのギャップを家族が埋めるのを支援できる。連邦政府は、人々に直接資金援助を提供でき、また住宅価格を低下させる政策を実施することもできる。

連邦政府は、低所得世帯が手頃な住宅を取得するのを助けるいくつかの支援プログラムを用いており、そのなかにはプロジェクト・ベース賃借支援、公営住宅、住宅バウチャーなどがある。1937年住宅法第8条住宅選択バウチャー・プログラムは、自治体の公営住宅当局と連携して住宅都市開発省によって運営されているもので、連邦住宅プログラムで最大級のものである（Center on Budget and Policy Priorities 2017）。同プログラムは一般的に、家族の住宅費の上限を所得の30％としており、年に230万の低所得世帯を支援しながら、強制立ち退きやホームレス状態を減少させている（HUD 2023d, 2023）。住宅バウチャーを受給している家族の約4分の3には子どもがいる（Center on Budget and Policy Priorities 2017）。バウチャーを利用する世帯は、かつては一般人口に比べると若かったが、しだいに年齢が高くなってきた（Reina and Aiken 2022）。多くのバウチャー世帯は貧困率が高く機会の乏しいエリアに住んでおり、そういったところではバウチャーは受け入れられることが多い。しかし、プログラムの資金が不足しているため、バウチャーの受給資格を持つ世帯のうち約4分の1しかバウチャーを受給して利用できない（Gould Ellen 2018）。貧困率の低い地区に引っ越すためにバウチャーを利用すると、子どもの長期的結果は、大学進学率や成人したときの稼ぎの増加といったかたちで改善する（Chetty, Hendren, and Katz 2016）。

資金不足によって賃貸支援を受給できる世帯の数が限られていることを認識し、バイデン大統領の2024会計年度予算は、バウチャー・プログラムの資金増24億ドルをつうじて、またきわめて低所得の退役軍人と里親制度から移行する青少年に保証つきの住宅を提供する義務的経費220億ドルをつうじて、さらに20万以上の世帯に賃貸支援を拡張することを提案した（White House 2023c; HUD 2024b）。

家族に対する連邦政府の経済的支援は、現金、税額控除、補足的栄養支援プログラム（SNAPと呼ばれる）などの現物給付のかたちでおこなわれており、住宅の経済的負担をいくらかやわらげるのに役立っている。児童税額控除（CTC）は、ほかの経済的負担をやわらげることで、家族が安定した住宅を維持するのを助けた（CEA 2023b; Pilkauskas, Michelmore, and Kovski 2023）。

米国農務省（USDA）の農村住宅局は、低所得の農村住民が住宅を購入して維持するのを助けるため、直接保証付きローンを提供している。2022年、農務省の一戸建て住宅直接ローン・プログラムは、資金繰りに困ることの多い低所得家族向けに、13億ドルを住宅モーゲージの引受と利払いに充当した。さらに、農務省は、低所得の農村住民が住宅所有という夢をかなえる機会を提供する一助とするため、131億ドルを住宅モーゲージ・ローン保証に充当した（USDA 2024）。

十分な供給のある住宅市場においては、需要サイドの支援はとても効果的である。しかし、供給が限られている住宅市場では、これらの政策は、一部の賃貸住戸の家賃を高めることになり、恩恵の一部は賃借人よりも家主と不動産所有者に向かうであろう（Diamond, McQuade, and Qian 2018）。

Box 4—4　州・地方自治体のゾーニング──最近の措置

ゾーニングは、地方自治体の最も顕著な規制権限の1つであり、研究によると、その改革によって経済成長と機会をもたらすことができる（Flint 2022）。住宅供給を増やすと思われるゾーニング改革には、集合住宅建設許可の増加（とくに公共交通拠点付近）、付属居住スペース（ADU: accessory dwelling unit）の合法化、最低駐車台数要件、最低敷地面積、最低建築面積要件、住戸密度制限の撤廃などがある。これらの改革のいずれも新設一戸建て住宅を妨げるものではない。むしろ、その変更は自治体が一戸建て住宅だけを求めることを妨げるものである。

近年講じられた措置には次のものがある。

- バッファローは、2017年、米国の主要都市で最初に最低駐車台数要件を撤廃した（Poon 2017）。最近では、アンカレッジ、サンノゼ、ゲインズビルなど、多くの都市が続き、公共交通機関近くの駐車場要件を撤廃することにより、同じ方向に向けて着実に歩みを進めている（Wamsley 2024; Khouri 2022）。
- ミネアポリスは一戸建て住宅のみのゾーニングを2018年に禁止、シャーロットは2021年に同様の政策を実施した（Grabar 2018; Brasuell 2021）。州レベルでは、オレゴン州が2018年、カリフォルニア州が2021年、ワシントン州が2022年にそれぞれ、そのような政策を実施した（Garcia et al. 2022; Gutman 2023）。
- カリフォルニア州は、近年、住宅供給を増やすことを狙った複数の政策を実施した。同州は州全域にわたって付属居住スペースを合法化し、一戸建て住宅地区で二世帯住宅や敷地分割を許可し、すべての住宅地区で所得混合型集合住宅を許可した（Skelton 2021; Gray 2022）。それだけでなく、カリフォルニア州は、州全域にわたって交通機関の駅における最低駐車台数要件を撤廃した（Khouri 2022）。カリフォルニア州はまた、地域住宅需要配分手続きを設定したが、それによって自治体は州の住宅供給目標にしたがった住宅供給および土地利用計画を作成しなければならなくなった（California Department of Housing and Community Development 2023）。
- コネティカット州は、顕著な政策変更を実施し、同州の市や町に対しゾーニングにおいて「公正な住宅供給を積極的に促進する」こと、多様な住宅選択肢の促進、付属居住スペースの合法化、最低駐車台数要件に下限をつけることを求めている（Flint 2022）。
- モンタナ州は、住宅をより手頃にし、農村地帯、農業地帯へのスプロール化を減らすことを目的に、2023年にいくつかの変更を実施した（State of Montana Governor's Office 2023）。これらの住宅促進的変更には、二世帯住宅、付属居住スペース、アパートメント型住宅の許可が含まれるが、他方で許可承認の迅速化が含まれる（Dietrich 2023）。
- 2022年、メイン州は、住宅地区で付属居住スペースと二世帯住宅を許可する法律を制定し、「指定成長地域」で四世帯住宅を合法化した（SMPDC 2023）。
- マサチューセッツ州では、MBTAコミュニティと呼ばれるプログラムが2021年に成立し、市や町に対し、1エーカー当たり15戸を最低密度とし、交通機関の駅付近で集合住宅を許可することを求めている（Commonwealth of Massachusetts 2023）。バージニア州フェアファックスは、交通機関の駅付近で高さ制限と密度制限を緩和するなど、同様の措置を講じている（Merchant 2016）。
- バーモント州は、2023年、すべての住宅地区で二世帯住宅を合法化し、また自治体の上下水道が整備されているすべての地区で三世帯住宅、四世帯住宅を合法化した（Merchant 2016）。

第4章
手頃な住宅の供給を増やす

住宅取得障害撤廃経路（PRO Housing: Pathways to Removing Obstacles to Housing）プログラムは、2024 年、手頃な住宅を建設、生産する障害を撤廃する計画を持つコミュニティに、8500 万ドルの競争的資金を与えることになっている（HUD 2023b）。さらに、バイデン大統領は、この種のもので初めての基金を創設するために 200 億ドルを求めている。それは、低・中所得世帯に向けて、住宅供給を拡大し住宅費を低下させる州・地方自治体に計画および住宅供給資本助成金を交付するものである（米国財務省によると、近日公表される 2025 会計年度予算に計上されている）。さらに、住宅都市開発省が 2023 年に刊行した『政策と実践』は、州・地方自治体の政策イニシアティブからえられたエビデンスにもとづく洞察を収集し、発信している。住宅都市開発省はまた、近ごろ、ゾーニング規制と土地利用規制を対象とする研究の支援に 400 万ドルの助成金を発表し、「ゾーニングと分離、住宅取得可能性、その他調査対象とした評価項目の関連にかんする私たちの理解を妨げるデータ・ギャップを埋める」ため、「全国ゾーニング地図」の作成を支援する研究連携プログラムをつうじた 35 万ドルの助成金を発表した（HUD 2023j, 2023g）。住宅都市開発省は、「公正な住宅供給を積極的に促進する」という 1968 年公正住宅法をいっそう強化している。それは、分離のパターンを克服し、公正な住宅選択を促進し、機会の格差を撤廃し、差別のない包摂的なコミュニティを育成することを、住宅都市開発省の資金の受領者に義務づける規則によっておこなわれている（HUD 2023a）。

住宅都市開発省の取組のほか、米国運輸省（DOT）は交通接続を改善するいくつかの大型助成プログラムを運営しており、それには手頃な住宅への接続や、土地利用改革のための資金提供がある。たとえば、コミュニティ・地区再接続プログラムは、資本構成、コミュニティ計画、地域連携のための助成金を提供するもので、恵まれないコミュニティを優先し、日常的なニーズへのアクセスを改善し、公平な開発を促進し、コミュニティを再接続する（DOT 2023）。永続的貧困地域プログラムは、永続的貧困地域や歴史的に恵まれないコミュニティで、交通施設、交通テクノロジー、交通サービスの改善などを含むプロジェクトの資金調達に、競争的助成金を与える（FTA 2023）。さらに米国商務省経済開発局は、同局の助成金支給権限の一環として、効率的土地利用を重視するようにその指針を更新した（White House 2023a）。これらの取組の多くは、わが政権の住宅供給行動計画と関連している。この計画は、ゾーニング改革を連邦政府の助成金採点と結びつけることで、自治体のゾーニング改革にインセンティブを与える（White House 2022）。以上、これらの政策は、公共交通機関の近くではとくに、住宅の供給と住宅取得可能性を改善することに連邦支出を優先して使うものである。

連邦税と他の助成金による供給制約の緩和

住宅取得困難性に対処するには、短期的解決策と長期的解決策の両方が必要である。短期的に供給を増やしアクセスを改善するため、バイデン－ハリス政権は、住宅所有者と住宅購入者のコストを引き下げることを目的とした一連の新政策を要請してきた。これらのなかには、初めての住宅購入者向けの時限的な住宅モーゲージ・返済軽減税額控除があり、それにより歴史的高水準の住宅モーゲージ金利のこの時代に、住宅所有へのアクセスを拡大できる（米国財務省によると、近日公表される 2025 会計年度予算に計上されている）。それには、第 1 世代の住宅購入者への頭金援助も含まれており、住宅所有に関連した世代をつうじた資産蓄積の恩恵を受けてこなかった家族のアクセスを高めることができる（HUD 2024a）。さらに、最初に購入した住宅を売る低・中所得住宅所有者を対象にした時限的な税額控除が含まれており、急性的な供給不足に現在直面しているスターター・ハウス市場の在庫を解放することができる（米国財務省によると、近日公表される 2025 会計年度予算に計上されている）。最後に、困窮地区における一戸建て住宅の再建費用と再建後の住宅価値の間の価格差を縮小するため、再建費用を助成する新規資金が含まれている（White House 2023d）。これらの資金は、住宅が売却前に再建される可能性を高めることができ、これらの困窮地区に住宅購入者を呼び込み、活性化の取組を後押ししやすくする。

供給問題に長期的な対処をするには、コストと

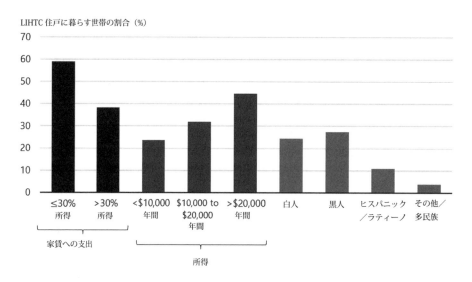

図4-11 LIHTC住戸入居者の経済的特性、2021年

出所：Congressional Budget Office; Federal Reserve Bank of Philadelphia; Federal Reserve Board of Governors; Federal Reserve Bank of San Francisco; Bok et al. (2023); Fleischman and Roberts (2011); CEA calculations.
注：LIHTC＝低所得者向け住宅税額控除。「その他／多民族カテゴリー」には、アジア系、アメリカン・インディアン／アラスカ先住民、ハワイ先住民または他の太平洋諸島民、その他、2つ以上の人種と人種を報告した人々が含まれる。各カテゴリー内の割合は、データの欠落や未報告のため、合計が100%にならない。

アクセスの両面で前進することが必要である。しかし、これらの政策は前進を示すのに時間がかかる。バイデン大統領は、新たにプロジェクト・ベース賃貸支援プログラムを要請しているが、それは、米国の最も困窮している家族に向けて、新たに手頃な住戸を貸し出す民間所有者と長期契約を結ぶ資金を提供する（White House 2023c）。連邦政府はまた、税制をつうじて建設費を助成することにより、手頃な住宅の建設費を直接削減してきた。

最大の建設助成金である低所得者向け住宅税額控除（LIHTC）は、1987年以降すべての新設集合住戸の5分の1に資金を提供し、350万戸以上の手頃な賃貸住戸を建設してきた（HUD 2023e）。LIHTCは、プロジェクトが事業を開始してから10年にわたり、デベロッパーに連邦税額控除を与える。それと引き換えに、デベロッパーは、一部の住戸を、低所得世帯向けの家賃制限付きに割り当てなくてはならない。Box 4-2では、LIHTCの詳細を説明しており、収益性と、投資家がプロジェクトに資金提供するのに必要な投資リターンの間のギャップを縮小させるのに、それがいかに有益であるかが示されている。

図4-11は、2021年におけるLIHTC住戸入居者の経済的特性を示している。LIHTCは、ひどく低所得の世帯に住宅を提供する。24%が年収1万㌦以下、56%が年収2万㌦以下である。このプログラムは、多様な世帯グループに恩恵を与えている。約4分の1が白人、別の4分の1が黒人であり、10分の1がヒスパニック／ラティーノと自認している。統計が示すところによると、LIHTCプログラムは脆弱な家族を実質的に対象にしている[5]。それでも入居者の約40%は、所得の30%超を家賃に充てている（HUD 2021）。

プログラムの恩恵にかんする複数の研究によると、LIHTCが資金提供した開発は、家族にも地区にも効果をもたらしている（Baum-Snow and Marion 2009; Eriksen and Rosenthal 2010）。シカゴの事実が示すところによると、LIHTCが援助した開発は、ローカルな不動産価格にプラスの波及効果を持つ（Voith et al. 2022）。住宅価格の値上がりは、地区住民の資産蓄積に貢献し、公的サービスのための資金を増加させるが、経済的に恵まれない家族にとってはその地域が入手できないものとなる。それだけでなく、LIHTCが援

助した開発は、地区活性化をつうじて暴力犯罪の削減をもたらしている（Freedman and Owens 2011）。ある研究の推計によれば、低所得地域におけるLIHTCによる厚生改善の総計は、不動産価格値上がり、犯罪の減少、人種的に多様な人々の流入により、1億1600万ドルに上る（Diamond and McQuade 2019）。さらに、LIHTCをつうじた手頃な住宅の取得は、家族とその子どもたちには、定期的な医療を受けるのに必要な安定を与えるものであり、児童虐待やネグレクトの割合の減少にと関連がある（Gensheimer et al. 2022; Shanahan et al. 2022）。

しかし、新規LIHTCプロジェクトが所有者の交代を早め、民間賃貸建設を押し出す可能性があるとの事実もある（Baum-Snow and Marion 2009; Eriksen and Rosenthal 2010）。しかし、わが政権は、このプログラムは住宅の取得可能性と供給を改善できると確信しており、バイデン大統領の2025会計年度予算は、プログラム拡大、強化のため、約300億ドルを要請している。大統領の2022年住宅供給行動計画はLIHTC改革を要請している。それには、現在最終決定された財務省規則があり、それにより、多くの所得混在型開発にインセンティブを与えるため、ある不動産に住む全世帯ではなく、一部世帯の所得の平均をとることをデベロッパーに認めている（White House 2022; Internal Revenue Service 2022）。

歴史税額控除は、歴史建造物の改修を助成するものであり、結果として新設または改修された住宅の供給となるものが含まれている[6]。1976年の開始以来、このプログラムは30万戸以上の住宅を改修し、34万3,000戸の新規住宅を建設し、そのうち19万2,000戸が低・中所得者向け住戸であった（U.S. Department of the Interior 2022）。2021会計年度に、国立公園局は、放棄されたり活用されていない建物を再建するため、1063件の歴史的改修プロジェクトを認定した。そのうち約80％が経済困窮地域に存在していた（U.S. Department of the Interior 2021）。国立公園局はまた、歴史税額控除に関連した改修プロジェクトが、新設への同額の投資よりも高い投資収益をもたらすことを示している（U.S. Department of the Interior 2020）。

連邦住宅税補助金は、長期的な住宅目標を達成し、米国経済の気候変動への影響に対処するのに役立つ。建物は、米国の全温室効果ガス排出量の29％を占めている（Leung 2018）。推計が示すところによると、改修された構造物は、新設に比べて炭素排出量が50〜70％少ない（Gupta, Martinez, and Nieuwerburgh 2023）。インフレ抑止法は、既存の住宅をグリーン住宅に転換し、新たに環境にやさしい住宅空間を建設するため、税額控除、リベート、労働者訓練、資金提供機会に90億ドル拠出することを公約している（Martin 2022）。現在、商業用不動産市場は、オフィスの空室率が高く、ローン延滞が増えているので、使いやすく、経済的に堅実な住宅空間に転換させる良い機会である（Sorokin 2023; DBRS Morningstar 2023; White House 2023b）。

租税補助金にくわえて、連邦政府は、手頃な住宅開発を援助するため、州・地方自治体に対するいくつかの包括補助金を交付している。住宅都市開発省のコミュニティ開発包括補助金プログラム（CDBG）は、低・中所得層向けに住宅の取得および改修を支援できる。2022会計年度、CDBGの州・地方自治体の交付機関は、公営住宅近代化や、一戸建て住宅と集合住宅の改修を含む住宅分野に9億2,000万ドル以上配分した（HUD 2022）。最近では、住宅都市開発省は、CDBG資金をいかに活用して「適正で、入手でき、公平で、手頃な住宅」をさらに開発するのかについて、追加の指針を発表し、CDBG資金を最も有効活用できる具体的方法を示した（HUD 2023h）。また、住宅都市開発省は、HOME投資連携プログラムを運営している。それは、最大の連邦包括補助金プログラムで、低所得世帯向けに十分な手頃な住宅供給へのアクセスを増やすことにもっぱら資金を提供する（CRS 2021）。1992年以来、HOME投資連携プログラムの歳出予算は累計約450億ドルに達し、年間の歳出予算は10億ドルから20億ドルに及ぶ。この資金は、130万戸以上の手頃な住戸の完成を支えた（HUD 2023c）。

農村部の住宅制約に対処する移動型組立住宅の提供および資金調達の拡大

移動型組立住宅は、規模の経済を生かした効率的生産技術のおかげで、敷地内建設住宅よりも、1平方フィート当たりの建設費が45％少ない

(Freddie Mac n.d.)。移動型組立住宅は、住宅都市開発省公布の移動型組立住宅建設安全基準に適合する必要があり、エネルギー効率が高く、安全で、自然災害、悪天候、火災に耐えるように設計されている（Freddie Mac 2022; Code of Federal Regulations 2023）。その結果、とくに農村コミュニティにおいて、それらは手頃な住宅を提供し、供給制約を緩和するかもしれない。

移動型組立住宅は、人口密度の高い地域よりも農村コミュニティの方が、持ち家および賃貸住宅の合計に占める割合が高い（Layton 2023）。しかし、移動型組立住宅供給を拡大する取組は、土地利用規制によるハードルに直面している。住宅都市開発省公布の移動型組立住宅建築基準法は、州・地方自治体の設計・建築基準法にもっぱら優先して適用されるが、ローカルな土地利用規制はしばしば、明示的であれ黙示的であれ、移動型組立住宅の設置を制限している（HUD 2023f）。たとえば、一部の管轄区域には、移動型組立住宅を特定区域でしか認めないゾーニング要件があり、他の管轄区域には、移動型組立住宅を排除する最低住宅面積要件がある（Freddie Mac 2022）。さらに、最低敷地面積と駐車場規制は土地代を上昇させ、移動型組立住宅所有者を市場から締め出す。

州・地方自治体のゾーニング政策の改善を鼓舞する連邦の取組は、この種の改革を促進する経済的インセンティブとしても役立つ。

移動型組立住宅の資金調達の障壁は、需要を減退させる。従来の政府支援モーゲージ企業、具体的にはファニー・メイ［連邦住宅抵当公庫］とフレディ・マック［連邦住宅抵当貸付公社］は、移動型組立住宅の所有者は、通常、それらが建てられている土地を所有していないため、それらに対するローンを購入したり保証したりできない。その代わり、所有者は、いわゆる動産ローンを受けなくてはならない。動産ローンは、モーゲージに比べて金利が高く、返済期間が短く、消費者金融保護が少ない（CFPB 2021）。これらのローンは、低所得家族にとって手がでないほどコストがかかる（Goodman and Ganesh 2018）。この視点から、ファニー・メイとフレディ・マックは、2022～24年サービス提供義務計画の対象とした活動のなかに、移動型組立住宅と農村部住宅への融資を挙げている。これには、2024年に人的財産としてのローンの買取を開始し、物的財産としてのローンの買取を拡大する計画が含まれている（FHFA 2022）[7]。

結論

過去60年にわたり、住宅不足と住宅取得困難は度を高めてきた。主として、ローカルな土地利用政策のためであり、それは住戸密度と建設可能な住宅を制限してきた。これらの取組は、低所得や社会的弱者の家族で最も強く感じられ、住宅市場からますます締め出されるようになっている。多くの住環境は住宅および地区と束になっているため、住宅供給不足は、数百万ものアメリカ人の経済的流動性を阻害している。住宅供給に投資し、手頃な住戸を生産することで、社会的上昇への扉を開き、全体的な経済成長を高める。

住宅市場における持続的な市場の失敗は、政府の役割を生み出している。需要サイドの支援は、住宅取得可能性の制約に直面している世帯を助けられる。さらに、連邦政府は、供給サイドの政策を強化する取組を鼓舞しており、自治体のゾーニング改革にインセンティブを与え、助成金やその他の支出をつうじて排除的ゾーニングを削減し、LIHTCのようなプログラムをつうじて手頃な住戸建設に直接補助金を出している。取組は成果を生んできているが、それでも住宅市場は急性的な供給不足と住宅取得可能性の減退に直面している。結局のところ、意味のある変化には、州・地方自治体が住宅供給を減らしている土地利用規制を再考する必要がある。

幸い、地方自治体、州、連邦の政策は、ゾーニング政策の変更のインセンティブ、手頃な住戸の建設費を補助する税額控除、手頃な住戸建設を優先する他の包括補助金をつうじ、住宅供給を後押しできる。わが国の住宅供給不足に対してさらな

第4章
手頃な住宅の供給を増やす

る措置を講じることにより、米国はよりゆたかになり、わが国民はより経済的に安定し、私たちの環境はよりグリーンになるであろう。

注

1　図4-1は、住宅価格指数の変化を示している。この期間における賃貸支出の水準について補足しよう。家賃の中央値は、2022年価格で計測すると、1960年に544ドル、1980年692ドル、2000年に867ドル、2020年に1,086ドルであった。第25百分位の家賃は、1960年に445ドル、1980年に479ドル、2000年に595ドル、2020年に735ドルであった。

2　元本を減らす毎月の住宅ローン返済は貯蓄への移転であるから、住宅所有者は過剰負担分析から除かれている。

3　この指標は、公営住宅家賃上限にもとづいており、1969年のブルック修正条項に起源を持ち、1980年代に最後に更新されたものである。

4　中位月額家賃を支払うのに必要な最低労働時間数は、中位月額家賃をそれぞれ、中位月額勤労所得を稼ぐ労働者の時給、連邦最低賃金、連邦貧困水準の100%で割って算出される。中位月間勤労所得か、連邦貧困水準の100%を稼ぐ労働者については、月間勤労所得は、被雇用者は典型的なフルタイム勤務予定の月160時間労働と想定し、時給に変換されている。

5　住宅都市開発省は各LIHTC物件に居住している世帯を示す人口動態上の情報を収集しているが、LIHTCを受けた営業中の建物の共通リストが公開されていないため、これらのデータは不完全である。これらのデータ収集を改善することによって、住宅都市開発省は、LIHTCポートフォリオとその居住者の範囲をより完全に描けるようになる。

6　歴史税額控除は、改修税額控除の俗称であり、内国歳入法第47条の下で設置された。

7　安全健全法の規定によれば、「政府支援企業」には、「十分なサービスを受けていない市場にサービスを提供する義務」があり、同企業は、モーゲージ金融市場におけるアクセスと公平性を改善するため、「ローン商品と柔軟な引受指針を作成するうえで市場にリーダーシップを提供すべきである」と定めている。

第5章
国際貿易と国際投資フロー

1990年代から2000年代初めの急激なグローバリゼーションの期間がすぎると、世界金融危機後の10年間には、危機後の景気回復が遅れたことや国境を越えて生産をさらに移転させる機会が減少したなどの要因が重なったため、グローバルな財貿易と金融の流れは停滞の兆しをみせた。しかし、大きな経済的ショックや地政学的緊張の高まりに遭遇したとしても、グローバル・エコノミーは切っても切れないほど分かちがたく、米国経済は引き続き牽引役を果たしている。米国は、世界第2位の貿易大国であり、2022年に財・サービス輸出入は合わせて7兆㌦以上であり、また、依然として海外直接投資の最大の供給国でもあり受入国でもある（USTR 2022a; OECD 2023a）。

貿易と国境を越えた投資の流れからの利益は十分に立証されている。グローバルな統合のもたらす利益には、インフレの低下、財・サービスの種類の拡大、イノベーションの増加、生産性の向上、輸出セクターにおけるアメリカ人労働者に対する良い仕事、わが国の気候変動目標を達成する確率の上昇などがある（Bernstein 2023）。しかし、政策立案者は、グローバルな統合と一部の通商政策に関連した悪影響に引き続き注意を払う必要がある。何よりも第1に、グローバルな統合は、輸入競争が激化した場合、雇用と稼ぎを失うことで特定グループの労働者やコミュニティにきわめて大きく影響を及ぼす。これらの分配上の影響は、通商の基準や慣行の違いによっていっそう複雑化し、一部の国は不公正な労働慣行（たとえば強制労働や児童労働）や、環境を破壊する製造技術を用いている。それらは、価格に完全には反映されず、競争をゆがめたり阻害したりする不公正かつ不均等なグローバル生産を生み出している。労働者とコミュニティ両者に対する貿易と投資フローの悪影響を緩和するため、対外政策（たとえば貿易協定や経済枠組み）は、高水準の基準（公正な労働慣行など）を促進することを追求し、国内政策（たとえば社会的セーフティ・ネットや、教育またはリスキリング・プログラム）は、グローバルな統合の悪影響を受ける労働者に、必要なリソースを振り向けるように改良できる。

貿易政策と外国投資政策を労働者中心に方向転換することにより、バイデン－ハリス政権の綱領は、引き続き貿易と外国投資がおこなわれる基準を定義し、引き上げており、それはより幅広い経済目標を達成するメカニズムとして働く。これらの目標には、不公正な貿易慣行と対決し、労働・環境基準を向上させること（USTR 2022b）、米国のパートナー諸国と協力的で有益な経済関係を構築すること（CEA 2023a）が含まれている。たとえば、インド太平洋経済枠組みは、革新的な経済枠組みであり、それは経済的基準を高め、サプライチェーンの弾力性を構築し、気候変動への対処に関連した経済的機会を円滑化して反映させ、汚職と戦い、効率的な税務行政を支援し、高水準の労働基準を推進することにより、包摂的成長を促すものである。別の事例は、米国・メキシコ・カナダ協定の労働問題即応メカニズムであり、それは労働者による結社の自由の権利と、団体交渉権を発展させる（USTR 2023a）。2021年以降、このメカニズムは、複数の施設で労働権を保護するのに使われており、そうしてメキシコの数千の労働者にインパクトを与えている（U.S.

第5章 国際貿易と国際投資フロー

Department of Labor 2023; USTR 2023a)。

米国の貿易と投資フローにかんする長期見通しは依然として不確実で、重要なシフトの早期の兆しが現れはじめたにすぎない。サプライチェーンは、ニアショアリング［近隣諸国への委託］やフレンドショアリング［友好国への委託］と一致したパターンで再構築されつつある。多くのサービス・セクターにおける貿易は、COVID－19パンデミックの影響に対して抵抗力があることが分かり、成長しつつある。外国人投資家は、先進技術やクリーン・エネルギーなど、決定的に重要なセクターにおいて国内製造の歴史的急成長に貢献している。とくに、これまで発表されたクリーン・エネルギー・プロジェクトへの外国投資のうちきわめて多くが、1990年代から2000年代にかけて製造業雇用の喪失がより深刻であった地域に立地するものである。

本章では、過去30年にわたるグローバルな統合の変遷を説明してから、依然として堅牢であるが、世界金融危機以降、多くの国で財貿易の統合が減速している兆しを調査する。それから、近年米国の貿易と投資の様相がいかに変化したのかについて探り、ニアショアリングおよびフレンドショアリングに向けた貿易と投資のシフトを理解するため、グローバル・バリューチェーンの重要性を検討する。最後に、米国の労働者、消費者、コミュニティに対して生じる貿易と外国投資のコストと便益について論じる──バイデン－ハリス政権の経済と貿易の枠組みおよび連携が、いかにグローバルな統合のコストを軽減する一方、その利益をひろげているかを浮き彫りにする。

貿易と外国投資の長期的トレンド

財貿易と国境を越えた金融市場の自由化──ときに「ハイパーグローバリゼーション」（Rodrik 2011）と呼ばれるトレンド──は、1990年代から2000年代初めにかけての経済物語を規定する[1]。しかし、それは世界金融危機後にほぼ停滞し、2021年と2022年には回復もみられたが、グローバルな財貿易統合は2008年のピークを依然として下回ったままであり、COVID－19パンデミックの余波のなか財消費が正常化すると、ふたたび横ばいになるかもしれない。ハイパーグローバリゼーションが止まり、一部の者が「スローバリゼーション」と呼ぶものに道をゆずった（*Economist* 2021; Nathan, Galbraith, and Grimberg 2022）[2]。

2、30年の急成長に続き、グローバルな統合は世界金融危機後に減速した

グローバルな財貿易統合──財輸出入合計額の対国内総生産（GDP）比──は、1995年の33%から2008の51%へと着実に上昇した（図5-1）[3]。図5-1はまた、財貿易統合の減速の程度とタイミングが国によって異なることを示しており、将来の見通しは依然としてかなり不確実である。中国の2006年以降における財貿易統合の後退──38%ポイントの大幅下落──は、財貿易統合の観測されている減速の主な要因であり、中国が中間投入物の輸入から脱却し、生産プロセスの国内調達に向かっていることを反映している（Constantinescu, Mattoo, and Ruta 2018）。カナダの2001年におけるピーク時の財貿易統合は、他の多くの国の同様の転換点に先行していた。欧州連合（域内貿易を除く）も世界金融危機後に落ち込んだが、同様の諸国とは異なり、財貿易統合の減速は顕著ではなく、はっきりとしたピークにはまだ達していない[4]。

米国の全体的な財貿易統合の傾向線は、2つの点において、図5-1に示された他の国とは異なっている。第1に、1990年代から2000年代初めにかけて財貿易統合が着実な進展をみせているとき、米国の財貿易統合は世界平均や他の主要国のほとんどのそれを大きく下回っていた。第2に、米国の世界金融危機以降における財貿易統合の低下は、中国の低下よりもはるかに小さかった。米国の財貿易統合が世界平均や他の主要国のそれを依然として下回っていることを考えると、図5-1は、米国にはグローバル・エコノミーとの貿易を増やす余地がさらにあることを示している。本章で説明するように、米国の財貿易統合は、米国の経済成長だけでなく、労働者や消費者にも利益を

141

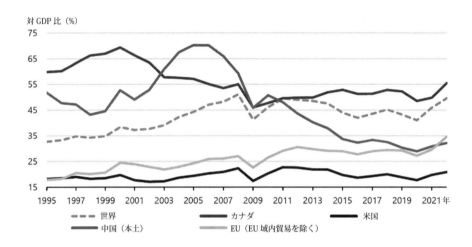

図5-1　対GDP比での財貿易、1995～2022年

出所：Bureau of Labor Statistics (Quarterly Census of Employment and Wages); CEA calculations.
注：データは2022年までしか取得できない。EU貿易は、EU加盟国間の貿易を除いており、2022年時点で加盟国であるすべての国を含んでいる。1995年と1996年のデータは、旧ベルギー＝ルクセンブルク経済同盟のものである。

もたらしてきた。しかし、それは重大なもろさも生み出している。本章であとで詳細に論じられるように、これらのトレードオフは、貿易開放度の上昇から生じる分配上の悪影響を最小化し、利益（サプライチェーンの弾力性と物価の低下）を最大化するため、政策には大きな役割があることを明確に示している。

前述の財貿易にかんする説明は、グローバルな統合の一側面にすぎない。国境を越えた金融の流れ──それには証券（株式や債券など）や海外直接投資（FDI）が含まれ、後者は企業や個人による他国への営利目的投資に関連している──は、グローバルな統合のもう1つのカギとなるメカニズムである（Loungani and Razin 2001; OECD 2024）[5]。国境を越えた証券の流れは非常に変動が激しいが、それとは異なり、FDIはたいてい長期で、しばしばより生産的な投資を示すものであり、外国における既存の外資系企業の拡大や買収、あるいは、新企業の設立という形態をとる。

世界FDIフローの対GDP比も、世界金融危機以降、多くの国で減速の兆しをみせている（図5-2）[6]。米国では2018年以降回復が鈍く、合計FDIフローは依然として危機直前の水準を下回ったままである。しかし、グローバル金融システムの要として、FDIを含むいくつかの指標によると、米国はそれでもグローバル・エコノミーと高度に金融統合されている（Bertaut, von Beschwitz, and Curcuru 2023; OECD 2023b）。

2020年までの統合トレンドの減速は広範囲におよび、さまざまな発展段階にある国々に影響を及ぼし、しばしば異なる経済ショックに立ち向かっている（図5-1、図5-2）。循環的要因（たとえば一時的な需要減少など、しばしば景気循環に関連した高頻度の事態）も、長期的要因（たとえば技術変化など、構造的で、動きの遅い現象）もともに、これらのトレンドを説明するのに有益である。

循環的要因には、世界総需要で重きをなす先進国において、世界金融危機以降回復が遅いことや、その危機が金融セクター、企業セクターに及ぼした影響により、レバレッジを巻き戻したり資本バッファーを再構築したりすることによりバランス・シートのもろさに対処せざるをえなかったことなどがある（Aiyar et al. 2023）。いくつかの

第5章 国際貿易と国際投資フロー

図5-2 対GDP比での合計海外直接投資、2006～22年

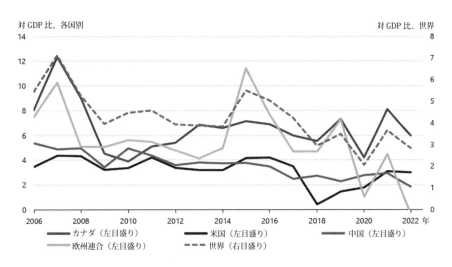

出所：Organization for Economic Cooperation and Development; CEA calculations.
注：この図は、特定の国について、海外直接投資流出入合計額と国内総生産（GDP）の比率を示している。

国が約10年後に2008年以前の失業率水準に達したまさにそのとき、新たな一連のショック――COVID-19パンデミックやロシアのウクライナ侵攻など――が表面化した。それぞれがグローバルな金融状況に悪影響を及ぼし、貿易の流れを複雑化させた。

長期的要因には、生産の細分化や国境を越えた業務のアンバンドリング、また、グローバル・バリューチェーン（GVC）の減速がある（Timmer et al. 2016）。多国籍企業は、貿易統合でもFDIでも中心的な役割を果たしているので（Qiang, Liu, and Steenbergen 2021）、GVC創出のペース・ダウンは、両者の指標で示された停滞を説明するのに役立つ。その他の長期的要因には、中国の経済成長の減速と、対GDP比での貿易の割合の低下がある。21世紀には、中国の年間GDP成長率は2007年に最高となり、貿易統合のピークともおよそ一致しており、その後、持続的に低下している。進行中の地政学的緊張と国家安全保障上の懸念の表面化も、貿易制裁が増加する結果をもたらし、制裁によって影響された世界貿易シェアは少なくとも1950年以降では最高に達した（WTO 2023a）。

前述の要因があいまって、国境を越えたサプライチェーンとの相互連関――GVCへの参加と呼ばれる――とソーシングの程度と強度は大きくシフトしている。2つのGVC参加度計測値がこれらのシフトを示しており、その一部は、世界金融危機ではじまり近年加速している（WTO 2021）。第1に、中国と米国がその輸出品の生産に輸入投入物を使用する程度は世界金融危機以降低下してきた（図5-3、パネルAを参照せよ）[7]。

第2に、2009年から2019年までに、特定諸国の多くで、他国の国内最終需要における米国およびヨーロッパの調達率が低下した。対照的に、これらの国の国内最終需要における中国の調達率は上昇した（図5-3、パネルBを参照せよ）[8]。たとえば、メキシコの国内最終需要における米国付加価値の割合は、2009年から2019年までに4%ポイント低下し、対照的に、中国の割合は7%ポイント上昇した。インドの国内最終需要に占める米国付加価値の割合は、2009年から2019年までに1%ポイント上昇したが、中国の付加価値割合は同じ期間に6%ポイント上昇した。中国国内最終需要に占

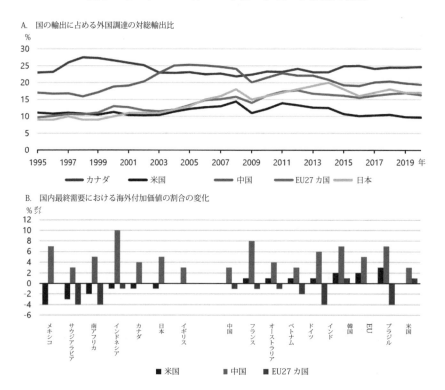

図5−3　グローバル・バリューチェーン参加の指標

A. 国の輸出に占める外国調達の対総輸出比

B. 国内最終需要における海外付加価値の割合の変化

出所：Organization for Economic Cooperation and Development; CEA calculations.
注：パネル A では、基本的指標は、国の総輸出に占める輸入調達の比率であり、グローバル・バリューチェーン統合の計測値である。パネル B では、基本的指標は、国内最終財・サービス需要に反映された（米国、中国、EU27 カ国それぞれからの）海外付加価値額を、その国の国内最終需要における合計海外付加価値に占める割合として表している。その数字は、2009 年から 2019 年までの割合の変化を示してしている。

める米国およびヨーロッパの付加価値の割合は、同じこの期間に変わらないままであった。

この２つの調査結果を総合すると、米国輸出は 2009 年から 2019 年までに外国産コンポーネントに占める割合を低下させた一方、他国はその国内消費への投入物の供給源として中国への依存を高めた。国境を越えたつながりの低下は、米国経済に生じる貿易と FDI の利益を減少させるリスクがある。

グローバルな貿易と FDI フローに対する現在の国際環境の複雑さは、将来の見通しがかなり不確実であることを示唆する。COVID − 19 パンデミック中にサプライチェーンに生じた圧力にもかかわらず、米国財貿易は弾力性があることが判明し、サプライチェーンは正常化しはじめた（CEA 2023b）。米国消費も 2023 年に依然として堅調である（本『報告』第２章を参照のこと）。サプライチェーンのシフトを促す政策措置とともに、これらの要因はグローバルな統合を後押しする可能性がある。しかし、同時に、進行中のパンデミックからの回復は、長期的な向かい風の影響を覆い隠している可能性があり、依然として進展していているサプライチェーンのシフトがさらなる統合に対する新たな障害（コスト上昇など）をもたらすかもしれない。

米国の貿易増加はグローバルなトレンドを追う
――最近の減速と回復の兆し

米国の貿易増加は、過去 30 年間、グローバルな貿易増加をほぼ追いかけてきた（WTO 2023b）。1993 年から 2023 年まで、米国の財・サービス貿易は、平均年率 4.4% で増加し、それは米国の経済成長の平均年率 2.4% よりも速かった[9]。

より幅広い経済活動と同じく、米国の貿易フ

第5章
国際貿易と国際投資フロー

図5-4　実際と予測の実質四半期財貿易、1992～2023年

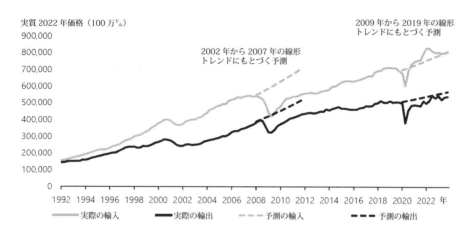

出所：Bureau of Economic Analysis; CEA calculations.
注：実際の値は、輸入／輸出価格指数を用いて、2022年価格にデフレートされている。2007:Q4以降の予測は、2002:Q1から2007:Q4の各統計の線形トレンドにもとづいている。2019:Q4以降の予測は、2009:Q3から2019:Q4の各統計の線形トレンドにもとづいている。貿易データは、国際収支ベースである。グレーの影はリセッションを示す。

ローは、2つの主要カテゴリーにしばしば大別される。つまり、財貿易とサービス貿易である。財貿易には有形生産物（自動車や携帯電話など）の輸出入が含まれる一方、サービス貿易には無形生産物（旅行や保険など）の輸出入が含まれる。財・サービスの需要は、さまざまな要因によって促される。パンデミックによる操業停止や在宅勤務の義務化によって家庭用品の需要が増加したのは、レストランでの飲食や海外旅行などのサービスの需要が急減したことによって例示された通りである（CEA 2023a）。これまで、サービス貿易は財貿易よりもマクロ経済ショックに対し敏感ではなかった。図5-4と図5-5は、実際の貿易フロー（財とサービスを別々に）と代替的な経路とを比較したものであり、世界金融危機以前の線形トレンド率で金融危機が始まってからも成長が続くこと、2009～19年の線形トレンド率でパンデミックが始まってからも成長が続くことを予測している。危機の最中とその後のマイナスの需要ショックは、財貿易もサービス貿易も押し下げた。しかし、その影響はサービス貿易についてはより緩やかであった。それゆえ米国の財貿易（とくに財輸

入）増加が減速したことは、危機後に米国の貿易フロー全体が停滞した重要な要因であった。

世界金融危機のときとは異なり、2020年、公衆衛生上の予防措置に起因した移動制限のため、財・サービス貿易はともに激減し、サプライチェーンを混乱させ、世界の旅行は急停止した（OECD 2022; IMF 2022）。パンデミック後、財貿易、とくに米国輸入の流れは急速に回復した。それはすぐにパンデミック前に予測されたトレンドを上回り、2023年後半にこのトレンドに復帰した。米国の財輸出の回復はより緩やかであるが、予測されたトレンドに近い。こうした回復経路は、2024年、財の輸出入はともにパンデミック前のトレンドに沿って推移するという慎重な楽観主義に根拠を与えるものである（図5-4）。

サービス、とくにサービス輸出の見通しは、より不確実である（サービスの定義については、BEA 2023aを参照のこと）。サービス輸入（アメリカ人の海外旅行を含む）は、2022年初めまでにパンデミック前の成長トレンドに復帰したが、2023年の初めに減速し、長期トレンドの近傍にある（図5-5）。サービス輸出は、まだその

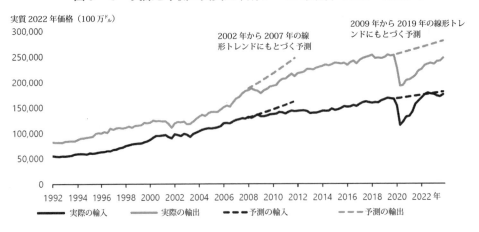

図5−5　実際と予測の実質四半期サービス貿易、1992〜2023年

出所：Bureau of Economic Analysis; CEA calculations.
注：実際の値は、輸入／輸出価格指数を用いて、2022年価格にデフレートされている。2007年第4四半期以降の予測は、2002年第1四半期から2007年第4四半期の各統計の線形トレンドにもとづいている。2019年第4四半期以降の予測は、2009年第3四半期から2019年第4四半期の各統計の線形トレンドにもとづいている。貿易データは、国際収支ベースである。グレーの影はリセッションを示す。

長期トレンドに復帰するには至っていない。しかし、楽観できる根拠もある。サービス輸出は2023年までプラスの成長を示し、月次ベースでは、2023年に過去最高に達した（U.S. Census Bureau 2023）。サービス輸出セクター──金融セクター、テレコム、コンピュータおよび情報サービス、知的財産（特許や商標ライセンス付与など）、その他対企業サービス（研究開発、コンピュータおよびデータ処理、エンジニアリング、建設プロジェクトの管理をおこなうサービスを含む）──は、パンデミックによってほとんど影響を受けなかった（図5-6）。これは重要である。なぜなら、これらは全部、米国が比較優位を維持しつづけている高付加価値活動に相当するからである（Baccini, Osgood, and Weymouth 2019）。

サービスのなかで、テレコム、コンピュータおよび情報サービス、その他対企業サービスは、着実に増加し、1999年から2023年までの3度のリセッションのとき、とくに弾力性があった。2つの要因がこの弾力性を説明する。第1に、サービス貿易は、長いタイムラグがなければ容易に変更できない長期契約にしばられていることが多い。

第2に、サービス貿易は、非常に敏捷な「ジャスト・イン・タイム」生産の極限形態である。つまり、ショックが起こったときに在庫は障害とはならず、リソースを他の目標に即座に振り向けることができる（Miroudot 2022）。

旅行（米国に旅行する外国人の支出）と運輸（貨物と乗客を輸送する航空機および海上輸送からの収入）の輸出は、パンデミック時の下落のほとんどを占めた。旅行はパンデミック前の水準にまでまだ回復していない。渡航中止勧告や健康上の制限がこれらの弱みを悪化させており、これらの制限の解除が、旅行輸出の回復をより速くするのに一役買うであろう[10]。運輸輸出は商品貨物の輸出と密接に関連しており（BEA 2018）、財輸出は財輸入よりも回復が遅い──パンデミック後の運輸サービス輸出の回復の足を引っ張っている。運輸サービス輸出には、乗客を輸送することからの収入が含まれるので、その結果、商用旅行および出張と密接に関連している。渡航制限が緩和されるにつれて両方のセクターが改善しているが、出張の回復はより遅く、炭素排出量削減への関心によって動機づけられた大企業は出張を削減せざ

第5章
国際貿易と国際投資フロー

図5-6 大分類別の米国のサービス輸出、1999～2023年

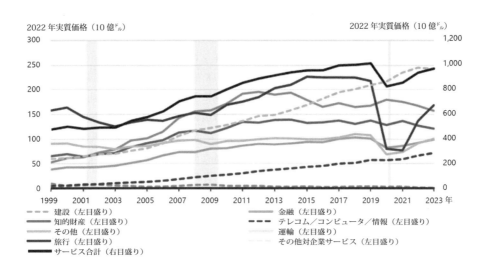

出所：Census Bureau; CEA calculations.
注：波線は、リセッション期に低下しなかったタイプのサービスを示す。「その他」には、保守・修理、保険、対個人・文化・娯楽サービス、政府財・サービスが含まれる。貿易データは国際収支ベースである。グレーの影はリセッションを示す。

図5-7 米国の貿易収支と実質成長、1992～2023年

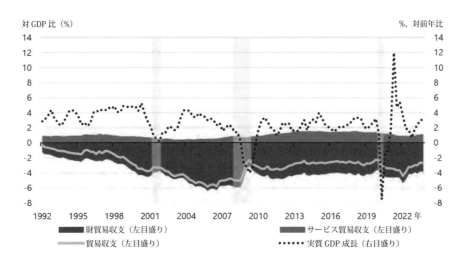

出所：Bureau of Economic Analysis; CEA calculations.
注：貿易データは国際収支（BOP）ベースである。実質GDPは季節調整済み年率である。グレーの影はリセッションを示す。

Box 5—1　貿易収支と資本フロー——基礎的な推進要因

全体的な貿易収支。 1国の全体的な貿易収支の基本的な推進要因は、公的、民間両方を含め、その相対的な貯蓄率と投資率である (Ghosh and Ramakrishnan 2024)。国内投資よりも国内貯蓄の少ない国 (国内貯蓄率が低いか、魅力的な経済的機会のおかげで国内投資率が高い、もしくはその2つが合わさった結果として) は、貿易赤字を計上し、それに伴って経常収支赤字を計上する傾向がある (経常収支は、貿易収支に純海外投資所得をくわえ、労働者送金や対外援助などの対外所得源からの純移転支払いをくわえたものである)。貿易収支は、たいてい経常収支の大半を占め、それと高い相関関係があるので、説明を単純化するため、貿易収支に焦点を合わせることにしよう。貿易赤字は、資本・金融収支の黒字 (貿易赤字をファイナンスするのに必要な対内融資の純流入) と必ず一致する。米国にも当てはまる。

何が米国の貿易赤字を推進しているのかについては、いくつかの考え方がある。1つは供給サイドの見解を重視するもので、米国の資本・金融黒字と貿易赤字は、他国の*貯蓄の過剰供給*または外国貯蓄過剰に原因を帰せられるというものである (Bernanke 2005; Pettis 2017; Klein and Pettis 2020)。この枠組みの下では、貯蓄率が比較的高い国から、米国はきわめて大量の資本を吸収している。政府の政策 (大幅な外貨準備取得、通貨価値に影響を及ぼすための為替レート管理、国内貯蓄を後押しするための消費の抑制など) と、他の無数の要因 (社会的セーフティ・ネットの弱さや人口動態など) の両方のため、これは起こるのである (Devadas and Loayza 2018)。投資に比べて貯蓄が高すぎる場合、これは輸入品に対する需要の弱さと、他国への資本流出をもたらし、受入国においてゆがんだ金融バブルを引き起こす可能性がある (McBride and Chatzky 2019)。国内貿易収支に対する外国の影響を重視することにより、この見解は国内貯蓄と国内投資の影響を軽視する。このモデルでは、ある国から別の国への過剰な貯蓄の流れは、受入国の金利を押し下げ、通貨価値を高くする結果、貯蓄率低下、投資増加、貿易赤字拡大が生じる。

第2の考え方は、需要サイドの見解を重視する (Knight and Scacciavillani 1998 など)。この理論によれば、利用できる国内貯蓄に比べて生産的な投資機会が多いため、*貯蓄の過剰需要*を国は持つことがある。必要な流入は、外国人への資産の純売却 (財務省証券や証券の売却、FDI 流入など) を経由して輸入される。この巨額の純資本流入によって、それがなければ起こりえない水準の消費および投資が可能になる。これら外国の過剰貯蓄を取得できるので、国内の家計、企業、政府はすべて、借入コストの低下から利益をえる。やがて、そのような投資は、強いリターンと高い生産をもたらすことができる——それらの国は累積債務を返済し、貿易黒字を生み出せるようになる可能性がある (Obstfeld and Rogoff 1996)。

もちろん、他の説明——たとえば、安全資産不足にかんするカバレロら (Caballero, Farhi, and Gourinchas 2017)——と合わせて、過剰貯蓄の見解と過剰需要の見解はすべて役割を果たし、過剰な外国資金が非生産的でゆがんだ投資を促す過剰需要を支える場合にはとくに、問題となる方法で相互作用する可能性がある。よく引用される事例は、2000年代初めの米国の住宅バブルであり、過剰な外国貯蓄が不動産バブルを膨らませ、その崩壊には破壊的で永続的な結果が伴った (Jørgensen 202)。

2国間貿易収支。 ある国の全体的な貿易赤字は、2国間収支の合計であり、そのうちいくつかは一般的にマイナスであり、他のいくつかはプラスである。全体的な収支は、貯蓄と投資を決定するマクロ経済的要因を反映するが、2国間不均衡は比較優位を反映することがある——さまざまな財・サービスの体系的異質性を伴う (IMF 2019)。事例として、図5-iは、米中赤字をサービスと、2つの大分類、先進技術製品 (ATP) 財と非 ATP 財に分割した。ATP 財には、バイオテクノロジー、生命科学、光電子工学、情報・通信、エレクトロ

第5章
国際貿易と国際投資フロー

ニクス、フレキシブル製造、先進素材、航空宇宙、兵器、原子力技術など、先端技術を具体化した製品が含まれる（Abbott et al. 1989）。財貿易赤字とGDPの3分の2は非ATP財に推進されたものであり、米国は長年、わずかではあるがサービスでは中国との間で黒字を計上している――米中2国間赤字決定における比較優位の役割を浮き彫りにし、米国は中国と比較すると、技術集約型生産技術とサービス・セクターにおいて相対的優位を示している。中国は非ATP財で比較優位を持っている。

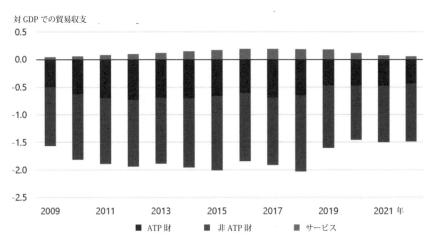

図5-i 米中貿易赤字、2009～22年

出所：Census Bureau(2022); CEA calculations.
注：ATP＝先端技術製品。貿易データは国際収支ベースである。

をえない（Georgiadis et al. 2023）。

2023年における米国の貿易増加の停滞は、グローバルな展開を反映している。循環的観点からすれば、米国の財輸入の減速は、財消費から脱却し、サービス消費（レストランなどの非貿易サービスや旅行などの貿易可能サービスを含む）へ向かうパンデミック後の正常化が一因である（U.S. Department of the Treasury 2023; CEA 2023a, chap. 2）米国の金利とそれに伴う借入コストの上昇も、財輸入にマイナスの影響を及ぼすであろう。自動車、住宅家具、資本財などの耐久財は、借入資金で購入されることが多いからである（Romei 2023）。財・サービス輸出はともに、ヨーロッパや中国などの外国市場の経済成長鈍化と金利上昇によって悪影響を受けており、それらがあいまって米国輸出に対する外需を減少させている。長期的観点からすれば、貿易の減速はまた、GVCにおける構成要素の変化など、長期的要因も反映している。米国の貿易増加全体の短期的見通しは、多くの要因が絡むため、依然として不確実なままである。

米国の貿易赤字は総貯蓄と総投資のパターンによって規定される

国全体の貿易収支は、その輸入と輸出の差額である。輸出よりも輸入の多い国は貿易赤字を計上する一方、輸入よりも輸出の多い国は貿易黒字を

計上する。米国はサービスの純輸出国で、財の純輸入国である。その財貿易赤字の規模はサービス貿易黒字の規模をはるかにしのぐので、米国は1990年代初めから貿易赤字を計上してきた（図5-7）。2022年、米国の財貿易赤字の年額は史上最高を記録し、対GDP比で拡大し、米国のサービス貿易黒字は対GDP比で縮小した。こうしたトレンドは最近反転をはじめ、2023年の米国の年間貿易黒字は2022年と比較して19%縮小した。

GDP会計等式（マイナスの純輸出——輸出マイナス輸入——がGDPから差し引かれる）が貿易と成長の関係のすべてを表すという前提に立つと、貿易赤字は否定的な注目を浴びることがある。貿易赤字は輸入競争と関連していることもあり、それはこれまで特定グループの労働者に集中的な雇用喪失をもたらしてきた。しかし、貿易赤字、経済成長、雇用の間の関連は、より幅広いマクロ経済状況と密接に結びついている。たとえば、経済が完全雇用で運営されているとき、貿易赤字の拡大は圧力開放弁となり、輸入された財・サービスが必要な供給をもたらすことで、景気の過熱を防ぐ役に立つ（Baker 2014）。さらに、輸入は米国の財・サービスへの国内支出を補完するため、GDPに対する会計上のマイナスの影響は、国内で生み出された付加価値によって部分的に相殺され、インフレに下方圧力をもたらす[11]。貿易は、輸入増加によるものも含め、より高い成長率を支えることにより、輸入企業とより幅広い経済の生産性を高めることもできる（CEA 2015a）。データはこの見解を支持している。米国の貿易赤字は、反循環的な傾向があり、堅調なGDP成長の期間に最大となる。内需拡大と同じ推進要因（貯蓄率と投資率を含む）も輸入需要を拡大させる傾向がある（CEA 2015b）。Box 5-1では、これらの基礎的な推進要因と、多額の貿易赤字を計上することのトレードオフについて論じる。それには、過剰な外国貯蓄の流入が時間を通じて非生産的で歪曲的な投資を促すことも含まれる（Bernanke 2005）。

米国はグローバルなFDIの流れを導く

米国は、グローバルなFDIフローの最大の供給国であり受入国である[12]。2022年、米国のFDI流入と流出両方の20%以上は、国境を越えた製造業投資を対象としていた（OECD 2023b; BEA 2023b）。国内投資の資金調達にもう1つの供給源を提供することにくわえて、FDIは、対象企業の賃金と生産性を高める傾向があり（Hale and Xu 2016）、同一産業内の米国企業にプラスの波及効果をもたらすこともある（Keller and Yeaple 2009）[13]。長期的なトレンドを反映し、米国のFDIフローの大部分は、最も近い貿易相手国に向けてのものか、それらからもたらされるものか、そのどちらかである。たとえば、2022年、カナダとヨーロッパ諸国は、米国の対内FDIフローの79%、対外FDIフローの65%を占めた（BEA 2023c）。

FDIフローは、国境を越えた証券フローよりも時間をとおしての変動は少ないが、それでも変化する傾向がある（Lipsey 2000）。変動性の一部を平滑化するため、図5-8は、米国の四半期FDI流出、流入の対GDP比の3四半期移動平均と、世界金融危機前後におけるそれぞれの統計の線形トレンドを示している。平滑化された統計はなお、FDIフローのかなりの変動を示しており、リセッションではない期間には、先進国市場におけるFDIフローの非循環性が反映されている（BIS 2017）。そのような変動の説明は、多くの場合、各エピソードやフローのタイプに固有のものである。たとえば、2018年における米国FDIの減少は、オフショア利潤の税制における規制変更のため、海外に再投資される収益（内部留保）が劇的に減少したことに起因する[14]。同年、米国のFDI流入減少の大部分は、テクノロジー・ソリューション・プロバイダーであるブロードコムの再法人化に起因した。所有構造の変更により、同社の在米子会社は米国本社企業に再分類されたので、その関連取引はもはや国境を越えたものではなくなったのである（Tabova 2020）。

第5章 国際貿易と国際投資フロー

図5-8 米国の対GDP比でのFDIフロー、1990年第1四半期～2023年第2四半期

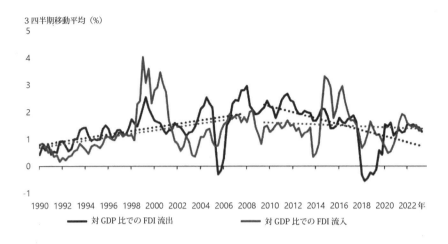

出所：Bureau of Economic Analysis; CEA calculations.
注：FDI＝海外直接投資。移動平均は、各四半期を中心としたものである。グレーの影はリセッションを示す。線形トレンド線（点線）は、世界金融危機の前と後の期間にもとづいている。

　より長期的な見方をすると、米国のFDI流出は、世界金融危機以降、ほぼ下り坂をたどってきた。貿易フローに影響したのと同じ、多くの循環的、長期的な向かい風のためである（図5-8に示されている線形トレンドを参照のこと）（UNCTAD 2023）。2022年以降、それは対GDP比でほぼ平坦化している。対GDP比でFDI流入は、2021年から2022年に19%低下した――世界金融危機後の対前年比低下の中央値の2倍以上であるが、2000年代初めから2010年代半ばにかけての大幅な低下よりは小さかった[15]。2022年の減少は、主に国境を越えた合併買収の減少によるもので、グローバルな金融状況の逼迫と金融市場の不確実性が借入コストを高めたためである（UNCTAD 2023）。

　フロー合計は、新規施設や既存施設の拡張をとおして経済の生産能力を拡大するものも含め、さまざまなタイプの外国投資取引を覆い隠す。たとえば、製造業への生産能力拡大型のFDI流入は、世界でも米国でも、全体的に弱いFDIトレンドを一部相殺した[16]。

　米国は、2022年に生産能力拡大型FDIの最大の投資先となった（UNCTAD 2023）。新規米国拠点と既存施設の拡張へのFDI支出は、製造業に集中しており、それは、2022年に、新規FDI初年度支出合計の約3分の2に相当した（BEA 2023d）[17]。製造業への新規FDI投資のこの集中は、それ以前の期間から乖離している。2014年から2021年の生産能力拡大型FDI支出に占める製造業セクターの平均シェアは、3分の1未満であった。米国の新規製造業生産能力へのFDIフローは、2021年から2022年までに247%増加して53億ドルに達し、2019年に始まった数年間の下降トレンドを逆行している（図5-9）[18]。

　米国における製造業プロジェクトへのこうした新規外国投資は、先端技術やクリーン・エネルギーなど、戦略的に重要なセクターに集中している。コンピュータおよびエレクトロニクス製品（半導体製造を含む）への外国投資は最大級であり、2022年に18億ドルの生産能力拡大型FDIフローがあった（BEA 2023d）[19]。最近、クリーン・エネルギーへのFDI投資発表もかなりの数に上る（Bermel et al. 2023）[20]。これらのプロジェクトは、前述のFDIプロジェクトよりも計画また

Box 5−2　米国の高容量電池サプライチェーンと国内政策および貿易政策の補完的役割

米国の電池サプライチェーンは、クリーン・エネルギー目標を達成する国内法を補完するうえで、国際貿易連携の重要性を示す。高容量電池サプライチェーンは、5つの主なバリューチェーンに特徴づけられる。(1) 原材料生産、(2) 原材料の精製と加工、(3) 素材製造と電池作製、(4) 電池パックと最終製品製造、(5) 電池寿命の終わりとリサイクル（White House 2021b）。

2022年インフレ抑止法（IRA）は、クリーン・エネルギー産業、とくに電気自動車とエネルギー貯蔵用の高容量電池のバリューチェーンに決定的な支援を提供している。先進製造業生産税額控除（45X）と先進エネルギー・プロジェクト投資税額控除（48C）は、電池メーカーが直面する設備投資の約3分の1を軽減できる（Mehdi and Morenhout 2023）。2023年、超党派インフラ法（BIL）の下で、電池の原材料（リチウムやグラファイトなど）の抽出や加工をし、コンポーネントを生産する商業規模施設を建設、拡張するのに、エネルギー省は19億㌦を配分した（U.S. Department of Energy 2023）。

IRAによる税額控除とBILによる公的資金の提供は、民間セクター投資に「クラウド・イン」することを目的としている（Boushey 2023）。2022年6月1日から2023年6月20日まで、米国経済は、クリーン・エネルギー・セクターにおいて合計2130億㌦の新規投資を受け、前年から37%増加した（Bermel et al. 2023）。製造業では、電池への実際の投資は、2023;Q3における製造業投資合計のうち最大のシェア、つまり72%を占めた（図5−ii）。

リチウムイオン電池の生産において最重要の金属は、リチウム、コバルト、ニッケル、マンガン、グラファイトである（Tracy 2022）。これらの金属と、関連の電池原材料の取得は、米国の電池サプライチェーン繁栄を構築するための根本である。世界的には、重要な電池原材料の採掘と加工の市場のほとんどを、中国が支配している

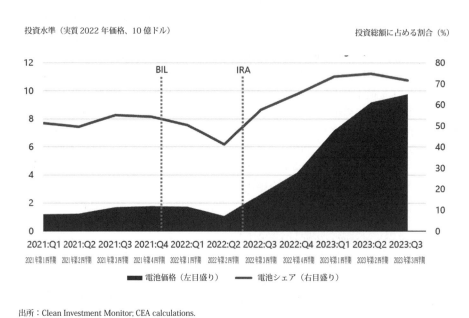

図5−ii　実際の製造業投資合計に占める電池投資のシェア、2021〜23年

出所：Clean Investment Monitor; CEA calculations.
注：BIL＝超党派インフラ法；IRA＝インフレ抑止法

第5章
国際貿易と国際投資フロー

表5−i　上位パートナー国別にみた高容量電池サプライチェーンにおける米国への輸入品に占めるシェア

年	中国 (%)	韓国 (%)	日本 (%)	カナダ (%)
2021	25.3	11.6	16.1	18.6
2022	33.9	14.7	14.2	12.4
2023	37.4	17.8	13.6	10.2
2023	4.6	2.5	2.0	2.3

注：この表は、高容量電池サプライチェーンにおける上位4カ国からの輸入品シェアを示す。「電池サプライチェーン」は、Department of Commerce (2023) によってインプット、リチウムイオン電池、部品として定められた10桁HSコードの集合と定義される。上位4カ国の順位は、2022年の輸入額にもとづいている。
出所：Trade Data Monitor; CEA calculations.

表5−ii　上位供給国別にみた原材料およびリチウムイオン電池部品の輸入割合、2021〜23年

輸入	中国 (%)	韓国 (%)	日本 (%)	カナダ (%)
原材料	8.0%	33.8%	47.1%	98.1%
リチウムイオン電池および部品	92.0%	66.2%	52.9%	1.9%

注：この表は、高容量電池サプライチェーンにおける上位4カ国からの輸入品のシェアを示す。「電池サプライチェーン」は、Department of Commerce (2023) によってインプット、リチウムイオン電池、部品として定められた10桁HSコードの集合と定義される。上位4カ国の順位は、2022年の輸入額にもとづいている。
出所：Trade Data Monitor; CEA calculations

表5−iii　フォード自動車会社による高容量電池原材料への投資発表、2022〜23年

供給される原材料	原材料サプライヤー（国）	協定
ニッケル	ヴァーレ（インドネシア）と浙江華友鈷業股份有限公司（中国）	合弁
	BHPニッケル・ウェスト（オーストラリア）	協定
リチウム	イオニア（米国）；	協定
	レイク・リソーシス（アルゼンチン）	協定

出所：Reuters.

(International Energy Agency 2022)。電池サプライチェーンの製品について、米国への輸入品に占める中国のシェアは、2021年以降、着実に増加してきた（表5−i）。

上位の輸入元の国のなかで、中国および韓国からの電池サプライチェーン輸入のほとんどは、リチウムイオン電池と部品であり、カナダからの電池サプライチェーン輸入のほとんどは原材料であり、日本からの電池サプライチェーン輸入は、電池部品と原材料がより均等に分布している（表5−ii）。企業の発表も、採掘業者と精製業者から電池原材料を確保する国内、国際投資計画に、具体的な洞察を与える（表5−iii）。たとえば、表5−iiiが示すように、フォード自動車会社は、最近、電池原材料を確保するためにさまざまな取り決めをおこなった。

長期的には、米国とパートナー国の間で気候変動目標を推進するため、一連の２国間協定や枠組みが、重要鉱物の調達先の多様化を達成する下準備をすると予想される。米日重要鉱物協定によって、両国は、労働・環境基準の最良慣行を用い、重要鉱物サプライチェーンを開発し、強化することができる（USTR 2023f）。豪州・米国気候変動対策・重要鉱物・クリーン・エネルギー変革協定は、クリーン・エネルギーと重要鉱物サプライチェーンにとっていくつかの致命的な問題について、強調することを目的としている（White House 2023a）。鉱物資源安全保障パートナーシップは、13カ国とともに、鉱物サプライチェーンに沿ったプロジェクトを財政的、外交的に支援することを目標としている（U.S. Department of State n.d.）。

は実施の初期段階で、それゆえより投機的であるが、それにもかかわらず外国人投資家は全クリーン・エネルギー投資発表額の３分の１を占める。2021年第１四半期〜2023年第２四半期の期間に発表額1540億ドルのうち、510億ドルは外国に本社を持つ会社によるものである。韓国、日本の企業は、クリーン・エネルギー（電気自動車やバッテリーを含む）で最大級の発表額のいくつかを占め、他方、カナダ企業は重要鉱物プロジェクトへの投資を計画している。Box 5-2 は、FDI 投資を含め、より弾力性のあるサプライチェーンを促進するうえで、国際、国内政策が果たす補完的役割を浮き彫りにする。

FDI 流入の短期的見通しは依然として不確実である。バイデン―ハリス政権の産業戦略は、クリーン・エネルギーや先端技術などの戦略セクターにおける生産能力拡大型製造業プロジェクトに外国投資を惹きつけることであるが、相手国のインフレ圧力によって金利は上昇し、グローバルな金融状況は逼迫している（IMF 2023）。グローバルな経済状況は引き続き、国境を越えた合併買収――FDI フローの主な構成要素――の流れを形づくるであろう。

グローバル・バリューチェーンの台頭と再配置の兆候

グローバル・バリューチェーンは、いくつかの重要なトレンドを理解するのに欠かせない。たとえば、1990年代以降、貿易とFDIはいかに変化したのか。サプライヤーのいっそうの多様化をとおしてサプライチェーンの弾力性を高めることに最近注目が集まっていること。そして、生産の集中化における多国籍企業の中心的な役割である。GVC は、１つの財の生産をいくつかの国でおこなえるようにし、企業がその比較優位にしたがって特定の中間財の組立に特化できるようにする（World Bank 2020）。たとえば、2009年、ワシントン州エバレットのボーイング社の工場は、世界中から調達した部品からボーイング787ドリームライナーを組み立てた。主翼は日本から、水平安定板はイタリアから、翼端は韓国から、エンジンはイギリスから調達された（Shenhar et al. 2016）。各国はサプライチェーンに沿って航空機の生産に価値を付加したのである。

２つの重要な展開によって、GVC は、世界貿易でそのような卓越性をもたらされた。１つは貿易自由化（関税率の引き下げなど）の波であり、それは1990年代から2000年代初めに米国と他の主要国によって主導された（Brainard 2001; Aiyar and Ilyina 2023）。もう１つは、遠隔地間の調整コストの低下であり、それは情報通信技術革命によって推進された（Baldwin 2016）。コミュ

第5章
国際貿易と国際投資フロー

図5-9 米国の製造業新規拠点および拡張における実質FDI、2014～22年

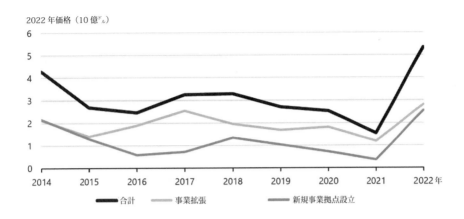

出所：Bureau of Economic Analysis; Bureau of Labor Statistics; CEA calculations
注：統計は生産者物価指数：製造業合計（2022年＝100）を用いてデフレートされている。新規FDIは、新規米国事業拠点設置と、外資系企業の既存の米国関連会社による新規施設建設にかかわる取引を指す。初年度支出には、取引が発生した年の支出が含まれる。

ニケーション・コストの低下によって、企業の境界の内外両方で知識移転が円滑化し、企業は生産施設を本社から離れた場所に、国境を越えても設置できるようになった（Fort 2017）。企業はこれらの変化、また運輸技術の進化を活用してきた。その生産プロセスをさまざまな場所でおこなわれる業務にアンバンドリングし、効率性のいっそうの向上を達成するため、異なる要素価格をテコとしたのである[21]。

多国籍企業――それ自体情報通信革命に後押しされている――は、国境を越えた投入コスト差を活用するのにとりわけ長けている。FDIをとおして在外関連会社を設立することにより、多国籍企業は、GVCのなかで、在外子会社（企業内貿易）と非関連企業（独立企業間貿易）との貿易を仲介できる（OECD 2018）。多国籍企業はそれぞれ、1997年から2017年の間における米国の財輸出で65％、財輸入で60％を占めた（Kamal, McCloskey, and Ouyang 2022）[22]。そして企業内貿易は、多国籍企業の貿易フロー合計のうち大きな割合を占めている。2022年、価格で米国輸出の3分の1（33.7％）、輸入の約半分（44.6％）は、

多国籍企業の親会社と関連会社、または関連会社の間でおこなわれた（U.S. Census Bureau 2022）[23]。多国籍企業内の貿易（つまり、親会社と関連会社の間のフロー）の増加は、生産がきわめて細分化されている性質を明確に示している[24]。

米国の生産にグローバル・サプライチェーンが普及したことは、米国において中間財または輸入投入物貿易のシェアが高いことでも観測される（図5-10）[25]。工業用品（木材や鋼鉄製素材など）や資本財（掘削設備など）――たいてい、最終財への投入物――は、GVC貿易と強いプラスの相関があり、1992年から2022までの輸入の半分以上を平均で占めている（Hummels, Ishii, and Yi 2001; Baldwin and López-González 2014）。工業用材料の輸入シェアは、1992年から2008年の世界金融危機開始まで、他のあらゆる製品グループよりも増加し、多国籍企業のFDIとGVCの連関の確立がいかにしてより大きな貿易フローを支えられるのかを示している。

GVC参加が世界金融危機以降減速しているようにみえる事実は、中継貿易データにも反映されている。米国の工業用品および原材料に占める輸

図5−10 米国の最終用途別の財輸入、1990〜2023年

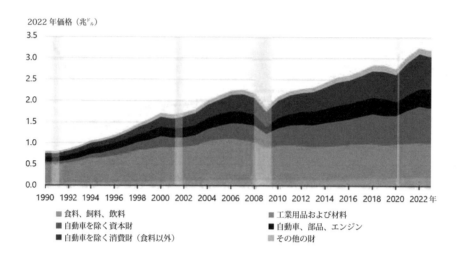

出所：Census Bureau; Bureau of Economic Analysis; CEA calculations.
注：貿易データは国勢調査ベースである。産業特殊の輸入物価指数を用いてデフレートされている。グレーの影はリセッションを示す。

入のシェアは、2008年の43％から2022年には25％に低下しているが、それは世界金融危機後の貿易フローの停滞と密接不可分である（図5-10）。デレバレッジ過程の長期化のため、国境を越えた投資の減少は、新規GVC連関を確立する投資の減少に転化した。経済学の研究はFDIフローの増加はより強い「後方」つまり川上のGVC連関と関連することを示すが（Fernandes, Kee, and Winkler 2020）、それでも川下つまり前方のバリューチェーンへの米国の参加について良い兆しがある。経済協力開発機構（OECD 2023c）による諸外国の輸出に含まれる米国内付加価値の計測値によれば、諸外国の総輸出に占める米国の前方付加価値寄与度は、2008年の24％から2020年には27％に上昇した。他の指標とともに、これらのパターンは、GVC参加の減速を示すが、全面的撤退を示すものではない。

2023年におけるサプライヤー再配置の兆候

GVCは多くの利益をもたらす一方、COVID−19パンデミックやロシアのウクライナ侵攻など、近年立て続けに起こった経済ショックは、そのもろさを示している。サプライチェーンのボトルネックは、企業が単一の生産者に依存を集中させている場合にはとりわけ、かなりの経済的混乱を生じさせることがある（Baldwin and Freeman 2022; CEA 2022, chap. 6）。過去30年間、中間財の製造はきわめて地理的に集中するようになってきている。1995年、中国は、米国製造業セクターの約5％でトップの工業投入物サプライヤーであった。2018年までに、そのシェアは60％超まで上昇した（Baldwin, Freeman, and Theodorakopoulos 2023）。

サプライヤーの集中は、国内でも海外でも感じられる影響につながる可能性がある。たとえば、最近の世界的な半導体不足は、2021年1月から9月の間に米国の自動車組立の約30％減少へとつながり、米国の平均的な自動車労働者はその結果週に2労働時間以上失った。これは週に6％の賃金カットということになる（Bernstein 2023）。その間、パンデミックに関連したサプライチェーンの混乱は、米国で物価上昇を悪化させ（Santacreu and LaBelle 2022）、実質GDPに

第5章
国際貿易と国際投資フロー

図5－11　国別にみた米国の輸入シェアの変化率、2017～23年

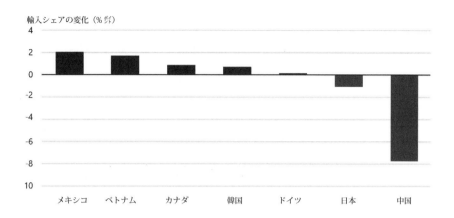

出所：Trade Data Monitor; CEA calculations.
注：これらの変化は、2017年から2023年までの名目輸入価格を用いて算出された。これらの国は、2023年に輸入シェアが最も高く、2017年から2023年までに輸入シェアの変化が最も大きいことにもとづいて選ばれた。

図5－12　先端技術製品についての米国の輸入シェアの変化率、2017～23年

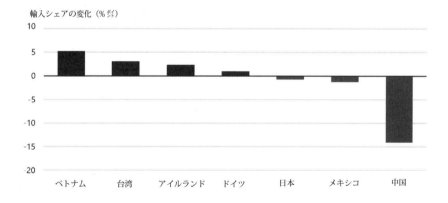

出所：Trade Data Monitor; CEA calculations.
注：先端技術製品（ATP）の定義は米国勢調査局による。2017年から2023年までの名目ATP輸入価格を用いて算出された。これらの国は、2023年のATP輸入シェアが最も高く、2017年から2023年までに輸入シェアの変化が最も大きいことにもとづいて選ばれた。

悪影響を及ぼした（Bonadio et al. 2020）。オンショアリング［国外に移管した業務を国内に戻すこと］の増加に伴って、サプライチェーンの重要なノードではとくに、複数の場所やサプライヤーを含むような多様化は、生産チェーンの弾力性を高め、経済的リスクと安全保障リスクにさらされるのを最小化できる（Iakovou and White 2020; Shih 2020; IMF 2022）[26]。

この種のサプライヤー多様化が米国ですでに進行しているいくつかの兆候がある。欧州連合、メキシコ、カナダ、中国は、輸出でも輸入でも依然として米国の上位貿易相手国であるが、これらの相手国それぞれに対する米国貿易の構成は変化している（図5-11）。2017年から2023年の間に、米国輸入に占める中国のシェアは、21.6%から13.9%へと約8%ポイント低下した。2023年初めまでに、メキシコは米国のトップの貿易相手国となり、2017年以降、米国輸入に占めるシェアは約2%ポイント上昇した。そして韓国、カナダ、ドイツ、ベトナムからの輸入のシェアも上昇した。

先端技術製品（ATP）は半導体を含むが、その点については、米国の中国からの輸入のシェアは約14%ポイント低下した（図5-12）[27]。ベトナムはATP輸入シェアの増加が最大で、台湾、アイルランド、ドイツが続いている。

これらの構成の変化は、米国の貿易政策と、単位労働コストの上昇（Yang, Zhu, and Ren 2023）、FDIの減少（Bloomberg 2023）など、中国の長期的要因に応じて生じた。米国市場シェア全体に占めるメキシコとカナダの上昇は、ニアショアリングのパターンと一致しており、他方、シェアを高めている他の国々も信頼できるパートナーであり、フレンドショアリングの考え方と一致している。たとえば、ATP輸入に占めるベトナムのシェアの顕著な増加は、半導体サプライチェーンの弾力性を高めることを含め、米越包括戦略パートナーシップの目標と一致している（White House 2023b）。このような再配置は、中国から調達する際に米国の輸入関税率上昇に直面した産業で、大まかに言ってより大きくなっている（Freund et al. 2023）。

しかし、いくつかの理由のため、最近のシフトは慎重に解釈すべきである。第1に、再配分は、少なくとも短期的には、代替地からの輸入の価格上昇というかたちでコストを上昇させる結果となる。2017年以降、ベトナム、メキシコ、韓国、台湾、シンガポールからの米国の輸入価格は、米国の中国からの輸入シェア低下に直面したセクターで増加している（Alfaro and Chor 2023）。第2に、輸入元の多様化は進行中であるが、米国のサプライチェーンはなお、間接的ではあるが、依然として中国と密接に連関している。2017年から2022年までに米国の市場シェアを最も上昇させた諸国も、中国とのサプライチェーンに深く関与している（Freund et al. 2023）[28]。こうした進行中の関与が示唆するところによると、グローバル・バリューチェーンは、中国と米国を連関させるときにはとくに、いくつかのアジア経済諸国を含むように拡張されている（Qiu, Shin, and Zhang 2023）。こうした力学の一部は、基底的なファンダメンタルズ（単位労働コストの上昇や政策の不確実性など）を反映している可能性があるが、しかし、それらは積み替えの増加や米国の貿易制限回避の可能性が高まっていることを反映している可能性がある（Hancock 2023）。

グローバルな統合が労働者、消費者、コミュニティにもたらすコストと利益

古典的貿易モデルは、貿易がいかにして経済全体の効率性を向上させるかを強調するが、不平等を拡大させるようなかたちで生産要素間の所得を再分配することも強調する。比較優位、特化、比較優位のある財・サービスにもとづく諸国間の貿易から、全体的な厚生の上昇が生じる。あらゆる国において、特化が進むと、比較優位のあるセクターの労働者は比較優位のないセクターに対し、労働需要と賃金の相対的上昇をえられる[29]。多国籍企業によるものも含め、海外直接投資も、大卒労働者に対する需要やスキル偏向を示す労働需要など、より専門化した労働者への相対的需要を

第5章 国際貿易と国際投資フロー

高めることをとおして、賃金不平等を形成することがある（Feenstra and Hanson 1997; Hale and Xu 2016）。要するに、グローバルな統合からの全体的な厚生の明確な上昇があったとしても、すべての者がこれらの上昇から等しく利益を得ることを意味せず、一部の労働者は明らかに負け組となるであろう。それゆえ、貿易、投資政策は、堅固な貿易と海外投資フローの利益の最大化を促進すべきである一方、国内再分配政策と合わせて、統合の悪影響を緩和すべきである。

グローバルな統合と不平等

米国の貿易と外国投資フローの増加がもたらす影響についての証拠は、一連の複雑なパターンを明らかにしている。特化とそれに関連した生産プロセスの（オフショアリングなどによる）多様化によってもたらされた米国の労働需要のシフトは、とくに国内製造業雇用に対して、分配上の結果をもたらしている。1993年から2011年の間に、非農業雇用全体は約30％、つまり500万人減少した（BLS 2023a, 2023b）。製造業雇用の減少を理解するため、2つの主な要因が実証的に検証されている。貿易にもとづく見解は、輸入競争が労働集約的産業を海外に移転させたことを指摘し、技術にもとづく見解は、オートメーションなど、生産技術のイノベーションを指摘しており、労働需要を減らしたりその性質を変化させたりした（たとえば、生産労働者に対する需要から大卒サービス労働者への需要のシフト）。これらの要因はしばしば補完的であり、お互いに強め合うので、その潜在的な説明のもつれを解くには、重大な実証的課題を克服する必要がある（Fort, Pierce, and Schott 2018）。研究によれば両方の要因が役割を果たしたが（たとえばGalle and Lorentzen 2021など）、本項では、貿易にもとづく説明から因果関係を浮き彫りにする。

2000年以降における米国製造業雇用の急減の一部は、中国からの輸入競争の急増と関連づけられている――そのダイナミクスは「チャイナ・ショック」と呼ばれている（Autor, Dorn, and Hanson 2013）[30]。米国製造業雇用の喪失のうち中国からの輸入増加に原因を着せられる程度については、依然として活発に議論されているが、不平等な分配が雇用に及ぼす意味については幅広いコンセンサスがある[31]。チャイナ・ショックは2000年代に拡大し、2010年代には平坦化した。しかし、地域雇用におぼすその悪影響は、次の10年間にわたって続いた（Autor, Dorn, and Hanson 2021）。決定的に重要なのは、製造業雇用の減少は、労働者または空間を通じて等しく分布したわけではなかったことである。一方では、雇用喪失は、地理的なエリアに集中しており、それは輸入競争産業への依存度が高く、労働者の正式な教育達成度が低いエリアであり、とくに南部と中西部に集中した（Autor, Dorn, and Hanson 2013）。他方、正式な教育達成度の水準が高い地域は、この期間に雇用増を経験したが、雇用増は主にサービス・セクターに偏在していた（Bloom et al. 2019）[32]。これらのダイナミクスは、米国製造業で起こった長期的シフトと一致している。GVC参加をつうじたアウトソーシングの拡大とオートメーションの増加によって、物理的生産プロセスから知的サービス（たとえば、研究開発、設計、物流サービス）の提供へと切り替わったのである（Fort, Pierce, and Schott 2018）。

中国からの輸入競争には、米国消費者物価の大幅な低下が伴い、消費バスケットでは食料や被服などの貿易財のシェアが高いため、低所得世帯、中所得世帯にきわめて大きな利益をもたらした（Fajgelbaum and Khandelwal 2016; Russ, Shambaugh, and Furman 2017）。因果関係の推計によると、中国からの輸入浸透率が1％ポイント上昇すると、消費者物価インフレが1～2％ポイント低下するという――主として、間接的な競争促進的コスト効果を反映したためであり、そこでは海外からの競争によって国内企業がマークアップを引き下げるように促し、そうしてさらに価格を押し下げるのである（Jaravel and Sager 2019）[33]。米国の地域全体にわたる中国からの輸入浸透率上昇の影響をモデル化したガレら（Galle, Rodríguez-Clare, and Yi 2023）によれば、米国人口の90％以上が購買力を高め、購買力低下がみられた地域は、チャイナ・ショックによる製造業雇用減少があった場所と空間的な相関がある[34]。

その結果、中国との貿易が多くのアメリカ人の購買力に恩恵を与えたことを示すことは、すべての国との貿易に利益があるとの大量の事実と一致

図5−13 米国における貿易利益の貧困者優位バイアス（厚生上昇率）

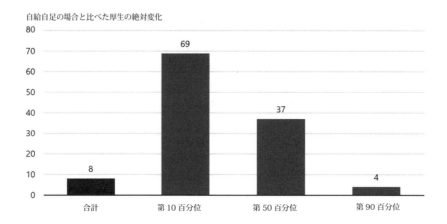

出所：Fajgelbaum and Khandelwal (2016, table V).

図5−14 投資家の本拠所在国別にみた2001年第1四半期から2023年第3四半期におけるクリーン・エネルギー・プロジェクトへのFDIと、1990年から2007年までの製造業雇用の減少（生産年齢人口に占める比率）

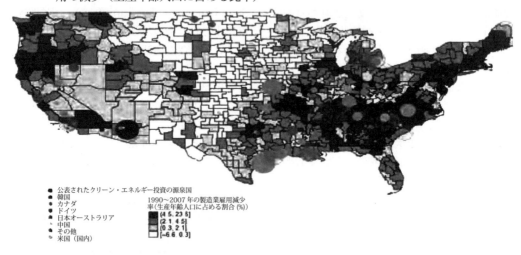

出所：Clean Investment Monitor; Autor, Dorn, and Hanson (2013); CEA calculations.
注：グレーが濃い地域ほど、過去の雇用喪失がより大きかった地域を指す。バブル——2021:Q1から2023:Q2までに公表されたクリーン・エネルギー・プロジェクトを示す——は、プロジェクトの規模に応じた大きさとなっており、投資家の本拠が立地している国を示すように色分けされている。地域は通勤圏として定義されている（USDA）。

第5章 国際貿易と国際投資フロー

図5-15 1990年から2007年までの過去の製造業雇用低下と、2021年第1四半期から2023年第2四半期までの最近発表されたクリーン・エネルギー・プロジェクトの総数および総額との間の相関

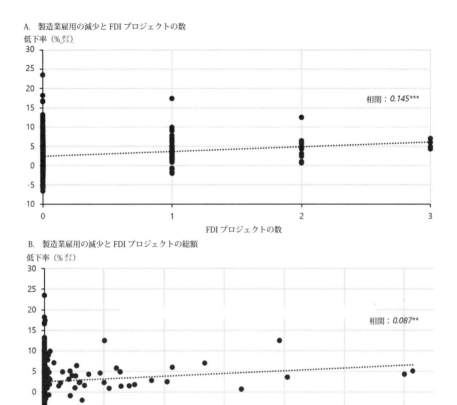

出所：Autor, Dorn, and Hanson (2013); Clean Investment Monitor; CEA calculations.
注：1990年から2007年までの製造業雇用の減少は、722の通勤圏の生産年齢人口に占める割合として算出されている。プロジェクトは、関連企業の本社が外国にある場合、海外直接投資（FDI）と分類される。2021年第1四半期から2023年第2四半期までに公表されたプロジェクトしか含まれていない。星印は、5%（**）および1%（***）以下で統計的有意を示す。

している——ここでも、きわめて大きな利益が低所得世帯に生じたのである[35]。たとえば、平均的な米国世帯は、自給自足という事実に反する状況と比べると、貿易があることによって購買力が8%上昇したことが判明している[36]。しかし、その恩恵は米国世帯の最低所得層が最大であり、69%である（図5-13）。

海外直接投資の最近のトレンドは、チャイナ・ショックにきわめて大きな影響を受けたコミュニティも含め、製造業活動を後押しし、不平等を縮小させる可能性がある。図5-14は、1990～2007年の期間における各通勤圏の製造業雇用の歴史的推移をマッピングしたものである。雇用喪失が大きかった地域は、濃いグレーで示されている。バブルは、2021年以降に発表されたクリーン・エネルギー・プロジェクトの規模に応じた大きさであり、投資家の本拠所在国を示す色塗りがされている。製造業雇用の過去の喪失が大きかった地域は、発表されたクリーン・エネルギーFDIプロジェクトの集中度が高い（数と規模の両方において）。

図5-15は、製造業雇用損失が過去に大きかっ

161

た通勤圏と、2021年以降に発表されたクリーン・エネルギーFDIプロジェクトの数と金額の間に、統計的に優位な相関があることを示している。これらの関係は、すべての発表されたクリーン・エネルギー・プロジェクトを含むようにデータ・セットが拡張されても支持され、国内クリーン・エネルギー・プロジェクトは同様に、もろい地域に偏在していることを意味している。それは、ヴァン・ノストランドとアシェンファーブ（Van Nostrand and Ashenfarb 2023）から提示された初期の事実と一致している[37]。立地選択の重要な推進要因と、これらの投資がこれらの地域における労働市場および社会経済的結果を改善するかどうかという問題は、将来の研究にとって依然として高い優先順位である。

貿易企業と雇用創出

GVCは輸出と輸入の間に強力な相互関係を生み出しており、輸出と輸入は、同一企業によっておこなわれることがよくある。財貿易をおこなう企業では、1992〜2021年の期間を平均すると、財の輸出入両方をおこなう企業は、米国の民間セクター雇用全体の相対多数（36%）を占めており、財を輸出するだけの企業（8%）、財を輸入するだけの企業（6%）が続く（図5-16）。財貿易をおこなう企業の雇用の大半は大企業（500名以上を雇用している企業と定義される）による。対照的に、貿易をしない企業の雇用の大半は、小企業（500名未満を雇用している企業）による。それにもかかわらず、財貿易に直接関与している小企業は、国内雇用の約10%を占めている。

2021年、約130万の小企業が財を輸出していると推計された──営業している業界の貿易可能性にもとづくと、ほぼ同数の小企業が輸出を開始する可能性がある（U.S. Small Business Administration 2023a, 2023b）。輸出機会の増加は、米国のごく少数の地域に集中してもたらされる可能性がある。大都市圏（ニューヨークやロサンゼルスなど）は、米国輸出の大部分を占めるが、最も輸出集約的な地域（地域GDPに占める輸出の割合が最も高い）には、ウィチタ、デトロイト、ヤングスタウン、ヒューストンなど、比較的人口の少ない都市が含まれている（Parilla and Muro 2017）。

図5-16　企業規模別にみた財貿易をおこなう企業と雇用

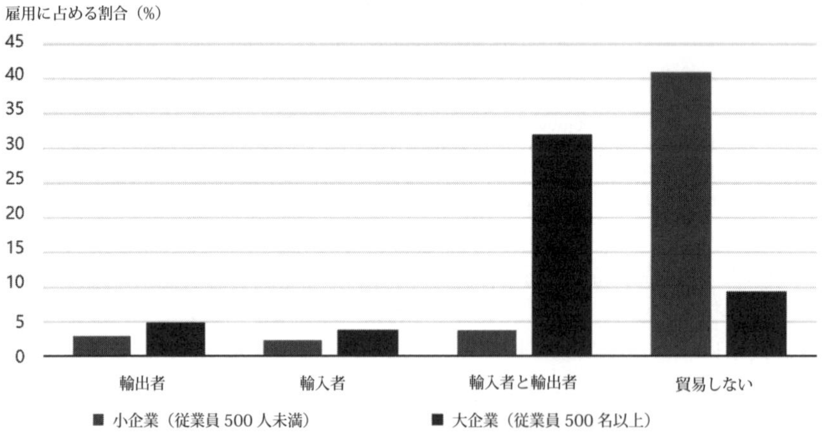

出所：Census Bureau; CEA calculations.

第5章　国際貿易と国際投資フロー

財貿易をおこなう企業が純雇用創出もたらす寄与は、近年、大きくなっている。2001〜7年の期間に、財貿易をおこなう企業は純雇用創出全体のわずか10%しか占めていなかった。しかし、2008年から2019年の間には、その数字は60%に上昇した。全体をみると、財貿易をおこなう企業は、1992年から2019年までに米国経済において純雇用創出の約40%を占めた（Handley, Kamal, and Ouyang 2021）[38]。これらの統計は、米国の生産環境の変化しつつある性質をはっきりと示しており、輸出も輸入も国内雇用を支えているのである[39]。

グローバル統合の難題を解きほぐす

古典的なリカードの貿易モデル——たとえ1国だけで絶対タームですべての財をより効率的に生産できたとしても、比較優位によってすべての国は最も効率的で最もコストの低い生産国によって生産された財を取得し、その消費全体を高め、最終的には貿易から利益をえることができるという考え方——は、現実世界では成立しえないいくつかの仮定にもとづいている（Ricardo 1817）。そのような仮定の1つは、労働者はセクター間で摩擦なく移動できるというものである。1国が相対的なコスト優位を持つセクターに移行するコストが高いとき、全体的な消費が増加したとしても、輸入競合セクターの国内生産者は、その労働者と同様に損失をこうむる。一方、古典的なリカードのモデルは、金銭的コストにかんしてのみ比較優位で把握する。米国の労働者と消費者は、高い環境・労働基準に準拠した外国財の消費に高い価値をおく可能性があるが、そのような基準に準拠することは、コスト・シグナルではうまく把握できない。すべての者にとって貿易を公正にし利益をもたらすため、貿易と外国投資政策は、分配、環境、労働権をその立案のなかで明確に検討する必要がある。

バイデン−ハリス政権の貿易および投資パートナーシップに対するアプローチは、中間層の繁栄促進を中心に据えており、不平等を縮小させ、気候リスクに対処し、公正な競争を促進する（USTR 2023b）。それは、労働基準を引き上げ、持続可能な環境慣行を採用し、サプライチェーンの弾力性を高め、米国のパートナーと今ある堅固な貿易および投資フローを支えながら、特定セクターにおいて米国での生産を増やすことにより国家安全保障リスクを最小化することを目的としている。このアプローチは、経済枠組みと地域連携の組み合わせを包括している。

・米国・メキシコ・カナダ協定（USMCA）労働問題即応メカニズム。USMCAは、北米自由貿易協定を近代化し、結社の自由と団体交渉にかんする労働者の権利を施設レベルで迅速に執行する革新的な労働問題即応メカニズムなど、新たな労働責任を含んでいる（USTR 2023a）。2021年以降、米国はそのメカニズムを18回発動し、17の異なる施設をメキシコが点検するように求めた[40]。その結果、米国は、数千ものメキシコ労働者に対し結果を改善することを成し遂げた——何百万ドルもが労働者に支払われ、より多くの労働者が独立した組合によって代表され、自由かつ公正な組合選挙がより多くおこなわれ、組合は賃金引き上げと施設での方針改善を求めた交渉で成功した[41]。これらの展開は、特恵貿易協定の文脈で労働組合権に固有の労働関連の協力条項が、集団的な労働権の執行要件の遵守を改善するという研究結果と整合的である（Sari, Raess, and Kucera 2016）。

・インド太平洋経済枠組み（IPEF）。これは、米国と13カ国との経済枠組みである。オーストラリア、ブルネイ・ダルサラーム、フィジー、インド、インドネシア、日本、韓国、マレーシア、ニュージーランド、フィリピン、シンガポール、タイ、ベトナムである（USTR n.d.–a）。IPEFは、4つの柱から成る。すなわち、貿易、サプライチェーン、クリーン・エネルギー（クリーン・エネルギー、脱炭素化、インフラなど）、公正な経済（税制や腐敗防

止など）である。貿易の柱は、高水準の労働・環境公約など、さまざまな条項をとおしてレジリエンス、持続可能性、包摂性を高めることを目的としている（USTR n.d.- b）。サプライチェーンの柱は、重要セクター向け規準の作成、サプライチェーン多様化の促進、情報共有経路および危機対応メカニズムの確立など、複数のイニシアティブを通して弾力性のあるサプライチェーンを構築することを目的としている（U.S. Department of Commerce 2022）。クリーン・エネルギーの柱は、クリーン・エネルギー技術の商業化と実装にかんする最良慣行の共有、排出削減プロジェクトへの民間セクター投資の動員など、さまざまな協調行動をつうじ、パリ協定の下で明確に打ち出された気候変動目標を推進することを目的としている（U.S. Department of Commerce 2023a）。公正な経済の柱は、腐敗や賄賂の削減や、効率的税務管理の促進に関連したさまざまな国際基準の進展を加速させるため、国内法的枠組みを強化することを目的としている（U.S. Department of Commerce 2023b）。全部合わせて、これらの柱は、より高い経済的基準を推進し、サプライチェーンの弾力性を構築し、気候変動に対処し、腐敗と戦い、高水準の労働公約を促進することにより、包摂的成長を促進するのである。

・*21世紀貿易米台イニシアティブ*。この貿易イニシアティブの下での最初の合意は、米国の輸出者に対して煩雑なお役所仕事を削減することを目指した、税関管理と貿易円滑化が含まれる。これらには、海外進出を望んだり公正な競争の機会を促進したりする企業へのライセンス交付合理化など、優良な規制慣行や国内サービス規制が含まれる。腐敗防止条項は、マネー・ロンダリング、特定の汚職犯罪を犯した外国公務員の入国禁止などの諸問題に対処する。それらはまた、国境を越えた貿易と投資、情報共有、中小企業向けに金融その他の領域の最優良慣行の交換を促進する（USTR 2023c）。第2ラウンドの交渉は2023年8月に始まり、農業、労働、環境に焦点を合わせている（USTR 2023d）。

・*米・ケニア戦略貿易投資連携（STIP）*。STIPは、特定分野（農業、腐敗防止、デジタル貿易、環境および気候変動対策、規制慣行、労働者の権利と保護の指示、貿易円滑化と税関手続きなど）における高水準の公約を追求するイニシアティブである。それは、投資を増加させること、持続的かつ包摂的な経済成長を促進すること、労働者、消費者と企業（中小企業を含む）に恩恵をもたらすこと、アフリカの地域経済統合を促進することを目指している（USTR 2022c, 2023e）。

・*地域連携*。わが政権は、大陸を越えた地域とより緊密な連携を構築することに焦点を合わせている。2つの事例は、ヨーロッパとアフリカにまたがるもので、ここで取り上げる。

・*米EU貿易技術評議会*。同評議会には、サプライチェーンの確保とグローバルな貿易課題に対処する2つの作業部会がある（White House 2021a）。一方は、安全なサプライチェーンに焦点を合わせたもので、サプライチェーンの弾力性と安全を高め、紛争を避けるために調整メカニズムを創設することを目指している（U.S. Department of Commerce 2023c）。他方は、グローバルな貿易課題に焦点を合わせたもので、非市場経済政策と慣行の問題に対処し、新設や不必要な商品・サービス障壁を避けることにより、新興技術の開発を促進し、労働権を促進して保護し、その他の貿易問題や環境問題に取り組むことを目指している（USTR 2021）。

・*アフリカ成長機会法（AGOA）*。AGOAは、一方的な米国の貿易優遇制度であり、AGOAの適格規準を満たすサハラ砂漠以南のアフリカ諸国からの一定の輸出品について、米国への免税アクセスを提供する。2024年、現在32カ国が適格である（USTR n.d.-c）。適格性は、経済的ベンチマーク（市場ベース経済を持つかなど）、政治的ベンチマーク（法の支配、政治的多元主義、腐敗防止取組など）、貧困削減（輸出セクターにおける雇用創出によるものなど）、労働権の保護（児童労働の禁止、団結権と集団交渉権の保護など）において、各国が継続的進歩をみせるように促す。各国は、国際的に認識された人権に対する重大な違反や、米国の国家安全保障を揺るがせにしたり、国際テロ行為に支援を提供したりする活動にかかわってはならない（USTR 2022）。

第5章
国際貿易と国際投資フロー

結論

　グローバルな貿易と海外直接投資が着実に増加するという数十年にわたるトレンドは、世界金融危機後に頭打ちとなった。それにもかかわらず、米国は依然として中国に次いで世界第2位の貿易大国であり、FDIフローの点では世界最大の国である。2022年、2023年における米国の貿易と外国投資パターンは、バイデン－ハリス政権の政策綱領にくわえて、循環的要因と長期的要因の結合を反映している――それらすべてが注意すべき理由（サービス輸出が依然としてパンデミック以前のトレンドを下回っている）とともに、プラスの展開（米国のサプライチェーンの弾力性の強化や、米国製造業セクターへのFDI流入の増加など）の兆候を示すように相互作用している。

　米国の貿易および投資フローの将来見通しは依然として不確実であり、わが政権は、米国労働者への影響、また彼らへの影響に対して貿易政策を点検することにより、労働者中心の貿易綱領を追求すべきである。この政策アプローチはまた、数十年にわたって米国のあまりに多くのコミュニティを悩ましてきた雇用と勤労所得の喪失を反転させる一方、貿易の利益を活かすことを目指している。これらの進行中の措置は、国際貿易を壁で囲うのではなく、米国の労働者のためにコストを管理しながらその恩恵を活用することで、これらのコミュニティ再建を手助けしている。

注

1　主な自由化の出来事には、1990年代初めに旧ソ連諸国がグローバル・エコノミーの他の国々と統合したこと、1995年に世界貿易機関が創設されたこと、2001年に中国が世界貿易機関に加盟したことがある（Aiyar et al. 2023）。

2　顕著な例外がある――旅行と運輸を除く商業サービス（対企業サービスやテレコム）は、1990年から2023年まで財よりもはるかに速く成長し、減速の兆しはみえない（Baldwin 2022）。国境を越えたデジタル活動のこの継続的増加は、「ニューバリゼーション」という考え方と関連している。無形財（デジタル・サービスや国境を越えたデータなど）の流れが加速する一方、有形財の流れが減速し、グローバリゼーションの性質が変化しつつあることを指す（Nathan, Galbraith, and Grimberg 2022）。他方、金額比で運賃と移動距離にかんする情報を組み込んで貿易を計測するとグローバル貿易のトレンドが進んでいることが分かる。決定的に重要な鉱物（おもちゃなど比較可能な製造物よりも重い）のようなコモディティの重要性が増していること、遠方からしか調達できないことを反映しているからである（Ganapati and Wong 2023; Zumbrun 2023）。

3　経済学の文献では、対GDP比での貿易を貿易開放度と呼んでいる。

4　EUの国境を越えた貿易の平均約60％がブロック内の諸国間のものであること考えると、EU域内貿易を含め、EUのグローバルな財統合ははるかに高く、2022年に対GDP比約85％に上る。

5　グローバルな統合の別の経路は移民（国境を越えた人の移動）であるが、本章の範囲を超えている。国境を越えた金融の流れの他の形態には、送金や金融取引（開発援助移転など）がある。

6　FDIフローは投資家の地理的な位置にもとづいて報告される。つまり外国企業の米国企業への投資は、（正味で）外国企業が当該年に米国に持ち込んだ金額よりも米国から持ち出した金額が多いとしても、米国への流入としてカウントされる。

7　輸出全体に占める外国付加価値の計測値は、「後方へのGVC参加」とも呼ばれる。

8　自国の国内最終財における外国付加価値の割合は、他国の国内市場で購入される財・サービスのうちどれだけの付加価値が外国に由来するかを反映しており、「国内経済が他の国や地域の生産にどのくらい関連があるのか」を示すもので、「外国の（川上）産業からの直接輸入があるかどうかとは無関係である」（OECD 2021）。輸出全体に占める他国に送られる国内付加価値の割合を計測する前方へのGVC参加の指標は、より楽観的な構

9　2023年の実質GDP成長率は、2023年第1四半期〜2023年第3四半期について、年率換算された成長率の単純平均として算出された。

10　たとえば、米国と中国——米国の旅行客の主な供給源——の間のフライトは、2023年11月から週48便から週70便に増便する予定であったが、こうした数字はパンデミック前に両国をつないでいた週340便を依然として大幅に下回ったままである（Bloomberg 2023）。それでも、パンデミック時の渡航制限がいっそう緩和されるにつれて、サービス輸出が継続的に拡大することを事態は示唆している。たとえば、2023年8月、中国は米国への団体旅行禁止を解除し、それによって大規模なツアー団がふたたび米国を訪れられるようになった（Cheng 2023）。

11　COVID−19パンデミックは示唆に富む逸話を提供している。外出禁止期間中に輸入が急増し、財の消費は増加し、回復を後押しした（Higgins and Klitgaard 2021）。輸入財に対する最終支出の大部分は、ヘイルら（Hale et al. 2019）によって示されているように、国内で生み出されている。「私たちが輸入財に支出する金額の約半分は、これらの財の小売価格の現地調達分を支払うため、米国にとどまる。……輸入品に対する支出総額の約半分は、輸入中間投入物を用いる米国の財・サービス生産に組み込まれている。これらの要因をすべて考慮すると、合計〔個人消費支出〕に占める輸入は2017年にわずか10%強にすぎなかった。現地調達の割合が高いことは、これらの財が米国で生産されている場合、輸入は数えきれないほどとまで言えるかどうかは分からないが、多くの運輸および小売の仕事を生み出していることを意味する」。

12　世界比較は、2023年下半期のデータにもとづいている（OECD 2023b）。

13　FDIは、技術進歩だけでなく、新奇の経営アプローチや生産プロセス、技術ノウハウ、国境を越えた環境で実践で学ぶことからの教訓など、他の無形資産ももたらすことが多い（Branstetter 2006）。FDIはまた、新しい国境越えた通商上のつながりをとおして貿易を促進し、FDIが生産性に及ぼす効果は、その企業や同業他社の国内、国際競争力を高めることができる。しかし、国がFDIの利益を完全にえるには、教育を受けた労働力や十分な研究開発投資など、吸収力が必要である（Blomström, Kokko, and Mucchielli 2003）。米国の事実は、ある産業の企業間における水平的な生産性の波及効果は、ハイテク産業で、そして生産性フロンティアから最も離れた企業で、最も強くなる傾向がある。これらの影響は、1980年代末から1990年代初めにかけて、米国製造業の生産性成長の8%から19%を占めた（Keller and Yeaple 2009）。

14　タボバ（Tabova 2022）によって指摘されているように、「2018年以前のほとんどにおいて、再投資される収益は、〔米国の対外直接投資（USDIA）のフローの〕大部分を占めた。2018年におけるUSDIAの下落は、2017年〔減税および雇用法〕の結果として再投資される収益の下落によって引き起こされ、同法は、海外に収益を維持しておく優遇税制を撤廃し、米国企業が海外に蓄積した収益の大部分を本国送還するように導いた」。

15　世界金融危機後、四半期ごとの頻度で対前年比変化を計測すると、FDI流出・GDP比は中央値−2.3%で低下し、FDI流入・GDP比は−7.9%で低下した。

16　国際連合貿易開発会議（UNCTAD 2023）によれば、2021年に生産能力拡大型FDIの発表は、世界中で対前年比64%増の1兆2,000億㌦に達し、先進国では37%増、途上国では2倍以上であった。

17　経済分析局（Bureau of Economic Analysis 2023d）の新規対米FDI調査は、生産能力拡大型取引を、新規米国拠点の設置、外資系企業の既存の在米関連会社による新規物理的施設の建設、また米国企業の新規買収のための外国人投資家によるその他の取引と特定している。

18　2022年、支出はパンデミック前からの平均（2014〜19年）を1.7倍上回った。

19　より投機的な投資支出計画をみると、コンピュータおよびエレクトロニクス・セクターにおける生産能力拡大型FDIの増加は印象的であり、実質タームで2021年の1700万㌦から2022年には540億㌦に増加し、2022年の生

第5章 国際貿易と国際投資フロー

産能力拡大型製造業FDI計画の約3分の2に相当した。

20 これは、クリーン投資モニター（Clean Investment Monitor 2024）にもとづく。それはロジウム・グループと、マサチューセッツ工科大学エネルギー・環境政策研究センターの共同プロジェクトである。データ・セットには、製造業、事業規模エネルギー産業施設についての詳細なメタデータが含まれている。含まれている全施設は、2021年第1四半期〜2023年第2四半期の期間に投資をおこなった。投資は4つのグループの1つに分類される。発表済み（場所を特定せず、資金を公約しない「意図」の発表を除く）。建設中、または建設後だがまだ稼働していない。稼働中、または稼働していないが稼働再開を予定している。中止、撤退、または稼働しておらず稼働再開の予定がない。合弁事業、公益事業への投資、注視された投資は除外された。

21 しかし、生産コストの低いオフショアリングの利益は、調整コストの高さに打ち消されるかもしれない（Grossman and Rossi-Hansberg 2008）。たとえば、ボーイング社は、787ドリームライナーの開発遅延の理由に、そのグローバル・サプライチェーン全体を調整する複雑さを挙げている（Peterson 2011）。

22 多国籍企業は米国経済に、とりわけ製造業セクターに、多大な貢献をしており、国内製造業雇用合計の70％、非住宅資本支出合計の50％以上、革新的産出を支える米国でおこなわれた工業向け研究開発合計の80％以上を占めている（Foley, Hines, and Wessel 2021, chap. 1）。

23 対外貿易規制の「輸出――米国連邦法典第15編第9章第301条」は、関連当事者取引を、「米国の主たる受益者と貨物最終受領者との間でおこなわれる取引であり、いずれかの当事者が他方の当事者を直接的または間接的に10％以上保有しているもの」と定義している。1930年関税法「輸入――米国連邦法典第19編第4章第1401a条(g)(1)」は、当事者を、「直接的または間接的に、いずれかの組織の発行済み議決権または株式の5％以上を所有、支配、あるいは議決権を保有する者、ならびにそのような組織」と定義している（https://www.ecfr.gov/current/title-19/chapter-I/part-152を参照のこと）。

24 双方向の関連当事者貿易――多国籍企業の親会社または関連会社が、部分完成品を加工のために送り、その後、それらを送り戻す――は、生産細分化を示す1つの指標である。しかし、親会社からは何も出荷せずに、関連会社が完成品を出荷するものなど――逆も然り――他の取引もありえる（Ramondo, Rappoport, and Ruhl 2016）。

25 最終用途は、商品の物理的特徴よりむしろ、主たる用途にもとづいて商品を特定する商品分類体系である（U.S. Census Bureau 2012）。完全なリストは、census.gov/foreign-trade/reference/codes/enduse/imeumstr.txt で入手できる。経済分析局は、国際収支の目的のため、最終用途需要という概念を考案した。

26 オンショアリングによる多様化は、少数の国内サプライヤーへの依存の集中を同様に防ぐべきである。たとえば、米国は、粉ミルクについてほとんどもっぱら国内供給源に依存している。米国内の粉ミルク生産施設が2022年に一時的に閉鎖されたとき、国内供給は劇的に落ち込んだ。政策立案者は、粉ミルク輸入を17倍促進するためさまざまな措置を講じることにより、この危機を乗り切った（WTO 2023a）。それにもかかわらず、ショックが世界的であったり、場所に相関があったりする場合、サプライヤーの多様化は、サプライチェーンの弾力性を達成できないかもしれない（Goldberg and Reed 2023）。

27 ATPには、バイオテクノロジー、生命科学、光電子工学、情報・通信、エレクトロニクス、フレキシブル製造、先端素材、航空宇宙、兵器、原子力技術を具体化した製品が含まれる（Abbott et al. 1989）。

28 インド太平洋経済枠組みの加盟国は、2021年に輸入の3分の1を中国から受け取り、輸出の5分の1を中国に送った（Dahlman and Lovely 2023）。この枠組みには、次の諸国が含まれる。すなわち、オーストラリア、ブルネイ・ダルサラーム、フィジー、インド、インドネシア、日本、韓国、マレーシア、ニュージー

ランド、フィリピン、シンガポール、タイ、ベトナムである。

29　要素ベースのヘクシャー―オリーン・モデルは1例を与える。しかし、特殊要素モデルなど他のモデルでも、輸出または輸入セクターに特殊な（あるいは固定的な）生産要素にもとづき、労働者間に勝ち組と負け組を生み出す。

30　2000年から2007年までの製造業雇用減少の約5分の1（16％）は、中国からの輸入競争の激化に原因を帰せられる（Caliendo, Dvorkin, and Parro 2019）。機械、エレクトロニクス、運輸機器の生産から、卸売、専門サービス（研究開発など）、管理に事業を再編した企業は、1990年から2015年までに製造業雇用減少の約3分の1を推進した（Bloom et al. 2019）。この時期、いくつかの要因が米国の中国からの輸入急増を理解するために分析されてきた。2000年に米国が中国に恒久的正常貿易関係を与えたこと、2001年に中国が世界貿易機関に加盟したこと、こうした政策に関連して貿易および投資政策の不確実性が低下したこと、中国自体の貿易および国内改革（関税削減と民営化）などの要因である（Lincicome and Anand 2023）。

31　オーターら（Autor, Dorn, and Hanson 2013）よりチャイナ・ショックが米国製造業雇用に及ぼす影響が小さいという研究の例としては、ヤクビクとソウルゼンバーグ（Jakubik and Stolzenburg 2020）、デ・シェーズマーティンとレイ（De Chaisemartin and Lei 2023）がある。直接競争効果にくわえて川下サプライチェーン効果を組み込むと、チャイナ・ショックのプラスのローカルな雇用効果が分かる（Wang et al. 2018）。アントラスら（Antràs, Fort, and Tintelnot 2017）によると、中国から輸入された中間財の利用を増やした企業はまた、同時に、国内投入物の調達を増やし、その生産を増加させている。

32　[1] 公式の教育達成度は、10年ごとの国勢調査を用い、1990年に大卒学位を持つ総人口の比率と定義されている。教育達成度の低さと関連したサービス・セクター（小売業など）に移行した製造業労働者は、名目勤労所得の低下を経験していることが分かった（Pierce, Schott, and Tello-Trillo 2023）。

33　これらの結果は、より幅広い貿易研究で裏づけられている（たとえば、Bai and Stumpner 2019; Amiti et al. 2020）。

34　著者らによると、影響が最悪な地域では、購買力の平均的上昇幅の4倍もの平均的低下がみられた。

35　貿易を通じてさまざまな財の取得が拡大することによる厚生の上昇を示した研究もある（たとえば、Broda and Weinstein 2006; Melitz and Trefler 2012）。

36　著者らは、国際貿易の生活費に及ぼす分配効果を検討する一般均衡モデルを作成した（支出経路）。労働者の勤労所得（勤労所得経路）をとおしての分配効果は、支出経路のみをつうじた不平等拡大に焦点を合わせられるように、明示的にはモデル化されていない。

37　すべてのプロジェクト（FDIと国内の両方）について、プロジェクトの数および金額と、過去の製造業雇用減少との間の相関関係はともに、1％水準で有意であった。

38　ハンドリーら（Handley, Kamal, and Ouyang 2021）の指摘によると、財貿易をおこなう企業が純雇用創出にもたらす寄与の大部分は、卸売、小売、対企業および専門サービスなど、とくにサービス供給セクターにおける新拠点の開設によって推進されている。これらのパターンは、製造業とサービス活動の間の相互補完性や、貿易参加に関連した雇用創出におけるセクター間の多様性を示唆している。

39　企業間、各国間の米国企業の財生産組織についての詳細は、フォート（Fort 2023）を参照のこと。

40　2023年12月20までの労働問題即応メカニズムの統計を共有してくれたことについて、USTRの同僚たちに感謝している。

41　すべてのUSMCA事例の点検にもとづく（U.S. Department of Labor 2023）。

第6章
クリーン・エネルギー転換への加速化

クリーン・エネルギーへの転換は、現在進行中である。その究極の目的は、安価な、信頼のおける、そして安定的クリーン・エネルギーの資源と技術によって力づけられた革新的かつ先進的米国経済の実現である。この未来の経済のさまざまな局面において、経済に力を与える電気、人々と財を運ぶ車と飛行機、そして私たちが消費する生産物といったものは、空気を汚染し、気候を変動させることなく供給されることになるであろう。クリーン・エネルギーの生産はまた、経済成長、雇用と繁栄の新しい源を創出し、クリーン・エネルギーのグローバルな需要に合わせて、21世紀を通して、米国の競争力をさらに強めることになるであろう。

化石燃料に依存したわが国の過去、重大なコストになってしまったそれへの依存とこの未来を対照して見よ。化石燃料の使用――それは、歴史的に人間が創り出した二酸化炭素の全68%を創り出し――気候変動の上昇を創り出してきたのである（Friedlingstein et al. 2020）。世界の平均気温は、工業化前の時期以来、平均ですでに摂氏で1度以上（華氏で1.8度以上）上昇しており、そして、もし何の手立ても今後とらなければ、2100年までに、それは、摂氏で2.4度から5度（華氏で4.3度から9度）上昇することが見込まれている（Kriegler et al. 2017; IEA2023a）。

何もしないコストは高く、気候変動による損害はすでに積みあがっている。2023年において、米国は、28の天候、気候にかかわる災害に見舞われ、少なくともそれぞれ1兆ドルもの損失を経験したが、これは今までにないものである（NOAA 2024）。かなりの保険会社が、気候変動にかかわる災害の高額なコストゆえに、保険市場から撤退を開始している（CEA 2023a）。さらなる温暖化によって人間の健康、生活水準、そして食料安全性への甚大なる被害が予想されており、それは大量の移民を引き起こし、社会的政治的不安定性の悪化がとりわけ社会的経済的諸結果として、不均衡にもたらされることが予想される（Carleton et al. 2022; Hsiang and Miguel 2015; Schlenker and Roberts 2009; Hsiang et al. 2013, 2023; Marvel et al. 2023）。これらのコストを避けるために、政策立案者は、早急に化石燃料からクリーン・エネルギー資源への転換を導かなければならない。

米国経済を脱炭素化することは、巨大な取り組みとなる。連邦、州、そして地方の気候政策によって引き起こされている民間と公共投資が結合し、すでにこの方向で動き始めている。（CEA 2023a; White House 2022; OMB 2023; California Legislature 2023; NYC Department of Building 2023）。2005年から2021年にかけて、米国の地球温暖化排出ガス（GHG）は、17%下落し、それは、図6-1に示されている通りであるが、それは、経済成長の時期にあって、主要な工業経済の中でも注目すべき年率なのである（OECD 2023）[1]。

しかしそれでもなお、このペースは、摂氏1.5度の地球温暖化の阻止を求めるパリ協定のコミットメントに合うに十分な速さではない（UNFCCC 2024a）。2005年に比べて50%の排出削減を求める中間目標を達成するためには、米国は、2021年と2030年の間に平均して年率6%排

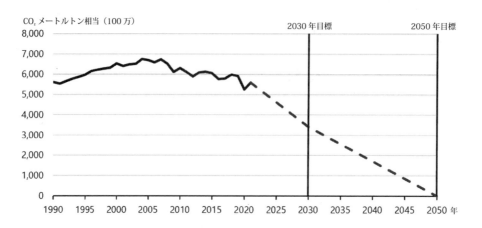

図6-1 米国の温室効果ガス純合計排出量、排出削減目標

出所：U.S. Environmental Protection Agency; CEA calculations.
注：点線部分は、2030年から2050年の排出削減目標達成の道筋を示す。「CO_2メートルトン相当（100万）」は、対CO_2比の地球温暖化係数で各排出を換算している。

出を低くしなければならないのである。そして、2030年以降は、排出削減をさらに加速させなければならないのである[2]。

　気候変動からの物理的な損害を避けるために十分な脱炭素化を急速に達成するには、商業的に利用可能なクリーン・エネルギー技術の採用が望まれ――太陽光発電・風力発電、電気自動車そしてヒートポンプのようなものがもっと速い比率において必要とされるであろう（IEA 2023b）。2050年までにネットゼロ排出に到達するには、米国は、経済のすべてのセクターを通して行動する必要があるといえるのである。たとえば、米国は、2030年までに脱炭素の原料による電気発電量のシェアを倍にして、ほぼ75％にしなければならないのである。（National Academic 2021）。さらに、世界の排出を2050年までに半分以上削減するには、いまだ発明されておらず商業化もされていない技術の出現が必要になる（IEA 2023b）。

　より速い脱炭素化には、2つの補完的な最近の発展を加速化することによってある程度達成可能となる。第一に、電気セクターが化石燃料から抜け出す必要があるということ。最近の多くの米国におけるGHG削減は、電気セクターから来ている（図6-2のダークの緑がかった青の線）。今日までの電気セクターの排出削減の大きなシェアは、石炭による発電をクリーン・エネルギーと天然ガスによって置き換えた結果なのである（図6-3）。電気セクターでは、今、天然ガスを含めた化石燃料からクリーン・エネルギーへの移行を加速しなければならない。同時に、よりクリーンな電気資源を前提として、その他のセクターにおける電気化へ向かっての移行――それは運輸、工業、商業、そして住居セクターのようなセクターのことであるが、――それは経済全体においてより少ない排出を促進する効果的な方法である。2つの任務は、米国経済に力を供給するエネルギータイプにおける長期にわたる移行である。

　経済学者は、このような広範囲な移行を構造変化として性格付けするが、それは、インプットとアウトプットを通じての経済における構成要因の長期にわたる進化であり、経済活動の既存のセッ

第6章 クリーン・エネルギー転換への加速化

図6－2　米国のセクター別排出、1990～2021年

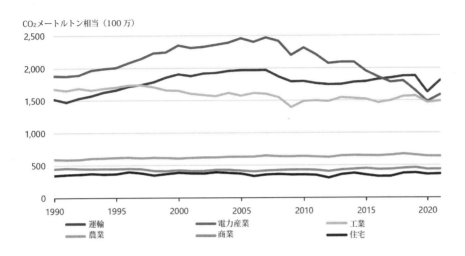

出所：U.S. Environmental Protection Agency (2023).

図6－3　米国のエネルギー源別の発電、1990～2021年

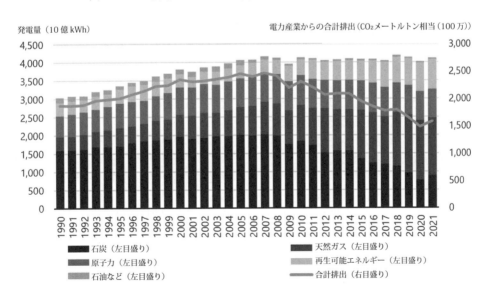

出所：U.S. Energy Information Administration; U.S. Environmental Protection Agency.

トから、新しく出現するセットへの移行なのである。構造的変化は、経済発展において多くの主要な時期が基礎となっている。過去の例をあげれば、産業革命を通じて農業から製造業へ、であり、より最近の移行では、先進経済における製造業からサービス業への移行である。クリーン・エネルギーへの移行――それは、主として化石燃料をベースにした経済からクリーン・エネルギーの資源と技術によって動かされる経済への移行であり、このレンズを通してみることができるのである。

構造的変化という見方は、1つのエネルギー・システムからもう1つのそれへの移行における、方向、速度、そして最終目的地を決定する諸力を理解する基礎を提供する。それはまた、化石燃料にもとづくエネルギー・システムからクリーン・エネルギーにもとづくそれへの移行を加速するに必要な特別な投資が何なのかを特定するレンズを供給する。たとえば、電気セクターでは、クリーン・エネルギーの資本コストの下落は、化石燃料をベースとする電気セクターに対して競争力を大いにつけるのであって、その新しい電気設備が天然ガスをなお使用しているとしてでも、である（Lazard 2023; EIA 2023a）。これは、ある程度、太陽光のような、かなりクリーンな電気のタイプにおいても、その日においてすべてのパーツを利用可能とするには、補完的な、バッテリーのような技術を必要とするからなのである。構造的変化という見方は、いかにして、移行がバッテリー蓄電装置への補完的な投資を通して加速化されうるかに光を当てるのであり、それによって設置コスト送電コストを低くし、一日電気を供給することによって、化石燃料への良き代替となり、再生可能エネルギーを可能とするのである。

また、進路依存（path dependence）という概念が、構造的変化という見方に埋められている。化石燃料が今日の市場を支配しているのは、歴史的にそれが安かったという理由だけではなく、ある程度、過去の連邦政府の政策があり、また補助金を与えられたからであり、さらに彼らは、クリーン・エネルギー技術が現れ化石燃料を凌駕することを困難にする歴史的経済的優位性を蓄積していたからなのである。しかしながら、進路依存は、両方の道を切り開くのである。化石燃料が有していた優位性を乗り越えるクリーン・エネルギー技術への十分な押し込みを供給する政策は、未来の政府干渉の必要を変えることができるのである。クリーン・エネルギー進路に経済を持っていくことは、長期の脱炭素化を達成することをより容易にするであろうということなのである。それが起これば、政策干渉は永久に続く必要はないのであって、いったん経済がクリーン・エネルギーにおいて十分経済的優位性を確立すれば、民間市場のインセンティブは、クリーン・エネルギーへの移行を維持することができるのである。

クリーン・エネルギー資源とその技術の副次的セット――それには、風力、太陽光、電気自動車（EVs）と蓄電装置――を、構造的変化の経済学を通じて考察することによって、この章は、クリーン・エネルギーの理解のフレームワークとそれを加速化することのできる政策を提供する[3]。しかしながら、このフレームワークは、どのようなものでもそうであるが、包括的なものではなく、バイデン―ハリス政権全体の政府の気候政策へのアプローチのすべての要素に対処するものではない。それはまた、気候変動による被害を避け、大気汚染とエネルギー価格を低くし、高質な雇用を創出し、経済的競争力を高めるというような、クリーン・エネルギーへの移行の便益の完全ではない説明である。しかしそれに代わって、この章のより狭い任務は、クリーン・エネルギーへの移行とそれをいかに達成するかの道筋を理解するレンズを提供することにある。

この章の第1節では、構造的変化を概観し、いかにして経済学者は、そのフレームワークを経済発展の需要な時期の説明に適用したかについて論じる。そしてそれから、構造的変化を推し進めたり、あるいは押し戻したり、長期の移行の方向、その比率、そして最終立地点を決定するさまざまな要因の分類を提供したりする。この節ではそれから、市場が駆動因となる構造変化の方向とペースが、社会の目標と一致しないとき、政府の干渉が必要とされるかもしれない場合の市場の失敗と経済摩擦を議論する。

第 6 章
クリーン・エネルギー転換への加速化

第 2 節では、クリーン・エネルギー移行へ構造的変化フレームワークを適用し、構造変化の明確なケースを示す移行の下でのさまざまな道筋——そして、次のユニークな挑戦と機会のセットを議論する。第 1 節で議論されたプッシュとプル要因は、クリーン・エネルギー移行の特定の諸問題として位置づけられる。

第 3 節では、バイデン—ハリス政権によって立法化された特定の政策が、クリーン・エネルギー移行を加速化させるこれらプッシュ・プル要因をどのように戦略的に目標としているか、について叙述する。これらと他の努力は、労働者と地域社会に便益を与える米国のクリーン・エネルギー経済を建設し、気候に対して何もしないという最悪の経済的結果を避けることができるのである。

構造的変化の経済学

この節は、構造的変化を広い経済学的概念として紹介し、構造的変化の方向とスピードを決定するさまざまなプッシュ・プル要因について詳細に論じる。市場の失敗とその他の経済的摩擦は、社会的に最適な方向と構造変化の比率を抑制するかもしれず、政府干渉を正当化する。構造的変化のレンズは、政策干渉が、もし成功すれば、それはいかに永久である必要はないかを示し、いったん的確にそれが方向付けされたとすれば、経済は、移行がそれ自身において前進する弾みをつけるのである。

構造的変化とは何か？

排出ネットゼロの経済への移行は、構造変化を必要とする。構造的変化は、経済構成の長期にわたる（短期あるいは周期的ではない）諸変化にかかわるものであり、現在の確立された活動から新たに出現する活動への変化を伴う。とりわけ、興味は、この変化の方向とペースであり、同時に経済の最終的構成にある。構造的変化の見方に埋め込まれたものは、進路依存（path dependence）の概念であり、歴史的経済的依存は、今日においても影響を行使続けている（Nelson and Winter 1985）。いったん、構造的変化の過程が始まると、さらなる多くの刺激がなくともそれ自身で勢いを集中させることができる。

歴史は、構造的変化の例で埋め尽くされているが、その多くは、経済発展の重要な転換点としてみなされてきた。たとえば、農業から工業活動への労働の配分の構造的変化は、産業革命を性格づける（Nurkse 1952; Rao 1952; Lewis 1954; Ranis and Fei 1961）。同様に、多くの注目が、20 世紀の後半を通して、工業からサービス志向の諸活動への労働シェアのシフトに集まった（Autor, Levy, and Murnane 2003; Acemoglu and Autor 2011）。

資本の方向を変えることが、——現物的かつ金融的の両方において——主要な歴史的転換をまた性格づける。第 2 次世界大戦中、世界の経済は、国内生産を——自動車と家庭用設備のような——耐久消費財から、タンク、飛行機、そして軍事製品へと国内生産の向きを変えた。1942 年 2 月から戦争が終了するまで、米国の商業用自動車生産は休止し、自動車の組み立てラインは、80％もの米国タンクとすべての航空機エンジンの半分以上を生産することに変えられた（Gropman 1996）。1942 年から 1943 年まで、米国国防総投資は、132 億ドルから 5,179 億ドル（2022 年ドルで）まで上昇し、それは、膨大な金融再配分をともなった[4]。このような資源の向きの変更は、その後十年にもわたって、米国のイノベーションの軌道を転換させた（Box 6-1 を見よ）。

これらのそしてまたその他の歴史的な例は、経済学を豊富な知的伝統へと導き、構造的変化の駆動因とその結果を検討するようになった（Johnson 1970; McMillan and Rodrik 2011; Autor, Dorn, and Hansen 2013; Herrendorf, Rogerson, and Valentinyi 2011）。静学的フレームワークと異なって、この研究は、移動する動態とその駆動因に焦点をあてる。そうすることで、マクロ経済的モデルを打ち立てるが、さらにそれ

は、経済の構成の理解とそれがどのように変化するかにも焦点を当てる。

構造的変化の諸決定

　構造的変化フレームワークは、インプット、アウトプット、あるいはその両方によって、経済構成を形作り、あるいは、形作りなおす諸力を理解することに焦点をあわせる。これら諸力は、構造的変化に対して押したり、引っ張ったり、それらのバランスが、確立された既存の活動から台頭する活動へ経済の移動がおこなわれる、その方向、スピード、そして、最終目的地を決定する。この節では、そのようなプッシュ・プル諸力を詳細に論じる。
　生産性のスピルオーバーは、多くの状況の下で起こる。あるセクターでのスピルオーバーは、実践学習によって個別のレベルにおいて起こることがありうる（Arrow 1962; Lucas 1988）し、また、技術や知識のスピルオーバーを通してそのセクターにおいて起こることもあり得る（Romer 1990; Acemoglu 2002; Acemoglu et al. 2012）。そのメカニズムにかまわず、あるセクター内の生産性のスピルオーバーは、確立された既存の経済活動を好み、その優位性を時間とともに強化し、既存の活動にとって代わろうとして台頭する経済活動をあり得ないものとすることを許す。しかしながら、セクターを通してのスピルオーバーは、とりわけ、既存のセクターのために開発された知識と技術が、台頭するセクターに適用できるときには、構造的変化を加速化させる（Bloom, Schankerman, and Van Reenen 2013）。第2次世界大戦の動員努力における政府にサポートされた研究努力は、たとえば、戦後のイノベーションへスピルオーバーしたのであって、それは、情報技術と生物医学の進歩を可能とした（Box 6-1 を見よ）。
　ある経済の構成は、既存のインプットと台頭するインプット間の相対的インプット価格を反映しているかもしれない。これらには、インプットそれ自身の価格と同時に、インプットの利益に結びついたすべての補完的な資本、土地、あるいはその他の材料インプット価格が含まれる。関連した採用は、同時により安い価格をもったインプットへ傾きがちである。しかし、セクター内の生産性スピルオーバーの存在においては、その傾斜は、沈黙してしまうかもしれない。支配的になろうとする、新しいインプット、技術、あるいはセクターに対して、同時に相対的により安い価格は、既存の活動が、時間をかけて築き上げてきた生産性の優位性を完全に克服することはできないかもしれない。たとえば、何十年もの経験から化石燃料のいくつかの使用における高度の効率性は、たとえ、再生可能物資からの電気が化石燃料よりもより安かったとしても、再生可能物資の採用は少なくなるであろう。
　要素可動性は、また、構造的変化を加速することができる。要素可動性とは、生産要素——労働、資本設備、あるいは材料——が異なる経済活動を横断して配置され得る容易さのことである。たとえば、既存のセクターの労働者が、台頭するセクターにおいて引き付けるスキルを持っていた時、これら労働者が、多くの追加的な教育や訓練を獲得することなしに、もし移動コストが安ければ、地理的に再配置され、セクターを横断して職を変えることができることである。同様に、既存のセクターと台頭するセクターを即座に横断して再配置される資本のことであり、——たとえば、ある工場が化石燃料で電力を受けていたのをクリーン・エネルギーに変更することであり、——それによって、構造的変化を加速化することを援助することができる。しかし、生産要素が簡単に再配置することができないときは、構造的変化の率はゆっくりとなるかもしれない。
　構造変化はしばしば、既存の技術とそれを取り換える技術の間の代替可能性の度合いによっても形成される。台頭する経済活動は、既存の活動とともにある消費者と競争しなければならない。ある台頭するセクターのアウトプットが完全にある既存のセクターのアウトプットと代替的であれば、消費者は、即新しいセクターからの財を採用するであろう（Acemoglu 2002）。しかしながら、新しい産物が直接に代替的ではないときには、それは、既存の財よりも、より良いとはいわないまでも、新しい財と同様の質を持つことを確実にする、補完的な投資が必要である。たとえば、電力のクリーン・エネルギー資源にともなうバッテリー保管庫への補完的投資は、現在は、既存の電力発電ととともに供給されている、クリーン資源から

第6章 クリーン・エネルギー転換への加速化

Box 6—1 第2次世界大戦と技術変化

米国政府は、急速な技術変化の時代を可能とする重要な役割を果たしてきたのであり、それは、第2次世界大戦時もそうであった。その時は、連邦政府は、科学的研究と開発局（OSRD: Office of Scientific Research and Development）を立ち上げたが、それは、その時創設された全国研究国防委員会の拡張であり、全国科学基金の前身であった。この新しい局は、1949年から45年にかけて、研究開発に2022年ドルで換算して90億ドルより以上を投資し、セクターの中でもとりわけ、レーダー技術、軍事兵器、薬品セクターのイノベーションに取り組んだのである。以前のR&D公共投資モデルと異なり、OSRDの新しいアプローチは、公共、民間、そしてアカデミックな研究者間のパートナーシップと協調を促進し、応用研究のハブへ投資を回したのである（Gross and Samat 2023a）。一時的な存在ではあったが、OSRDは、クリーン・エネルギー転換を目指す将来のひな型として、つづく何十年も米国の技術イノベーションの道明となった。OSRDのサポートによって生み出された技術進歩の多くは、もとは軍事的使用が目的とされたが、直接に民間への応用もおこなわれた。たとえば、ペニシリン細胞は1928年に発見されたが、産業も政府も、OSRDが1940年代初頭に軍事応用としてそれらを研究し始める前までは抗生物質としての使用を追求はしなかった。軍事的にその成功を示されたのち、政府は初めて1945年に商業用にペニシリンを公開した（Quinn 2013）。

第2次世界大戦中にOSRDからの研究に関する大規模なショックの最新の事実が示していることは、公共投資は、引き続くイノベーションへの長く維持される衝撃を持つことができるということである。第2次世界大戦中のプログラムから最大のR&D投資を受けた技術ハブは、1970年まで年間当たり特許をベースとするイノベーション活動の40%から50%以上を実現した（Gross and Sampat 2023a）。第2次世界大戦の時期における産業活動と動員を追求する連邦政府投資は、製造業活動の構成を木材、化学、ゴム、石材、金属、機械、そして、運輸装置のような産業へ向かう部門的なシフトに導いた（Jaworski 2017）。

これらの未来のイノベーションへの効果は、主として、スピルオーバーと経済の集積化によって促進され、そこでは、ともに立地した企業が、お互いにアイディア、インフラ、そしてその他の資産を共有することから便益が発生した（Duranton and Puga 2004）。グロスとサムパット（Gross and Sampat 2023a）が発見したことは、これらの効果は、高い位置にある大学に集中した地域ではほぼ倍になるという。企業とその他政府の研究所を含めた研究機関は、後にこのハブに位置したとしても、地域化されたイノベーション活動からのスピルオーバーのベネフィットがあることがいわれる。大雑把にいって、第2次世界大戦後40年において、OSRDのR&D投資を受領した工業クラスターでは、その製造業において90%以上のより高い雇用を見ており、同時に追加的な製造業企業形成においてもいえることである（Gross and Sampat 2023a）。

第2次世界大戦で必要とされた研究需要は、気候変動に対処するために必要な研究需要と範囲において類似性がある。グロスとサムパット（Gross and Sampat 2023b）がいうには、マンハッタン・プロジェクトやアポロ・プログラム――これらは、単一の技術目標と単一の消費者たちに焦点があっており――それらと異なって、第2次世界大戦は、エンドユーザーがさまざまの技術イノベーションのポートフォリオを基盤とするアプローチを要求した。この点に関して、著者たちは、OSRDのR&D投資アプローチと今日のエネルギー転換が必要とするアプローチ間には、共通性があると記述する。しかしながら、その範囲において類似性があるといっても、気候変動に対処するに必要な広範な構造的トランスフォーメーションは、さらにより大きい規模の投資が必要とされるかもしれないのである。

の電力供給を一日中可能とするであろう（IRENA 2019）。

新しい財はまた、追加的な需要を引き起こす、質や属性の改善を提供することができる。多くのセクターにおいて、新しい産物のカテゴリーの採用は、ある程度、改善された属性、新しい使用ケース、あるいは簡単な新鮮さを求める消費者需要によって促進される。

市場の失敗と政策含意

政策立案者と一般人は、かなりのケースにおいて、構造的変化が悪い方向に向かって起こっている、あるいはあまりにゆっくりだということを決定することができる。これは、公式に認められた市場の失敗の存在によって正当化される。たとえば、外部性──そこでは、経済活動が、関係者の活動が生み出す諸結果をともなうことなしに、他人にコストと便益をもたらすのであって、それは、市場が公的善（たとえば、イノベーション）を過少供給したり、公的悪（たとえば、汚染やGHG排出）を過大供給することに導くことができる。補完的なインプットに横断的な調整を必要とするセクター・レベルの規模の経済性はまた、台頭するセクターが、既存のセクターと競争する最初のハードルを克服することを阻止するかもしれない。

政策立案者は、なじみ深い経済政策手段によってこれらの市場の失敗に対処できるのであり、それには、補助金や公的なR&D投資を伴い、外部性を「内部化」するために企図されたインプットとアウトプットへの課税を含むのである。しかし、政府の介入は、構造的変化のダイナミクスが働いているときは、1つの基本的な道筋の点において異なる；政府介入が進路依存を通じて永続する変化を創出できるからである。そんなわけで、これら介入が成功裏にある範囲で、それら介入は、永久に続ける必要はないのである。介入が社会的により望ましい構成に向かって経済を十分に大きく導いているということを前提にすると、勢いがいったん十分に創られてしまえば、介入はもはや必要はないのである（Acemoglu 2002; Acemoglu et al. 2012; 2016; Meng 2023）。

構造的変化の鍵となる含意は、──異なる経済構成へ向かって変化する方向を永続的に変える政策介入を使う能力であり──政治経済学的見方からいって魅力的なものであるかもしれない。しかし、進路依存は、双方に道を開くから、それはまた、コスト効果的なインプットに向かって経済を導く、よく練られた政策介入における重要性を付け加えなければならない。コストのかかる技術を促進する政策は、これらの技術がロックインされることに導くから、そうなると、よりコスト効果的な選択を実現することが難しい未来の方向転換になってしまうであろう。構造変化を経験しつつある経済に内在する勢いは、正確にコスト効果的な技術を促進する重要性を豊かにするものである。

構造的変化とクリーン・エネルギーへの転換

第1節において明確化された構造変化フレームワークとプッシュ・プル諸力は、クリーン・エネルギーへの転換を加速化するための機会と課題を理解するレンズを供給する。エネルギーは、経済活動のほぼあらゆる形態にとって本質的重要なインプットであり、過去数世紀にわたってさまざまな転換を経験してきた。社会が新しい技術を発明するたびに、エネルギー源は──そして、エネルギーがとる形──は変化する。産業革命前では、労働が──それは人間であれ、動物であれ──財とサービスを生産するにあたって主たるエネルギー・インプットであった。産業革命は、新しい、肉体から離れたエネルギー源を解き放ったが、それが化石燃料であった。そして、蒸気力の導入と電気動力エネルギーが、経済がいかに化石燃料を使うかの転換をもたらした（Devine 1982）。

構造的変化のレンズを通して、いかにクリーン・エネルギーへの転換を見ることができるのかを示すために、この節では、クリーン・エネルギーへの転換を促進、あるいは遅らせることのできるさ

第6章 クリーン・エネルギー転換への加速化

まざまなプッシュ・プル諸力を検討する。これらの諸力が個別に検討される一方、政策は、同時にこれら諸力をターゲットにしなければならず、それらは、必要とされる、経済におけるクリーン・エネルギーへの転換のスピードと規模を達成するのであるが、この章の第3節において論じられる。

化石燃料のコスト

化石燃料——石炭、石油、そして、天然ガス——は、燃焼を通してエネルギーを供給し、そうすることで、大気汚染、毒素、そして、二酸化炭素とメタンのような、環境を破壊する温室効果ガスを排出する。2021年において、米国の人間による二酸化炭素排出の92%は、化石燃料の燃焼に帰せられ得る（EIA2023 b）。

化石燃料からクリーン・エネルギー源への転換の経済的課題を理解することは、化石燃料がいかにして支配的になり、世界と米国の経済に深く根づいてしまったのかを理解することとともに始まる。なぜなら、エネルギーは、国民的かつ経済的な安定の中心にあり、化石燃料供給者は、19世紀末に始まる地政学的連携を確保するため政府の補助から恩恵を受けてきた。米国政府のサポートは、それ自身政治的ロビーングの結果であるが、化石燃料を援助し、それは、米国のエネルギーの主要な源となった（Victor 2009）（Box 6-2を見よ）。これは、米国特有の現象ではない、化石燃料は、世界的に比較的安いエネルギー源となったのであるが、それはある程度、それらが重要な保護の対象であったからである。

政府支援に加えて、化石燃料の技術的性格とその利用可能性がさらにグローバル経済に出現するエネルギー・システムを形作った。化石燃料は豊富であり、エネルギーが詰まっており、世界の多くの地域のどこでも見つかった。それらはまた、運びやすいエネルギーであって、石炭塊は、1つの場所で掘り出され、地域のエネルギー需要に対応すべく即座にどこでも船で運べ、競争価格圧力と同時に、多くの化石燃料と関連インフラをグローバル市場に導いた。追加的な技術的な諸性質は、化石燃料が最終的なエネルギーを運ぶものではないにもかかわらず化石燃料の競争性に役に立つ。たとえば、かなりの化石燃料の使用は、天然ガスのように、発電のため即座に増加したり、減少したりで、需要に合わせて即座に総発電供給のバランスをとらせることに役に立つ（EIA 2012）

クリーン・エネルギーのチャンスと諸課題

化石燃料は、唯一のエネルギー源ではなく、最も豊富なものからはかけ離れており、太陽光と風は、地球上において自由に利用可能である。GHG排出と大気汚染を緩和するそれらの重要な役割はさておき、クリーン・エネルギー技術は、多くの経済的かつ国家安全の便益をもっている。それらは、カネのかかる燃料インプットに依存するのではないので、それら技術は、生み出すのにほぼゼロに近い限界費用であり、長期的には、継続する技術進歩を伴い、エネルギー価格を低くすることができる。そのコスト優位性がゆえに、太陽光は、すでに米国と世界において、最も速く成長しているエネルギー源である（EIA 2024a; IEA2023 c）。クリーン・エネルギー技術はまた、エネルギー市場での浮動性を削減し、エネルギーの安全保障を増進することができる（Cox, Beshilas, and Hotchkiss 2019）。研究がまた示してきたことであるが、クリーン・エネルギーは、自然災害の事件において化石燃料よりより回復が速い（Chang 2023; Esposito 2021）。

そしてなお、クリーン・エネルギーの便益と気候変動に対処するためには化石燃料からの転換が必要とされているにもかかわらず、世界の多くのところでは、これら豊富なコストのかからない資源からエネルギーを生産するクリーン・エネルギー技術の採用が遅く——あるいは、全く採用されていないのが現状だ（IRENA 2023）。かなりのケースにおいて、これは、クリーン・エネルギー技術がコストのかかるあるいは低い可動性であるインプットを必要とするからであるかもしれない。ほかでセットするとき、化石燃料に代わってクリーン・エネルギー技術が役に立つには補完的な技術が必要なのである。クリーン・エネルギー転換を何が加速させあるいは遅らせるのかを理解するために、この節では、プッシュ・プル諸力——生産性スピルオーバー、インプット価格、要素可動性と代替性——これらは、この章の第1節において抽象的に関連づけたが、クリーン・エネ

Box 6―2　化石燃料の補助金

クリーン・エネルギー転換への鍵となる課題は、転換しようとしている化石燃料の資源に対して再生可能エネルギー資源がコストの面で競争上の優位性がなければならないことだ――とりわけそれを困難にしているのは、米国政府が長年にわたって化石燃料生産に補助してきたことにある。これらの補助金は、大部分、税制を通じて立法化されてきている。1913年の今日の連邦所得税の導入以来、化石燃料生産者は、特異な控除を受けてきており、効果的にリスクと損失を石油とガスの生産者から納税者にシフトさせているのである。

化石燃料補助金の最大のものは、生産者の投資リスクを負担することにある。1つ大きな条項は、採掘の無形コストの控除であり――このコストには、油井を採掘するにあたっての賃金と準備労働が含まれ――ある推計によれば、これは、採掘総コストの60%から80%に上るといわれる。石油生産者は、標準的な企業支出として普通おこなわれる、油井の償却期間を通じてではなく、これらコストの70%が直ちに控除されるのである(CRFB 2013)。また、利益の上がらないあるいは石油を産出しない油井の採掘リスクを十分に削減する新しい技術であるかどうかにかかわらず、新しい油井の探索のコストも補助されるのである。2004年の近年において、連邦政府は、採掘能力への投資をサポートする新しい租税措置を導入した (U. S. Congress 2004)。

生産もまた、補助されているのであって、たとえば、それは、百分率による減耗控除である。独立の石油生産者は、一日生産する最初の1,000バレルにつき総所得の15%が控除されることが認められており、この控除は、低価格の時期の限界油井に対して、25%に上げられている。この控除は、総所得をベースにおこなわれるので、その金額は、油井の生産者の投資の総額を超えることができる (RS2021)。これらの税制条項は、独立生産者(石油精製業とは切り離されている)をターゲットとしているから、これは、米国の原油生産の80%以上を占める (Golding and Kilian 2022)。

推計値はさまざまなのであるが、ある評価によると、連邦政府から化石燃料補助金から受ける生産者の総便益額は、年間平均で620億ドルに上るとみられる (Kotchen 2021)。この便益は、とりわけ、石油価格が低い時、生産と限界的な化石燃料の新生産者の参入を十分に動機づけしており、国内生産への補助金の全体の貢献は、大変大きいものと推定される (Erickson et al. 2017)。過去20年にわたって、これらの補助金は、シェールブームを通じた非伝統的なプロジェクトの展開に油を注いだのであり、石油生産者の便益は、バレル当たり4ドルにもなるのではないかといわれる (Erickson and Achakulwisut 2021)。ある研究の推計だと、石油価格が1バレル当たり50ドルとして、化石燃料補助金は、2050年を通して、米国の原油生産の20%にも上るとされ、一方でそれは、二酸化炭素排出の60億メトリックトンに当たるとされている (Erickson et al. 2017)。

化石燃料へのこれらの補助金は、直接間接にしろ、一世紀以上にわたって天然ガスと石油の国内生産を促進してきたのである。この範囲と長期にわたる補助が示していることは、連邦政府のエネルギー生産をサポートする能力と同時に石油と天然ガスセクターが、このサポートによって便益を享受してきたということである。わが国は、排出なきエネルギー資源を採用することを加速化させていることからみると、化石燃料への補助金は、また、急速なクリーン・エネルギー転換への障害となっている。というわけだから、バイデン大統領は、繰り返し、これらの補助金を廃止することを議会に要請してきたのであって、最近では2024年予算教書において、クリーン・エネルギー転換を遅らす政策介入を終わらせる一方で納税者の税金を取り戻すことを提言したのである (OMB 2023)。

第6章 クリーン・エネルギー転換への加速化

ギー転換の特別な特徴において述べてみる。

生産性スピルオーバーと減少する資本コスト曲線 技術というものは、それにもとづく生産経験が増加し、生産性スピルオーバーの存在が整合性を持つにつれ、より安くなるものである。このダイナミズムは、クリーン・エネルギー・セクターを特徴づけているようである。高い最初のコストにもかかわらず、増大する製造能力とクリーン・エネルギー技術の発展は、学習とプロセス・イノベーションへの投資の結果として、コストをより低くすることに関連してきた（Nemet 2019）。

生産スピルオーバーと減少する資本コスト曲線における進路依存の役割は、過ぎ去った世紀にクリーン・エネルギー技術の歴史を通して、示すことができる。たくさんのケースにおいて、ゼロに近い限界費用をもっているにもかかわらず、高い資本コストは――一方では、継続する化石燃料への政府補助金があり――クリーン・エネルギーを化石燃料からつくられたエネルギーより、より高くした。たとえば、20世紀の初めのころ、風力発電タービンは、田舎の米国中で当たり前のものであったが、ローズヴェルト大統領の農村電化計画が農村地域に化石燃料を基礎とする電気をより安くもたらすことになってから20年後、米国の風力発電会社は、ビジネスから撤退した（Pasqualetti, Righter, and Gipe 2004）。太陽電池（PV）パネル、それは最初に電力スペース衛星用に、1950年代に開発され、何十年も商業的に競争できず、計算機や太陽電池ラジオのようなニッチの適用に限定された（Nemet 2019）。電気自動車は、電磁気の発見後、20世紀の変わり目のころ、初期のブームを経験し、再チャージ可能なバッテリーの発明は、電気自動車を米国自動車市場（非常に小さくはあるが）の38％を支配するまでになさしめた。しかしながら、燃焼エンジンの進展と化石燃料のコスト競争性の上昇が――公的な補助のある程度結果ではあるが――急速に内燃機関搭載の自動車の支配へと導いた（Guarnieri 2012）。

未来においては、クリーン・エネルギー技術が発達し、普及し、コストは、規模の経済と実践学習の結果、低下することになるであろう。規模の経済は、クリーン技術を動かし平均コスト曲線を下げるが、一方、実践学習は、生産性が上がるので、平均費用曲線それ自身を下にシフトさせる。合わせて、これら諸力は、より高い産出においてより低いコストに導くことになるはずである。しかしながら、もし新技術が既存のエネルギー技術と競争できなかったら、それらは、大量生産ができなくなり、規模の経済と学習効果に関連するコスト低下を経験できなくなるであろう（Hart 2020）。これは、需要を創り出す政策の欠如、既存の技術との競争、あるいは、いくらかその両方によって引き起こされうる。たしかに、図6-4に示されているように、クリーン・エネルギーの資本コストが劇的に下落を始めるのは、この世紀が始まってからのことであり、それは世界の多くの国の政府がその広がりをサポートし始めたときと時期を重ねる（Nemet 2019）。

土地、送電、そしてサプライ・チェーンコスト クリーン・エネルギーによる発電の資本コストは、最近の数十年において劇的に下落してきた。そして現在、しばしば、化石燃料資本コストよりより低くなっている（Lazard 2023）。これらのコストの優位性があるにもかかわらず、化石燃料をベースとするシステムからクリーン・エネルギーをベースとするシステムへの転換をおこなおうとするとき、別のインプットの問題が起こってしまう。再生可能エネルギーによる電気は、異なる土地を使用する必要性が発生し、送電インフラへの投資の必要性が生まれ、化石燃料ベースによる電気より異なる材料への依存をしなければならなくなるのである。これが意味することは、化石燃料に対してクリーン・エネルギーは、総インプット・コストが、構造的転換をおこなうにはそれ自身の市場に対してなお十分低くなってはいない可能性があるのである。

クリーン・エネルギーによる発電は、化石燃料の採掘と分配に使用する土地の計算を入れたとしても、化石燃料による発電よりも、より土地を使用するのである（Gross 2020; Van Zalk and Behrens 2018）。太陽光発電と土地をベースにおこなう風力発電は、巨大な連続する土地を必要とする。ある推計によると、現在の技術をもって米国にネットゼロの転換を完成させるに必要な能力を創り出すには、25万平方マイル以上の土地が必要であり、ほぼそれはテキサス州の大きさに匹敵するという（Nature Conservancy 2023）。か

図6－4　太陽光発電と陸上風力発電の資本コスト曲線、2000～2020年

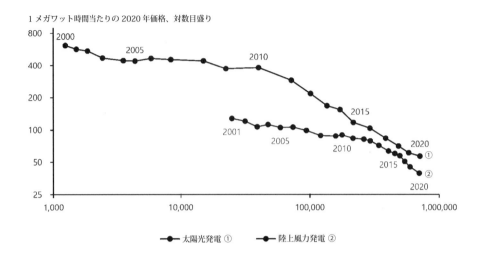

出所：International Renewable Energy Agency (2023); Nemet (2019).
注：対数目盛りは、資本コストの50%低下と設置容量の1,000%増加の関係を示す。

なりの再生可能能力が既存の土地使用において立ち上げられたとして——たとえば、屋上の太陽光発電のように——化石燃料ベースのエネルギー・システムの転換は、クリーン・エネルギーに特化された土地の再利用が必要とされることとなる。建物の配置、計画の立地選択はまた、政治的リスクを引き起こす。地域の利害関係グループは、再生可能プロジェクトに反対し、訴訟を起こし、政治的行動をとってきた。反対は近年急速に広がり、設置のコストを上昇させている（Bryce 2023; Brooks and Liscow 2023）。

人口密集地域から過疎地域のより安い土地へのクリーン・エネルギーの設備の設置は、これら心配事を緩和するが、しかし、追加コストを急上昇させるかもしれない。それは、再生可能エネルギー電力を送電のロードセンターへと送電する必要があるからである。現在の送電規則はまた、外部性を創出する——限界的送電線の追加コストは、しばしば、グリッドにつなぐ限界発電業者によって担われなければならず、——それはたとえ、追加の送電線の便益はすべてつないである発電業者の利益になるとしてでも、である（Sakaran, Parmar, and Collison 2021）。最近の1つの分析によると、現在の米国の送電システムの不十分さ——それは、かなりの地域が高い太陽光及び風力発電の可能性があるにもかかわらず——2030年まで65%だけ、再生可能エネルギーの採用を低くしてしまうかもしれないという（Jenkins et al. 2022）。そして、既存の送電線につなぐことのできる計画された再生可能発電にとって、平均の待ち時間は、現在で3.5年なのである（RMI 2022）。

クリーン・エネルギー技術は、化石燃料技術より異なるインプットを必要とし、それは、発電設備の建設においてはより材料集中型ではないのであるが、進行中に燃料の供給を必要とする（IEA 2023b）。風力発電は、発電能力の単位メガワット当たり5メトリックトンを超える亜鉛を必要とするが、一方太陽光発電は、約4メトリックトンのレア・アース金属を使用する。それに比べると、天然ガス発電能力の新メガワットは、たった約1メトリックトンの金属を使うだけである。同様に電気自動車生産は、内燃機関エンジンの生産に必要とされる金属に比べると6倍の貴重な金属を必要とするが、それは主として、黒鉛、コ

第6章 クリーン・エネルギー転換への加速化

バルト、ニッケル、そして、バッテリーに使われる大量のリチウムによるものであるが、その差はバッテリーの再利用プログラムが立ち上がってくるにつれ、狭まることとなろう（IEA 2023b; Riofrancos et al. 2023）。グローバル・サプライチェーンは、クリーン・エネルギー技術に対してインプット・コストを下落させることができるが、しかし、それは、政府の介入が必要となるかもしれないのである。米国は、現在のところこの領域では国内能力を展開中であり、これらの材料の採掘とその輸送は、かなりのケースで、新しいサプライチェーンの創出、新しい取引関係を形成する必要があるのである（IEA 2023b）。

労働の可動性 クリーン・エネルギーへの転換は、労働市場でのシフトを必要とし、労働者は化石燃料雇用を離れ、クリーン・エネルギー雇用に移らなければならない。労働が地域とセクター横断的に動きうる範囲がクリーン・エネルギーへの転換にとって重要な役割を演じる。これらの摩擦は、クリーン・エネルギーへの転換においてだけ特殊というわけではないのであり、構造変化のいかなる過程においても影響することになるのである。

クリーン・エネルギー・セクターは、より高度なスキルを持った労働者を必要とするであろう（IEA2022）。世界的にいえば、約45%のエネルギー労働者は、2019年時点において、高等教育を必要とする職業についているが、米国経済では、それに対して約25%にしか過ぎない。2022年において、米国のクリーン・エネルギー雇用主の80%以上が、質の高い労働者を探すのに、少なくとも「かなりの困難」に陥っているという報告がある（DOE 2023a）が、経済全体ではそれは、約75%の企業においてそうである（Manpower Group 2022）。ある産業の調査では、米国の太陽光会社の89%は、熟練労働者を見つけるのに困難であると報告しており、競争、小さな志願者プール、そして、志願者の訓練、経験そして技術スキルの欠落を上げている（IREC 2022）。クリーン・エネルギー・セクターの労働者需要は、増大し続ける（DOE 2023a）。たしかに、運輸、クリーン・エネルギー技術製造のような、かなりのセクターにおいては、化石燃料ベースの同業製造業よりも、より労働集約的である（Gotterman, Fuchs, and Whitefoot 2022）、しかしながら、それはすべてのケースに当てはまるというわけではないかもしれない。

地理的な不可動性は、また、化石燃料からクリーン・エネルギー雇用への転換を遅らせているかもしれない（Lim, Aklin, and Frank 2023）。かなりの化石燃料スキルとクリーン・エネルギーのスキルは、重なるのであるが（IEA2022）、化石燃料職雇用とクリーン・エネルギー雇用は、しばしば、同じ場所に存在しないのである。たとえば、ほぼアパラチア地方の解雇された石炭工夫の3分の1は、——彼らのかなりは第3世代雇用者なのであるが、——近くにクリーン・エネルギー雇用の機会があるにもかかわらず、解雇以降動いていない（Greenspon and Raimi 2022）。

このクリーン・エネルギー労働需要は、経済機会を提供しているのであるが、しかし、現在の労働者にとってはスキルのミスマッチを克服する必要がある。この需要のかなりの部分は、化石燃料セクターで現在雇用されていた労働者によって満たされるかもしれない。しかし、これら労働者が経済において一般的に雇用を見つけることができる限り、米国における化石燃料とクリーン産業の労働プール間の一対一の釣り合いは、必要はないのかもしれない（Curtis, O'Kane, and park 2023）。前年に化石燃料会社で働いていたという条件付きでクリーン会社で働いている労働者の可能性は、2019年時点において極めて低かった、これは、地域ベースのインセンティブを考えると、労働力開発プログラムにとって重要な潜在的役割を示唆しているといえる（Colmer, Lyubich, and Voorheis 2023）。

最後に、化石燃料の採掘はまた、地方への財政的効果を持っている（Raimi et al. 2023）。化石燃料採掘における物品税と鉱山使用料は、地方税収の主要源を提供するものであり、地方の学校、病院、そして、その他公共サービスにおける雇用をサポートする。地方の化石燃料税収がクリーン・エネルギーやその他工業セクターへの投資からの上りによってどのように、そしていかにして置き換わられるのかを考察するのは重要なことである。

代替可能性 風と太陽光のようなクリーンなエネルギー源による電気は、一日中ついかなるときでも使うことができないということで、化石燃

料からの電気とは異なる。この再生可能エネルギーの不規則性は、バッテリー貯蔵やそのほかの解決法への補完的投資によって解決可能であるが、それには、原子力発電と水力発電を含み——それらは、クリーン・エネルギーからの電気を化石燃料による電気への良き代替物とするものである。たとえば、クリーン・エネルギーをいつでも分配可能とするためには、バッテリー貯蔵を再生可能エネルギーが豊富であるときにおこない、豊富でないときに放出するということをバッテリーに動機づける方法で配置することができなければならない。

　同様に、電気自動車の可動距離でいうと——それは、急速に改善されているのであるが、——その採用の1つの障害となっている。今日まで多くの電気自動車は、内燃燃焼エンジン搭載の車に比べてより短い可動距離なのである。最近の調査が明らかにしたところだと、電気自動車所有者の多くは、第二の非電気自動車を持っている——そして、第二の自動車をよく運転するというのである（Davis 2023）。その結果、実際の電気自動車使用は、州の管理官が典型的に考えている半分以下だということだ（Burlig et al. 2021）。電気自動車が内燃機関エンジン車に取って代わる困難がそこにあるということであるが、解決策は既に存在し、多くは出現している。これには、自動車製造業者が、より大きなバッテリー・パックをインストールすることであり、バッテリー技術を改善することであり、活発な電気自動車に電気を供給するネットワークを建設することを前進させることが含まれ、それは現在、実行中である。

　エネルギー技術間の代替可能性のない極端なケースにおいては、需要が発生することに失敗する。太陽光電池は、需要が消える初期の研究ケースの1つである。シリコン太陽電池が最初にベル研究所において1954年に開発されたとき、それらは、多くの商業用アプリにはあまりにも高すぎた。米国政府は、長くそれらの主要な買い手であって、衛星用と防衛アプリに使用した（Nemet 2019）。今日、水素が、エネルギーの供給原料として工業用にセットするには同様の困難に直面しており、そこでは、化石燃料を使用するかなりの既存の設備とプロセスが水素には使用できないのである。補完的な資本投資が、エネルギーの材料として水素への需要を生み出すには必要とされるであろう（CEA 2023b）。

クリーン・エネルギー転換のスピードと規模に資金融通する

　過去の構造変化は、それ自身の時間の経路で動く傾向であったが、クリーン・エネルギー転換の最大の困難は、必要とされるスピードとその規模である。上述のように、世界の気温はすでに上昇しつつあり、経済的被害も上昇中である。米国とその他諸国は、急速な既存のクリーン・エネルギー技術の展開と新しい技術的解決への投資を通じて、彼ら諸経済を押しなべて脱炭素化する必要がある。

　エネルギー転換は、民間セクターの投資を加速化させる必要から莫大な金融の必要性がある。クリーン・エネルギー技術への民間投資は、近年高まってきた（White House 2023）。しかしながら、構造変化への共通の障害の結果、それらは、それに代わる投資よりもリスキーであり儲けも少ない。エネルギーセクターの急速な構造変化へのそのような障害を取り除くことができれば、彼ら自身においてエネルギー転換を資金付けする金融市場におけるペースを加速化することができる。概念上は、この金融問題は、上述のクリーン・エネルギー転換のその他の課題と分けられるものではなく、むしろ、同時に存在しているこれら障害の多くの結果なのである。

　供給サイドからいえば、新しいクリーン・エネルギー技術は、より大きな信用リスクが感じられるゆえに、他の産業に対して、伝統的な資本市場にアクセスすることを困難にしているということなのである（Armitage, Bakhtian, and Jaffe 2023）。新技術は、大きなコストに関する不安定性を経験するかもしれないからであり、それは、建設のタイミングと遅れ、将来の収入の流れについての不確実性、建設の経験がないことによる製造コストの過剰などの結果によるものである。伝統的な金融機関はまた、発生期の技術を評価する能力の欠如があるかもしれず、彼らはプロジェクトを引き受けることを躊躇するのである（IEA 2021c）。

　クリーン・エネルギープロジェクトは、追加的困難の一連のものに直面している。それらは、大いに採用される前に商業上の可能性をはじめに

第6章
クリーン・エネルギー転換への加速化

示さなければならない。初期の段階の金融機関は、しばしば、この説明を必要としている最初の資本を十分に供給することができないか、やる気がないということがおこる（Ghosh and Nanda 2010）。金融リスクはさらに最初の段階の投資をさらに制限する。ナンダ、ヤウンゲとフレミング（Nanda, Younge and Fleming 2015）は、エネルギー・プロジェクトの金融の必要と全容は、いかにリスクが高く、ソフトウエアーと情報技術のような他の高成長産業より、より資本集約的かを記録している。初期の段階の潜在的投資家は、もし、彼らがその技術が、市場需要が大規模な展開に不十分で、中期の「死の谷間」において金融を受けることができないと予測すれば、クリーン・エネルギー会社に投資することを控えるかもしれないのである（Nanda and Rhodes-Kropf 2016）。

需要サイドの要因はまた、エネルギー転換へ金融することを遅らせることができる。たとえば、ヴェンチャーによって金融されるエネルギー新会社への投資家たちは、歴史的に、バイオテクノロジー、半導体、情報技術のような産業と比べて、より少ない出口機会しか持てないことを理解している、バイオ、半導体、情報技術の新会社では、彼らの製品の商業的可能性を示す前にさえ確立された市場が存在しているのである（Ghosh and Nanda 2010）。エネルギー会社と公益事業会社は、過去にしばしばいやに思われてきたのであって、というのはまだ証明されていない技術を持った新会社だからだ（Nanda, Younge, and Fleming 2015）。ヴェンチャー・キャピタルでさえ、クリーン・エネルギー会社への投資は、時間をかけて増大してきたのであって（CTVC 2023）ヴェンチャー・キャピタル会社は短期で出口機会が制限されている資本集約的なエネルギー・プロジェクトへの投資には、乗り気ではなく、それはなぜなら、そのような投資は、市場を通して製品を見るためには長い時間をかけて繰り返し資本を投入しなければならないからだ（Van den Heuvel and Popp 2022; Fontana and Nanda 2023）。より有利な出口環境を新会社に創出してやることは、これらセクターに民間セクター投資を動員する手助けとなるということである。

新しいエネルギー・システムへの転換にあたって、クリーン・エネルギーの広範な市場についての不確実性は、民間セクター投資を阻止することができ、それは、公共セクターが永続性のある需要シグナルを送る機会を創出するということにつながる。ラーナーとナンダ（Lerner and Nanda 2020）の議論にあるように、市場需要を理解することは、初期の段階の会社が成功するための重要な前提となるのである。著者たちによれば、ソフトウェアーとサービスをベースにする企業は、より短い展開の時間軸を有しており、技術進歩は、これらのタイプの会社が市場需要を確定するのをより速くおこなうことを可能とするのである。ソフトウェアーとサービスをベースにする企業に比べると、クリーン・エネルギー会社は、彼らを投資家に魅力的にする需要の確実性を予測し示すことに対して、より困難を持つかもしれないのである。

要約していうと、今日、クリーン・エネルギー転換に影響を与える経済的プッシュ・プル諸力のバランスは、進展はなされてきてはいるものの、民間セクターの投資が、脱炭素化の目標に達するために必要な規模に達することを阻止しているかもしれないのである。次の節では、政府が、ネットゼロ経済により速く転換することに触媒作用を果たすことができる役割を検討する。

公共セクターの役割

第1節において論じた市場の失敗と経済的摩擦が原因で、政府の介入は、ネットゼロ排出に達するためには必要となる。政府は、必ずしもいつも GHG 排出の削減を企図したわけではないが、長い間クリーン・エネルギー技術の開発に投資してきた。1970 年代、大規模な風力と太陽光 R&D への公共投資は、主として石油市場の品薄と高価格に対抗するためおこなわれたが、この領域への中心的参入となった（Pirani 2018; CRS2018; Nahm 2021）。それ以来、世界中の政府は、クリー

ン・エネルギーへのサポートを増やしてきており、ネットゼロ経済への転換を加速的に進めてきている。

　政府介入は、汚染と知識の外部性のような、典型的な市場の失敗を解決するためには重要なものである。構造的変化に関していうならば、そのような介入は、転換の方向とペースを変化させるには基本的なものである。経済的インセンティブはなお完全には既存の化石燃料依存のエネルギー・システムをクリーン・エネルギーにもとづくものに置き換えることを促進するものとはなってはいないが、政府の干渉は、そのようなインセンティブを変えることができる。しかし重要なことは、構造的変化のレンズからみると、これらの介入は、必ずしも永続的である必要はない、いったん、クリーン・エネルギー転換を推進する勢いが形成されたならば、民間セクターは、たとえ継続的な政府の介入がなくてもその転換を継続することであろう（Box 6-3 を見よ）。

　図 6-5 がこの議論を図示している。政策介入がない排出は、点線の緑で示されているが、最近の米国 GHG 排出のケースにおいてのように、ネットゼロ目標に十分見合うものではないが下落している。最初に構造的変化のダイナミズムがない経済を考えてみよう。一時的な政策介入は、時間の経過とともに GHG 排出を低くしているが、その率は大きくはなっておらず、それは、緑かかった青い線で図示されている。その結果、排出は政策前と同じペースで継続的に変化している。そのような経済においては、ネットゼロ排出を達成するためには、永続的な政策介入が必要である。この軌道は、図の青い線によって示されている構造変化ダイナミクスを特徴づける経済と比べるときわめて対照的である。このシナリオの下での政策は、クリーン・エネルギー源に依存する進路を建設することによって排出をより低くする度合いを永続的に進めることができるのであって、それは、政策がやめになった後においてもクリーン・エネルギー転換を維持する勢いが生み出されているからである。これは、構造的変化の下で、継続的な政府介入なしにクリーン・エネルギー転換を維持する民間市場インセンティブを結果的に作り出している政策介入によって長期の脱炭素化が達成しうることを示している。

　排出が減少する率は、コスト効果的な技術と GHG 削減選択を目標とする政策がいかに良くできているかに依存するのであって、それは、自己維持機能を有する化石燃料基盤の技術と競争できなければならないのである。目標が貧しい政策だと（図のライトブルーの線によって表現されているが）よりコストのかかる技術に凝り固まってしまうことに導きかねず、究極的には、クリーン・エネルギー技術の採用をより困難にし、より良い目標を持ったもの（ネイビーブルーの線）より高くつくものへ向かう経済になってしまうことになるであろう。

　この進路依存は、経済的状況から生み出すことが可能であるが、また、政治的淵源を持つものでもある。多くの研究が指摘し、それは増大の一途をたどっているのであるが、気候政策は、それを逆転させる政策をより困難とする経済的グループと消費者利害グループをより強化することを促進することができる。たとえば、新しい工業セクターや雇用の源を創出するような、広範な経済的便益を生み出す諸政策は、それをひっくり返すことは政治的にコストのかかることであり、それゆえ、政権を通じて定着していくことになる（Meckling and Nahm 2021; Meckling et al. 2015）。反対に、政策の確実性が欠如すると、過少投資に導くことになってしまうのであって、それは、参入しようとする企業が進むに従って補助や税金に対して不確実になってしまうからだ（Noailly, Nowzohour, and van den Heuvel 2022）。研究が記録していることであるが、再生可能エネルギー生産と投資税額控除の度重なる廃止──あるいは、短期での延長──は、国内風力電力産業の発展に否定的なインパクトを与えた（Lewis and Wiser 2007; DOE 2022a）。

　最後に、公共セクターの介入は、企業が特別な過程や市場行動を採用することを要請するよりも、政府が直接望ましい結果をサポートする時に最高に働くのである（Rodrik 2014）。たとえば、電力セクターに再生可能エネルギーの採用を増加させるには、政府の介入は、再生可能エネルギーに補助をするか、あるいは、化石燃料排出に課税するか、が理想であって、技術中立税額控除と同じように、どこに、どのようにして、どのタイプの再生可能エネルギーを使うかというようなことを

第6章 クリーン・エネルギー転換への加速化

図6-5　図解——構造変化ダイナミクスのある場合とない場合のGHG排出

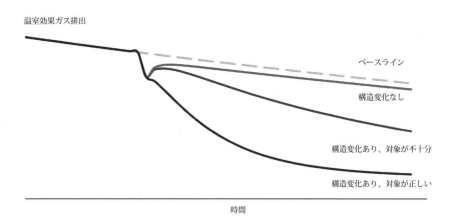

出所：CEA calculations.
注：GHG＝温室効果ガス。構造変化ダイナミクスがない場合、一時的な政策介入は、GHG排出を引き下げるが、政策なしの軌道（緑色の波線のベースライン）対比でその成長率（青緑色の実線）は引き下げない。構造変化がある場合、一時的な政策はGHG排出の成長率を引き下げる。GHG排出のさらなる低下は、対象が不十分な場合（水色の実線）よりも、政策がテクノロジーを正しく対象としている場合（紺色の実線）の方が速い。

やってはならないのである。さらに、研究開発目標を達成するためには、──民間では金融困難ということに直面するかもしれず──政府は、新しい技術の可能性のある大きな一揃いをカバーする多様なポートフォリオに投資すべきであって、その技術が成功するか究極的に失敗するかを予想して、一握りの企業や製品を取り上げておこなうべきではないのである。これらの介入は、民間セクターに確実性を供給するし、新しいイノベーションに対して柔軟性をもたらすことになるであろう。それらは、不完全な情報の潜在的影響を緩和し、とりわけ、勃興する技術の転換期においては、レントを求める企業が正確な情報を獲得することの困難への対処を促進する。

クリーン・エネルギーへの転換を加速化するために、以下において集中的に論じる、供給サイドと需要サイドの諸政策においては、これらの諸考察を重視することになる。これらの介入は、また、お互い協調的でなければならない、というのは、それらは、広範な、多様な政策アプローチの部分であり、それらアプローチは、同時にクリーン・エネルギー転換の背後にあるプッシュ圧力を増進し、プル諸力を取り除くことを目的とするからである。

供給サイド政策

生産性スピルオーバーの促進　政府は、新しい技術の創出を導き出すことができる。基礎研究は、高い経済的収益を生み出す画期的な技術に導くことができるが（National Research Council 2001）、しかし、民間の収益は公共の収益と比較するとかなり低いから、民間投資家は基礎研究にあまり投資することを控える傾向にある（Lucking, Bloom, and Van Reenen 2020）。このパターンは、とりわけ、エネルギー・セクターにおいて聞かれることであり、そこにおいて、民間セクターは基礎的R&Dに歴史的に過少投資であった（Nemet and Kammen 2007）。

米国政府は、それゆえ、長きにわたって基礎研究をサポートし、世界で最も大きなエネルギー研究の資金者として存在し続けている（IEA 2023d; Sandalow et al. 2022）。超党派インフラ法（BIL）──それは、2020年エネルギー法（公法116-

Box 6—3 構造変化を加速化させる公共セクターの役割——韓国の場合

韓国の重工業と化学工業（HCI）のトランスフォーメーションは、1970年代以来のことであるが、輸出志向の構造変化の１つの例である。1950年代初めの朝鮮戦争による荒廃の後、韓国は、1960年代と1970年代初頭、広範な輸出志向型経済戦略に転じ、輸出企業へ貿易政策上優遇措置を与えたのである。1973年、国防上の観点から対応し、韓国政府はこの厳格な政策をHCI企業に制限し、国内金融機関から広範なローンの補助を供給した。国家は、加えて補助金受け取り者のパフォーマンス基準を、輸出目標に依存して、制度化し、企業パフォーマンスから金融的指標を取り除いた。この政策システムは、短期ではあったが1979年まで続き、それは、韓国の工業生産にそれに引き続き何十年も鋭い効果を発揮した（Lane 2022）。

このセクターに特化した介入は、HCI企業の生産性の急上昇に帰結し、直接の工業戦略の1973年から79年にかけてとその後の時期においても影響した（Lane 2022）。HCIの輸出に占めるシェアは、1973年前の水準を超え、1979年後も続き、このレベルは今日まで続いている（Lane 2022; Choi and Levchenko 2021; OEC2023）。今日の韓国の主要な輸出は——サムソンの半導体とヒュンダイの自動車であり——1973年から79年の間に最初に生産されたが、生産は、1980年代を通して急速に成長した。

政府の政策は、この時期に構造的変化を促進し、それは、かつては、摩擦と市場の失敗によって阻まれたものであった。介入前は、韓国のHCIセクターは、財務問題を抱えていた。西欧の金融機関は韓国企業にローンを供与するのに二の足を踏んでいた（Amsden 1992）。韓国政府は、現在のクリーン・エネルギー投資の下での投資税額控除に類似した補助金付きのローンで投資を活発化させたのである。そして、国内需要は目標とした産業の成長を維持するには十分ではなく、韓国政府は、輸出をサポートし、より安い資本と輸出企業に優先的な規制のステータスを許したのである。政府の最後の介入は、広範なエンジニアリングの教育パイプラインを開発促進をすることによって、人的資本をつくりあげることであり、——それは、HCI製造業の複雑さによるものであった（Amsden 1992）。

韓国のHCIセクターの成功は、この時期の政府の産業政策の戦略とつながっていたということできよう。政府の一時的な介入は、投資の方向を変えるのには十分であり、かつて何のとりえもない平凡な産業企業を長期にわたって比較優位を確立することができるのである。今日、HCIに駆り立てられた多くの組み立て産業——自動車、船舶、などであるが、韓国経済の柱として存続している。プログラムの成功が示唆するものは、公共の介入は、急速な構造変化への障害を取り除くのに重要なものなのであるということである。

260、Z部門）とともに、インフラ投資および雇用法（公法117-58）として立法化されたが——それは、エネルギー省のエネルギープログラムの年間資金を３倍以上に増やし、R&D資金の重要な拡大を含むものであった（DOE 2022b）。研究へのこのような公共投資は、エネルギー転換を加速させることのできるグローバルな知識と生産性スピルオーバーを生み出すことになるであろう（Berkes, Manysheva, and Mestieri 2022）。それにもかかわらず、現在のエネルギーR&Dへの公共投資は、なお気候変動に対処するにふさわしいレベルからすると足りないのであり、コストを削減し、工業セクターを脱炭素化するに必要なカギとなる技術は、依然として商業化されてはいないのである（Box 6-4を見よ）。現在の米国によるエネルギーR&D支出は、1970年代のオイルショック後に支出された額を下回っているのである（Gallagher and Anadon 2022）。

資本、土地、そして送電コストを削減する　太陽光発電電池のような、特定のクリーン・エネル

第6章 クリーン・エネルギー転換への加速化

Box 6—4　グローバルな気候協力の必要性

気候変動を解決することは、本来的にグローバルな課題であり、米国のクリーン・エネルギー転換は、その解決のたった1つであるにすぎない。もし他の国がまた、米国と同様な構造的トランスフォーメーションに取り組めば、危険な気候変動を避けることはできるであろう。2022年において、米国は、グローバルなGHG排出の14％に責任があり、中国のシェアは、31％であった。合わせれば、主要主権国家は、排出を十分削減する潜在能力は持っている、米国、中国、EU27カ国、ブラジル、ロシア、そしてインドを合わせると60％以上のグローバル排出を2022年においてしていたのである（Friedlingstein 2023）。

米国のクリーン・エネルギー技術への投資は、グローバルな生産コストを下げることを促進する可能性があり（Way et al. 2023; Larsen 2023）、イノベーションをグローバルに励ますことができる（Berkers, Manysheva, and Mestieri 2022）。しかしながら、これらの投資とそのグローバルなスピルオーバー効果を考慮に入れたとしても、世界において、グローバル気候目標に達成するに必要な製造業と展開能力には足りないと見積もられている。たとえば、世界は、2050年までにグローバルネットゼロ排出への軌道に乗せるべく2030年までにEVバッテリーと太陽光モジュールの十分あるいはそれに近い製造能力を開発することが期待されているが、風力タービン、ヒートポンプ、そしてその他の鍵となる技術のグローバルな製造能力は、脱炭素化の目標に見あった必要のペースに追い付かず遅れている（図6-ⅰ）。

他の諸国は、米国に合流して急速にそのクリーン・エネルギーへの転換を加速させる必要があるのである。米国とその他の国では、エネルギー転換の構造的変化への障害を取り除く戦略的な公共セクターの介入が、炭素排出のセクターよりより安いクリーン・エネルギー技術を生み出す民間セクターから、必要な同意を創り出すことができるのである。

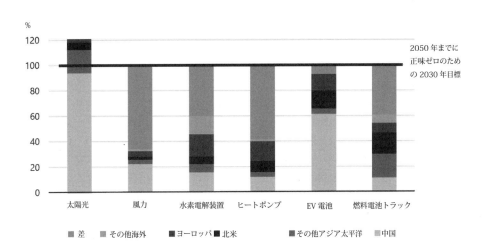

図6-ⅰ　予想と目標の世界製造能力、2030年

出所：International Energy Agency; CEA calculations.
注：「製造能力」とは、あるテクノロジーを生産するための施設の最大定格産出量を指し、一度実装されたときのテクノロジーそれ自体の生産能力とは区別される。生産能力は、最終製品について年ベースで記載される。

ギー技術は、すでに資本コストは十分削減されている。しかしながら、グリッド規模のバッテリー貯蔵、水素発電、炭素捕縛と貯蔵、直接的大気捕縛、そして、進化したモジュラー原子炉のような新しい技術はなお高い資本コストに直面している（DOE 2023c）。

公共セクターの介入、それには、債務保証が含まれるが、クリーン・エネルギー技術の資本コストをより低くすることができる。エネルギー省のクリーン・エネルギー金融プログラムは、革新的クリーン・エネルギー技術の債務保証を提供し、近年2022年のインフレ抑止法（IRA）（公法117-169）の下で規模を大きくされたが、そのような公共セクター介入の1つの例である。そのようなプログラムは、実践学習（Arkolakis and Walsh 2023）を通じて、そしてまた、ネットゼロ経済を達成するために必要な補完的民間投資を応援することによって、再生可能技術の未来のコストを低くすることができるのである（Heintz 2010; Juhasz, Lane, and Rodrik 2023）。債務保証は、クリーン・エネルギープロジェクトの金融に内在するリスクを軽減することができ、それゆえ、資本の利用可能性を増進するであろう（Bachas, Kim, and Yannelis 2021; CRS 2012）。それらはまた、リスクのないプロジェクトをさらに進め、民間資本を「取り入れる」ための情報シグナルを民間金融家に提供することができ——クリーン・エネルギー技術に銀行が貸付可能とする時間をさらに短くすることができるのである（DOE 2023e）。エネルギー省によるハイテク・クリーン・エネルギーのスタートアップ企業に対する奨励金に関するある分析は、民間セクターからの未来の金融について肯定的な効果があると結論している（Howell 2017）。もう1つ別の研究が発見したことには、公共投資を受けたドイツの若い企業は、銀行借入によりアクセスしやすくなり、この効果は、とりわけ、「情報不可解」とされるセクターにおいて顕著であるということだ（Hottenrott, Lins, and Lutz 2017）。

しかしながら、もし、資本以外のコストが高ければ、クリーン・エネルギー技術のより低い資本コストだけでは十分ではない。かなりのクリーン・エネルギー技術の土地の必要性は追加のコストを意味し——そして、しばしばそれは、農業生産地域において起こるのである（van de Ven et al. 2021）。政府は、このトレードオフをうまくさばくことができ、とりわけ、風力農場のケースにおいては、そうである。各タービンは、相対的に小さな土地しか必要ではなく（Denholm et al. 2009）、そして、農業用風車間の耕作可能スペースの使用を刺激することで、風力農場の土地の必要性を劇的に少なくした。同様に、政策は、農業とともに太陽光発電を促進することができる。太陽PVの下での穀物の成長は、なお厄介な実践であるが、減税と直接的補助がその規模を大きくすることができ（Boyd 2023）、米農務省農村エネルギー米国プログラムのIRAによって提供された資源を通じて可能となる。

高地価はまた、農業生産地域から離れて再生可能エネルギー発電を建設することによって緩和される。しかしこれらの地域は、電気需要が高い人口周密地域と離れる傾向にあり、新しい再生可能プロジェクトは、彼らが接続するグリッド区域の送電能力によって限界づけられる。送電を拡大するということは、それゆえ、新しいクリーン・エネルギー発電能力を建設する重要な補完的役割を果たす。新しい送電は、国の諸地域の中とそれを超えて、両方において必要とされるものである（DOE2023）。BILは、これを目的として25億ドルを特定のプロジェクトに配分している。配電と同時に送電におけるこのような投資が欠落すると、増大する電化は、既存のグリッドを痛めつけるであろう。

増大する労働の可動性 政府は、労働市場の摩擦を取り除くため中心的役割を果たすことができ、もしそうでなければ、クリーン・エネルギーへの転換は妨げられるであろう（CEA2021）。労働市場のスキルの必要性とミスマッチの両方に対処するイニシャティブは、地理的な不可動性への対処とともに、エネルギー転換を加速化させるために特別に必要なものである。

労働力開発プログラムは、クリーン・エネルギー・セクターの次世代労働者の訓練のため、そして、化石燃料産業から転換する労働者を再訓練するためにも必要である。クリーン・エネルギー技術についての訓練を含め、教育の標準化をおこなう政府のイニシャティブは、きわめて重要であり、——とりわけ、屋上の太陽光発電装置の設置

第6章 クリーン・エネルギー転換への加速化

のような多様な工芸労働が必要な場合がそうであり、それには、大工、屋上労働、金属労働、電気、そして情報技術に関する知識が必要とされるのである（IREC 2023）。教育、訓練、導入レベルの雇用、そして、長期の職歴間の方針に関するプログラムは、長期の雇用の質と雇用維持を確実にするために必要である。最近の連邦政策には、見習いから導入レベル雇用までをつなぐラインの形成確立の重要性が反映されている。たとえば、IRAは、電力、製造、そして運輸セクターに広範な税額控除につけ加えてボーナスを導入したが、その対象は、賃金の支払いや、特定の建設、修正、修理労働へ質の高い訓練を施している、適格かつ資格のある企業になる。さらに、新しい見習い徒弟プログラムの創出によって、経済成長を促進する機会を提供するのであるが、それは、エネルギー・セクターにおいて歴史的に過少評価されてきた労働者——とりわけ女性労働者——に未来の職へのアクセスを確実にすることで可能なのである。女性は、クリーンおよび化石燃料セクターの両方において、20％以下の雇用状況なのである（Colmer, Lyubich and Voorheis2023）。

再雇用プログラムにおける政府の介入は、化石燃料セクターに雇われている労働者をサポートすることができるのであり、彼らをクリーン・エネルギー・セクターやその他の産業につくために再訓練するのである（Katz et al. 2022; Hanson 2023）。ハイマン（Hyman 2022）が証拠をあげているが、市場の混乱時に意図的に労働の非可動性をターゲットにすることで、労働者が産業間を異動し——労働成果をあげる——ことの可能性を増大させることができるというのである。クリーン・エネルギー転換の脈絡でいうと、再訓練プログラムのコストの推定は、異なるが（Louie and Pearce 2016）、しかし、それは、転換のすべてのコストに対する鏡であるかもしれない（Vanatta et al. 2022）。

地理的非可動性に対処する政府プログラムは、労働力開発プログラムを補完することができる。そのようなプログラムは、化石燃料セクターに隣接するクリーン・エネルギー製造業施設を建設するための資金を供給するか、あるいは、労働者が再配置することを援助する異動手当を供給することができる（Vanatta et al. 2022; Pollin and Callaci 2016）。エネルギー省は、たとえば、電気自動車のサプライチェーンをサポートするために、既存の自動車製造設備の転換に、155億㌦の資金付けを発表した（DOE 2023b）。政策によってまた、地方税収が歴史的に化石燃料産業に依存している諸地域をサポートすることができる（International Renewable Energy Age 2023）。

需要サイドの政策

より長期にわたって需要を喚起する。 民間投資家は、新しいエネルギー技術の商業化の資金付けに二の足を踏むから、政府の介入が、長期にわたる需要のシグナルを創出しなければならない。このような介入は、新しいクリーン・エネルギー技術を「死の谷」において立ち止まらせることを阻止できる（Namet 2019）。

クリーン・エネルギー設備の取り付けの実施とそれへの投資の税額控除は、これら技術に対する需要を喚起することを可能とする。米国では、さまざまな再生可能エネルギー技術の需要を喚起するため、1992年以来、生産税額控除というやり方を採用してきたが、すべて、特定の企業を優遇するものではない。IRAの下で、クリーン・エネルギーへの生産および投資税額控除は、2025年まで、技術を問わず、——十分に排出を少なくするどのようなタイプの生産にも、同じく、減税を受け取ることができるのである。2032年まで、税支出のトータルな制限がなく、また、電力からの米国GHG排出が、特定の閾値に達するとき、両方の補助金が利用可能であり、電力への再生可能エネルギーの使用を動機づける耐久市場のシグナルを創出する。

そのような政策は、そのほかの脈絡で民間セクターの金融を動員するにあって効果的であることを証明してきた。ある研究が発見したことには、そのような需要サイドの政策は、耐久市場の需要を上昇させ、民間セクターの投資を動員することを促進するのであり——とりわけベンチャー・キャピタル——が、クリーン・エネルギーに向かうことを勧める（van den Heuvel and Popp 2022）。そして、薬品産業において、需要サイドの政策は（それは、「ディマンド・プル」政策として知られるが）、生物医学R&Dの資金付

け動機を促進するのであり、それは、市場インセンティブが動機促進に働かない場合においてである（Glennerster and Kremer 2000; Global Trade Funding n.d.）。同様に、事前の市場介入は、ワクチンのような、成熟した市場需要がない市場における薬品生産をより大規模に生産することを可能としてきた（Kremer, Levin, and Snyder 2020; Berndt et al. 2006）。

代替性の改善 電力セクターにおいては、バッテリー貯蔵技術は、変動性の心配を緩和する1つの方法を提供するのであって、化石燃料に代わって再生可能エネルギーをより良き代替物とすることを可能とする。グリッドに連結したバッテリー貯蔵は、米国において急速に増加している。2023年において、米国では、グリッドに連結したバッテリー能力、16ギガワット（GW）を配備したが、2024年には、もう1つの15GWを計画している（EIA 2024b）。ネットゼロの目標を達成するために、米国では、2050年までに、モデルによれば、約131GWのグリッド規模の貯蔵が必要とされる（Narich et al. 2021）。追加的な配置を促進する政策は、さらにコストを下げることになるであろう（NREL 2023）。これらの政策には、バッテリー採用への投資税額控除とバッテリー製造への生産税額控除が含まれ、——これら2つは、IRAの下で供給される。

電力グリッドにおいて設置されるバッテリーは、卸売り電力価格が低い時には充電されるべきであり、価格が上昇する時には、放出されるべきである。限界電力発電機が、価格が低い時再生可能エネルギーを使用し、価格が高い時、化石燃料を使用するとして、バッテリーに対する税による動機付けは、化石燃料からの電力を再生可能エネルギーからの電力に置き換えることにより、GHG排出を削減することに帰結するであろう。もし、それに代わって、低い電力価格が化石燃料からの限界電力を同時に引き出すとすれば、バッテリーのインセンティブは、GHG排出を増加することになるであろう（Hittinger and Azevedo 2015; Pimm et al. 2019; Beuse et al. 2021）。バッテリーへの投資税額控除をただ、卸売価格と限界排出との一日のプラスの相関関係のあるグリッドだけに結び付ける政策は、バッテリーの拡大がGHG削減と同時に起こることを確実にするであろう。

クリーン・エネルギーと化石燃料とのより良い代替可能性はまた、クリーン・エネルギー補助金がより低い電力料金とGHG削減の両方をもたらすことを確実にする。これは、なぜならば、クリーン・エネルギー補助金には、気質があり規模の効果をもっているからだ（Baumol and Oates 1988）。補助金は、すべて他の条件が変わらないとして、化石燃料に対してクリーン・エネルギーをより安くし、電力の構成をクリーン・エネルギーとGHG排出を減少させる傾向にある。クリーン・エネルギー補助金は、また、すべて他の条件が変わらないとして、電力を安くすることで全体の電力消費の規模を増加させるのであり、化石燃料を含む全てのエネルギーインプットの増加となり、そんなわけでGHG排出も増加することになる（Casey, Jeon, and Traeger 2023）。クリーン・エネルギーと化石燃料が、より大きなバッテリー展開とともに、より良き代替関係を結ぶとき、構成効果は規模の効果全体を支配し、クリーン・エネルギーの補助金は、排出とより低い電力料金の両方を生み出す（Hassler et al. 2020; Jeon, and Traeger 2023）。

同様に、電気自動車を内燃機関エンジンとより代替的にする政策は、——それが範囲を改善するか、あるいは、充電する便益を増加させることによってかどちらかでも——それらの採用を加速させることができる。IRAによるバッテリー製造への生産税額控除は、生産コストの下落をもたらすことを目的としたものであり、範囲を改善することができる。IRAの下での家計のバッテリー貯蔵への投資税額控除とBILの下で、全国的なハイスピードの電気自動車充電ネットワークの建設に配分された75億ドルは、充電機会の増進を目指したものである。

供給と需要の協調

クリーン・エネルギーの転換への必要な規模とスピードは、供給政策と需要政策との協調を必要とする。クリーン・エネルギー技術の需要はしばしば、異なる技術とインフラをサポートする補完的かつ同時の供給サイドの投資を必要とする。上述のように、電気自動車は、充電インフラに依存している。かなりの消費者は、十分な便利な充電

第6章 クリーン・エネルギー転換への加速化

設備がインストールされるまで電気自動車の投資に二の足を踏むが、一方で充電設備への投資は、消費者が多くの電気自動車を購入するまでは、収益が上がらない（Li et al.2017）。以前の調査が示唆していることであるが、供給サイドの投資は、——電気自動車充電インフラへの補助金のような——直接電気自動車補助金と協力しておこなわれるべきだということだ（Cole et al.2023; Rapson and Muehlegger 2022; Dimanchev et al. 2023）。

同様なネットワーク効果と協力問題が、新しい燃料へ変わるときには存在するのであり、クリーン水素のように、それは、生産と需要の両面の技術における投資が必要とされる（Armitage, Bakhtian, and Jaffe 2023）。水素生産のため使用される技術への投資に加えて、供給原料として水素を使用するため施設を改良し、パイプラインと貯蔵を含めて中間のインフラがクリーン水素産業を成熟させるためには重要となるであろうということである（U. S. Department of Energy 2023c）。とりわけ、生産と最終使用を配置する困難を前提とすると、水素を輸送し、貯蔵し、分配する現在の短期の利用可能性は、しばしば、産業の抑制要因として引き合いに出されるものである（Zacarias and Nakano 2023）。公共セクターは、新市場を確立するために十分な供給を確実にする一方で、需要を喚起し、重要な調整の役割を果たすことができる。未来の需要が不確実であるとき、企業は、必要な生産技術やインフラへの投資をより困難と思うかもしれないが、それは、ある程度そのような状況では金融上の貸し手を見つけることが困難であるからである。しかしながら、十分な供給が欠落する中で、需要を創出するための技術とインフラへの投資を、しばしば、また正当化するのは困難である。たとえば、オフテイク契約——しばしば、生産する前に決定された価格で契約した量を購入すること——は、しばしば、プロジェクト金融の必須条件である。ローンの保証人は、それゆえ、普通は負債の金融を承認する前にオフテイク契約を見たいと尋ねる（Global Trade Funding n.d.）。エネルギー省は、現在、オフテイクの確実性を提供する需要サイドのサポート・プログラムを確立しつつあるが、——それはたとえば、水素生産者と購入者による契約を通してであり、——それは、BILによって資金付けされた地域クリーン水素ハブ・プログラムにおけるプロジェクトのための確実性を保証するのである（U. S. Department of Energy 2023）。

結論

グローバル経済の脱炭素化は——気候変動の影響を緩和させるのに加えて——新しい経済的機会を創り出している。クリーン・エネルギーへの移動は、エネルギー価格を低くし、より大きなエネルギー安全保障を提供し、エネルギー市場の浮動性を削減し、地域の大気汚染を緩和し、勃興するセクターに新しい雇用の資源を創出することを可能とする。クリーン・エネルギーへの転換はまた、米国に世代的な機会を提供し、21世紀の革新的セクターに経済的競争性をさらに強めることであろう。この章では、構造的変革を通じてこれらの諸目的がどのようにして達成可能かについて詳細に説明し、クリーン・エネルギーへの転換を加速化することができる諸要因を理解する経済的フレームワークを提示してきた。それはまたさらに、その転換への障害を取り除くことができる政府の特別な介入について光を当て、民間セクターが緑の成長の新しい源を掘り当てる機会の創出について述べてきた。

バイデン—ハリス政権は、これらの高収益をもたらす投資を戦略的に目標としているのである。供給サイドでいえば、このアプローチの例には、エネルギー省のエネルギープログラムへの拡大された資金提供とBILを通じてのR&Dが含まれ、それらは、民間セクターの投資が未だ十分ではない勃興する技術の資本コストを引き下げイノベーションのスピルオーバーを促進することに貢献するのである。同時に、IRAには、クリーン・エネルギー・プロジェクトへのリスクを緩和し、新しい民間金融を解き放つ、革新的クリーン・エネ

ギー技術へのローン保証も含まれる。BIL と IRA とも既存の化石燃料産業の存在がある諸地域において、新しいクリーン・エネルギー製造施設の建設をサポートするゆえに、労働者をクリーン・エネルギー・セクターへ転換させることを促進することで、労働市場の摩擦を削減することになるであろう（U. S. Department of the Treasury 2023）。

　需要サイドについて、IRA は、その多くの条項の中で、再生可能エネルギーの設置と家計が、電気自動車、再生可能エネルギー発電、ヒートポンプの採用をおこなうにあたって税額控除を採用するのである。これらの税額控除継続は、規模の経済と実践学習を通じて、長期間にわたって、クリーン・エネルギーの需要を持ち上げる。IRA の下でのバッテリーへの動機づけはまた、再生可能エネルギーの浮動性を少なくし、化石燃料に変わる良き代替物として、電力セクターにおけるクリーン・エネルギー転換を促進させることができる。同時にこれら諸介入によって、バイデン―ハリス政権のクリーン・エネルギー・アジェンダは、共同で、急速なクリーン・エネルギー転換を確実にするために必要とされる供給と、そして需要サイドの課題に取り組んでいる。

　クリーン・エネルギー転換の規模と緊急性は、ユニークな課題を提示しているといえるが、この転換は、究極的には、以前の政府と市場が導く移行に伴う多くの特徴を共有している。ネットゼロ排出への到達のプロセスにおいて、政府と民間の双方の活動は、化石燃料による電力経済からクリーン・エネルギーによる電力経済へいかに転換させるのかを取り組む必要があるであろう。構造的変化フレームワークは、この転換をいかに達成するかを示しており、目標を持った政府投資は、クリーン・エネルギー、その補完的インプットそして技術のコスをより低くし、同時に、プログラムを通じて、労働者とその地域社会の両方を援助する転換を可能とするであろう。そのように成功する諸介入は、今後何十年にわたって、大きな果実を生むことであろうし、米国を、エネルギーがクリーンであり、安価であり、信頼でき安全である、未来に向かう軌道に乗せることを可能とするであろう。

注

1　GHG 排出はまた、この時期に EU 全体においても下落したが、それは、排出の規制された下落の上限を下回るものであった（UNFCCC 2024b; European Environment Agency 2023）。

2　この CEA による計算は、2021 年に米国で確認された GHG 排出と政権による 2030 年米国 GHG 排出目標との間で、一定比率の年間 GHG 排出の削減を仮定している。

3　このフレームワークはまた、ネットの GHG 排出をより低くする、炭素捕獲・貯蔵ならびに直接的空気捕獲のような、核エネルギー、水力発電、技術へ応用する。

4　これは、CEA の計算によるもので、経済分析局からのデータを使用した。

第7章
人工知能を理解するための経済学的枠組み

人工知能（AI）システムは、事実上すべてのアメリカ人の生活にかかわっている。それらは、文章自動修正のような簡単なシステムから、価格設定、自動車運転、文章執筆がおこなえる複雑なアルゴリズムに至る。近年、AIシステムは急速に進歩した。コンピューティング、データ可用性、機械学習モデルにおける最近の展開が同時に生じ、急激な改善をもたらしたためである。それでも、まだ多くのことが知られていないままである。アグラワルら（Agrawal, Gans, and Goldfarb 2022）が示すところによると、AIは「時代の狭間」にあり、社会がテクノロジーの潜在力を目撃しはじめているが、しかしそれを完全に実現するにはまだ遠い。AIの潜在能力は、1つにはテクノロジーそれ自体に依存するが、その影響は経済、規制、社会の圧力によって形成されるであろう。社会がこのテクノロジーをどのように実装し、テクノロジーに固有などのようなガードレールが導入されるかは、その影響の広さと大きさの両方を決める決定的な要因となるであろう。

どのような意思決定がなされるかについては、経済的インセンティブが中心的な役割を果たす。AI技術の基礎的理解とともに、経済学的枠組みによって、私たちはいつ、どのように、なぜAIが導入されるのかについて予測できる。そのような枠組みはまた、AI導入が持つ幅広い影響は何かを私たちに教えてくれる一方、経済的洞察をAIのような進化し増殖しつつあるテクノロジーに適用するのは、とくに難しい。しかし、それはとりわけ貴重でもある。なぜなら、新しいテクノロジーの黎明期におこなわれる意思決定は、その最終的効果に大きく影響を及ぼすからである。本章では、AI技術の基礎的議論から始め、AIへのインプットがいかに変化したのかを検証するが、とくに収穫逓減の概念とAIシステムにおけるデータの重要な役割に焦点を合わせる。次に、生産性などマクロ経済的結果を含め、AIの開発と導入の経済的インセンティブを検証する。本章第3節では、標準的な経済的モデルを応用し、勤労所得分配、人口動態グループ、産業、地理的エリアをつうじて労働市場にAIが及ぼす潜在的影響を探究し、先行研究を新しいデータで更新し、それをAIへの接触だけでなく各タスクの複雑さにももとづいて新しい分析で拡張している。最後に、第4節は、法と規制、競争問題、社会的結果（たとえば、いかにテクノロジーが人種差別のような既存の不平等と相互作用するのか）に関連し、来るべき政策選択について重要な経済問題について検証する。

「知的」オートメーションに向けて

いかにして機械によって分業ができるのかについてアダム・スミスが最初に観測してから、経済学者はテクノロジーの経済効果について研究してきた（Smith 1776）。多くのテクノロジー——ピン工場における労働者による特化についてのスミスの事例のような——によって、同一のインプッ

トからより多くのアウトプットが可能になった。しかし、資本を増加させることで労働を減らせるテクノロジーもある。経済学者はこの種のテクノロジーをオートメーションと呼ぶ（Brozen 1957; Zeira 1998; Acemoglu and Restrepo 2018）[1]。オートメーションのこの定義は、工場機械やコンピュータよりも広く、何世紀もの間使われているテクノロジーも含まれる。たとえば、この定義によれば、小麦を挽くために設置された風車は、ある種のオートメーションである。この種のテクノロジーは——価格、賃金、インプットの用途、産出など——幅広い影響を持ち、それが今度は経済全体に波及する可能性がある[2]。本章で後述するように、AIの広範囲に及ぶ潜在的用途は、この種の資本による労働の代替を含み、それを1つのオートメーション技術にしている。

AIの開発と導入のインセンティブを理解するためには、テクノロジーについて基礎的な共通理解を持つ必要がある。AIという分野は幅広く急速に変化している。以下のものは、定式化された基礎的概念であり、すべての状況には適用できないかもしれない。

AIの定義は、分野や目的によって異なるが、AIシステムは、データを取り込み[3]、統計や計算手法をとおして予測をおこなうものと[4]、一般的に理解されている。それらを「予測機械」と呼ぶ者もいる（Agrawal, Gans, and Goldfarb 2018）。多くの場合、予測は、推奨に情報を与えたり、システムの他のコンポーネントがいかに作動するのかを決定したりするのに利用される。たとえば、AIシステムは、困難な科学問題を解くために開発されてきたのであり、価格を設定したり求人応募者を順位づけしたりするために幅広く使われている。他の場合、一部の生成AIモデルに当てはまるように、これらの予測自体が1つのアウトプットを形成するようにたんに集約されている[5]。この文脈では、予測は、将来予測よりもはるかに幅広く、信頼にたるデータが入手できれば実際にはなんでもありうる。

予測できる能力によって、不確実性に直面しているときでも、意思決定が改善されることが多い。その結果、AIシステムは、以前のテクノロジーよりも多くのタスクをオートメーション化でき、既存のプロセスの仕事の質を向上させられる。たとえば、プレス機械は一定の種類の金属部品の製造をオートメーション化できるが、オートメーション化されたシステムは、農産物の収穫のように、生産プロセスに固有のばらつきがある状況に対処するには苦戦したかもしれない。今日、AI拡張型システムは、センサー・データを用い、いつ果物が熟し、どのようにそれを刈り取るかを予測し、生産プロセスをいっそうオートメーション化できるかもしれない（Zhou et al. 2022）。同様に、自動修正システムは、いかにしてAIが仕事の質を高めるのかの1例である。もともと、こうしたシステムは、ミスタイプの多い単語とその正しい綴りのリストに依拠していた。ソフトウェアがスペルミスを検出すると、それは修正を提案した。AIを用いた先進的な自動修正システムは、辞書、全ユーザーがタイプをする傾向についての情報、個別ユーザーのタイプ履歴を採用し、彼らがタイプしようとしていたものを予測する（Lewis-Kraus 2014）。その結果、システムはスペルミスだけでなく、誤った単語も検出するようになった。

図7-1は、経済学的説明に適切な重要なアイデアを強調するため、いかにしてAIシステムが従来からのオートメーションと相互作用するのかについて、定型化された図式を示している[6]。学習中、アルゴリズムは計算能力を用いてデータに適用される[7]。一部の事例では、この学習プロセスは、非常に複雑で、多くの反復を含むものになりうる。しばしば、それは検証やテストの段階もあるが、図には示されていない。学習プロセスはモデルを作成し、それは予測をおこなうために用いられる時点のデータと結合される。しかし、そのような予測は、なんらかの方法で応用されるまでは、ほとんど役に立たない。典型的なAIシステムでは、1つ以上の予測が自動的に行動をおこなうために用いられる。たとえば、大型言語モデルは、ユーザーのリクエストに応じて個々の単語について多くの予測をおこない、それからそのシステムはそれらを1つの出力に集約して表示する。カスタマー・サービスなど、異なる環境における同種のモデルは、ユーザーに対応するだけでなく、返金もおこなえる。最後に、将来そのモデルをいっそう洗練するのに役立つように、結果は評価されてフィードバックを作成する。そして

第7章

人工知能を理解するための経済学的枠組み

一部のシステムは、パフォーマンスをいっそう改善し、劣化を防止するため、継続的に学習するのである。

図7-1が示すように、AIシステムは、しばしば異なった時点で、異なった目的のため、複数のデータ・ソースを統合できる。たとえば、その図式では、データは、学習、実行、フィードバックの段階でシステムに入力される。場合によっては、人間による入力も、開発の重要な一部になりうる（Amershi et al. 2014; Mosqueira-Rey et al. 2022; Ouyang et al. 2022）[8]。AIのデータへの依拠は、競争と透明性に関連したものを含め、独自の経済問題を引き起こす。こうした問題については、本章でのちに詳述される。

図7-1はまた、予測をおこなうのに必要なアルゴリズム、データ、計算能力を持つことは、AIベースのオートメーションにとって必要条件であるが、十分条件ではないことを示す。たとえば、自動運転車向けにモデルが開発された後でさえ、運転中に必要なデータを収集するのに必要な高度なセンサーを持たない古い自動車には実装されないかもしれない。同様に、アクションにかんする実際の制約は、AI実装の範囲を限定するかもしれない。たとえば、柔軟な素材をつかった多くのタスクは、ロボットがおこなうには非常に困難なことが分かっている（Billard and Kragic 2019）。AIシステムは、こうした問題を改善するかもしれないが、システムが十分な予測能力を持つ場合でも、そのような物理的な制約は、タスクのオートメーションを引き続き妨げるかもしれない。最後に、場合によっては、予測を行動に変換するには、倫理上、またその他の懸念のため、私たちがAIに完全委任する意志も能力も持たない意思決定をおこなうことが必要かもしれない（Agrawal, Gans, and Goldfarb 2018）。

予測は改善しつつあるが制約に直面する

一般的に、予測の質は、経済生産関数の産出とみなせる。開発者は、多様なアルゴリズムから1つのオプションを選択するが、開発時間、データ可用性、計算資源の予算など、開発者の制約条件に合わせて、各々を最適化できる。経済学者は、制約条件下で目的を最大化するこの種の状況を、制約条件付き最適化問題と呼ぶ（Mas-Colell, Whinston, and Green 1995）。たいてい、制約条件付き最適化の設定では、必ずしもすべての制約に等しく縛られるのではなく、一部の制約にはまったく縛られない。極端な例では、問題にかんするデータが完全に欠けていれば、計算資源の不足は意味をなさない。もちろん、新しいデータが取得できるようになり、計算資源がより安くなり、研究がより効率的なアルゴリズムや他のイノベーションを開発するので、これらの制約はつねに変化している[9]。設計および開発の選択肢（アルゴリズム、データ、計算資源など）と、予測の質の間の関係は、そういうわけで複雑であり、状況によって異なる。1つにはこれらの制約が複雑に相互作用するため、AIの将来の潜在能力にかんする予測はしばしば誤ってきたのである（Armstrong, Sotala, and Ó hÉigeartaigh 2014）。

いかにしてAIがさまざまなタスクを実行するのかをみることは、かなり参考になるかもしれない。図7-2は、多くのベンチマークにおいて各年に入手可能な最善のAIモデルのパフォーマンスを示しており、同じテストについての人間のパフォーマンスと比較するように尺度を変更したものである。このようにAIのパフォーマンスと人間のパフォーマンスを比較することは、AIシステムが労働代替物として実装されるかどうか、それはいつかを理解するのに有益かもしれない。もっとも、パフォーマンスを集計する点においても（たとえば、Burnell et al. 2023）、特定の測定基準が突然の大幅なパフォーマンス向上という虚構の見かけを作り出す点においても（Schaeffer, Miranda, and Koyejo 2023）、研究者は、この種のベンチマークに深刻な懸念を表明している。

図7-2は、AIシステムは、さまざまなベンチマークの間で非常に異なった速さで、人間のパフォーマンスに近づいてきた。場合によっては、AIの進歩は、データ可用性に大きく影響された（たとえば、Xiong et al. 2016; Sharifani and Amini 2023）。それらがデジタル情報を自然に生産し共有する方法のため、インターネットとスマートフォンは重要なデータ・ソースとなっている。同様に、小型で安価なセンサーは、工業およびメンテナンス業務におけるデータ可用性を劇的に変化させた。これらの補完的なテクノロジーは、

図7－1　いかにしてAIが予測を用いてオートメーションを拡張するのかについての定型化された図式

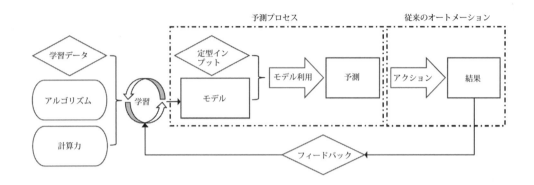

　現代AIシステム、とくに基盤モデルを学習させるのに必要なデータ量の作成においてとりわけ重要である。

　ほとんどの経済最適化問題では、量、質その他の出力量によって計測すると、入力（データ、計算資源など）の限界値は、より多く使われるほど減少する傾向がある。言い換えると、何かをより多くくわえれば状況は改善するかもしれないが、以前と同じ便益の増加を生み出すには、ますます多くの資源が必要となる。単純な事例を挙げると、空の工場で労働者を雇うと急速に生産は向上するが、時間が経つと、労働者はお互いにじゃまになりはじめるであろう。この現象は経済学では幅広く観測され、資本収益率、各国の所得増加、さらには研究活動などがある（Solow 1956; Mankiw, Romer, and Weil 1992; Kortum 1997; Bloom et al. 2020）。極端な場合、入力が多くなると問題は悪化する。そのような事例は、ソフトウェア工学では、『人月の神話』にみられる（Brooks 1975）。

　多くのAIモデルも収穫逓減の事実を示している（Hestness et al. 2017; Kaplan et al. 2020; Zhai et al. 2022）。場合によっては入力のパフォーマンス効果を改善することは可能であるが（たとえば、新たなデータ刈り込み法による。Sorscher et al. 2022を参照のこと）、これらの手法はたいてい基底的な逓減関係を変えるものではない（Muennighoff et al. 2023）。

　たんにそれぞれの追加入力の限界値が減少する傾向にあるからといって、パフォーマンスが根本的に限定されることを意味しない。新たな種類の入力（たとえば、新たな種類のデータ）を見つけてできるように、取得可能な場合、各入力を増やすと、相当な増加を生み出しつづけられる。入力を十分大きく変化させることで、最もよく機能するクラスのアルゴリズムやモデルが変わるかもしれない。たとえば、十分なデータと計算資源が取得可能になった場合、大型言語モデルが実行可能になり、それが今度は、トランスフォーマー・ベースの設計やより特殊なハードウェアのようなさらなる技術革新を展開するように、研究者に拍車をかけた（Vaswani et al. 2017; Bommasani et al. 2021; Dally, Keckler, and Kirk 2021）。しかし、継続的進歩の速度は、たんに計算資源やデー

第7章 人工知能を理解するための経済学的枠組み

図7-2 経時的、タスク別のAI潜在能力

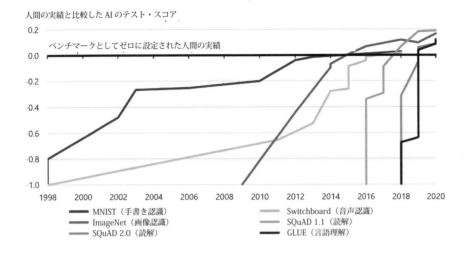

出所：Adapted from Hutson (2022), based on Kiela et al. (2021); CEA calculations.
注：MNIST＝修正米国標準技術研究所、SQuAD＝スタンフォード大学質疑応答データセット、GLUE＝一般言語理解評価。
ベンチマーク実績は初期実績が－1、人間の実績が0になるように基準を合わせている。

タ資源がずっと増えつづけるおかげよりも、新たなイノベーションを生み出しつづける速さに大きく左右されるであろう（Jones 2022; Philippon 2022）。

ゴミを入れればゴミが出てくる

データはAIシステムの重要な情報入力であり、それらはAIが機能する中心である。AIシステムは、データに埋め込まれた相関関係を用いるので、十分な情報にもとづいて予測をおこなう。アルゴリズムの改善や計算資源の利用可能性の拡大など、多くのさまざまな変化がAIシステムの向上に寄与している。それにもかかわらず、AIベースの予測モデルの開発者は、統計学者や計量経済学者が数十年直面してきたのと同じ多くのデータ関連の課題に引き続き取り組んでいる[10]。AI技術を全体として理解するには、データとデータに関連した制約が果たす独自の役割を理解するのが有益である。

取得可能なデータの大きさと質は、AIのパフォーマンスに直接影響するが、大量のデータだけでは十分ではない。予測モデルはたいてい、学習させたデータとよく似た状況でうまく機能する。対照的に、一見明らかでないデータ制約と同様、過去が将来にはほとんど役立たないめずらしかったり新しかったりする状況では、予測は困難になる。データが乏しかったり不完全だったりする状況では、モデルは予測において、高い信頼度と誤りを同時に持つかもしれない（たとえば、DeVries and Taylor 2018）。たとえば、入力データに体系的なバイアスがあるとき、懸念が生じる。バイアスについて考慮することなく学習を受けたAIシステムは、まずまちがいなくバイアスを再生産する。多くの現在の顔認識アプリがこの問題に直面しており、AI顔認識技術への過度の依存は差別を悪化させる可能性がある（たとえば、Najibi 2020; Buolamwini and Gebru 2018; Raji et al. 2020a）（Box 7-1を参照のこと）。さらに、場合によっては、人々はAIシステムに故意に操作されたデータを与え、その機能を損なうかもしれない（Shan et al. 2023）。そのような攻撃は、検出と逆行が従来の妨害方法よりも難しくなる可能性がある。学習が完了した後、質の劣る

Box 7—1　AIと公平／差別

多くの人工知能アプリは、人間によって生成されたデータを使用し、個人がどのように行動するのかを予測する。こうしたデータは、AIに相当の力と実用性を与える一方、AIが人間の最悪のバイアスの多くも再現する。差別につながるAIの能力──不注意であれ故意であれ──は、既存の差別禁止政策の執行に新たな課題をもたらす。

経済学者が明らかにしてきたところによると、差別的行動には多くの原因がある。なんらかの意図的な偏見（経済学者が偏見と呼ぶもの）がなかったとしても、統計的推論に基づく差別は有害になりうる（たとえば、Lang and Spitzer 2020）。予測アルゴリズムのユーザーはすでにこの問題に直面している。多くの事例のなかでも、たとえば、女性応募者を優遇していることに気づく採用担当者（Dastin 2018）、女性には求人の広告を大幅に少なくする潜在的雇用主（Lambrecht and Tucker 2019）、医療ニーズの予測で黒人患者よりも白人患者を優遇する医療制度（Obermeyer et al. 2019）である。これらの影響は、AIモデル開発者のバイアスから生じるかもしれないし、データのなかの以前は認識されなかったパターンから不注意で生じるかもしれない。高度AIアルゴリズムの透明性が欠如していることは、その問題を深刻化するかもしれない（たとえば、Chesterman 2021; Hutson 2021）。たとえAIプロバイダーがデータから明らかに偏っていたり偏見のあるコンテンツを除去したとしても、かすかな統計パターンに基づいた差別はなお起こりうる（Barocas and Selbst 2016）。

別の課題は、AIモデル・ユーザーにある悪意である。AIのあいまいな方法は、無数の差別的方法でAIを使用する偏見に満ちた主体を隠蔽できる。たとえば、組合組織化活動を予測、抑制、処罰するためにAIを監視と結合させる企業や、人口動態予測に基づいて潜在的入居者を差別するためにAIを使用する地主である。事実が示すところによると、違法行為はすでにこうした状況のなかではびこっており（McNicholas et al. 2019; Christensen and Timmins 2023）、ユーザーは差別的慣行を継続し、その意図を隠蔽するためにAIツールを採用する可能性が高い。

AIにけしかけられた差別は、労働市場、住宅市場、金融取引、予測アルゴリズムが使用されているところはどこでも、個人に害を及ぼすことがある。しばしば、差別は、AIの方法と出力の高度な分析をおこなうことでしか観測できない。重要な市場における差別を特定するためには規制措置が必要である。バイデン─ハリス政権の「AI権利章典のための青写真」は、アルゴリズムによる差別からの保護の重要性を強調し、最近の大統領令は連邦政府内の重要な政府機関を指定し、差別と戦うのに必要なツールを開発し、指針または規制を発出している（White House 2022, 2023a）。

それにもかかわらず、AI採用の普及は、差別を特定し根絶するのは、依然として道半ばであることを意味する。AIアルゴリズムの監査を調査している研究者が一般的に結論を下しているところによると、多面的アプローチが必要とされており、それには、目的と測定基準の明確な特定、監査プロセスについての透明性、いかにして監査可能性を複数の段階でAIモデルに組み込むかについての先を見越した検討などが含まれる（Guszcza et al. 2018; Raji et al. 2020b; Mökander et al. 2021; Costanza-Chock, Raji, and Buolamwini 2022）。差別的な潜在能力を特定し、AIのガードレールを強化するための明確な方法も、包括的な差別禁止政策の重要な構成要素となるであろう（たとえば、Ganguli et al. 2022）。これらの方法の一部は、予測アルゴリズムが差別の検出に有益であるため、それ自体がAIを使用するかもしれない（たとえば、Kleinberg et al. 2018）。差別を減少させるには、なんらかのかたちでAIの採用を奨励することになるかもしれない。たとえば、アルゴリズムによる意思決定は、ローンの文脈における格差を縮小させることが観測されている（Bartlett et al. 2022）。

第7章
人工知能を理解するための経済学的枠組み

データの影響を隔離、除去することは、困難でコストがかかるので、うまくいくのは一部にすぎないかもしれない[11]。これらすべての理由のため、データのキュレーションは、大半のテクノロジー企業にとってとまさに同じように、AIシステムにとって一般的に重要である[12]。

データは、鉄や銅などの天然資源と異なっている。データはユーザーから抽出されることが多い。ユーザー・データには、書籍やソーシャル・メディアでユーザーが公開した言葉などや、現在ではどこにでもある電子機器によって把握された行動記録などがある。AIは、規則ベースのアルゴリズム・アプローチではできなかった方法で、予測を個別化できる。そのような個別化によって、企業はカスタマイズされた製品や推奨を作成でき、これらの適合した製品は顧客に恩恵をもたらす。しかし、AIはまた、価格差別や、AI企業によって販売されている商品やサービスで消費者のニーズに最適ではないものを提案することにより、または行動バイアスを悪用することにより、消費者に害を及ぼすよう使うこともできる(たとえば、Gautier, Ittoo, and Cleynenbreugel 2020; Engler 2021)。たとえば、多くのソーシャル・メディア企業は、深いかかわりが有害になりうるときでも、エンターテイメントや教育よりも深いかかわりを最大化するようにその製品を設計している(たとえば、Luca 2015; Braghieri, Levy, and Makarin 2022)。消費者がAI関連のターゲティングについて学ぶと、彼らは製品を諦めるか、行動を改めるかすることで、テクノロジーの価値を損なうかもしれない(たとえば、Garbarino and Maxwell 2010; Nunan and Di Domenico 2022)。

テクノロジーの最前線から現実へ

テクノロジーの経済効果を計測するにはたくさんの方法がある。いかにそれが幅広く実装されているのか? いかに既存の製品やサービスの生産プロセスを変化させているのか? どのような新しい製品やサービスが創出されたのか、またどのような古い製品やサービスが衰退したり消滅したりしたのか? 経済学者と政策立案者にとくに関心があるのは、生産性という考え方であり、それは同一の資源でより多くのことができるという意味である。最近の事実が示すところによると、AIによって推進された大幅な生産性向上は、いくつかの特殊な状況で可能であるという(たとえば、Brynjolfsson, Li, and Raymond 2023)[13]。そしてそのような予想は評判の悪いことに困難であるが、経済分析はすでにその予想を更新しはじめており、より急速な成長がAIによってもたらされる可能性を考慮している(たとえば、Goldman Sachs 2023; Chui et al. 2023)。これらすべての質問に総合的に解答するには、AIの理論的な潜在能力だけでなく、いかにAIシステムが使用されるのかについても理解する必要がある。

導入は困難でつねにテクノロジーの最前線に遅れる

新しいテクノロジーが現実世界で効果を持つ前に、個人や企業によって導入されなくてはならない。このプロセスはコストがかかり困難であるから、導入の規模は、これらのコストを潜在的便益と秤量することに大きく左右される。AIは、1950年代から計算機研究の活発な領域であり(Newell 1983)、多くのタイプのAIが幅広く実装されている(たとえば、Maslej et al. 2023)。それだけでなく、多くの産業においてAI導入は低調で、大企業や若い企業に大きく偏っている(Acemoglu et al. 2022)。さらに、AIにおける一部の印象的な進歩はごく最近のことであり、企業が進歩を観測し導入するには時間がかかる。

さらに、テクノロジーが等しい速さで導入されることはなかなかない。むしろ、ユーザーと企業は課題を克服していくため、最初の導入は遅い。それから、こうした課題が克服され、規模の経済がコストを押し下げるので、それはより速く進んでいく(Hall and Khan 2003)。導入は発明に数十年遅れることがあり、取り巻く環境の違いが導

入時期を大きく変える。たとえば、米国世帯の90%超が、発明から30年以内に電子レンジを持つようになった（Roser, Ritchie, and Mathieu 2023）。対照的に、水洗トイレが同じ90%の閾値に到達するには100年以上かかった。水洗トイレは水道に左右されるので、人々が屋内に水道配管を持つようになるまで導入は遅れたのである。

テクノロジーの早期導入は、実装が最も容易なところで起こることが多い。商用AIの初期の成功物語の1つは、クレジットカード不正の検知にあった。この場合、データは幅広く利用でき、重要なタスクは予測に明確に依存し、講じられる措置は分かりやすいもので、予測の質のコストと便益は定量化が容易であった（Ryman-Tubb, Krause, and Garn 2018; Agrawal, Gans, and Goldfarb 2022）。同様に、近年では、カスタマー・サービス改善を目的としたAIシステムが急速に開発されている。なぜなら、データは以前から収集されており、機能は既存のソフトウェアに容易に追加でき、カスタマー・サービスは多くの複雑性の低いタスクが含まれているからである（Xu et al. 2020; Brynjolfsson, Li, and Raymond 2023; Chui et al. 2023）。テクノロジーを用いたこの種の早期のプロジェクトは、当該テクノロジー全体にプラスの波及効果を持つ。なぜならそれらはテクノロジーが現実世界の環境で有効なことを証明するからであり、また、当該テクノロジーを使うためにビジネス慣行にいかに適応させるかについての知識というかたちで、それらが貴重な人的資本を創出するからである（Maslej et al. 2023）。クラウド・コンピューティングやAI実装に特化した企業も出現しており、コストを削減し導入を拡大している。

AIについては、導入にはさらにさまざまな潜在的阻害要因がある。5つ検討しよう。第1に、AIに学習させるためにデータが取得できるときでも、導入にはさらにデータ関連の制約がある。多くの企業は特定のAI導入に必要なデータはまだ収集しておらず、開始時に相当な課題に直面するかもしれない。別の場合には、システムは、予測がおこなわれた後に、それ自身の予測の質を判断するのに十分なフィードバックを受けられない。最後に、データが存在するときでも、著作権のような法的制限がその使用を阻むことがあ

図7－3　非農業労働生産性成長、1975～2010年（5年移動平均）

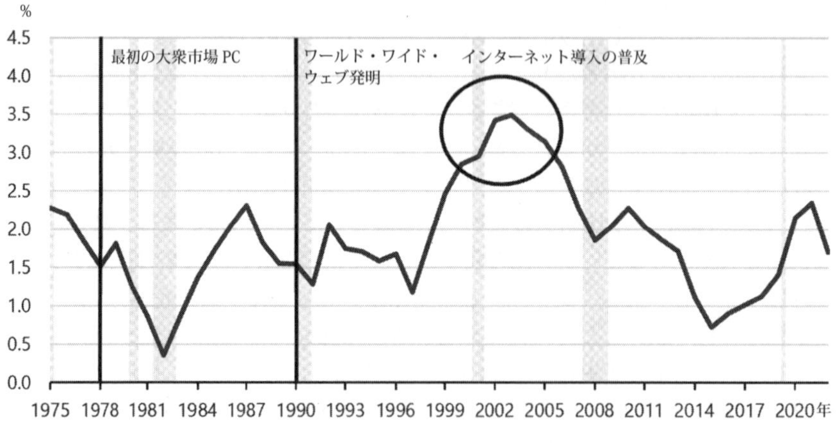

出所：Bureau of Labor Statistics; CEA calculations.
注：グレーの影はリセッションを示す。

第7章 人工知能を理解するための経済学的枠組み

る[14]。導入にかんするデータ関連の制約が解決されるまでは、企業はAIを導入するのが困難かもしれない。これは、産業間、企業間で導入がまばらな理由の一部を説明するであろう。というのは、大企業はデータ収集により多く投資でき、既存企業はデジタル・トランスフォーメーションをまだ完了させてないかもしれないからである (Verhoef et al. 2021)。

第2に、予測は誤る可能性があるため、AIシステムはさらなるリスクをもたらす。リスクはしばしば、テクノロジー導入おける主要な要因である。危険の度合いが高い場合、リスクを嫌う企業は、必要な投資をしたり、リターンが不確実なものに投入物を用いたりすることに消極的になる (Roosen and Hennessy 2003; Whalley 2011)[15]。多くの場合、事業意思決定の潜在的報酬の分配は、たんに不確実なだけでなく、企業が潜在的な結果の集合とその確率を知らないという点において、あいまいでもある。あいまいさによって予測はより困難になり、研究によれば、その状況は一連の影響を、新しいテクノロジーの開発や導入にかんする企業の態度に及ぼすのである (Knight 1921; Beauchêne 2019)。責任分担に関連したリスクとあいまいさは、本章でのちに論じられる顕著な事例である。

第3に、多くの潜在的なAIアプリはネットワーク効果を示し、ある当事者がテクノロジーを使用することで他者にとってその価値が上昇する。これらのネットワーク効果が現れる1つの方法は、ユーザーからのフィードバック・データ量を増加させることであり、それによってすべての人に対して予測の質が高まるのである (Gregory et al. 2021)。導入は調整コストを削減することでネットワーク効果につながることがある。たとえば、自律走行車が幅広く導入された場合、それらの車がおこなう必要のある予測の集合を簡素化する車両通信システムである (Arena and Pau 2019)。

第4に、AIシステムと人間の統合は、インセンティブ、職務設計、コミュニケーションに関連した固有の課題がある。たとえば、高速道路の運転などAIシステムが定型的な意思決定をおこない、建設場所など人間が異例の状況に対処する場合、一部のプロセスは最もうまく機能する。しかし、ガードレールがなければ、人間は、あまりに多すぎるものをAIシステムに委ねる誘惑に駆られたり、うっかり介入を怠ったり（たとえば、居眠り運転）するかもしれない (Athey, Bryan, and Gans 2020; Herrmann and Pfeiffer 2023)。

最後の第5に、AI導入に対する恒常的または無期限の限界は、AI技術とは関係のないものも含め、多くの理由で起こりうる。制度の質の問題、調整問題、財務摩擦はすべて、テクノロジー導入を遅らせたり停止させたりする（たとえば、Parente and Prescott 1994; Foster and Rosenzweig 2010)。

AIは将来いっそう大きな変革をもたらす力を秘めている

過去には、多くのイノベーションの最大の効果は、個々のタスクをより低コストで実行することからではなく、人々が生産プロセス全体を違ったものに構成できるようにしたことや、補完的な発明に拍車をかけることから生じた (David 1990; Brynjolfsson, Hui, and Liu 2019; Agrawal, Gans, and Goldfarb 2022)。蒸気動力から電力への工場の移行を検討してみよう。蒸気動力は、機械に動力を与えるシャフトの周りに工場を垂直型に配置する必要があった。電力が蒸気動力よりも高価ではなくなったときでさえ、機械の入れ替えは経済的利益がわずかであった割に資本集約的であったため、導入は依然として遅く不安定であった。長期的には、電力から生じる最大の利益は、直接的なコスト節約からではなく、むしろ、企業が蒸気プラントの隣に工場を設置したり、それらを垂直に設計したりする必要がもはやなくなったことから生じたのである (Du Boff 1967)。しかし、これらの利益を理解するには、まったく新しい工場や発電所を建設し、補完的テクノロジーを開発するなどの必要があり、すべてがより多くの資本と時間を必要とした。同様に、自動車の広範囲に及ぶ普及と、それに続いた州際ハイウェイ・システムの建設は、たんに消費者が乗る自動車での移動回数を増やしただけではなく、人々の住む場所を変えたのである (Biggs 1983; Eschner 2017)。

AIは、電気やコンピュータのような汎用技術 (GPT) である (Brynjolfsson, Rock, and Syverson 2021)。これらのテクノロジーの重要な特徴は、時間とともに改善され、補完的発明につながる

ことである（Bresnahan and Trajtenberg 1995）。これらの類似性があるため、AIの効果も、当初の用途が示唆するよりも大きく、より広範囲に及ぶ可能性が高い。AIにもとづいて再設計されたサービスや、1からAIを用いて作られた新しいテクノロジーもあるが、AIを活用するために再設計できる多くのシステムやプロセスは、まだ更新されていない（McElheran et al. 2023）。AIに投資する企業は、プロダクト・イノベーション増加の兆しをみせているが、その業務の徹底的な再構築から生じるプロセス・イノベーションの事実はまだ示していない（Babina et al. 2024）。

さらに、AI技術は引き続き変革的な進化をしている。たとえば、AIの最近の多くの発展は、専門化していくモデルからではなく、むしろ基盤的なモデルから生じたものであり、それは、きわめて大量のデータで学習を受け、多くの異なるタスクに適応できるのである（Bommasani et al. 2021）。これは、経済学で最も初期のもので、最もよく知られたアイデアとは一見対照的である。そのアイデアとは、特化の利益は経済成長の根本的な要因だ、というものである（Smith 1776; Ricardo 1817）[16]。しかし、さらに調査すると、幅広い基盤モデルの出現は、別の文脈で特化をもたらすのと同じ要因と整合的である。特化から生じる利益は、市場の規模だけではなく、学習コスト、取引コスト、労働者が同期化する必要性、経済における他の摩擦的要因によっても制約される（Becker and Murphy 1994; Bolton and Dewatripont 1994; Costinot 2009）。結局のところ特化の程度は、これらのコストを潜在的利益とどのように比較するかに左右される。コストが高ければ、特化はあまり起こりそうもない。AIによるオートメーションの場合、コンピュータ・システム間の調整コストは、人間間の調整コストよりも低いことが多く、とくに規模が大きくなったときにはそうである。しかし、基盤型AIモデルの学習コストは現在高いため、全体的な特化を妨げる可能性が高い。そのようなコストを引き下げる1つの方法は、対象のデータのサブセットでモデルを学習させることであるが（たとえば、Kaddour et al. 2023）、そのようなアプリの多くはまだ経済的には意味がないかもしれない。別のアプローチは、最初の教育のあと、特化の方法でモデルを微調整するものである（Min et al. 2023）。

このアプローチは幅広く使われているが、教育段階での特化と比較して、あるいはそれと協調したこの方法がいかに効果的かについては、まだ研究中である（たとえば、Kumar et al. 2022）。さらに、本章ですでに論じたように、時間の経過のなかでモデルを更新することにより予測不能な行動をすることがあるが、一部のシステムは実装後も引き続き微調整をしている（たとえば、Chen et al. 2022; Chen, Zaharia, and Zou 2023）。最後に、特化は、より限定的な方法で統合されるかもしれない——たとえば、汎用および特殊コンポーネントを備えた多層生産プロセスによって統合される（Garicano 2000; Ling et al. 2023）。この分野で進行中のAI研究は、将来のAI導入、市場構造、競争に大きな影響を与えるかもしれない。本章の後半では、AI市場の構造と競争について詳述される。むしろ、計算コストの低下、あるいは、他の方法論の改善によって、特化型生成モデルは時間の経過のなかでより経済的に実行可能なものになるかもしれない（たとえば、Leffer 2023）。

最後に、AIはまた、直接導入された市場の外部で変化を推進するかもしれない。場合によっては、AIによって、従来は予測中心とはみなされなかった多様なタスクのオートメーションができるかもしれない。たとえば、農家は環境をハチにより快適なものにして受粉を増やすことができ、研究者はAI搭載受粉ロボットをこの目的のために作ろうとしている（Cherney 2021）。逆に、ちょうど自動車が馬車産業を弱体化させ（Levitt 2004）、スマートフォンが印刷された地図の需要を減らしたように、テクノロジーは製品を陳腐化させることがある。この場合、AIは、予測能力が不十分なために存在している製品に対するニーズを、一部か全部なくす可能性がある。たとえば、多くの店舗や倉庫がかなりの在庫抱えているのは、顧客が需要するものを予測できないからである。予測の能力の介在がそのような貯蔵の必要性を減らし、必要な土地インフラを相当減らすかもしれない。要するに、AIは一部の製品の消費を増やし、他のものの消費を減らすかもしれない。ある場所で補完し、別のところでは代替するというこの同じ力学は、労働市場でも重要であり、本章でのちにさらに追究される。

第7章
人工知能を理解するための経済学的枠組み

いつ未来の到来を知るのだろうか?

AIが経済に及ぼす影響の規模と範囲は、本章ですでに論じた開発と導入の問題によって影響されるであろう。しかし、発明と導入の後でさえ、テクノロジーの効果が生産性のようなマクロ経済統計で把握されるまでには、かなりの遅れがある。したがって、——いつAIの将来の効果が感じられるかだけではなく、いつ経済統計がそれらを反映するかについて——いまなおかなりの不確実性が残っている。

ノーベル経済学賞を受賞したロバート・ソローは、1987年、コンピュータはどこにでもあるが、生産性データには現れていないと言った。図7-3が示すように、生産性向上の加速は、およそ20年後になってやっと、インターネット導入が広がった時期に、データのなかに実際に現れた。したがって、生産性上昇がたんに遅れたのか、補完的テクノロジーの発明が必要条件であったのかは判然としない。生産性はまた、以前のトレンドに最終的には戻り、構造的な成長のシフトではなく、水準のシフトであったことを示している。過去の経験と一致しているが、現在の生産性統計は、AIからじかに生産性が上昇したことを示していない。

遅れの影響ではなく、このパターンは汎用技術にはよくある計測問題の結果だと論じる者もいる（Brynjolfsson, Rock, and Syverson 2021）。これらのテクノロジーは当初、とくに無形資産、したがって新しいビジネス慣行や従業員知識など計測不能な資産への大幅な投資を要する。新テクノロジーへの投資も、他の生産的な仕事や、他の生産性を上昇させる可能性のある投資を押し出す可能性がある。その結果、支出は計測できるが便益は計測できない相当期間が生じるかもしれない。

結局、証拠は決定的ではない。AIの影響を完全に感じられるまでにはしばらくかかり、経済統計のなかに確信を持って観測できるようになるにはいっそう長い時間がかかるかもしれない。さらに、生産性ブームは保証されているわけではない。開発者やユーザーがAIの欠点を乗り越えられないと気づいた場合、改善を力づけるデータが取得できない場合、または、テクノロジーを収益化するのが困難であると判明した場合、生成AIに対する現行の興奮は冷めるかもしれない。さらに、いかに深くAIが経済に組み込まれるかは、技術進歩だけではなく、制度、規制の問題でもある。これらのトピックは本章でのちにより詳細に説明される（Box 7-2を参照のこと）。

AIと労働市場

以前は人間によっておこなわれていたタスクをおこなうAIの能力は、労働と労働市場にとってどのような意味があるのであろうか? 最終的に、AIは労働者を補完し、雇用、生産性、繁栄をもたらすのであろうか? それとも、予測モデルが人間労働に代替し、働く必要がある人が減るが、生計を立てながら経済に貢献できる人も減るのであろうか?

AIは比較的新しいテクノロジーであるが、「技術的失業」という概念は数百年前からある。18世紀、19世紀の数多くの経済学者は、テクノロジーは労働力を代替することによって労働者を追い立てるとの仮説を立てた（Mokyr, Vickers, and Ziebarth 2015）。大恐慌期に、ジョン・メイナード・ケインズは、1世紀のうちに、人々が働くのは週に15時間以下となり、天から授かった就労意欲により多くの労働者はわずかながらも仕事をするので、かたち上雇用されたままになると予測した（Keynes 1930）[17]。

図7-4が示すところによると、これまでのところ、こうした予測は正しいことが証明されていない。働き盛り世代の労働参加率は依然として長期的な高水準近くのままであり、1990年代後半の短期間だけが匹敵するものである。平均的な働き盛り世代の労働者は、数十年間、週に40時間近く働いてきた。寿命が延びたことによって、一生涯にわたって労働に費やす時間全体が減少したこと、労働条件が大幅に改善したことを指摘する

Box 7―2　政府による AI の応用

AI が生産性を向上させ個人の厚生を改善する 1 つの方法は、連邦政府を改善するために AI を使うことである。無数の行政、規制プロセスが、AI の導入から恩恵を受けられるであろう。最近の大統領令は、連邦政府全体の省庁が有益な用途を特定し実施するように指示している (White House 2023a)。その大統領令はまた、連邦政府機関が、導入に必要な AI 人材をひきつけ、確保する措置を講じるよう促している。

予測、評価、定型的コンテンツ生成は、多くの政府プロセスの核となる構成要素である。しばしば、これらのタスクは労働集約的方法によって実行されており、多くの定型的構成要素をオートメーション化することにより、AI はこれらの業務をより効率的にできる。政府給付申請はそのような事例の 1 つである。ほとんどの給付申請は不正にはかかわっておらず、多くはほとんど人手をかけずに処理できる。しかし、申請審査は、不正行為を検出し抑制するほど徹底しなければならないので、かなりの人手が使われている。慎重な AI の適用は、2 つの方法で不正の検出を改善できる。1 つは不正を直接検出することによって、もう 1 つは明らかに不正ではない申請を選別して処理し、職員がより効果的にその不正検出に取り組めるようにおこなわれる。

政府の AI 導入は、政府が直面する独特の課題のため、民間セクターによる導入とは、異なって見えるであろう。たとえば、民間企業は、連邦政府と同水準のプライバシーや機密の保護を求められないことが多い（たとえば、GAO 2018）。商業環境で許容される実績基準では、高度または機密性の高い政府申請では不十分かもしれない。さらに、多くの政府活動はたんに民間セクターに類似したものではない。商用ソリューションと民間セクター・イノベーションは、政府による AI 導入に役割を果たすことはまちがいないが、政府はその独特なニーズに適合するように適用を調整することで初めて、AI の恩恵を十二分に受けられるであろう。

政府による AI 導入を促す別の理由は、正の外部性が起こる可能性が高いからである。政府のイノベーションは、経済の他のセクターに利益を与えるように転用されてきた長い歴史がある。多くの現行の AI の適用は、政府の研究開発から生み出された GPS のようなテクノロジーがあったからこそ可能になった。民間セクターの AI 導入は近年急速であったが、数多くの限界が残されている。政府は、多くの独特な状況に直面してきたからこそ、未解決の問題に解決策を作成するリーダーになれる立場にある。

国防高等研究計画局（DARPA）などの機関は、長い間、使命中心のイノベーションのモデルを体現し、かなりの成功を収めてきた（たとえば、Bonvillian 2018）。同様の研究機関が政府全体でみられ、すでに対象を定めた AI 研究に従事している。しかし、潜在的な AI の適用は多くの機関をつうじてひろまっており、類似問題に取り組む機関間の波及効果も考えられる。米国デジタル・サービスのような既存の政府横断プログラムとともに、新たな省庁間協議会は、政府内の知識共有が確実に優先されるようにする最初のステップである。

政府による AI 導入は、リスクがないわけではない。たとえば、あまりにも多くの処理をあまりにも早くオートメーション化することは、公的セクターの雇用喪失をもたらすことにくわえ、説明責任や重要サービスの取得が不足する結果となる。しかし、これらのリスクは、政府が率先垂範をする機会ともなる。慎重におこなわれる導入は、現行の労働者や利害関係者からの意見を取り入れながら、より良い結果をもたらし、良い政策をつくるために必要な制度上の知識を政府が開発できるようにする（Kochan et al. 2023）。

第7章 人工知能を理解するための経済学的枠組み

図7-4 雇用・人口比率と週労働時間、1976〜2022年

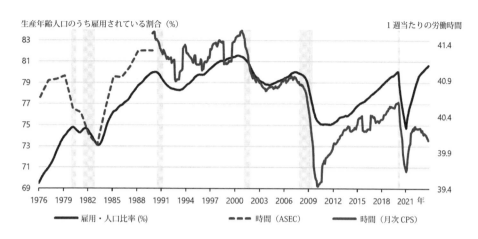

出所：Current Population Survey; Bureau of Labor Statistics; CEA calculations.
注：CPS＝人口動態調査；ASEC＝CPS 年次社会経済補足。生産年齢人口は、25 歳から 54 歳の人口を指す。雇用人口比率は 12 カ月移動平均。ASEC 時間は直近 1 週間の労働時間の計測値である。月次 CPS 時間は、基本的な月次 CPS からえた直近 1 週間の労働時間の計測値である。グレーの影はリセッションを示す。

者もいる（たとえば、Zilibotti 2007）。それにもかかわらず、ケインズは平均所得の大幅な上昇を正確に予測した一方、消費財需要のたえざる増加や他の要因によって人々が労働時間を減少させられないことを認識できなかったのである[18]。

この過去の事実が示唆するところによると、労働力の将来に対するテクノロジーの影響について予測する際には、慎重さが必要である。さらに、この分野の誤った予測はランダムではなかった。それらは、補完的ではなく代替的であると圧倒的に誤って予測してきたのである（Autor 2015）。公平を期せば、技術変化と資産増加に対する労働者と企業の適応は、予見が困難である。それでも、技術変化は、時間の経過のなかで、仕事、実行するタスク、受け取る賃金をとおして、労働者に大きな影響を及ぼしてきた。経済的枠組みはこれらの以前の影響の要因を特徴づけるものであり、そうすることで、AI が将来持つかもしれない影響の示唆的な事実を提供する。

次項では、CEA は、ここ 3、40 年における技術変化の効果を研究するため、経済学者によって用いられたいくつかの主要な枠組みを検討する。

データの制約によってこの影響を個別のテクノロジーに帰着させるのは難しいが、これらの枠組みからの予測は、コンピュータやインターネットのような汎用技術の広範囲に及ぶ導入に起因した経済変化の観測パターンと整合的である[19]。これらの枠組みの共通テーマは、大部分が異なるタスクを実行するため、異なる労働者グループには異なる影響を及ぼすということである。AI が新たなタスクを実行する能力は、その影響が、過去のオートメーションの影響とは異なることを意味するかもしれない。

この懸念に対応し、CEA は、現在の職業のタスク内容にかんする情報を用い、将来 AI の影響を受ける可能性がある職業や労働者について示唆的な事実を提供する。全体をつうじて指摘されているように、その分析は最近の研究でみられる他の分析と類似性を持っている。職業別 AI 接触の CEA による計測値は、ピュー・リサーチ・センターによって最近おこなわれた分析と密接に関連しており、それを拡張したものであり（Kochhar 2023）、その結論の多くも類似している。しかし、将来にかんするすべての予測は、今日存在してい

図7-5　学歴別にみた男女の実質週間勤労所得の累積変化

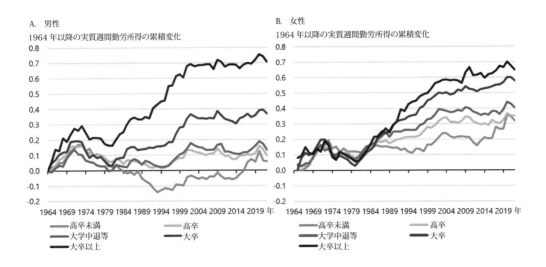

出所：Current Population Survey; CEA calculations.
注：データはAutor (2019)にしたがって整理され、分析されている。18歳から64歳までのフルタイム、通年労働者が用いられており、学歴カテゴリーはAutor, Katz, and Kearney (2008)で述べられた手順を用いて調整されている。すべての勤労所得は、個人消費支出の連鎖加重（インプリシット）価格デフレーターによって実質化されている。

るモデルとデータにもとづいているため、推測にすぎない。この分析で使われた想定は、のちになって誤っていたことが分かるかもしれない。そして、多くの未解決の問題が解けないままであるか、取得可能なデータでは答えることができない。データ制約にかんするとくだんの懸念については、本章でのちに詳述される。

技術変化が労働市場に及ぼす影響のモデル化

技術変化は複雑なことが多いが、単純な枠組みで、雇用と稼ぎに対するその効果を説明できることが多い。スキル偏向型技術変化（SBTC）は、有力な1例である。このモデルは、テクノロジーが時間の経過のなかで高学歴労働者（一般的に大卒で近似される）に対する相対的需要を高める、という考え方にもとづいている。SBTCモデルは、「スキル」をとても狭く捉えており、失業など労働市場の他の特徴を捨象している。これらの簡単化の恩恵は、それによってモデルが技術変化と賃金パターンの間の関係を簡潔に記述できることである。高学歴労働者に対する相対的需要が、高学歴労働者からの相対的労働供給よりも速く増加する場合、こうした労働者の賃金は、大卒学位を持たない労働者の賃金に対して相対的に上昇する。このモデルが示すところによると、過去3、40年間にわたる大卒賃金プレミアムの上昇は、高学歴労働者に対する需要がその供給よりも速く増加したためである。スキル偏向型技術変化は、教育とテクノロジーの間のレースとして特徴づけられることがある。技術変化が高学歴労働者の供給を上回れば上回るほど、労働者の賃金はますます上昇するのである（Goldin and Katz 2007）。

図7-5はこの点を実証している。大卒の働き盛り世代の男女についてインフレ調整済み週間勤労所得は、1964年以降60％以上上昇した一方、低学歴労働者の勤労所得の上昇はもっと遅かった。事実、週間賃金格差の対数で計測すると、1980年から2000年までの勤労所得不平等拡大のうち75％は、大卒賃金プレミアム拡大だけで説明しうるのである（Autor, Goldin, and Katz 2020）。図7-5はまた、高学歴労働者の需要が増え続けていくというモデルでは不完全なことを示している。とくに男性について、過去20年間にわたる

第7章 人工知能を理解するための経済学的枠組み

図7-6 職業別賃金分布をつうじた雇用および勤労所得の平滑化した変化

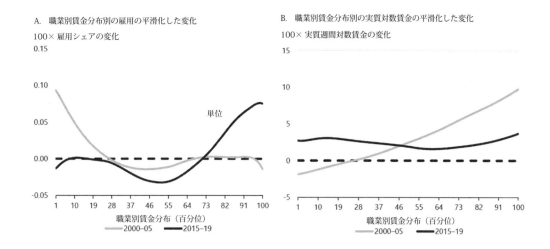

出所：American Community Survey; CEA calculations.
注：Autor and Dorn (2013) にしたがって、職業は当初中位賃金で順位づけされ、合計時間によって加重された百分位にグループ化されている。

大卒賃金プレミアムの頭打ちと、過去10にわたる高卒未満の人々の比較的急速な賃金上昇は、純粋な需要推進型のSBTCによる説明とは整合的ではない。

　SBTCの枠組みは2つの限界によって阻害されている。(1)「スキル」を1次元の属性、たいていは学歴によって近似していること、(2) なぜ技術変化が高学歴労働者に対する需要を増加させるのかを説明しないこと、この2つである。最初の限界についての1例は、SBTCの枠組みは、速記者、タイピスト、弁護士補助員のような職業の労働者を同様に、その平均的学歴水準にもとづいて分類する。しかし、パソコン導入後、弁護士補助員は勤労所得と雇用がともに上昇した（つまり、仕事の需要が増加した）一方、タイピストと速記者は雇用が減少した。対照的に、肉体労働を要する多くの職業（たとえば、屋根葺き職人）は、数十年間してきたのとほとんど同じようにその仕事をおこなっており、近年、雇用は比較的安定し、実質勤労所得の増加は穏やかであった。これらの区別は、AIの予測能力と生成能力を考慮すると、とりわけ顕著である。予測または定型に依拠する仕事は、こうしたタスクにかかわっていない他の仕事よりも、AIによって影響されやすい。

　SBTCモデルの限界を乗り越えるため、研究者は、労働者の特性についてより豊富な概念を用いる代替枠組みを提案し、労働者を職業のタスク構成によって分類している（Autor, Levy, and Murnane 2003）。そのようなモデルは、たいてい2つの特性の次元に沿ってタスクを分類している。それらが定型的か非定型的か、肉体作業か分析的かである。技術変化は多くの定型タスクをオートメーションにした。これらのタスクをおこなう労働者は、雇用と稼ぎの機会が減少するのをみてきた。非定型肉体タスクをおこなう労働者は、最近の技術変化にあまり影響を受けていないが、テクノロジーが仕事を補完するため、非定型分析タスクをおこなう労働者はより生産的になっている。非定型タスクをおこなう労働者はしばしば勤労所得分布の両端に、定型タスクをおこなう労働者はしばしば中間にいるため、そのモデルは、テクノロジーは労働市場の分極化を引き起こすことを示している。

　とくに1980～2005年の期間において、雇用

と勤労所得のU字型分極化の事実を、研究は見つけている（Autor and Dorn 2013）[20]。事実がまた示すところによると、分極化は短期的には一貫性がなく起こり、雇用と勤労所得の増加はしばしば職業別賃金分布の一方に集中する（たとえば、Mishel, Shierholz, and Schmitt 2013）。図7-6が示すところによると、2000年代初めの生産性成長がピークの期間に、同じグループのなかで実質賃金は低下していたとはいえ、ほとんどの雇用の増加は職業別賃金分布の最下位付近に集中していた。対照的に、2015年から2019年までのより最近のデータは、まったく異なる成長パターンを示している[21]。雇用シェアのほとんどすべての増加は最上位五分位の職業で起こり、低賃金の職業では他の職業よりもやや強く、実質勤労所得の増加は広範囲に及んでいる。

両期間に勤労所得分布の中間で雇用シェア減少がみられ、コア・タスク・ベースのモデル予測と整合的である。そのパターンはまた、SBTCモデルの微妙な解釈を示している。2000年代初めにおけるコンピューターとITの急速な導入は、高賃金職業において、利用可能な供給が調整できるよりも急速に、労働者に対する需要を増加させたようにみえる。高賃金労働者の力強い需要のパターンは続いている。しかし近年、こうした職業への労働者の供給もまた急速に増加している。25歳以上の人口のうち、少なくとも4年生大学を卒業した割合は、2000年の26%から2022年の38%まで12%ポイント増加した（Census 2023）。一定期間、雇用の分極化が労働者を勤労所得分布の両端の職業に押し込んだとしても、近年、相対的供給が相対的需要についていけるようになったことで、勤労所得分布を通じてますます安定的に勤労所得が増加するようになった。そのパターンはまた、AIが高賃金労働者に対する力強い需要増加のトレンドを継続させたり強めたりするならば、広範囲に及ぶ勤労所得増加を維持するには、継続的な供給の急増が必要なことを示している[22]。

このタスク・ベースの枠組みを修正および追加することによって、職業やタスクは静態的ではないことが認識されている。2018年、雇用の60%以上が、1940年には存在しなかった仕事であった（Autor et al. 2022）。新しい仕事は、都市や平均的な教育水準が高い職業に集中している傾向がある（Lin 2011; Autor et al. 2022）。新しいテクノロジーが出現したので、労働者はまったく新しいタスクをおこないはじめ、テクノロジーを補完することによって比較優位をえている。一部のタスクは人間によっておこなわれなくなっているが、新しいタスクは急速な技術変化に直面しても人々の雇用状態を維持できる。学歴とテクノロジーの間のレースではなく、「新しいタスク形成」枠組みは、労働市場を、人間と機械の間のレースとして特徴づけている（Acemoglu and Restrepo 2018）。

新しいタスク形成は、AIと他の最近の技術シフトを理解するのにとくに有望である。たとえば、その枠組みは、なぜほとんどの人が現在電話オペレーターとして働いていないのか、他方、データ・サイエンティストと風力発電サービス技術者が今後最も速く成長すると予測されている職業なのかを説明するのに十分なほど堅固である（Price 2019; BLS 2023）。それはまた、所得合計のうち労働者に支払われる割合が、なぜわりと最近の技術変化のなかで低下しているが、別の時期には上昇したのかを説明できる。テクノロジーは、オートメーション化を進め、同時に新しいタスクを生み出すのである（Acemoglu and Restrepo 2019）。

職業固有のAIの影響

これまで論じてきた技術変化研究は、一般的に、テクノロジーは補完性および代替性のミックスをとおして労働者に影響を及ぼすとの結論を下している。テクノロジーの進化が新たな労働市場機会を提供するため、現行の仕事の生産性を高めるため、技術変化から恩恵を受ける労働者がいる。逆に、多くは職を奪われることにより、損害をこうむる労働者もいる。一定の職業に対する影響を予測するには、活動の特定のミックスを経由してAIに接触しているかどうかを特定する必要があり、また、正味のところ、それらの活動をおこなう人間を補完するのか代替するのかを特定する必要がある。

研究者は、AIが影響を与える可能性が最も高い職業を特定、探求しようと、いくつかの試みをしてきた。人々が何を期待しているのかについて

第7章 人工知能を理解するための経済学的枠組み

の調査は、1つのアプローチである。第2のアプローチは、職業をタスクまたは活動内容別に分類するものである（たとえば、Frey and Osborne 2017; Felten, Raj, and Seamans 2021; Brynjolfsson, Mitchell, and Rock 2018; Kochhar 2023; Ellingrud et al. 2023）。他の研究者は、このアプローチの結果を、AIシステムがそれ自身の影響がどうなるか予測したものと比較している（Eloundou et al. 2023）。それぞれのアプローチは、AIが将来の経済活動に及ぼす影響を計測、予測する能力に制約されている。たとえば、これらの論文で使用されている職業内容計測値は、一般的に、後ろ向きであり、実装されたAIへの実際の接触に必ずしももとづいていない。いかなる1つの計測値も決定的とは考えるべきではない。

CEAは、各職業でおこなわれている固有の活動と、各職業に対するこれらの活動の重要性を検討することから分析を始める。労働省雇用訓練局は、職業情報ネットワーク（O*NET n.d.）データベースの一部としてこの情報を収集している。CEAは、ピュー・リサーチ・センターにしたがい（Kochhar 2023）、AIへの接触が多い16の労働活動を特定している。それからCEAの研究者は、他のすべての労働活動と比較して、これらの活動の相対的重要性を示す計測値を作成する[23]。その計測値は、AIに接触する活動がその仕事のパフォーマンスにとってとくに中心的な職業のサブセットを特定する。そのような職業の労働者は、補完性をつうじてプラスに働くにしろ、代替や失職をつうじてマイナスに働くにしろ、おそらくAIに最も影響を受けやすいであろう[24]。

補完性と代替性の可能性を探求するため、CEAはまた、オートメーションの重要な特徴についても検討している。労働代替は、複雑さや困難さが低い状況においては最も容易で安価である。補完するかたちでAIと働くことは、複雑で困難な仕事においてより効果的である[25]。CEAは職業情報ネットワークの別の質問への回答を用い、その区別を把握している。その質問は、それぞれの仕事に必須の各労働活動の難しさと複雑さの程度についてのものである。調査回答者は、自分の仕事の活動実績要件の水準を示すように求められ、難易度に関連した難しさおよび複雑さを特徴づける参照基準を与えられる[26]。それからCEAの研究者は、AI接触型職業群を2つに分割するが、それは、AI接触型活動の実績要件がすべての職業をつうじての平均の上か下かにもとづいている。この計測はきめが粗いけれども、それは活動の困難さと、完全オートメーション化の可能性との基本的関係を反映している。

これらの職業レベルの接触と、代替の可能性の計測によって、CEAは、勤労所得分布、人口動態グループ、産業、地理的地域間におけるAIの潜在的影響について研究できるようになった。CEAの分析は、他のすべての職業と比較して、AIに最も接触する可能性の高い職業を検討している。しかし、この分析が設定した高接触、低接触、活動実績カテゴリーには重要な違いがあり、結果は選択された接触閾値に左右される[27]。そのようなものであるため、このアプローチは誰が影響を受けやすいか、受けにくいかについていくつかの重要な洞察を提供するが、こうした影響が労働市場全体にあるのかについて、それは教えてくれないのである。

この警告を念頭において、図7-7は、労働者の平均勤労所得にもとづいて職業を十分位に分類し、それから各十分位のうちAI接触職業で雇用されている割合を報告している。タスク・ベースのモデルの予測と同様、雇用接触は単調ではない。最も顕著なAI接触水準は、勤労所得水準の中の下、つまり第3および第4十分位の職業に当たる。しかし、上位2十分位の労働者の4分の1以上も、AI接触型職業に雇用されている。

必要な活動実績水準についての情報を追加することで、補完性または代替性の可能性にかんするさらなる文脈が追加される。AI接触型活動は調査された各仕事で比較的中心的であるが、勤労所得の高い職業の人々は、勤労所得の低い仕事の人々に比べ、より高い水準の複雑さや難しさのAI接触型活動を実行することが求められている可能性が高い。人間を代替するものとしてAIを導入するのは、複雑かつ困難なタスクほどコストがかかり困難であるため、その分析は、勤労所得水準の中の下の雇用でより速く代替できることを意味している。一部の職業の労働者が生産性を高めるためAIと連携して働ける限り、その分析は、そのような職業がすでに平均よりも高い賃金であるという示唆的な事実を提示する。

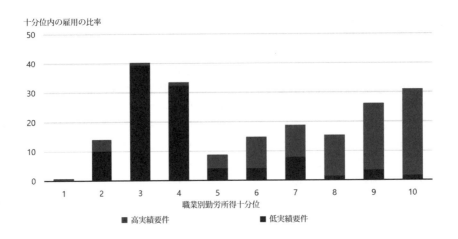

図 7−7　勤労所得十分位別にみた高 AI 接触型職業の雇用

出所：United Nations World Population Projections (2022), medium variant.
注：十分位は、16 歳以上のフルタイム、通年労働者の中位職業別勤労所得を用いて計算されている。実績要件は、職業内でおこなわれる高 AI 接触型労働活動の難しさと複雑さを計測する O*NET データを用いて把握されたものである。高さ（低さ）は、中央値を上回る（下回る）難しさの平均的な程度を示す。

　図 7-8 では、CEA の研究者は、人口動態グループ間の AI 接触を検証している。先行研究が示すところによると、AI 接触は学歴とともに上昇し、若年労働者間で集中度が低く、女性、また白人やアジア系労働者でいくぶん高い（Kochhar 2023）。独自の職業レベルの接触指標を用い、CEA はこれらの研究結果をほぼ再現している。図 7-7 で示されているように、CEA は、実績要件の低い仕事の AI 接触型労働者が、AI 接触型労働者一般とどのように異なっているのかを検討している。この分析が示すところによると、AI に悪影響を受けている労働者の人口動態特性は、たんに AI に接触している人々の特性とは異なっているかもしれない。たとえば、4 年制大学卒の学位をもたない高卒者は、AI 接触が非常に高く、実績要件が比較的低い。大卒者のうち同じような割合が AI に接触しているが、その実績要件は平均より高いので、失職のリスクはあまりないかもしれない。同様に、女性は男性よりも AI への接触がわずかに高いが、彼女らは低い実績要件で接触が多い可能性が高いので、女性は失職のリスクが相対的に高いことが示唆される。

　図 7-7 と図 7-8 に示された調査結果は、AI がスキル偏向型技術である可能性を示し、高収入の職業において高学歴を持つ労働者に対する相対的需要を増やしていることを示している。それらはまた、低賃金の仕事において雇用を代替し、高賃金の仕事を補完する場合、AI は全体的な所得不平等を悪化させることも示している。AI から生じる不平等拡大の可能性は、このトピックを研究している経済学者の間で幅広く論じられてきた（たとえば、Korinek and Stiglitz 2018; Furman and Seamans 2019; Acemoglu 2021）。しかし、ここで提示されている事実をそのように解釈するのは、慎重を期すべきであろう。本章ですでに示した歴史分析が示すように、賃金と雇用のパターンを決定するうえで需要と供給両方の要因が役割を果たしている。しかし、AI 導入から生じる格差拡大の可能性は、政策対応に情報をもたらすかもしれない。

　もっと一般的に、図 7-7 と図 7-8 の経済的、人口動態的な内訳は、考えられる影響を示しているが、複雑な現実を単純化している。たとえば、図 7-8 は、労働者のうち AI 接触が高く実績要件

第7章 人工知能を理解するための経済学的枠組み

図7-8 人口動態別にみた高AI接触型職業の労働者シェア

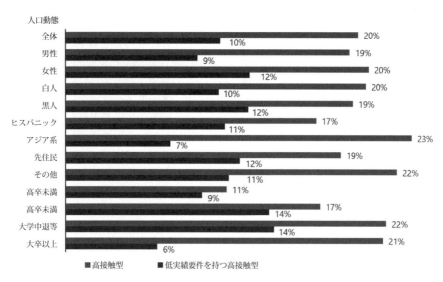

出所：American Community Survey; Department of Labor; Pew Research Center; CEA calculations.
注：分析は、16歳以上のフルタイム、通年労働者を使用している。実績要件は、職業内でおこなわれる高AI接触型労働活動の難しさと複雑さを計測するO*NETデータを用いて把握されたものである。低さは、中央値を下回る難しさの平均的な程度を示す。

が低い10%は職を失うのは不可避である、ということを意味しない。むしろ、示されている計測値は、AIの結果として、変化する可能性が最も高い職業と、そのタスクを実行する労働者を特定している。仕事と労働者に対する意味は、非常に複雑かもしれない。

たとえば、ほとんどの仕事は、依然としてほんの一部しかオートメーション化できないタスクの集積のままである。AIによって人間は他のタスクに集中でき、労働力の使用を減らすことなく仕事を根本から変える可能性がある。たとえば、AIによって最終的にスクールバスの自動運転が可能になった場合でも、子どもたちをバスのなかで見守り、行儀良くさせ、乗り降りの安全を確保する誰かが必要である。言い換えると、AI主導のオートメーションはバス運転手の仕事を根本から変える可能性があるが、仕事をなくすことはありそうもない。同様に、1世紀以上の間、自動操縦システムはタスクの一部をオートメーション化しているにもかかわらず、航空機にはまだパイロットが存在する（Chialastri 2012）。

ちなみに、同じ職業の労働者のなかでも、オートメーションの範囲は状況に大きく左右される。さまざまなAIモデルがさまざまな状況で実装され、異なるタスクを成功させるように独自の目標に合わせて調整されるかもしれない。ある状況において人間がおこなうタスクを置き換えるAIモデルは、別の状況では広範囲に及ぶ人間の支援を必要としたり、経済的に導入が難しいかもしれない（たとえば、Svanberg et al. 2024）。

より広く、人間とAIを統合する方がどちらかだけを用いるよりも効果的なことが多いと信じる理由がある。予測および問題解決に複数のアプローチを持つことは、1つのアプローチだけよりも良い結果となることが多い。意見の多様性は人間の意思決定を改善でき（Post et al. 2015）、予測技法は複数の異なる機械学習アプローチを組み合わせることにより恩恵をもたらせる（Webb and Zheng 2004; Dong et al. 2020; Naik et al. 2023）。新しい研究が示すところによると、この原理は人間とAIのアプローチの組み合わせにも拡張できるという。

最後に、こうしたAI接触の計測値は、将来のAIが実行するのに非常に適していると考えられ

るタスクにもとづいている。AI 技術が発展するにつれて、既存の計測値が予見するのと異なった一連のタスクのオートメーション化につながるように、変化するかもしれない。

いかに AI が特定の職業、産業、人口動態グループ、地理的地域に影響を及ぼすのかより正確に理解することは、適切な政策対応を構築するのに決定的に重要である。AI の影響についての事実が明らかになるにつれて、これらの枠組みは新しい情報を組み込むように進化するであろう。それだけでなく、取得できるデータと検証できる枠組みについての制約は、理解を目指す研究者の冒険を引き続き制約するであろう。

AI の影響についての事実

経済学者はすでに AI 導入を計測しはじめており、労働市場に対するその影響の兆しを探している。不確実性はまだあるが、いくつかのパターンが出現している。第 1 に、AI 導入は、規模がより大きく生産性がより高い企業によって推進されている。AI を導入したり直接統合したりしている企業の割合はいまだに低いが、これらの企業は労働者のうちかなりのシェアを雇用している（Acemoglu and Restrepo 2020）。テクノロジー利用にかんする調査計測値は、AI が企業に及ぼす進行中の影響について過少な値を示す可能性がある。企業が AI を直接導入しているかどうかにかかわらず、企業が購入し利用している製品・サービスの多くは、AI を実装している。たとえば、オンライン広告プラットフォーム、ナビ・システム、推奨システムはすべて共通して AI を実装しており、幅広く導入されている。

また、AI が労働市場の意思決定に及ぼす影響を示す事実も限られている。たとえば、1990 年代から 2000 年代にかけて産業用ロボットが増加した通勤圏では、雇用と賃金上昇が落ち込み、これらの影響は同時に起こった輸入競争の影響から区別できる（Acemoglu and Restrepo 2020）。ロボットはオートメーションの 1 つの形態にすぎず、必ずしもすべてのロボットが AI を幅広く利用しているわけではないが、ロボットの環境と他者との相互関係を予測することが、その活用にとって決定的に重要であることが多い。AI 接触型のタスク構造を持つ企業では、2010 年代をつうじて AI 関連の求人広告の急増がみられたが、それらは同時に AI 関連以外の職種の採用を減らしたが、そのことは AI と人間労働の代替を示す可能性がある（Acemoglu et al. 2020）。オランダの雇用主からえられた事実が示すところによると、オートメーションによって職を失った労働者は、同等の労働者よりも働いている可能性が低く、退職している可能性が高い（Bessen et al. 2023）。要するに、これらの論文が示すには、AI との補完性と代替性のミックスは、すでに起こりつつあるということである。

本章で前述した職業レベルの接触計測値を用い、CEA はまた、各産業で AI に接触する可能性が最も高い労働者の割合を特定し、これらの労働者が補完性や代替性に関連した高い実績要件を持つか低い実績要件を持つかを特定できる。図 7-9 の 2 つのパネルは、これらの計測値を、2007 年から 2019 年までの長期トレンドと比較した雇用増加の変化に対してプロットしたものである。同図は 3 つのことを示している。(1) ほとんどの産業とほとんどの労働者はまだ接触が比較的低い。(2) AI 接触型職業の雇用は、産業間でバラツキがあり、ほんの一握りの産業だけが接触度が高い職業の大半を占めている。(3) 実績要件による違いの事実はあまりない。とりわけ、2 つのパネルにプロットされた関係が似ていることは、大規模な AI との補完性も代替性も起こっていないことを示している。AI 接触型の割合が高い産業は、長期パターンと比べると 2023 年の雇用増加がわずかに抑えられているが、これまでのところ AI 接触度はほとんど説明力を持っていない。

第7章 人工知能を理解するための経済学的枠組み

図7−9 産業別AI接触度と、長期トレンドと比較した就業者数増加

A. 高実績要件を持つAI接触型雇用
2023年の就業者数の成長率と2007年から2019年までの年換算成長率の差（%ポイント）

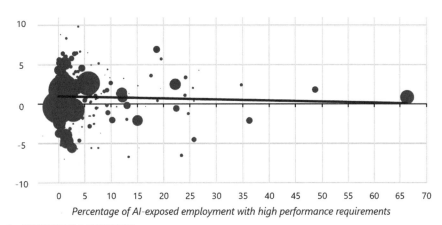

B. 低実績要件を持つAI接触型雇用
2023年の就業者数の成長率と2007年から2019年までの年換算成長率の差（%ポイント）

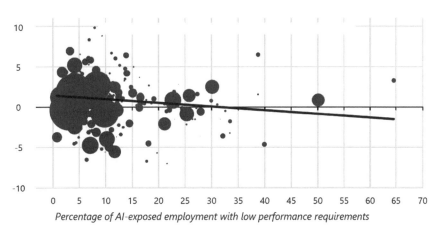

出所：Bureau of Labor Statistics (Occupational Employment and Wage Statistics); Pew Research Center; CEA calculations.
注：職業は、米国雇用統計で取得できる最も詳細な産業データと一致している。ポイントの大きさは産業雇用と比例しており、線形予測は産業雇用により加重されている。これらの外れ値は示されていない。213：鉱業支援活動、313：繊維工場、3132：織物工場、3361：自動車製造、3212：単板・合板・加工木材製品製造。

AIのための制度を用意する

　生産性上昇は、より少ない資源でより多くのことをおこなえるようにすることによって、社会をより豊かにする。AIによってできるようになった新しい経済活動は、原理的に、誰もが以前よりも暮らし向きが良くなる可能性を提供する。しかし、AIがすべての人の生活水準を向上させる世界は、保証の限りではない。制度と規制環境は、テクノロジーが開発、実装される方法に重要

な影響を及ぼし、また、その影響がいかに感じられるかに重要な影響を及ぼす。ちょうど堅固であるがフレキシブルな制度が産業革命にとって必要であったように（たとえば、Mokyr 2008）、また貧弱な制度が世界の大半で経済開発を制限しているように（たとえば、Acemoglu, Johnson, and Robinson 2005）、米国の制度的環境も、いかに幅広く AI が導入されるか、誰がそれから恩恵を被るのかを決定づける。

連邦政府の役割は、AI によってもたらされた利益が幅広く共有されること以上のものである。それはまた、悪影響を受けた人々のコストに対処しなくてはならない。AI が一部の雇用者を失職させる限りにおいて、事実によれば、労働者はかなりの悪影響を経験することになるであろう。労働市場が依然として堅調であったとしても、また、ほとんどの労働者が最終的には新しい仕事を見つけられるにもかかわらず、こうした影響はかなりのものになるかもしれない（Davis and von Wachter 2011）。しかし、AI の潜在的な悪弊は、影響を受けた労働者に対する影響にとどまらない。消費者プライバシーの喪失、市場競争の減少、不平等拡大はすべて、政府が対応を手助けできるような AI による潜在的帰結である（たとえば、Acemoglu 2021）。悪質な行為者によって AI が使われる可能性も懸念される——最良慣行を開発し、国家のインフラを確保するため、バイデン－ハリス政権が具体的措置を講じはじめた理由の 1 つである（White House 2023a）。

多くの新技術は、1 つの市場やいくつかの製品に影響を及ぼすにすぎない。AI にはほとんどの産業や市場にかかわる応用があり、まだ存在しないものも含まれるであろう。また、多くの AI モデルへの投入には、膨大な経済活動から生み出されたデータが含まれる。それゆえ制度的環境が AI に及ぼすあらゆる方法を描くことは、不可能である。それでも、問題となっている幅広い経済的要因と、AI が基本的特徴となる経済を運営できるように、経済制度が再検証されなければならない点を検討することは、有益であろう。

所有権、責任、規制

AI の有用性は、予測をおこない、タスクをオートメーション化し、人間が価値をおくアウトプットを生み出せる性能から生じる。しかし、AI システムを有益なものにしているこれらの同じ特性はしばしば、知的所有権と責任の双方について重要な問いを提起する。これは過去において AI システムに当てはまってきたことであり、しかも生成 AI システムの急速な台頭により問題の範囲は拡大している。たとえば、最近のいくつかの著作権侵害訴訟は、フェアユース条項にしたがって著作物で生成 AI システムを学習させられるという AI 企業の主張について争っている（Appel, Neelbauer, and Schweidel 2023; CRS 2023a; Sag 2023; Setty 2023; Oremus and Izadi 2024）。同様に、制作者はその創造物で AI システムを学習させることに異議を唱え、有名人は自分の個人的特徴から似顔絵を複製するために AI を使用することに異議を唱えている（*Kadrey et al. v. Meta Platforms* 2023; Horton 2023; Kahveci 2023）。さらに、研究者は、責任法の境界で数多くの AI 関連課題を考量しはじめている。たとえば、誹謗中傷する生成 AI システム、歩行者に危害をくわえる自動運転車、犯罪をおこなうために使用される AI システムなどである（Brown 2023; Gless, Silverman, and Weigend 2016; King et al. 2020）。これらの問題が解決される方法は、コンテンツ制作者、プラットフォーム、エンド・ユーザーのインセンティブを変化させるであろう。したがって、規制機関と法制度がおこなう決定は、AI が導入され実装されるかどうか、またそれがいかにおこなわれるのかを決定するうえで、きわめて重要な要素となり（たとえば、Brodsky 2016; Sobel 2017）、競争にも影響を及ぼす可能性がある（Tirole 2023; Volokh 2023）。所有と責任にかんする経済的枠組みは、AI によってもたらされた課題に適応するうえで、規制機関に重要な洞察を提供するであろう。

厳密に法的な意味では、AI のインプットとシステムの所有は、一般的に問題になるものではない[28]。しかし、現在の所有という経済概念はかなり幅広い。資産そのものを保有する所有者の絶対的権利に焦点を絞るのではなく、経済学者は、それが提供する能力に起因する価値を重視している。たとえば、資産の使用を選択する能力、他者による使用を禁止する能力、この使用にあたって

第7章
人工知能を理解するための経済学的枠組み

契約を締結する能力である（たとえば、Alchian 1965; Barzel and Allen 2023）[29]。規制と法的制限は、所有者ができることを制限したり、所有者が他者ができることを制限したりすることによって、所有権に制約を課す。同じ理由から、所有権と責任分担は、執行できる限りにおいて、経済的な意味を持つにすぎない（たとえば、Calabresi and Melamed 1972）

所有権によって生み出されたインセンティブは、非常に広い経済的影響を持つ。たとえば、所有のインセンティブは、企業がいかに形成されるのか、なぜ形成されるのか、いかに製品市場と金融市場が構成されるのかを決める根本である（たとえば、Grossman and Hart 1986; Aghion and Bolton 1992）。同様に、新技術から利益をえられることは、その開発だけではなく、経済成長全体にとっても決定的に重要である（たとえば、Aghion and Howitt 1992）。厳密に法的な所有が問題とならないケースでも、所有にかかわるインセンティブを変化させる規制の選択は、テクノロジーの開発それ自体の経路だけではなく、市場の競争全体にとってもかなりの影響がある。とくにAIについては、所有のインセンティブは、AIの技術的フロンティアの進歩へ投資するデベロッパーの意思決定、AIアプリを実装したり商業化したりするための企業の意思決定、その他多くの重要な意思決定をかたちづくるであろう。

所有者のとくに経済的に重要な能力は、自らの所有する資産に関連した契約を締結できることである。こうした契約をつうじて、資産の所有者は、経済的非効率を削減するため、その具体的権利と責任の多く、またはほとんどを分担できる。たとえば、不在地主が地元の管理会社と契約を結び、入居者を探し、壊れたものを修理してもらうと想定しよう。一部のケースでは、財産権の明確な割当と契約があれば、市場が経済効率性を達成するのに十分である（Coase 1960）。しかし、取引コスト、不確実性、個人情報、経済の他のよくある特徴によって、契約メカニズムは崩壊することがある（たとえば、Medema 2020）。すべての状況に効率的に対処する契約を結ぶのは、あまりにもコストがかかりすぎて現実的ではない。さらに、予期しなかったり意図しなかったりした状況も生じ、契約書作成が不可能になるかもしれない。所有者は依然として残余請求権者であるため（Fama and Jensen 1983）、生じるかもしれないプラスの結果もマイナスの結果も負担する。こうした状況では、契約は不完備であると言われ、市場メカニズムは効率的結果を達成できないかもしれない。所有者は、その問題を軽減するため、企業を設立することにより、また、合併したり統合したりすることにより、一部の市場の失敗に適応する（Williamson 1971; Grossman and Hart 1986）。統合は、市場の失敗に対応する場合に有益となりうるが、競争を弱める可能性もある（たとえば、Broussard 2009）。多くの場合、政府規制だけが市場の失敗を緩和できる。

AIに関連した不完備契約や関連する問題が生じる可能性は、いくつかの理由のために高い。第1に、テクノロジーは急速に発展している。AIが具体的にどのように使われるのかは、それらの使用の結果とともに、いまだに不確実である。AIの応用は、適切な学習データが限られ、新奇な環境のなかで予測をおこなわなければならない。そのような状況では、慎重に開発されたAIモデルでさえ、予期せぬ行動をとる傾向がある。この可能性の存在は、潜在的に深刻な市場の失敗を引き起こすことがある（Hart 2009）。第2に、データ・インプットがユーザーの活動から生み出されることが多いので、各ユーザーと直接交渉すると、取引コストは高くなる。多くの異なる著作者による著作物で学習したAIモデルについては、同様の問題が存在する（たとえば、Samuelson 2023）。また、AIプロバイダーは、いかにそのモデルが作動するかについてかなりの個人情報を持つことが多く、契約を経済的効率性からプロバイダーが有利なように傾けるために使ったり、合意にまったく達しないようにしたりすることができる（Kennan and Wilson 1993; McKelvey and Page 1999）。これらや他の理由のため、AI技術のための市場は、とくに失敗しやすいため、AIのコストと便益の経済的に効率的なバランスを取るため、そうした失敗に対処する法律や規制が必要とされる。

AIが創作した作品は著作権や他の知的財産権に保護されない可能性があるので、関連した不完備契約の問題が生じる（たとえば、*Thaler v. Vidal* 2022; *Thaler v. Perlmutter* 2023）。知的財産権は

215

残余を狭め、そのような権利がないことは、AIのアウトプットの使用についての制限は、ほぼ契約法にしたがうことを意味する。法律がある資産の所有を付与しないならば、政府が事実上の残余請求権者となり、その使用を管理する規則を設定し、その結果についての責任を負う。共有資産の効率的管理は可能なことが多いが、独自の課題がある（Ostrom 1990; Frischmann, Marciano, and Ramello 2019）。

　法律と規制がインセンティブを生む別の方法は、責任の分担による。しばしば、責任は所有とは別に決定される。しかし、2つの概念は関連している。なぜなら、所有はしばしばなんらかのかたちの責任を譲渡するからであり、責任は一般的に契約をとおして移転されたり制約されたりするからであり、責任分担の経済的インセンティブはその執行能力に依存するからである。法学と経済学の多くの文献が、責任法の経済的基盤を検討している（Calabresi 2008; Landes and Posner 1987; Shavell 2004）。効率的に悪弊を抑制する「最も安価なコスト回避者」に責任を負わせる経済的利益など、こうした研究の主要な概念は、デジタル技術に関連した最近の法的判断において影響力があることが分かっている（たとえば、Sharkey 2022）。

　法律や規制が所有権や潜在的な責任に影響を持つ場合、それらはしばしば複数のインセンティブの間の微妙なバランスを取る。たとえば、特許法が所有権を与える場合、創作物を制作し利益をえるインセンティブと、過去の創作物を採用し利益をえるインセンティブとのバランスを取ることになる（Scotchmer 1991）。著作権法や商標法など、他の知的財産法も同様のインセンティブをバランスさせる。名誉毀損法は、情報拡散の潜在的利益と、有害な誤情報とのバランスを取っている（Dalvi and Refalo 2008）。テクノロジーが進化するにつれて、こうしたインセンティブ要因の性質も変化することがあるので、新しいバランスを確立するため、規制を更新する必要があるかもしれない。

　法律の解釈は、過去の広範囲にわたる技術変化に対応するように、かなり変化してきた。たとえば、著作権法の「フェアユース」の法理の解釈は、当時利用可能なテクノロジーに左右されていた。過去3、40年、インターネット検索のような新技術に対応するように、新しい仕様がいかに変革的であるかをみるように、この法理は解釈されている（Gordon 1982; Netanel 2011; *Authors Guild v. Google* 2015）。同様に、不法行為法の解釈も、機械化された輸送や工場生産の出現など、技術変化に対応するために繰り返し進化してきた（Gifford 2018）。そのような変化を促すかもしれないが、既存の法律と規制をAIに合わせる方法については、多くの場合、依然として未解決の課題である。

　既存の法律や規制を合わせられる場合でも、先を見越したアプローチから他の経済的利益が生じるかもしれない。たとえば、事案が生じる前に明確な責任規則を定義することは、いかなる責任を負うのかについて不確実性を減らすことにより経済効率を高められ、そうすることで未解決部分を減らしインセンティブをつくるであろう。そのようなケースの1つは、自律的AIシステムに関連した責任問題で、その行為が予期せず誰かに危害を加えてしまったというものである（たとえば、Gifford 2018; Diamantis, Cochran, and Dam 2023）。同様に、AIの責任についてより具体的な規制を制定することはまた、執行の高価なコストを削減し、それによって経済インセンティブを向上させられる（Mookherjee and Png 1992）。AIシステムの透明性を高めることを促す規制など、その他の規制もまた、責任法の執行を容易にし、インセンティブを向上させられる（たとえば、Llorca et al. 2023）。

　研究者はすでに、いくつかの具体的な政策を、改革すべき対象の候補としている。たとえば、近年、一部の研究者は、より効果的にイノベーションに動機づけするため、特許権保護を調整したり制限したりすることを提案している（Boldrin and Levine 2013; Bloom, Van Reenen, and Williams 2019）。他の研究者は、AIが生み出した発明に特許を与えられないことはイノベーションのインセンティブを弱めると論じている（たとえば、Dornis 2020）。最近の実証的証拠が一般的に明らかにしているところによると、特許付与は企業の成功とその後のイノベーションを促進するが、必ずしもすべての市場でそうとは限らない（Gaulé 2018; Farre-Mensa, Hegde, and Ljungqvist 2019; Sampat and Williams 2019）。これが

第7章 人工知能を理解するための経済学的枠組み

示すところによると、AIに関連した特許可能性を限定すると、一部の分野でイノベーションにかなりの懸念が生じることになる。逆に、AIのイノベーションそれ自体にかんする問題についてはほとんど事実が見あたらない。数千ものAI関連特許が毎年出現しているけれども（Miric, Jia, and Huang 2022）、民間企業は、複数の人気のある大規模言語モデルAIフレームワークによって使用されたアルゴリズムを、自由に配布できるオープン・ソース・ソフトウェアとして公開している。企業の競争戦略はしばしば多面的であるが、それらは、特許権保護が提供する排他的権利よりも、データの取得、AIを他の製品に統合できる能力、あるいは、導入から生じる正のネットワーク効果に大きく依拠していることが多いようである（Heaven 2023; Boudreau, Jeppesen, and Miric 2022）。

さらに、インターネット活動にかんする既存の規制は、コンテンツ制作者と、そのコンテンツを消費者に提供するプラットフォームおよびプロバイダーを区別している。現行法の下では、プロバイダーは自らが提供しているが制作していないコンテンツについて大半の状況で責任から免れているが、コンテンツを抑制する自由裁量も与えられている（たとえば、CRS 2024）。オンライン生成AIサービスは、この法律を支える概念上の区別をあいまいにしている。生成AIが人間に代わって記事を要約しオンラインに投稿する場合、AIはコンテンツ制作者なのであろうか？そうだとすれば、AIアルゴリズム操作者自身は、元記事に起因する名誉毀損のように、損害に責任を負うのであろうか？テクノロジーのそのような使用にかんして操作者に責任を負わせることは、それが有益な場所であったとしても、生成AI導入を大きく制約することになるのであろうか？（Perault 2023）逆に、AIデータの入力と出力の間の関連はしばしば曖昧である。そのような状況において、AIシステムの操作者が責任を有さないとすれば、他の当事者に対する責任の執行は現実的でなくなるかもしれない（Bambauer and Surdeanu 2023）。

要するに、AIの最も深刻な潜在的影響の多くは、所有権と責任にかんする既存の線引きを試すように、密接に関係している。経済学には、所有権と責任にかんするそうした選択がいかに重大なのかを示してきた長い歴史がある。政策立案者と裁判所がAI関連問題に対処するための選択肢を検討するとき、こうした経済的要因を考慮に入れることから恩恵をえられるであろう。

競争と市場構造

競争は、経済的公正を高めるインセンティブを作り出し、バイデン大統領が強調したように、コストを引き下げる。それによって企業は価格を引き下げ、賃金を上昇させ、より高い品質の製品を作り出す（価格低下と賃金上昇の結合は、競争が不十分なときに生じる経済的レントを、競争によって削減できることを示唆する）。競争とイノベーションとの関係は複雑であるが、競争は一般的に技術的フロンティアでのイノベーションを促進する（Aghion et al. 2005; Bloom, Van Reenen, and Williams 2019）。しっかりした競争がない市場では、企業は、値上げ、減産や、戦略的に品質、カスタマー・サービス、イノベーションへの投資を控えることにより、他者の犠牲のうえに自社の利潤を高めたり、その他の利益を増進させたりする能力を持つ。競争減退はたいてい利潤上昇と結びついているので、企業は、競争を弱めることを目的として、ライバルを合併したり、廃業させたり、その他の措置を講じたりするかもしれない。競争を減退させる合併やなんらかのタイプの行為は、反トラスト法の下で違法であるが、政府はまた、規制や、市場参加者としての自身の行為をとおして、市場を形成し、競争に影響を及ぼす。

2023年度版本『報告』で論じられたように、競争の経済学は、デジタル市場においてはとくに複雑である（CEA 2023）。AIは、プラットフォームでの価格設定、ソーシャル・メディアのコンテンツの最適化、在庫水準の最適化を含め、こうしたデジタル市場の多くで幅広く使用されている。しかし、それらの導入の広がりと増加のため、AIシステムはまた、デジタル・プラットフォーム以外の多くの市場にも存在する。

こうしたすべての場合に、AIの追加は、競争にプラスもしくはマイナスの影響を及ぼすことになる。多くの場合、それはより良い製品を生み出し、コストを引き下げる。場合によっては、AI

システムの導入は、新規企業が参入しやすくしたり、スイッチング・コストを引き下げたりし、競争を高めることができる。たとえば、AI搭載機械翻訳は言葉の壁を引き下げることができ、国際競争を高められる（Brynjolfsson, Hui, and Liu 2019）。同様に、AIは、コンピュータ・コードをある言語から別の言語に変換したり、ソフトウェア開発への参入を容易にすることにより、他の障壁も軽減できる（たとえば、Roziere et al. 2020; Weisz et al. 2022; Peng et al. 2023）。逆に、AI統合は、プロバイダーを切り替える障壁を高めることで、そのサービスを使用する顧客を囲い込むことにより、不適切にも競争を減退させるかもしれない。たとえば、独自のAIモデルに閉じ込められたデータや統合方法は、そのような障壁をつくりだせる。

AIはまた、競争を阻害する黙示的、明示的な談合のツールとして使われることもある。AIシステムは、企業が競合企業の動向を緊密に追跡しそれに反応するコストを引き下げたり、競合企業がさもなければ知りえない競争上の機密情報の共有を容易にしたりする。それらは談合の維持を容易にする要因である（Tirole 1988）。それらはまた、企業が複雑な複数市場の相互作用に従事するのを簡単にするが、談合を容易にすることもある（Bernheim and Whinston 1990）。最近の研究が示すところによると、これらの価格設定アルゴリズムは、利潤最大化アルゴリズムの最適な帰結として、実際に談合を学習している可能性がある（Calvano et al. 2020; Johnson and Sokol 2020; Abada and Lambin 2023）。

「体験学習」は、多くの市場で経済的に重要なプロセスであり（たとえば、Arrow 1962; Thompson 2010）、多くのAI市場における競争に対しとくに重要な意味を持つ。一方で、そのような学習は製品を改善し、それが今度は、より多くのユーザーを惹きつけられる正のネットワーク効果を作り出し、消費者に恩恵をもたらす好循環につながる（Gregory et al. 2021）。他方で、製品の改善を作り出す同じネットワーク効果がまた、小規模企業を市場から追い立て、市場には少数の支配的プレイヤーしかいなくなる。そして、長期的には、そのようなネットワーク効果はまた、参入障壁を高めることにより、将来のイノベーションと競争を減退させるかもしれない。より良く、より効率的な基礎技術を持つ参入者でさえ、その製品を適切に調整するためのデータがなければ、顧客集めに苦戦するかもしれない（Werden 2001; Farrell and Klemperer 2007）。最後に、一部のAIシステムは、経済的に改善するためにフィードバック・ループをオートメーション化し、体験学習プロセスを事実上オートメーション化しているものもある。そのようなオートメーションがネットワーク効果を強化し、それが今度はプラスであれマイナスであれ、潜在的な帰結を増幅する。

他の市場に対するAIの影響にくわえ、AIプロバイダー間の競争は、AIの実装、ひいてはその影響にとって重要になるであろう。市場によっては、参入コストが比較的低く、データが幅広く取得でき、ネットワーク効果がそれほど強くない。そのような市場では、競争は堅固で、多くの小規模プロバイダーがかかわっている。同様に、一部のAIシステムは、企業によりその内部で開発されたものとなり、その企業はAI技術に特化しないが、そのビジネス全体を支えるためにその技術を利用する。汎用モデルと他のより特化したアドオン・ツールの接続システムなど、多層的な統合も考えられる[30]。しかし、他の場合、高い参入障壁、データ取得可能性、ネットワーク効果のなんらかの結合は、市場に少数のプレイヤーしかいないように仕向けるかもしれない。生成AI製品の市場は、学習に大量のデータと計算能力を必要とするもので、この問題がとくに生じやすく、市場は自然と独占に向かう傾向にあると示唆する者もいる（Narechania 2022）。参入コストと競争増加による利益との間には、固有の経済的トレードオフがあるが、適切な政府政策は、独占という結果が既定の結論にならないようにできる。

市場内の競争はまた、隣接市場の競争の影響も受ける。たとえば、多くのアルミ缶供給業者があるとしても、アルミニウム自体の供給業者が1社しかない場合、競争は弱いかもしれない。このように、サプライチェーンは、その競争力の最も弱いリンク、いわゆる競争力のボトルネックと同じくらいの競争しかない。企業はまた、垂直統合や排他的契約をとおして複数の市場に参加するかもしれない。そのような状況では、企業

第7章
人工知能を理解するための経済学的枠組み

は、ある市場における支配的地位を、別の市場における競争を弱めるために使用するかもしれない（Ordover, Saloner, and Salop 1990; Moresi and Schwartz 2021）。さらに、垂直統合企業による自己優遇は、長期的にも劣ったテクノロジーが導入される結果をもたらすかもしれない（Katz and Shapiro 1986）。

研究者は、デジタル・プラットフォームやAI市場では、こうしたすべての懸念がとくに顕著であると指摘している（Athey and Scott Morton 2022; Vipra and Korinek 2023）。たとえば、多くのAI関連製品は、AI企業群でますます垂直統合しつつある既存の大テック企業とつながりのある組織によって構築されている。同様に、AIシステムをつくるのに必要な一部のインプットは、少数の企業によって支配されており、競争上のボトルネックとなる可能性について懸念が増している。たとえば、設計、生産、そしてAIコンピューティングに必要な専門チップを製造するのに使用される設備は、クラウド・コンピューティングの提供と同様に、それぞれ一握りの企業によって支配されている（Narechania and Sitaraman 2023）。

AI政策は、健全かつ競争的な市場を確保し、AIアウトプットの消費者、AIシステムを使用する労働者、その他の市場参加者を保護するうえで大きな役割を果たすであろう。競争を意識した政策は、一部のプロバイダーが他のプロバイダーよりも不当に優遇されないようにしながら、参入障壁を不用意に高めることを回避できる。反トラスト法の執行は、決定的に重要な役割を果たすが、他の政府政策もそうである。

大まかに言えば、事前的な規制や他の政策は、事後的な反トラスト法執行と比較すると、企業に確実性を提供し、コストのかかる事後的な矯正策を回避することにより、効率を高められる（Ottaviani and Wickelgren 2011）。それだけでなく、そのような事前的政策は、構想や実行がひどい場合、逆効果になることもある。開かれた透明な方法で基準を作成することは、市場の既存企業を不用意に優遇したり、小規模企業が準拠や参入するのを難しくしたりすることを、避けられるのである。

同様に、自由に取得でき持ち運びできるデータは、競争状態を奨励し、データから生じる利益が幅広く分配されることを保証するかもしれない。市場参加者はしばしば、独自データを維持するインセンティブを持つ。データは低コストでコピーでき、データから生じる生産性向上は真似しやすいため、企業は公開情報源から生じる利益を奪い取られるであろう。しかし、独自データに依拠することは、AI市場の細分化を引き起こすかもしれない。各企業が取得可能なデータのほんの一部しか取得できない場合、AIシステムは、そうでないときのようには機能しない。これは製薬研究において進行中の問題であり（Schneider et al. 2020）、インターネット上でますます問題となっている。インターネット上では、コンテンツとユーザー・データは独自のツールとアプリケーションに囲い込まれている。連邦政府によって生産されたもののような、公開データの取得可能性を高めることは、競争を促進するかもしれない。独自のままにするデータの種類についての制限と、ユーザーから収集したデータをAI企業が利用できる方法についての適切な規制も、競争を促進するかもしれない。

さらに、携帯性と相互運用性を促進する政策は、競争に対する障壁を削減できる（Brown 2020）。市場プロバイダーは一般的に顧客のスイッチングを減らそうとするインセンティブを持ち、反競争的優位をえるため、ロック・インを促進するシステムが開発されるかもしれない。相互運用性要件はプロバイダーを切り替えることを容易にし、ロック・インをつうじて優位を獲得する企業の能力を低下させる。労働市場では、企業戦略──競業避止義務契約、研修費返還契約やその他の方法──は、労働者を特定の企業に縛りつける。しかし、これらの戦術もまた、AIスキルの市場で競争を妨げることがある。労働者が競争的労働市場で自由に移動でき、労働市場の障壁を削減する政策がAIそれ自体の市場における競争を高められる場合、AIシステムを開発し協働するのに必要な高度なスキルは、経済全体で最大限活用できる。

最後に、AIシステムをつうじて競争上の機密情報を共有することは、競争を弱体化させ、既存の反トラスト法の下で企業にリスクをもたらす可能性がある。企業にこれらのリスクを教育し、健全な反トラスト法準拠方針を促進する政府の取組は、AI技術が競争を減らすために使われる可能

Box 7—3　自主的な AI 協定は何を達成できるのか？

バイデン－ハリス政権は、2023年7月、主要人工知能企業7社と、サイバーセキュリティ、アルゴリズム差別、電子透かし、その他の問題をカバーする自主協定を締結したことを発表した。同協定は今、15社を対象としている（White House 2023b）。その協定は、肝心な時期に初の AI に特化した指針とガードレールを作成することに向けた一歩であった。それらは、業界の参加者が公共の利益に向かって協力するという関心と意欲を示しただけでなく、開かれた対話、一方的行動、社会的規範をとおして前進できるという確信も示した。それでも、その協定は長期的な解決策にはなりそうもない。

意義ある自主的公約は、民間セクターではまれである。もし措置を講じることが1社の一方的な利益となるならば、いかなる公約も必要とはされないであろう。その措置が当該企業の一方的な最大限の利益にかなうものではないならば、その企業はその公約を避けるインセンティブを持つであろう。

協定を意義あるものにする特徴はまた、のちにコースを変更するインセンティブを提供できる。たとえば、自主協定の存在は、新規参入の機会をつくることがある。こうした新規参入企業は、公約をおこなうことを拒否したり、公約をおこなった企業を打ち負かすためにその柔軟性を悪用するかもしれない（Brau and Carraro 1999）。既存企業は、協定を脱退したり、その制限原則を放棄したりすることにより、競争に対応するかもしれない。

最近の自主協定は、生成 AI 分野の主要プレーヤーを対象としている。これらの市場は、参入障壁が多く（Federal Trade Commission 2023）、自主協定を締結、継続するには比較的望ましい環境である。他の AI 市場セグメントには同様の参入障壁がないため、自主協力に素直にしたがうことにはならないかもしれない。

性を減らせる。

要するに、競争を促進するのに必要な政策は、合併や独占の分析という従来のツールをはるかに超えている。競争は、連邦政府が AI とその市場を規制するためにおこなう選択により、影響を受けるであろう。正しいアプローチには、個別市場が技術状況と相互作用する高度な方法を検討し、端から競争を促進するために新技術が規制されなかった過去の事例から教訓を学ぶことが必要である。バイデン－ハリス政権は、連邦政府機関がその規制の分析においてこうした問題を検討することを促す新しい競争指針を公表している（OMB 2023a）。また、行政管理予算局（OMB 2023b）は、政府機関に対して AI ツールの利用と調達において競争を検討するように促している。この総体的な枠組みは、経済における AI の役割が高まるにつれて、とくに重要になるであろう（Box 7-3 を参照のこと）。

労働市場の諸制度

AI は、労働市場を真に転換させる可能性を持っている。永続的な市場からの排除についての実証的証拠は限られているが、AI を徹底的に組み込んだ経済への移行は、多くの労働者を既存の仕事から追い出し、新しいタイプの仕事を作り出し、他の人の仕事に劇的な影響を与えるかもしれない。どのような労働市場の機能が、移行期において労働者を保護するために最も重要であろうか？　また、どのような機能によって、AI の利用に労働者が備えられるのであろうか？

1つには、AI が労働市場にもたらす破壊的影響を軽減する政策は、効率的で責任ある AI 投資を奨励するのと同じものである。イノベーションを促進し、規制の不確実性を減らし、必要な人的資本投資を支えることすべてが、AI 政策の重要な目標である。経済全体の責任ある受託責任も重要である。なぜなら、離職による労働者への悪影

第7章 人工知能を理解するための経済学的枠組み

響が弱い経済状況によって相当増幅されるからである（Davis and von Wachter 2011）。

実際、テクノロジーと規制の変化は、特定の産業、職業、地理的地域に偏在することが多い。貿易自由化の経験が示すところによると、離職の悪影響は何年間も持続し、局地的経済圏に波及する（Autor, Dorn, and Hanson 2013, 2021）。AI代替に対処するための多くの政策選択肢は、過去の経済ショックの状況で提案されたものと同様である。

最近の貿易ショックは、新たに輸入競争の影響を受けるようになった場所の人々に、圧倒的に大きな影響を及ぼした。それと似たかたちで、AIの影響は、AI接触型労働者が暮らす場所で最も激しく感じられる。CEAは、AI接触の職業レベル計測値を労働者の居住地にマッピングし、接触は局地的な影響を最も持ちやすい場所を示した。図7-10が示すように、最もAI接触が高い地域では、平均的な労働者の地区は、接触が最も少ない地域よりも3倍以上密度が高い。しかし、その話は、実績要件の低い仕事をしている労働者についてはいくぶん異なっている。このタイプの仕事に最も接触が多い地域と最も接触が少ない地域は比較的密度が高く、密度が低い地域は、接触分布の中間に位置することが多い。

事実が示すところによると、AIの影響は、都市部において最も強く感じられるという。この研究結果は、新しい仕事の大部分とともに、イノベーションの大半は都市で起こっているという（Lin 2011; Gruber, Johnson, and Moretti 2023）。逆に、必要な活動実績の平均水準が低く接触が雇用代替の可能性を示す限り、都市部の一部だけが広範囲に及ぶ失職の悪影響を受けるにすぎないことを、事実は示している。先行研究はそのパターンについて1つの考えられる理由を示している。職業的分離が高く、全体的な経済的居住分離が時間の経過のなかで増加している（Florida and Mellander 2015; Bischoff and Reardon 2013）。都市部における一部の労働者がAIの結果として生産性が高くなる一方、他の者は解雇され、2分化した労働者が異なる地区に住み、政策に対する意味も異なる。密集した都市労働市場における雇用機会の拡大により労働者は経済混乱を乗り切るのが比較的容易になるが、事実によれば、局地レベルでは、多くの離職した人々と競争する影響

図7-10　地理的なAI接触の十分位別にみた平均人口密度

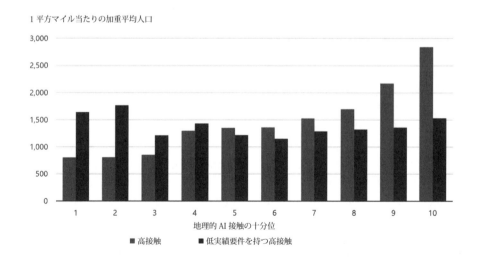

出所：American Community Survey; Department of Labor; Pew Research Center; CEA calculations.
注：平均密度は、各労働者の居住する国勢調査区の人口加重幾何平均密度である。地理的単位は、一般向けマイクロデータ・エリアである。1平方マイル当たりの平均人口は、各単位における国勢調査区の人口加重幾何密度である。分析は、16歳以上のフルタイム、通年労働者を使用している。実績要件は、職業内でおこなわれる高AI接触型労働活動の難しさと複雑さを計測するO*NETデータを用いて把握されたものである。低さは、中央値を下回る難しさの平均的な程度を示す。

は、近くの機会拡大の影響を上回ることがある（Haller and Heuermann 2020）。要するに、地理的に集中したAI接触についての事実は限られているが、クリーン・エネルギーへの移行など、他の状況と同様に、対象を定めた場所ベースの政策が有益な役割を果たすであろう（CEA 2022）。

個別企業は、AIを用いて働くようにその従業員を訓練するうえで大きな役割を果たす。企業が特注のシステムを用いたり、基盤モデルを独自の方法で導入したりした場合にはとりわけそうである。しかし、政府は、その訓練が労働者に確実に恩恵をもたらすのを支援できる。経済学者は、広範囲に及ぶ生産的用途で使える一般的人的資本と、別の企業に持ち運べない企業特殊的人的資本を区別する。多くのAIモデルは特定の企業のニーズに専用のため、労働者がそのAIモデルを使うのに必要なスキルの多くは、企業特殊的であるか、業務で習得されるものである。経済理論によると、企業特殊的人的資本は、雇用主に従業員に対する市場支配力を与えるので、賃金を低位に維持できる（Acemoglu and Pischke 1998）。対照的に、一般的人的資本は持ち運びができるので、それによって雇用主の市場支配力を高めることはまったくないので、企業がそれに投資するインセンティブは乏しい。

バイデン－ハリス政権は、登録実習制度をとおして一般的人的資本研修を促進するため、記録的な投資をおこなっている――そして全米実習制度のいっそうの拡大と近代化を最近提案した（White House 2023c; DOL 2023b）。登録実習制度は、企業に資金を提供して労働者のスキルに投資をさせ、労働者に機会を提供して収入を得ながらメンターから業務を学ばせる。それらはまた、その結果得られた人的資本が持ち運び可能で質が高いことを確保するため、基準を設定している。企業は、承認された職種において実習プログラムを提案、登録する。実習制度が適用される職種にはすでに、AI技術を使って働く可能性が高い多くのものが含まれている。柔軟性の拡大、手続きの改善、データ収集の改善をとおして、登録実習制度の改善案は、労働者がAIを用いて働くのに必要なスキルを確実に身につけるのに役立つであろう。

労働組合もまた、労働者のスキルを開発し、彼らの生活の糧を保護するのに役立つ。労働組合は、雇用主の労働市場支配力の影響に対抗し、労働訓練を増加させたことが示されている（Booth and Chatterji 1998; Green, Machin, and Wilkinson 1999）。もっと一般的に言えば、いかにAIが使われるかということに労働者の意見を反映させることは、彼らがAIの利用から恩恵をえられるようにするのに役立つかもしれない。個々の労働組合契約で確保されている脚本家や俳優の保護のように、団体交渉によって、労働者はAIの使用に関連した保護を確保する力をえられる（WGAW 2023; SAG-AFTRA 2023）。AI開発の第一線に立つ労働者の関与もまた、こうしたシステムの実装の成功に有益な効果を持つ（Kochan et al. 2023）。労働者の収入へのプラス効果や、労働を資本に代替し研究開発に従事する企業インセンティブへの効果など、労働組合は他の多くの経済効果も持つ（たとえば、Hirsch 2004; Knepper 2020; U.S. Department of the Treasury 2023）。AI導入にかんするこうしたインセンティブの正味の効果は不明であり、労働組合が存在する産業の特定の構造に左右されるであろう（Haucap and Wey 2004）。

連邦政府は、AIによって離職した労働者が、連邦政府の投資とプログラムをとおして直接、間接に、経済における次の一歩を踏み出す用意を確実にすることができる。円滑な労働移行を確保するために存在する重要な間接的メカニズムの1つは、失業保険プログラムである。失業保険によって労働者は経済的に安定し、労働力を離脱することなく新しい雇用を見つけるよう促される。離職した労働者が新しく質の高い仕事を見つけるには時間がかかるので、柔軟な失業保険制度によって労働者は高収入のより良い仕事を探せる（Chetty 2008; Schmieder, von Wachter, and Bender 2012; Nekoei and Weber 2017）。

政府はまた、失業保険を明確な訓練、再就職支援と結合させることによって直接的に、労働者が新しいキャリアに移行するのを手助けできる。このアプローチは現在、「再就職支援および受給資格査定助成金」プログラムによって具体化されている（DOL 2023c）。それは、対外競争により職を失った労働者を支援するために貿易調整支援（TAA）プログラムによって用いられてきたものであるが、TAAは新規受給者には期限切れとなっ

第7章
人工知能を理解するための経済学的枠組み

ている[31]。労働者レベルの行政データを用いた最近の研究が示すところによると、TAAを承認された離職労働者は、プログラム受給後の期間に勤労所得累積額を数万ドル増加させている（Hyman 2022）。この研究はまた、TAAから学んだスキルはやがて減価する可能性があるという示唆的な事実も見つけており、AI技術が急速に進化しているので懸念事項となっている。政策立案者は、TAAから学んだ教訓に立脚したうえで、AIに関連した離職に対応する離職者向けプログラムを活性化、拡大し、労働者が労働力にとどまり、AIを用いて生産的に働けることを確保する方法とすべきである（Box 7-4を参照のこと）。

AIとその効果の計測

これまでに概説したさまざまな質問や政策に共通しているのは、それらが観測可能性を必要とすることである。AIが使用される方法と程度を政府が観測できない場合、既存の法律を施行したり、新しい規制の対象を定めて実施したりするのは困難かもしれない。同様に、政府は、誰がAIによって離職した労働者なのかを観測できない場合、こうした労働者を支援する能力を制限される。観測可能性を向上させたり、データ収集を向上させたりする政策は、もしそれらによって政府が発生したときにAI導入を認知し、AIが作り出したアウトプットを人間が作り出したものと区別し、AIの経済効果をより正確に計測できるならば、高い効果を持つかもしれない。

AI導入を観測しその効果を計測するのは、もともと困難である。これは、1つには、AIを導入する企業は多くの方法でそうしているからである。それらは、大規模テクノロジー・プロバイダーとサービス契約を締結したり、購入したツールやオープン・ソースのツールで独自データを活用したり、社内モデル開発に従事したり、AIが構成要素の1つにすぎないインプットを購入したりする。AIモデルは、多くのパラメータを含み大量のデータで学習を受けているという点で、大型かもしれないし、小型かもしれない。そして、AIの潜在的な悪影響は、モデルの行動に密接に関連しているかもしれないが、遠く離れた川上や川下の市場にあるかもしれない。それにもかかわらず、連邦政府は、AI導入の観測可能性を向上させるための措置を、現在もとっているし、過去にもとってきた。

安全性と安全保障に対する一定のリスクに対処するため、最近の大統領令は、学習させるのに使われた演算回数にもとづいて超大規模AIモデルの報告閾値を定めている（White House 2023a）。こうした閾値は、大規模言語モデルなど、将来におけるAI市場の特定のセグメントで、プロバイダーを特定するのに適しているかもしれない。そのようなプロバイダーを特定することは、ある種のAI関連リスクを特定し、それに対処するのに十分であろう。それだけでなく、これまでにAI導入から生じた事実上すべての影響——差別など、マイナスの影響を含め——は、こうした閾値を満たさないモデルに関連している（たとえば、Brown et al. 2020）。もっと一般的には、多くの経済状況において、AIモデルから生じるマイナスの影響の可能性はその基本的な規模に比例する、と信じるに足る理由はほとんどない。そのため、演算回数報告閾値は価値があり、追加的な閾値が将来実施される可能性はあるけれども、広範囲に及ぶAI関連リスクに対処するには、他のアプローチも必要である。

その大統領令はまた、政府機関に指示し、電子透かしやコンテンツ検出など、AIが作り出したアウトプットを特定する方法を検討させている。こうしたアプローチは、ある種のAI利用を観測、計測するのに役立つ。AIアウトプットの出所を特定するのに電子透かし要件で十分な場合、有害なアウトプットもその作成者までさかのぼることができる。しかし、実際の電子透かしの使用は、幅広く配布されている生成AIアウトプットに限定されるであろう。経済活動における他の多くの利用は、それらが発生した企業の外部では直接観測できないからである。こうしたアウトプットの作成に使用された生成AIモデルがすでに特定されているか、コンテンツ検出の代替的方法がうまく実施されない限り、電子透かし要件の執行は困難かもしれない。

補完的アプローチは、AIによって最も影響を受けたと思われる労働者や他の当事者を特定することであろう。企業にかんする調査はすでにAI導入について一部の情報を収集しており（Zolas

Box 7—4　AIは課税さるべきか？

人工知能は生産性を高める能力を持つが、同時に、多くの労働者を現在の仕事から切り離したり不平等を悪化させたりする。テクノロジー業界のリーダーや欧州議会、その他の者はそれゆえAIと関連技術の利用に課税することを提案している。彼らの主張によると、AI課税は離職労働者向け訓練に資金提供し、全体的な不平等を軽減する可能性を持つ（Quartz 2017; European Parliament Committee on Legal Affairs 2017; Abbott and Bogenschneider 2018）。

経済学者は一般的に、AI課税案を、生産の1要素としての資本に対する課税とのアナロジーで検討している。一部の資本は耐久財であり、それに投資するかどうかを決定することは将来の生産性と成長に影響を及ぼす。したがって、資本投資の意欲を失わせる課税は、とくにコストがかかる可能性がある。その懸念は、AIのような汎用技術でとくに顕著であり、その1つの機能は既存資本の再利用性を高めることである（Aghion, Howitt, and Violante 2002）。経済成長と、経済および既存税制の他の特性との間のバランスを取るため、最適な資本課税率については、多くの文献によって検討されている（たとえば、Diamond and Saez 2011; Saez and Stantcheva 2018）。借入制約、不確実性、現実世界の他の特性を組み込んだ豊富な枠組みは、多くの場合、財政政策の最適な資金調達方法は資本課税を含む課税の組み合わせである、ということを明らかにしている。

経済学者は最近、AI導入に対する追加課税が影響を受けた労働者と経済全体の厚生にいかなる影響を及ぼすのかについて検討している。米国の実効資本課税率は近年低下しており、オートメーションをつうじて雇用に対するゆきすぎた悪影響を助長したと論じる者もいる（Acemoglu, Manera, and Restrepo 2020）。しかし、これらの研究者もまた、適切な資本税率と労働税率を設定することによって、ゆきすぎたオートメーションが起こらないよう十分に確保できると論じている。というのは、AI対象税率の引き上げは、これらの広範囲に及ぶ資本税率を変更できない場合にだけ、目的に資するからである。他の最近の研究は、テクノロジーのコスト低下トレンドと、現在と将来の労働者に異なる影響を及ぼすことを検討している。こうした研究によれば、他の資本課税を超えるAI課税は、短期的には有益かもしれないが、長期的にはそうではない（Guerreiro, Rebelo, and Teles 2022; Thuemmel 2022）。

課税はAI関連のイノベーションそれ自体にいかなる影響を及ぼすのであろうか？　過去の特許データからえられた事実が示すところによると、いくらイノベーションに使うか、どこでそれをおこなうかの2点において、投資家は税制によるインセンティブに反応する（Akcigit et al. 2021）。ソフトウェア関連の特許は、AI技術向けも含め、今日発行された特許の約半数を構成し、この特許付与はとくに地理的に偏在している（Chattergoon and Kerr 2021）。したがって、AIの導入およびイノベーションに対する課税は、全体的な成長、場所ベースの政策、他のイニシアティブに意味を持つのである。

---

et al. 2020）、行政手続きからのデータは、他の多くの経済統計を作成するために使用されており、有益なものになりうる。しかし、データ収集における今あるギャップは、こうしたデータのいくつかの利用を大幅に制限している。たとえば、職業は、AIへの接触が労働市場に影響する可能性が多い重要な側面であるため、職業にもとづいた影響されやすい労働者や離職した労働者を対象とする政策は、AIへの政策対応全体において重要な役割を果たす[32]。しかし、労働者をその職業と一貫して結びつけることは困難である。職業を含む調査は、かなりの計測誤差があり、失業保険などのプログラムは、多くの場合、この情報を標準化された方法で収集するのが困難である（Fisher and Houseworth 2013; DOL 2023a）。さらに、米国の労働者にかんする行政データの最善の情報

源でさえ、その職業にかんする情報を含めていない。行政プロセスの追加や調査の補強は、政府のデータ収集のギャップに対処し、影響を受けた労働者を対象にし、彼らを支援する政策の実行を容易にするのである。

結論と未解決の問題

　AIは、経済的厚生を高める可能性を秘めている。先行する多くのテクノロジーのように、予想された方法でも、予想外の方法でも、経済を転換させることによって、それは経済的厚生を高めるであろう。経済理論が示すところによると、その変化はすべての人に恩恵をもたらす能力を持つが、最近の実証的証拠によれば、広範囲に及ぶ利益は保証されていない。責任あるイノベーションを促し、消費者を保護し、労働者に力を与え、競争を促進し、影響を受けた労働者を助ける賢明な政策が決定的に重要である。

　多くの未解決の問題が依然として残されており、バイデン-ハリス政権は、こうした問題に対する答えを絶えず探しており、学んだ教訓を規制や政策対応に組み込んでいる。2022年、ホワイトハウスの米国科学技術政策局は、「AI権利章典のための青写真」を公表し、AIについて最も切迫した懸念の多くをカバーする5つの原則を強調した（White House 2022）。連邦政府の行政機関は、その青写真の提言を実施するために措置を講じている。国家AI諮問委員会は、2022年5月に発足し、産業界や学界からのリーダーが参画し、主要な政策問題を討議し、提言をおこなった（NAIAC 2023）。米国標準技術研究所は、米国AI安全研究所を設立し、安全基準や安全保障基準にかんする協働を可能にした（NIST 2023）。大統領令14110号は、重要な政府機関と組織を特定し、他の多くのAI関連問題を監視し、それについて助言している。その大統領令は、決められた組織がAI関連のニーズを研究し、それらに対処するのに必要な追加的ツールを提言するよう指示している。

　将来の技術変化の経路はつねに不確実であるが、バイデン-ハリス政権は、AIがもたらす変化にわが国の制度と政策が確実に準備できるように取り組んでいる。経済においてAIの役割が高まっているので、連邦政府はその制度的枠組みを絶えず評価する必要があるであろう。AIとその影響について幅広く考えることでしか、テクノロジーの悪弊の可能性と、多くの考えられる利益との間のバランスを、社会が取ることはできない。

　注

1　場合によっては、オートメーション技術はたんに既存の労働力に代替する。しかし、多くのケースでは、オートメーション技術によって以前よりも多く産出できるようになり、場合によっては、手作業では経済的に成り立たなかった製品の創出を可能にする。

2　この定義が「代替」という言葉を重視するのは、オートメーション技術がつねに雇用を削減することを示すかもしれないが、これは必ずしも当てはまらないからである。オートメーション技術は一定の生産段階をより早くより安くするため、それらは製造される製品と関連製品の両方に対し需要全体を高める可能性がある。さらに、そのようなテクノロジーを創出、維持するには、一般的に労働が必要とされる。

3　この文脈では、データは機械で読める情報すべてを指し、経済学者が最もなじみ深いデータセットの類に限定されない。それは、デジタル・コード化された文字、画像、音声、動画、リアルタイムの人間の入力にかんする情報、シミュレーション・フィードバック、他の多くのカテゴリーの情報が含まれる可能性がある。

4　たとえば、大統領令14110号（2023年）は、AIシステムを、「機械および人間ベースの入力を用いて現実および仮想の環境を認識し、そのような認識をオートメーション化された方法の分析をとおしてモデルに抽象化し、モデルの推論を用いて情報または行動の選択肢を定式化する」システ

ムと定義している。それは、AIモデルを、「AI技術を実行し、計算、統計、または機械学習手法を用い、所与の一連の入力から出力を生成する」ものと定義している。

5 　大統領令14110（2023年）は、生成AIを次のように定義する。「派生的な合成コンテンツを生成する目的のため、入力データの構造と特性をエミュレートする。これには画像、動画、音声、文字、他のデジタル・コンテンツが含まれる可能性がある」。

6 　特記すべきことは、図7-1は、AIにおけるデータの役割を強調しているが、多くの場合には、もっと一般的に入力と言った方がより正確かもしれない。

7 　AIシステムの一部のタイプ──たとえば、機械学習よりもコード化された規則に依拠するシステム──は、学習データを活用しないかもしれない（たとえば、Taddy 2019）。

8 　場合によっては、人間による大量の入力は、許容できるパフォーマンスを確保するためにモデルを微調整するうえで重要であり、そうした労働者への支払いと労働条件について深刻な懸念が浮上している（Perrigo 2023; Bartholomew 2023）。

9 　研究はこれらの制約を他の方法で変更することもできる。たとえば、データ制約を埋め合わせる方法を発見するため、しばしば計算要件の増加を犠牲にして、機械学習と計量経済学の大量の研究がおこなわれている。

10 　これらの分野は非常に関連している。経済学者は、計量経済学の黎明期に、統計学者から多くの手法を借りた。1990年代後半から2000年代初め、多くのコンピュータ科学者は、ベイズ更新のような統計学と計量経済学の手法を採用した。これらの異なる分野は問題に異なった接近をおこない、専門用語も大きく異なっているため、協力は困難かもしれないが、過去の協力はかなりの改善をもたらした。

11 　研究者は、不要データの問題に対処するため、いわゆる学習棄却法について引き続き進歩をしている。もっとも多くのアプローチは、実践ではパフォーマンスが限定的なことが明らかになっている（Kuramanji et al. 2023; Zhang et al. 2024）。学習棄却の成功の意味はまた、個人のプライバシー保護のような問題にもあてはまる（Neel and Chang 2023）。

12 　多くの場合、企業がデータをキュレートするよりも速く、データは拡大する。AI搭載キュレーションはその状況を改善するかもしれないが、AIシステムはその状況を悪化させるのかもしれない。たとえば、一部のAIシステムは企業がどのコンテンツを公開するのか決定するのに役立つかもしれない一方、他のAIシステムは点検を必要とするコンテンツ案の量を増加させるかもしれない（Edwards 2023）。

13 　企業環境内の生産性の正確な計測は困難なことがあるが、制御された設定での研究もまた、他の文脈における相当な生産性向上の可能性を示している（たとえば、Peng et al. 2023; Noy and Zhang 2023）。

14 　著作権の他の関連問題は、本章でのちに詳述される。

15 　AIと機械学習の分野は、問題の複雑さと微妙さのため、再現性に深刻な問題があり、それが企業に導入を遅らせるインセンティブを与えるかもしれない、と主張する研究者もいる。

16 　後続の研究は、投入物あるいはスキルの賦与状態の差、人的資本深化から生じる利益、品揃えに対する消費者の嗜好など、特化を奨励する具体的な経済メカニズムを特定してきた（Krugman 1981; Ohlin and Heckscher 1991; Becker and Murphy 1992）。同様にAI研究者は、比較優位の各国パターンを、AIが特化する1つの理由として特定している（Mishra et al. 2023）。

17 　CEOやノーベル賞受賞者たちは最近、AIが労働時間を短縮化することについて、ほぼ同じ予測をしている（Taub and Levitt 2023; Rees 2023）。

18 　経済学者は、時間の経過をつうじての平均所得の増加にもかかわらず、経済の多くの特徴のなかで、労働者に労働時間を減少させるかもしれないものを浮き彫りにしてきた。相対的な製品の品質やステータスの比較は、消費者需要が購買力上昇を追いかけるよう導いた可能性がある（Frank 2008）。賃金不平等の拡大は、労働時間の延長に対する報酬の増加と関連している可能性がある（たとえば、Freeman 2008）。業績連動型報酬制度と競争圧力の上昇は、労働時間削減のコストをより高める可能性がある（Freeman 2008）。所得変動の拡大は、将来生じる経済ショックに対す

第7章
人工知能を理解するための経済学的枠組み

る保険として、人々は労働供給を増加させる可能性がある（Heathcote, Storesletten, and Violante 2010）。仕事の属性の変化は、労働に費やされる時間をより快適にし、人々は労働の社会的または知的要素に価値を置くようになった可能性がある（たとえば、Cowen 2017）。それにもかかわらず、最近の米国の相続人や宝くじ当選者についての実証研究が示すところによると、資産増加の労働削減効果はかなりのもので、所得の高い人々の間ではより強いのである（Brown, Coile, and Weisbenner 2010; Golosov et al. 2021）。

19　テクノロジーは、それがとくに貴重な状況で導入される傾向があり、複数のテクノロジーが同時に使われる傾向がある。これらの特徴があるため、さらに仮定をつけない限り、ほとんどの場合に1つのテクノロジーの効果を切り分けることは困難であったり不可能であったりする。よく知られている事例として、研究者によれば、コンピュータの大きな効果と言われているものを、鉛筆の効果と区別することは実証的にはできなかった（DiNardo and Pischke 1997）。限られたケースにおいて、研究者は、特定のテクノロジーの影響を抽出するため、他の政策によってもたらされた導入の外生的変動を活用できる。たとえば、ブロードバンド・インターネットの導入が抽象的タスクをおこなう労働者を補完し、定型的タスクをおこなう労働者に代替することを示すため、この接近方法は使用されている（Akerman, Gaarder, and Mogstad 2015）。

20　このパターンはしばしばコンピュータ化に帰着される一方、他の研究が示すところによると、そのパターンはいっそう早くから始まった可能性があり、製造業雇用からサービス雇用への幅広いシフトと関連づけられるかもしれない（Bárány and Siegel 2018）。

21　CEAは、職業分布をつうじた雇用および勤労所得の変化の分析を2019年で終えているが、それはより最近のデータにはCOVID－19パンデミックの長引く影響があるからである。

22　逆に、このパターンを穏やかにするように、AIは労働者の訓練を容易にする可能性がある。ブリニョルフソンら（Brynjolfsson, Li, and Raymond 2023）が明らかにしたところによると、その環境下で最大の生産性上昇は、初心者や非熟練労働者の向上から生じたものである。この環境では、現行のAIシステムは、そのような労働者の訓練に最も有益であるかもしれない。さらに、既存の労働者からえたデータで教育されたAIシステムは、そうした既存労働者の最善よりも良くなることはたんにできないのである。

23　CEAはピュー・リサーチ・センターと同一のAI接触型労働活動を特定しているが、CEAによって用いられている相対的重要性の計測値はわずかに異なっている。とくに、それは職業間の各活動について重要性尺度の正規化に依拠しているので、AI接触型活動の正規化された重要性の平均と、他のすべての活動との間の差として、相対的重要性を計測している。ピュー・リサーチ・センターに倣うと、その計測にしたがって上位25％の職業がAI接触型と特定される。これらの職業のうち、AI接触型労働活動は、他の活動の平均と比較して、職業のパフォーマンスへの重要性が少なくとも0.25標準偏差以上高いものである。

24　雇用と勤労所得の水準に影響を及ぼすことにくわえ、AIは、数多くの方法で仕事の質に影響を及ぼす。職業がこうした変化を経験する可能性は、ここで提示した接触計測値と相関しているであろう。

25　タスクまたは活動の複雑さは、意思決定を複雑にし、情報需要を高めることが示されており、それがオートメーションの可能性を決定するかもしれない（たとえば、Byström and Järvelin 1995; Sintchenko and Coiera 2003）。最近の研究がまた示すところによると、タスクの複雑さは、カスタマー・サービスや医療意思決定などの活動にAIが導入されるかどうかにおいて、重要な役割を果たす（Fan et al. 2020; Xu et al. 2020）。AI接触にかんする最近の他の研究が示すところによると、仕事の環境や職務範囲にかんする職業情報ネットワークの他の情報を用い、潜在的代替性を計測できる（Pizzinelli et al. 2023）。

26　職業情報センターのアンケートでは、回答者は自分の仕事をおこなうのに必要な活動実績水準を7段階で回答するよう求められ、下限、中間、上限のベンチマークがある。たとえば、AI接触型活動では、「コンプライアンスを判断するために情報を評価する」、「フォームに不備がないか点検する」が1点、「複雑な保険請求が保険証券の条件

に準拠しているか評価する」が4点、「複雑な申し立てに法廷で判決を下す」が6点である。調査設計についての詳細は、ピーターソンら（Peterson et al. 1995）を参照のこと。

27 AIに直接接触している従業員の比率は、選択された閾値に左右される。しかし、CEAの分析が示すところによると、影響の経済的、人口動態的分布はその選択に比較的影響を受けない。

28 AIのアウトプットにかんして、裁判所は、個人がAIのアウトプットに対する特許権や商標権の保護を求めた訴訟を検討し、そのような所有権は、人間が関与しない限り、AIによって作製されたアウトプットには適用されないと一般的には判決を下している（たとえば、*Thaler v. Vidal* 2022; *Thaler v. Perlmutter* 2023）。

29 広範な法学界も所有の性質について検討し、複数の競合するアプローチによって特徴づけられている。経済思想は各アプローチの長所と短所を概説する役割を果たしている。もっとも、所有にかんする多くの経済的に重要な特徴は、適用される法理論に厳密には左右されない（たとえば、Coase 1960; Honoré 1961; Bell and Parchomovsky 2005; Merrill and Smith 2011; Smith 2012; and Medema 2020）。

30 たとえば、いくつかの基盤モデル・プロバイダーは、自社のサービスを、他のAIモデルも含め、他のソフトウェアに容易に統合できるようにライブラリを公開している（たとえば、Anthropic 2024; OpenAI 2024）。

31 CRS (2023b) を参照のこと。TAAプログラムの打ち切り条項は、連邦議会が同プログラムへの資金拠出更新を拒んだあと、2022年7月に発効した。

32 たとえば、特定の職業を対象にした政策は、多くの場合、行政負担を減らし、失職を証明する実際上の難しさを減らせる。

参考文献

第 1 章

Aaronson, S., M. Daly, W. Wascher, and D. Wilcox. 2019. *Okun Revisited: Who Benefits Most from a Strong Economy?* Finance and Economics Discussion Series 2019-072. Washington: Board of Governors of the Federal Reserve System. https://doi.org/10.17016/FEDS.2019.072.

Aaronson, S., F. Galbis-Reig, T. Cajner, C. Smith, B. Fallick, and W. Wascher. 2014. "Labor Force Participation: Recent Developments and Future Prospects." *Brookings Papers on Economic Activity* 2: 197–275. https://muse.jhu.edu/pub/11/article/577366/pdf.

Ashenfelter, O., Card, D., Farber, H., and Ransom, M. 2022. "Monopsony in the Labor Market: New Empirical Results and New Public Policies." *Journal of Human Resources* 57. https://doi.org/10.3368/jhr.monopsony. special-issue-2022-introduction.

Autor, D., A. Dube, and A. McGrew. 2023. *The Unexpected Compression: Competition at Work in the Low Wage Labor Market.* NBER Working Paper 31010. Cambridge, MA: National Bureau for Economic Research. https://www.nber. org/papers/w31010.

Baker, D., and J. Bernstein. 2013. *Getting Back to Full Employment: A Better Bargain for Working People*. Washington: Center for Economic Policy Research. https://cepr.net/documents/Getting-Back-to-Full-Employment_20131118.pdf.

Barlevy, G. J. Faberman, B. Hobijn, and A. Şahin. 2023. *The Shifting Reasons for Beveridge-Curve Shifts.* NBER Working Paper 31783. Cambridge, MA: National Bureau of Economic Research. https://doi.org/10.3386/w31783.

Barnichon, R., and A. Shapiro. 2022. "What's the Best Measure of Economic Slack?" *Federal Reserve Bank of San Francisco Economic Letter*, no.4. https://www. frbsf.org/wp-content/uploads/sites/4/el2022-04.pdf.

Barrero, J., N. Bloom, S. Davis, B. Meyer, and E. Mihaylov. 2022. *The Shift to Remote Work Lessens Wage-Growth Pressures.* NBER Working Paper 30197. Cambridge, MA: National Bureau of Economic Research. https://www.nber.org/papers/w30197.

Benigno, P., and G. Eggertsson. 2023. *It's Baaack: The Surge in Inflation in the 2020s and the Return of the Non-Linear Phillips Curve.* NBER Working Paper 31197. Cambridge, MA: National Bureau of Economic Research. https://www.nber.org/papers/w31197.

Berger, D., K. Herkenhoff, and S. Mongey. 2022. "Labor Market Power." *American Economic Review* 112, no.4: 1147–93. https://doi.org/10.1257/aer.20191521.

Bernstein, J. 2012. "Raise the Economy's Speed Limit." *New York Times*, December 5. https://www.nytimes.com/2012/12/06/opinion/a-slow-growth-rate-is-the-real-threat.html?_r=0.

Bernstein, J., and K. Bentele. 2019. "The Increasing Benefits and Diminished Costs of Running a High-Pressure Labor Market." Center on Budget and Policy Priori-ties. https://www.cbpp.org/sites/default/files/atoms/files/5-15-19fe.pdf.

Bjelland, M., B. Fallick, J. Haltiwanger, and E. McEntarfer. 2011. "Employer-to-Employer Flows in the United States: Estimates Using Linked Employer-Employee Data." *Journal of Business and Economic Statistics* 29, no.4: 493–505. https://ideas.repec.org/a/bes/jnlbes/v29i-4y2011p493-505.html.

Blanchard, O., A. Domash, and L. Summers. 2022. "Bad News for the Fed from the Beveridge Space." Peterson Institute for International Economics, Policy Brief 22–7. http://dx.doi.org/10.2139/ssrn.4174601.

BLS (U.S. Bureau of Labor Statistics). 2024. "Annual Work Stoppages Involving 1,000 or More Workers, 1947–Present." https://www.bls.gov/web/wkstp/annual-listing.htm.

Bok, B., C. Nekarda, N. Petrosky-Nadeau, and R. Crump. 2023. *Estimating Natural Rates of Unemployment: A Primer.* Working Paper 2023-25. San Francisco: Federal Reserve Bank of San Francisco. https://doi.org/10.24148/wp2023-25.

Bosler, C., and N. Petrosky-Nadeau. 2016. "Job-to-Job Transitions in an Evolving Labor Market." *Federal Reserve Board of San Francisco Economic Letter*, no.34. https://www.frbsf.org/wp-content/uploads/el2016-34.pdf.

Burdett, K., and D. Mortensen. 1998. "Wage Differentials, Employer Size, and Unem-ployment." *International Economic Review* 39, no.2: 257–73. https://www. jstor.org/stable/2527292.

Cajner, T., J. Coglianese, and J. Montes. 2021. *The Long-Lived Cyclicality of the Labor Force Participation Rate.* Finance and Economics Discussion Series 2017-047. Washington: Board of Governors of the Federal Reserve System. https://doi.org/10.17016/FEDS.2021.047.

Cajner, T., T. Radler, D. Ratner, and I. Vidangos. 2017. *Racial Gaps in Labor Market Outcomes in the Last Four Decades and over the Business Cycle.* Finance and Economics Discussion Series 2017-01. Washington: Board of Governors of the Federal Reserve System. https://doi.org/10.17016/FEDS.2017.071.

Card, D., A. Cardoso, J. Heining, and P. Kline. 2018. "Firms and Labor Market Inequality: Evidence and Some Theory." *Journal of Labor Economics* 36, no.S1. https://doi.org/10.1086/694153.

CEA (Council of Economic Advisers). 2014. 'The Labor Force Participation Rate Since 2007: Causes and Policy Implications." https://obamawhitehouse.archives.gov/sites/default/files/docs/labor_force_participation_report.pdf.

———. 2016a. *Economic Report of the President.* Washington: U.S. Government Publishing Office. https://www.whitehouse.gov/wp-content/uploads/2021/07/2016-ERP.pdf.

———. 2016b. "Labor Market Monopsony: Trends, Consequences, and Policy Responses." https://obamawhitehouse.archives.gov/sites/default/files/page/files/20161025_monopsony_labor_mrkt_cea.pdf.

———. 2021. "The Pandemic's Effect on Measured Wage Growth." https://www.white-house.gov/cea/written-materials/2021/04/19/the-pandemics-effect-on-measured-wage-growth/.

———. 2022. *Economic Report of the President.* Washington: U.S. Government Publishing Office. https://www.whitehouse.gov/wp-content/uploads/2022/04/ERP-2022.pdf.

———. 2023a. "Disinflation Explanation: Supply, Demand, and Their Interaction." https://www.whitehouse.gov/cea/written-materials/2023/11/30/disinflation-explanation-supply-demand-and-their-interaction.

———. 2023b. *Economic Report of the President.* Washington: U.S. Government Publishing Office. https://www.whitehouse.gov/wp-content/uploads/2023/03/ERP-2023.pdf.

———. 2023c. "Did Stabilization Funds Help Mothers Get Back to Work After the COVID-19 Recession?" Working Paper. https://www.whitehouse.gov/wp-content/uploads/2023/11/Child-Care-Stabilization.pdf.

Charles, K., and J. Guryan. 2008. "Prejudice and Wages: An Empirical Assessment of Becker's *The Economics of Discrimination*." *Journal of Political Economy* 116, no.5: 773–809. https://doi.

参考文献

org/10.1086/593073.

Crump, R., S. Eusepi, M. Giannoni, and A. Şahin. 2019. *A Unified Approach to Measuring U**. NBER Working Paper 25930. Cambridge, MA: National Bureau of Economic Research. https://doi.org/10.3386/w25930.

Crump, R., C. Nekarda, and N. Petrosky-Nadeau. 2020. *Unemployment Rate Bench-marks*. Finance and Economics Discussion Series 2020-072. Washington: Board of Governors of the Federal Reserve System. https://doi.org/10.17016/FEDS.2020.072.

Cumming, C. 2021. "The Importance of Anti-Discrimination Enforcement for a Fair and Equitable U.S. Labor Market and Broadly Shared Economic Growth." Wash-ington Center for Equitable Growth. https://equitablegrowth.org/wp-content/uploads/2022/01/122121-anti-discrimination-enf-ib.pdf.

Daly, M., and B. Hobijn. 2017. "Composition and Aggregate Real Wage Growth." *Amer-ican Economic Review* 107, no.5: 349–52. https://doi.org/10.1257/aer.p20171075.

Daly, M., B. Hobijn, A. Şahin, and R. Valletta. 2011. "A Rising Natural Rate of Unem-ployment: Permanent or Transitory?" Working Paper, Tinbergen Institute. https://www.frbsf.org/wp-content/uploads/wp11-05bk.pdf.

Davis, S., J. Faberman, and J. Haltiwanger. 2013. "The Establishment-Level Behavior of Vacancies and Hiring." *Quarterly Journal of Economics* 128, no.2: 581–622. https://doi.org/10.1093/qje/qjt002.

DiNardo, J., N. Fortin, and T. Lemieux. 1996. "Labor Market Institutions and the Distri-bution of Wages, 1973–1992: A Semiparametric Approach." *Econometrica* 64, no.5: 1001–44. https://doi.org/10.2307/2171954.

Elsby, M., R. Michaels, and D. Ratner. 2015. "The Beveridge Curve: A Survey." *Journal of Economic Literature* 53, no.3: 571–630. https://doi.org/10.1257/jel.53.3.571.

Faccini, R., and L. Melosi. 2023. *Job-to-Job Mobility and Inflation*. Chicago Fed Working Paper 2023-03. Chicago: Federal Reserve Bank of Chicago. https://www.chicagofed.org/publications/working-papers/2023/2023-03.

Figura, A., and C. Waller. 2022. "What Does the Beveridge Curve Tell Us About the Likelihood of a Soft Landing?" FEDS Notes. Board of Governors of the Federal Reserve System. https://doi.org/10.17016/2380-7172.3190.

Fleischman, C., and J. Roberts. 2011. "From Many Series, One Cycle: Improved Esti-mates of the Business Cycle from a Multivariate Unobserved Components Model." FEDS Working Paper 2011-46. Board of Governors of the Federal Reserve System. https://papers.ssrn.com/sol3/papers.cfm?abstract_id=1957379.

Furman, J., and W. Powell. 2021. "What Is the Best Measure of Labor Market Tight-ness?" Peterson Institute for International Economics, Realtime Economics. https://www.piie.com/blogs/realtime-economic-issues-watch/what-best-measure-labor-market-tightness.

Galbraith, J. 2001. "The Surrender of Economic Policy." *American Prospect*, December 19. https://prospect.org/economy/surrender-economic-policy/.

Ganong, P., and D. Shoag. 2017. "Why Has Regional Income Convergence in the U.S. Declined?" *Journal of Urban Economics* 102: 76–90. https://doi.org/10.1016/j.jue.2017.07.002.

Gittleman, M. 2022. "The 'Great Resignation' in Perspective." U.S. Bureau of Labor Statistics, *Monthly Labor Review*. https://doi.org/10.21916/mlr.2022.20.

Haltiwanger, J., H. Hyatt, L. Khan, and E. McEntarfer. 2018. "Cyclical Job Ladders by Firm Size and Firm Wage." *American Economic Journal: Macroeconomics* 10, no.2. 52–85. https://doi.org/10.1257/mac.20150245.

Hansen, S., P. Lambert, N. Bloom, S. Davis, R. Sadun, and B. Taska. 2023. *Remote Work Across Jobs, Companies, and Space*. NBER Working Paper 31007. Cambridge, MA: National Bureau of Economic Research. https://doi.org/10.3386/w31007.

Hazell, J., J. Herreño, E. Nakamura, and J. Steinsson. 2022. "The Slope of the Phillips Curve: Evidence from U.S. States." *Quarterly Journal of Economics* 137, no.3: 1299–344. https://doi.org/10.1093/qje/qjac010.

Historical Register: Containing and Impartial Relation of All Transactions, Foreign and Domestick 16. 1731. London: Sun Fire Office.

Hobjin, B., and A. Şahin. 2021. *Maximum Employment and the Participation Cycle*. NBER Working Paper 29222. Cambridge, MA: National Bureau of Economic Research. https://doi.org/10.3386/w29222.

Hornstein, A., M. Kudlyak, and F. Lange. 2014. "Measuring Resource Utilization in the Labor Market." *Economic Quarterly* 100, no.1: 1–21. https://www.rich-mondfed.org/-/media/RichmondFedOrg/publications/research/economic_quarterly/2014/q1/pdf/hornstein.pdf.

Karahan, F., R. Michaels, B. Pugsley, A. Şahin, and R. Schuh. 2017. "Do Job-to-Job Transitions Drive Wage Fluctuations over the Business Cycle?" *American Economic Review* 107, no.5: 353–57. https://doi.org/10.1257/aer.p20171076.

Kline, P., E. Rose, and C. Walters. 2022. "Systemic Discrimination Among Large U.S. Employers." *Quarterly Journal of Economics* 137, no.4: 1963–2036. https://doi.org/10.1093/qje/qjac024.

Kudlyak, M. 2017. "Measuring Labor Utilization: The Non-Employment Index." *Federal Reserve Bank of San Francisco, Economic Letter*, no.8. https://www.frbsf.org/wp-content/uploads/sites/4/el2017-08.pdf.

Kurtulus, F. 2015. "The Impact of Affirmative Action on the Employment of Minorities and Women: A Longitudinal Analysis Using Three Decades of EEO-1 Filings." *Journal of Policy Analysis and Management* 35, no.1: 34–66. https://doi.org/10.1002/pam.21881.

Lang, K., and J. Lehmann. 2012. "Racial Discrimination in the Labor Market: Theory and Empirics." *Journal of Economic Literature* 50, no.4: 959–1006. https://doi.org/10.1257/jel.50.4.959.

Manning, A. 2003. *Monopsony in Motion: Imperfect Competition in Labor Markets*. Princeton, NJ: Princeton University Press. https://press.princeton.edu/books/paperback/9780691123288/monopsony-in-motion.

———. 2021. "Monopsony in Labor Markets: A Review." *ILR Review* 74, no.1: 3–26. https://doi.org/10.1177/0019793920922499.

McLeay, M., and S. Tenreyro. 2019. *Optimal Inflation and the Identification of the Phil-lips Curve*. NBER Working Paper 25892. Cambridge, MA: National Bureau of Economic Research. https://doi.org/10.3386/w25892.

Miller, C., and E. Tedeschi. 2019. "Single Mothers Are Surging Into the Work Force." *New York Times*, May 29. https://www.nytimes.com/2019/05/29/upshot/single-mothers-surge-employment.html.

Moscarini, G., and F. Postel-Vinay. 2017. "The Relative Power of Employment-to-Employment Reallocation and Unemployment Exits in Predicting Wage Growth." *American Economic Review* 107, no.5: 364–68. https://doi.org/10.1257/aer.p20171078.

Mukoyama, T. 2014. "The Cyclicality of Job-To-Job Transitions and Its Implications for Aggregate Productivity." *Journal of Economic Dynamics and Control* 39: 1–17. https://doi.org/10.1016/j.jedc.2013.12.004.

Paul, M., W. Darity, and D. Hamilton. 2018. "The Federal Job Guarantee: A Policy to Achieve Permanent Full Employment." Center on Budget and Policy Priorities, Policy Futures. https://www.cbpp.org/research/the-federal-job-guarantee-a-policy-to-achieve-permanent-full-employment.

Pissarides, C. 2000. *Equilibrium Unemployment Theory*, 2nd ed. Cambridge, MA: MIT Press. https://mitpress.mit.edu/9780262533980/equilibrium-unemployment-theory/.

Powell, J. 2018. "Speech by Chairman Powell on Monetary Policy in a Changing Economy." Board of Governors of the Federal Reserve System. https://www. federalreserve.gov/newsevents/speech/

powell20180824a.htm.

Reifschneider, D., W. Wascher, and D. Wilcox. 2015. *Aggregate Supply in the United States: Recent Developments and Implications for the Conduct of Monetary Policy.* Finance and Economics Discussion Series 2013-77. Washington: Board of Governors of the Federal Reserve System. https://doi.org/10.17016/FEDS.2013.77.

Sanchez Cumming, C. 2021. "The Importance of Anti-Discrimination Enforcement for a Fair and Equitable U.S. Labor Market and Broadly Shared Economic Growth." Washington Center for Equitable Growth. https://equitablegrowth.org/wp-content/uploads/2022/01/122121-anti-discrimination-enf-ib.pdf.

Shroyer, A., and V. Gaitán. 2019. "Four Reasons Why Employers Should Care About Housing." Urban Institute, Housing Matters. https://housingmatters.urban.org/articles/four-reasons-why-employers-should-care-about-housing.

Solon, G., R. Barsky, and J. Parker. 1994. "Measuring the Cyclicality of Real Wages: How Important is Composition Bias." *Quarterly Journal of Economics* 109, no.1: 1–25. https://doi.org/10.2307/2118426.

Spriggs, W. 2015. "The Case of Women: Why the Fed Isn't Close to Achieving Full Employment and Shouldn't Be Discussing Raising Interest Rates." Seattle Medium. https://seattlemedium.com/the-case-of-women-why-the-fed-isnt-close-to-achieving-full-employment-and-shouldnt-be-discussing-raising-interest-rates.

——. 2017. "Testimony Prepared for U.S. House of Representatives on a Mandate for Full Employment." 115th Congress, First Session. https://www.congress.gov/115/meeting/house/105846/witnesses/HHRG-115-BA20-Wstate-SpriggsW-20170404.pdf.

Staiger, D., J. Stock, and M. Watson. 1997. "The NAIRU, Unemployment and Monetary Policy." *Journal of Economic Perspectives* 11, no.1: 33–49. https://www.aeaweb.org/articles?id=10.1257/jep.11.1.33.

Stansbury, A., and L. Summers. 2020. *The Declining Worker Power Hypothesis: An Explanation for the Recent Evolution of the American Economy.* NBER Working Paper 27193. Cambridge, MA: National Bureau of Economic Research. https://doi.org/10.3386/w27193.

Tomaskovic-Devey, D., C. Zimmer, K. Stainback, C. Robinson, T. Taylor, and T. McTague. 2006. "Documenting Desegregation: Segregation in American Work-places by Race, Ethnicity, and Sex, 1966–2023." *American Sociological Review* 71, no.4: 565–88. https://doi.org/10.1177/000312240607100403.

Topel, R., and M. Ward. 1992. "Job Mobility and the Careers of Young Men." *Quarterly Journal of Economics* 107, no.2: 439–79. https://www.jstor.org/stable/2118478.

U.S. Census Bureau. 2017. "Job-to-Job (J2J) Flows 101." https://lehd.ces.census.gov/doc/j2j_101.pdf.

U.S. Department of the Treasury. 2022. "The State of Labor Market Competition." https://home.treasury.gov/system/files/136/State-of-Labor-Market-Competi-tion-2022.pdf.

Wolfers, J. 2019. "Okun Revisited: Who Benefits Most from a Strong Economy? Comment." *Brookings Papers on Economic Activity*, Spring, 385–97. https://par.nsf.gov/servlets/purl/10440910.

Yeh, C., C. Macaluso, and B. Hershbein. 2022. "Monopsony in the U.S. Labor Market." *American Economic Review* 112, no.7: 2099–138. https://doi.org/10.1257/aer.20200025.

Yellen, J. 2014. "Speech by Chair Yellen on Labor Market Dynamics and Monetary Policy." Board of Governors of the Federal Reserve System. https://www.feder-alreserve.gov/newsevents/speech/yellen20140822a.htm.

——. 2016. "Speech by Chair Yellen on Macroeconomic Research After the Crisis." Board of Governors of the Federal Reserve System. https://www.federalreserve.gov/newsevents/speech/yellen20161014a.htm.

第 2 章

Ajello, A., M. Cavallo, G. Favara, W. Peterman, J. Schindler, and N. Sinha. 2023. "A New Index to Measure U.S. Financial Conditions." Board of Governors of the Federal Reserve System, FEDS Notes. https://www.federalreserve.gov/econres/notes/feds-notes/a-new-index-to-measure-us-financial-conditions-20230630.html.

Aksoy, C., J. Barrero, N. Bloom, S. Davis, M. Dolls, and P. Zarate. 2022. *Working from Home Around the World.* NBER Working Paper 30466. https://doi.org/10.3386/w30466.

Asdourian, E., G. Nabors, L. Stojanovic, and L. Sheiner. 2024. "Hutchins Center Fiscal Impact Measure." https://www.brookings.edu/articles/hutchins-center-fiscal-impact-measure/.

Barrero, J., N. Bloom, and S. Davis. 2023. "The Evolution of Work from Home." *Journal of Economic Perspectives*, September 3. https://www.aeaweb.org/articles?id=10.1257/jep.37.4.23.

Blau, F., and L. Kahn. 2013. *Female Labor Supply: Why Is the U.S. Falling Behind?* NBER Working Paper 18702. Cambridge, MA: National Bureau of Economic Research. https://doi.org/10.3386/w18702.

BLS (U.S. Bureau of Labor Statistics). 2024. "Job Openings and Labor Turnover Survey." https://www.bls.gov/jlt/.

Campbell, J., and R. Shiller. 2001. *Valuation Ratios and the Long-Run Stock Market Outlook: An Update.* NBER Working Paper 8221. Cambridge, MA: National Bureau of Economic Research. https://doi.org/10.3386/w8221.

CDC (U.S. Centers for Disease Control and Prevention). No date. "COVID-19 Update for the United States." https://covid.cdc.gov/covid-data-tracker/.

CEA (Council of Economic Advisers). 2015. *Economic Report of the President.* Wash-ington: U.S. Government Publishing Office. https://www.whitehouse.gov/wp-content/uploads/2021/07/2015-ERP.pdf.

——. 2023a. *Did Stabilization Funds Help Mothers Get Back to Work After the COVID-19 Recession?* Working Paper. https://www.whitehouse.gov/wp-content/uploads/2023/11/Child-Care-Stabilization.pdf.

——. 2023b. "Disinflation Explanation: Supply, Demand, and their Interaction." https://www.whitehouse.gov/cea/written-materials/2023/11/30/disinflation-explanation-supply-demand-and-their-interaction/.

Cheremukhin, A., and P. Restrepo-Echavarria. 2024. *The Dual Beveridge Curve.* Federal Reserve Bank of Saint Louis, Working Paper 2022-021. https://www.dallasfed.org/research/papers/2022/wp2221.

Conference Board. 2024. "U.S. Leading Indicators." https://www.conference-board.org/topics/us-leading-indicators.

Congressional Budget Office. No date. "Budget and Economic Data." https://www.cbo.gov/data/budget-economic-data.

D'Amico, S., D. Kim, and M. Wei. 2018. "Tips from TIPS: The Informational Content of Treasury Inflation-Protected Security Prices." *Journal of Financial and Quanti-tative Analysis* 53, no.1: 395–436. https://www.jstor.org/stable/26591911.

Elsby, M., R. Michaels, and D. Ratner. 2015. "The Beveridge Curve: A Survey." *Journal of Economic Literature* 53, no.3: 571–630. https://doi.org/10.1257/jel.53.3.571.

Federal Reserve. 2023a. "Federal Reserve Issues: FOMC Statement." Board of Governors of the Federal Reserve System. https://www.federalreserve.gov/monetarypolicy/fomcpresconf20231213.htm.

——. 2023b. "Enhanced Financial Accounts." Board of Governors of the Federal Reserve System. https://www.federalreserve.gov/releases/efa/efa-hedge-funds.htm.

Federal Reserve, Federal Open Market Committee. 2023. "Summary of Economic Projec-tions." December 13. https://www.federalreserve.gov/monetarypolicy/files/fomcprojtabl20231213.pdf.

Federal Reserve Bank of Atlanta. 2024. "Wage Growth Tracker." Center for Human Capital Studies, Data & Tools. https://www.atlantafed.org/chcs/wage-growth-tracker.

Figura, A., and C. Waller. 2022. "What Does the Beveridge Curve Tell

231

Us About the Likelihood of a Soft Landing?" FEDS Notes. https://doi.org/10.17016/2380-7172.3190.

Hartman, M. 2022. "Why Republican Consumers Are Glum and Democrats Upbeat." Marketplace. https://www.marketplace.org/2022/08/31/why-republican-consumers-are-glum-and-democrats-upbeat/.

Herbstman, J., and S. Brave. 2023. "Persistently Pessimistic: Consumer and Small Busi-ness Sentiment After the Covid Recession." Federal Reserve Bank of Chicago, Chicago Fed Letter 490. https://www.chicagofed.org/publications/chicago-fed-letter/2023/490.

Hirsch, P. 2012. "Consumer Confidence vs. Consumer Sentiment." Marketplace. https://www.marketplace.org/2012/08/28/consumer-confidence-vs-consumer-sentiment/.

Kim, D., and J. Wright. 2005. *An Arbitrage-Free Three-Factor Term Structure Model and the Recent Behavior of Long-Term Yields and Distant-Horizon Forward Rates.* Finance and Economics Discussion Series 2005-33. Washington: Board of Governors of the Federal Reserve System. https://doi.org/10.2139/ssrn.813267.

Mas, A., and A. Pallais. 2017. "Valuing Alternative Work Arrangements." *American Economic Review* 107, no.12: 3722–59. https://doi.org/10.1257/aer.20161500.

Mongey, S., and J. Horwich. 2023. "Are Job Vacancies Still as Plentiful as They Appear? Implications for the 'Soft Landing.'" Federal Reserve Bank of Minneapolis. https://www.minneapolisfed.org/article/2023/are-job-vacancies-still-as-plentiful-as-they-appear-implications-for-the-soft-landing.

Moscarini, G., and F. Postel-Vinay. 2017. "The Relative Power of Employment-to-Employment Reallocation and Unemployment Exits in Predicting Wage Growth." *American Economic Review* 107, no.5: 364–68. https://doi.org/10.1257/aer.p20171078.

Okun, A. 1962. "Potential GNP: Its Measurement and Significance." American Statistical Association, *Proceedings of the Business and Economic Statistics Section*, 89–104.

O'Kane, C. 2023. "Photo of Connecticut McDonald's $18 Big Mac Meal Sparks Debate Online." CBS News. https://www.cbsnews.com/news/mcdonalds-prices-big-mac-sparks-expensive-menu-darien-connecticut-debate-online/.

Social Security Administration. 2023a. "Social Security Program Data." https://www.ssa. gov/OACT/HistEst/Population/2023/Population2023.html.

———. 2023b. "Table V.A2: Immigration Assumptions, Calendar Years 1940–2100." 2023 OASDI Trustees Report. https://www.ssa.gov/OACT/TR/2023/lr5a2.html.

U.S. Census Bureau. No date. "Quarterly Survey of Plant Capacity Utilization (QPC)." https://www.census.gov/programs-surveys/qpc.html.

White House. 2022. "Fact Sheet: CHIPS and Science Act Will Lower Costs, Create Jobs, Strengthen Supply Chains, and Counter China." https://www.whitehouse.gov/briefing-room/statements-releases/2022/08/09/fact-sheet-chips-and-science-act-will-lower-costs-create-jobs-strengthen-supply-chains-and-counter-china/.

———. No date. "Investing in America: cleanenergy.gov." https://www.whitehouse.gov/cleanenergy/.

Yellen, J. 2015. "Inflation Dynamics and Monetary Policy." Transcript of Philip Gamble Memorial Lecture, University of Massachusetts Amherst. https://www.federalreserve.gov/newsevents/speech/yellen20150924a.htm.

第3章

AARP. 2020. "Caregiving in the United States." https://www.aarp.org/content/dam/aarp/ppi/2020/05/full-report-caregiving-in-the-united-states.doi.10.26419-2Fppi.00103.001.pdf.

ACS (American Cancer Society). 2023. "Cancer Facts & Figures 2023." https://www. cancer.org/content/dam/cancer-org/research/cancer-facts-and-statistics/annual-cancer-facts-and-figures/2023/2023-cancer-facts-and-figures.pdf.

Alpert, A., W. Evans, E. Lieber, and D. Powell. 2022. *Origins of the Opioid Crisis and Its Enduring Impacts.* NBER Working Paper 26500. Cambridge, MA: National Bureau for Economic Research. https://doi.org/10.3386/w26500.

Alpert, A., D. Powell, and R. Pacula. 2018. "Supply-Side Drug Policy in the Presence of Substitutes: Evidence from the Introduction of Abuse-Deterrent Opioids." *American Economic Journal: Economic Policy* 10, no.4: 1–35. https://doi.org/10.1257/pol.20170082.

Alvarez, P. 2022. "What Does the Global Decline of the Fertility Rate Look Like?" World Economic Forum. https://www.weforum.org/agenda/2022/06/global-decline-of-fertility-rates-visualised/.

Aragão, C., K. Parker, S. Greenwood, C. Baronavski, and J. Mandapat. 2023. "The Modern American Family." Pew Research Center. https://www.pewresearch. org/social-trends/2023/09/14/the-modern-american-family/.

Arenberg, S., S. Neller, and S. Stripling. 2020. "The Impact of Youth Medicaid Eligibility on Adult Incarceration." Forthcoming, *American Economic Journal: Applied Economics.* https://www.aeaweb.org/articles?id=10.1257/app.20200785.

Arias, E., K. Kochanek, J. Xu, and B. Tejada-Vera. 2023. "Provisional Life Expectancy Estimates for 2022." Centers for Disease Control and Prevention: National Vital Statistics System. https://www.cdc.gov/nchs/data/vsrr/vsrr031.pdf.

Arteaga, C., and V. Barone. 2023. "A Manufactured Tragedy: The Origins and Deep Ripples of the Opioid Epidemic." Working paper. https://viquibarone.github.io/baronevictoria/Opioids_ArteagaBarone.pdf.

Ash, E., W. Carrington, R. Heller, and G. Hwang. 2023. "Exploring the Effects of Medicaid During Childhood on the Economy and the Budget." Working paper, Congressional Budget Office. https://www.cbo.gov/system/files/2023-10/59231-Medicaid.pdf.

Azoulay, P., B. Jones, J. Kim, and J. Miranda. 2022. "Immigration and Entrepreneurship in the United States." *American Economic Review* 4, no.1: 71–88. https://doi.org/10.1257/aeri.20200588.

Bailey, M. 2006. "More Power to the Pill: The Impact of Contraceptive Freedom on Women's Life Cycle Labor Supply." *Quarterly Journal of Economics.* https://doi.org/10.1093/qje/121.1.289.

Bailey, M., and B. Hershbein. 2018. "U.S. Fertility Rates and Childbearing in American Economic History, 1800–2010." In *The Oxford Handbook of American Economic History*, 1: 75–100, ed. L. Cain, P. Fishback, and P. Rhode. New York: Oxford University Press. https://doi.org/10.1093/oxfordhb/9780190882617.013.21.

Bailey, M., B. Hershbein, and A. Miller. 2012. "The Opt-In Revolution? Contraception and the Gender Gap in Wages." *American Economic Journal: Applied Economics* 4, no.3: 225–54. https://doi.org/10.1257/app.4.3.225.

Basso, G., and G. Peri. 2020. "Internal Mobility: The Greater Responsiveness of Foreign-Born to Economic Conditions." *Journal of Economic Perspectives* 34, no.3: 77–98. https://doi.org/10.1257/jep.34.3.77.

Becker, G. 1960. "An Economic Analysis of Fertility." In *Demographics and Economic Change in Developed Countries*, 209–40. New York: Columbia University Press. http://www.nber.org/chapters/c2387.

Bhatia, A., N. Krieger, and S. Subramanian. 2019. "Learning from History About Reducing Infant Mortality: Contrasting the Centrality of Structural Interven-tions to Early-20th-Century Successes in the United States to Their Neglect in Current Global Initiatives." *Milbank Quarterly* 97, no.1: 285–345. https://doi.org/10.1111/1468-0009.12376.

Blau, F., and C. Mackie. 2017. *The Economic and Fiscal Consequences of Immigration.* Washington: National Academies Press. https://doi.org/10.17226/23550.

BLS (U.S. Bureau of Labor Statistics). 2021. "Employment Projections: 2020–2030." https://www.bls.gov/news.release/archives/ecopro_09082021.pdf.

———.2022. "Over 16 Million Worked in Health Care and Social Assistance in 2021." https://www.bls.gov/opub/ted/2022/over-16-million-women-worked-in-health-care-and-social-assistance-in-2021.htm.

——.2023a. "Nonfarm Business Sector: Labor Productivity (Output per Hour) for All Workers [OPHNFB]." https://fred.stlouisfed.org/series/ophnfb.

——. 2023b. "Unpaid Eldercare in the United States: News Release." https://www.bls.gov/news.release/elcare.htm.

——.2023c. "Employment Projections: 2022–2032 Summary." https://www.bls.gov/news.release/ecopro.nr0.htm.

Boonstra, H. 2014. "What Is Behind the Declines in Teen Pregnancy Rates?" *Guttmacher Policy Review* 17, no.3. https://www.guttmacher.org/gpr/2014/09/what-behind-declines-teen-pregnancy-rates.

Borjas, G. 2003. "The Labor Demand Curve Is Downward Sloping: Reexamining the Impact of Immigration on the Labor Market." *Quarterly Journal of Economics* 118, no.4: 1335–74. http://www.jstor.org/stable/25053941.

Brainerd, E. 2014. "Can Government Policies Reverse Undesirable Declines in Fertility?" *IZA World of Labor* 23. https://doi.org/10.15185/izawol.23.

Bronstein, J., M. Wingate, and A. Brisendine. 2018. "Why Is the U.S. Preterm Birth Rate So Much Higher Than the Rates in Canada, Great Britain, and Western Europe?" *International Journal of Health Services* 48, no.40: 622–40. https://doi.org/10.1177/0020731418786360.

Brown, A. 2021. "Growing Share of Childless Adults in U.S. Don't Expect to Ever Have Children." Pew Research Center. https://www.pewresearch.org/short-reads/2021/11/19/growing-share-of-childless-adults-in-u-s-dont-expect-to-ever-have-children/.

Brown, D., A. Kowalski, and I. Lurie. 2020. "Long-Term Impacts of Childhood Medicaid Expansions on Outcomes in Adulthood." *Review of Economic Studies* 87, no.2: 792–821. https://doi.org/10.1093/restud/rdz039.

Buntin, M., S. Freed, P. Lai, K. Lou, and L. Keohane. 2022. "Trends in and Factors Contributing to the Slowdown in Medicare Spending Growth, 2007–2018." *JAMA Health Forum* 3, no.12. https://doi.org/10.1001/jamahealthforum.2022.4475.

Butcher, K., and D. Card. 1991. "Immigration and Wages: Evidence from the 1980's." *American Economic Review* 81, no.2: 292–96. http://www.jstor.org/stable/2006872.

Campbell, F., G. Conti, J. Heckman, S. Moon, R. Pinto, E. Pungello, and Y. Pan. 2014. "Early Childhood Investments Substantially Boost Adult Health." *Science* 28:1478–85. https://doi.org/10.1126/science.1248429.

Card, D. 2009. "Immigration and Inequality." *American Economic Review* 99, no.2: 1–21. https://pubs.aeaweb.org/doi/pdf/10.1257/aer.99.2.1.

Carvalho, C., A. Ferrero, and F. Nechio. 2017. "Demographic Transition and Low U.S. Interest Rates." Federal Reserve Bank of San Francisco, FRBSF Economic Letter 2017-27. https://www.frbsf.org/wp-content/uploads/sites/4/el2017-27.pdf.

Case, A., and A. Deaton. 2015. "Rising Morbidity and Mortality in Midlife Among White Non-Hispanic Americans in the 21st Century." *Proceedings of the National Academy of Sciences* 112, no.49: 15078–83. https://doi.org/10.1073/pnas.1518393112.

CBO (Congressional Budget Office). 2019. "CBO's Projections of Demographic and Economic Trends." In *The 2019 Long-Term Budget Outlook*. https://www.cbo.gov/system/files?file=2019-06/55331-Appendix_A.pdf.

——. 2022. "The Demographic Outlook: 2022 to 2052." https://www.cbo.gov/publication/57975.

——. 2023a. "The Demographic Outlook: 2023 to 2053." https://www.cbo.gov/publication/58612.

——. 2023b. "The 2023 Long-Term Budget Outlook." https://www.cbo.gov/publication/59331.

——. 2023c. "CBO's Projections of Federal Health Care Spending." https://www.cbo.gov/system/files/2023-03/58997-Whitehouse.pdf.

——. 2024. "The Demographic Outlook: 2024 to 2054." https://www.cbo.gov/publication/59697.

CBPP (Center on Budget and Policy Priorities). 2020. "Policy Basics: Introduction to Medicaid." https://www.cbpp.org/research/policy-basics-introduction-to-medicaid.

CDC (Centers for Disease Control and Prevention). 1999. "Achievements in Public Health, 1900–1999: Healthier Mothers and Babies." https://www.cdc.gov/mmwr/preview/mmwrhtml/mm4838a2.htm.

——. 2014. "Smoking and Cardiovascular Disease." https://www.cdc.gov/tobacco/sgr/50th-anniversary/pdfs/fs_smoking_cvd_508.pdf.

——. 2019a. "What Is Assisted Reproductive Technology?" https://www.cdc.gov/art/whatis.html.

——. 2019b. "QuickStats: Percentage of Deaths from External Causes, by Age Group—United States, 2017." *Morbidity Mortal Weekly Report* 68: 710. http://dx.doi.org/10.15585/mmwr.mm6832a7.

——. 2022. "State-Specific Assisted Reproductive Technology Surveillance." https://www.cdc.gov/art/state-specific-surveillance/2020/index.html.

——. 2023a. "Summary of Initial Findings from CDC-Funded Firearm Injury Preven-tion Research." https://www.cdc.gov/violenceprevention/firearms/firearm-research-findings.html.

——. 2023b. "COVID Data Tracker: Trends in United States COVID-19 Hospitaliza-tions, Deaths, Emergency Department (ED) Visits, and Test Positivity by Geographic Area." https://stacks.cdc.gov/view/cdc/137422.

——. 2023c. "Respiratory Syncytial Virus Infection (RSV): RSV Surveillance & Research." https://www.cdc.gov/rsv/research/index.html.

——. No date. "CDC WONDER." https://wonder.cdc.gov.

CEA (Council of Economic Advisers). 2016. "The Economic Record of the Obama Administration: Reforming the Health Care System." https://obamawhitehouse.archives.gov/sites/default/files/page/files/20161213_cea_record_healh_care_reform.pdf.

——. 2023a. "Did Stabilization Funds Help Mothers Get Back to Work After the COVID-19 Recession?" Working Paper. https://www.whitehouse.gov/wp-content/uploads/2023/11/Child-Care-Stabilization.pdf.

——. 2023b. "The Labor Supply Rebound from the Pandemic." https://www.white-house.gov/cea/written-materials/2023/04/17/the-labor-supply-rebound-from-the-pandemic/.

——. 2023c. "The Anti-Poverty and Income-Boosting Impacts of the Enhanced CTC." https://www.whitehouse.gov/cea/written-materials/2023/11/20/the-anti-poverty-and-income-boosting-impacts-of-the-enhanced-ctc/.

Census (U.S Census Bureau). 2018. "Methodology, Assumptions, and Inputs for the 2017 National Population Projections." https://www2.census.gov/programs-surveys/popproj/technical-documentation/methodology/methodstatement17.pdf.

——. 2023a. "Methodology, Assumptions, and Inputs for the 2023 National Population Projections." https://www2.census.gov/programs-surveys/popproj/technical-documentation/methodology/methodstatement23.pdf.

——. 2023b. "2023 National Population Projections." https://www.census.gov/data/tables/2023/demo/popproj/2023-summary-tables.html.

Chambers, G., S. Dyer, F. Zegers-Hochschild, J. de Mouzon, O. Ishihara, M. Banker, R. Mansour, M. Kupka, and G. Adamson. 2021. "International Committee for Monitoring Assisted Reproductive Technologies World Report: Assisted Repro-ductive Technology, 2014." *Human Reproduction* 36, no.11: 2921–34. https://doi.org/10.1093/humrep/deab198.

Chen, A., E. Oster, and H. Williams. 2016. "Why Is Infant Mortality Higher in the United States Than in Europe?" *American Economic Journal: Economic Policy 9, no.2: 89–124. https://doi.org/10.1257/pol.20140224.

Chidambaram, P., and A. Burns. 2023. "How Many People Use Medicaid Long-Term Services and Supports and How Much Does Medicaid Spend on Those People?" KFF. https://www.kff.org/medicaid/issue-brief/how-many-people-use-medicaid-long-term-services-and-supports-and-how-much-does-medicaid-spend-on-those-people/.

CMS (Centers for Medicare & Medicaid Services). 2023a. "National Health Expenditure Data." https://www.cms.gov/oact/tr/2023.

———. 2023b. "2023 Medicare Trustee Report." https://www.cms.gov/research-statistics-data-and-systemsstatistics-trends-and-reportsreportstrustfund-strusteesreports/2021-2022.

Coe, N., G. Goda, and C. Van Houtven. 2023. "Family Spillovers and Long-Term Care Insurance." Journal of Health Economics 90: 102781. https://doi.org/10.1016/j.jhealeco.2023.102781.

Cohodes, S., D. Grossman, S. Kleiner, and M. Lovenheim. 2016. "The Effect of Child Health Insurance Access on Schooling: Evidence from Public Insurance Expan-sions." Journal of Human Resources 51, no.3: 727–59. https://doi.org/10.3368/jhr.51.3.1014-6688r1.

Cortés, P. 2023. Immigration, Household Production, and Native Women's Labor Market Outcomes: A Survey of a Global Phenomenon. NBER Working Paper 31234. Cambridge, MA: National Bureau for Economic Research. https://doi.org/10.3386/w31234.

Cunha, F., and J. Heckman. 2007. "The Technology of Skill Formation." American Economic Review 97, no.2: 31–47. https://doi.org/10.1257/aer.97.2.31.

Currie, J., and J. Gruber. 1996. "Health Insurance Eligibility, Utilization of Medical Care, and Child Health." Quarterly Journal of Economics 111, no.2: 431-66. https://doi.org/10.2307/2946684.

Currie, J., A. Li, and M. Schnell. 2023. "The Effects of Competition on Physician Prescribing." Working paper. https://static1.squarespace.com/static/572372e7c2ea51b309e9991a/t/64aeceef4539e40f84b240d3/1689177840601/CLS_062123.pdf.

Cutler, D., A. Deaton, and A. Lleras-Muney. 2006. "The Determinants of Mortality." Journal of Economic Perspectives 20, no.3: 97–120. https://doi.org/10.1257/jep.20.3.97.

Cutler, D., K. Ghosh, K. Messer, T. Raghunathan, S. Stewart, and A. Rosen. 2019. "Explaining the Slowdown in Medical Spending Growth among the Elderly, 1999–2012." Health Affairs 38, no.2: 222–29. https://doi.org/10.1377/hlthaff.2018.05372.

Cutler, D., and E. Glaeser. 2021. "When Innovation Goes Wrong: Technological Regress and the Opioid Epidemic." Journal of Economic Perspectives 35, no.4: 171–96. https://doi.org/10.1257/jep.35.4.171.

Cutler, D., E. Glaeser, and A. Rosen. 2009. "Is the U.S. Population Behaving Healthier?" In Social Security Policy in a Changing Environment, 423–42, ed. J. Brown, J. Liebman, and D. Wise. Chicago: University of Chicago Press. https://doi.org/10.7208/chicago/9780226076508.003.0013.

Cutler, D., and G. Miller. 2005. "The Role of Public Health Improvements in Health Advances: The Twentieth-Century United States." Demography 42, no.1: 1–22. https://www.jstor.org/stable/1515174.

Deaton, A. 2014. The Great Escape: Health, Wealth, and the Origins of Inequality. Princ-eton, NJ: Princeton University Press. https://press.princeton.edu/books/hardcover/9780691153544/the-great-escape.

DeCicca, P., and L. McLeod. 2008. "Cigarette Taxes and Older Adult Smoking: Evidence from Recent Large Tax Increases." Journal of Health Economics 27, no.4: 918–29. https://doi.org/10.1016/j.jhealeco.2007.11.005.

Deming, D. 2009. "Early Childhood Intervention and Life-Cycle Skill Development: Evidence from Head Start." American Economic Journal: Applied Economics 1: 111–34. https://doi.org/10.1257/app.1.3.111.

Dench, D., M. Pineda-Torres, and C. Myers. 2023. The Effects of the Dobbs Decision on Fertility. IZA Discussion Paper 16608. Bonn: Institute of Labor Economics. https://docs.iza.org/dp16608.pdf.

Dieppe, A. 2020. "The Broad-Based Productivity Slowdown, in Seven Charts." World Bank Blogs. https://blogs.worldbank.org/developmenttalk/broad-based-productivity-slowdown-seven-charts.

DOE (U.S. Department of Energy). 2022. "The Inflation Reduction Act Drives Signifi-cant Emissions Reductions and Positions America to Reach Our Climate Goals." https://www.energy.gov/sites/default/files/2022-08/8.18%20InflationRe-ductionAct_Factsheet_Final.pdf.

Duncan, G., and K. Magnuson. 2013. "Investing in Preschool Programs." Journal of Economic Perspectives 27: 109–32. https://doi.org/10.1257/jep.27.2.109.

Dynan, K., W. Edelberg, and M. Palumbo. 2009. "The Effects of Population Aging on the Relationship among Aggregate Consumption, Saving, and Income." American Economic Review 99, no.2: 380–86. https://doi.org/10.1257/aer.99.2.380.

Edelberg, W., and T. Watson. 2023. "Immigration Impact Index." Brookings Institution. https://www.brookings.edu/articles/immigration-impact-index/.

Edwards, E. 2023. "Abortion Bans Could Drive Away Young Doctors, New Survey Finds." NBC News. https://www.nbcnews.com/health/health-news/states-abortion-bans-young-doctors-survey-rcna84899.

Ely, M., and A. Driscoll. 2023. "Infant Mortality in the United States, 2021: Data from the Period Linked Birth/Infant Death File." Centers for Disease Control and Prevention, National Vital Statistics System. https://www.cdc.gov/nchs/data/nvsr/nvsr72/nvsr72-11.pdf.

EPA (U.S. Environmental Protection Agency) 2007. "Achievements in Stratospheric Ozone Protection Progress Report." https://www.epa.gov/sites/default/files/2015-07/documents/achievements_in_stratospheric_ozone_protection.pdf.

———. 2022. "Sulfur Dioxide Trends." https://www.epa.gov/air-trends/sulfur-dioxide-trends.

Erbabian, M., V. Osorio, and M. Paulson. 2022. "Measuring Fertility in the United States." Penn Wharton Budget Model. https://budgetmodel.wharton.upenn.edu/issues/2022/7/8/measuring-fertility-in-the-united-states.

Evans, W., M. Farrelly, and E. Montgomery. 1996. Do Workplace Smoking Bans Reduce Smoking? NBER Working Paper 5567. Cambridge, MA: National Bureau for Economic Research. https://doi.org/10.3386/w5567.

Fleming-Dutra, K., J. Jones, L. Roper, M. Prill, I. Ortega-Sanchez, D. Moulia, M. Wallace, M. Godfrey, K. Broder, N. Tepper, O. Brooks, P. Sánchez, C. Kotton, B. Mahon, S. Long, and M. McMorrow. 2023. "Use of the Pfizer Respiratory Syncytial Virus Vaccine During Pregnancy for the Prevention of Respiratory Syncytial Virus–Associated Lower Respiratory Tract Disease in Infants: Recommendations of the Advisory Committee on Immunization Practices—United States, 2023." Centers for Disease Control and Prevention, MMWR Morbidly Mortality Weekly Report 72: 1115–22. https://www.cdc.gov/mmwr/volumes/72/wr/mm7241e1.htm.

Foster, A. 2015. "Consumer Expenditures Vary by Age." Bureau of Labor Statistics: Beyond the Numbers. https://www.bls.gov/opub/btn/volume-4/consumer-expen-ditures-vary-by-age.htm.

Foster, D. 2021. The Turnaway Study: Ten Years, a Thousand Women, and the Conse-quences of Having—or Being Denied—an Abortion. New York: Simon & Schuster. https://www.simonandschuster.com/books/The-Turnaway-Study/Diana-Greene-Foster/9781982141578.

Foster, D., M. Biggs, L. Ralph, C. Gerdts, S. Roberts, and M. Glymour. 2018. "Socioeco-nomic Outcomes of Women Who Receive and Women Who Are Denied Wanted Abortions in the United States." American Journal of Public Health 112, no.9: 1290–96. https://doi.org/10.2105/ajph.2017.304247.

Funk, C., A. Tyson, B. Kennedy, and G. Pasquini. 2023. "Americans' Largely Positive Views of Childhood Vaccines Hold Steady." Pew Research Center. https://www.pewresearch.org/science/wp-content/uploads/sites/16/2023/05/PS_2023.05.16_ vaccines_REPORT.pdf.

Gagnon, E., B. Johannsen, and J. López-Salido. 2021. "Understanding the New Normal: The Role of Demographics." *IMF Economic Review* 69, no.2: 357–90. https://doi.org/10.1057/s41308-021-00138-4.

GAO (U.S. Government Accountability Office). 2013. "Prescription Drugs Comparison of DOD and VA Direct Purchase Prices." https://www.gao.gov/assets/gao-13-358.pdf.

Gapminder. 2022. "Child Mortality Rate, Under Age 5." https://www.gapminder.org/data/documentation/gd005/.

Giltner, A., A. Evans, C. Cicco, S. Leach, and W. Rowe. 2022. "Fentanyl Analog Trends in Washington, D.C., Observed in Needle-Exchange Syringes." *Forensic Science International* 338: 111393. https://doi.org/10.1016/j. forsciint.2022.111393.

Goldin, C. 2004. *From the Valley to the Summit: The Quiet Revolution That Transformed Women's Work*. NBER Working Paper 10335. Cambridge, MA: National Bureau for Economic Research. https://doi.org/10.3386/w10335.

Goldin, C., and L. Katz. 2002. "The Power of the Pill: Oral Contraceptives and Women's Career and Marriage Decisions." *Journal of Political Economy* 110, no.4: 730–70. https://doi.org/10.1086/340778.

Goldin, J., I. Lurie, and J. McCubbin. 2021. "Health Insurance and Mortality: Experi-mental Evidence from Taxpayer Outreach." *Quarterly Journal of Economics* 136, no.1: 1–49. https://doi.org/10.1093/qje/qjaa029.

Goldin, C., and J. Mitchell. 2017. "The New Life Cycle of Women's Employment: Disap-pearing Humps, Sagging Middles, Expanding Tops." *Journal of Economic Perspectives* 31, no.1: 161–82. https://doi.org/10.1257/jep.31.1.161.

Goodman-Bacon, A. 2018. "Public Insurance and Mortality: Evidence from Medicaid Implementation." *Journal of Political Economy* 126, no.1: 216–62. https://doi.org/10.1086/695528.

———. 2021. "The Long-Run Effects of Childhood Insurance Coverage: Medicaid Implementation, Adult Health, and Labor Market Outcomes." *American Economic Review* 111, no.8: 2550–93. https://doi.org/10.1257/aer.20171671.

Grabowski, D. 2021. "The Future of Long-Term Care Requires Investment in Both Facility-and Home-Based Services." *Nature Aging* 1: 10–11. https://doi.org/10.1038/s43587-020-00018-y.

Gray-Lobe, G., P. Pathak, C.R. Walters. "The Long-Term Effects of Universal Preschool in Boston." 2022. *Quarterly Journal of Economics* 138, no.1: 363–411. https://doi.org/10.1093/qje/qjac036.

Guldi, M. 2008. "Fertility Effects of Abortion and Birth Control Pill Access for Minors." *Demography* 45, no.4: 817–27. https://www.jstor.org/stable/25651477.

Guth, M., R. Garfield, and R. Rudowitz. 2020. "The Effects of Medicaid Expansion Under the ACA: Studies from January 2014 to January 2020." Kaiser Family Foundation. https://www.kff.org/report-section/the-effects-of-medicaid-expansion-under-the-aca-updated-findings-from-a-liter-ature-review-report/.

Hales, C., J. Servais, C. Martin, and D. Kohen. 2019. "Prescription Drug Use Among Adults Aged 40–79 in the United States and Canada." NCHS Daily Brief 347. https://www.cdc.gov/nchs/data/databriefs/db347-h.pdf.

Hamilton, B., J. Martin, and E. Osterman. 2023. "VSRR 028: Births: Provisional Data for 2022." https://doi.org/10.15620/cdc:127052.

Hamilton, B., J. Martin, and S. Ventura. 2009. "Births: Preliminary Data for 2007." *National Vital Statistics Reports* 57, no 12. https://www.cdc.gov/nchs/data/nvsr57/nvsr57_12.pdf.

Hanushek, E., and L. Wößmann. 2010. "Education and Economic Growth." In *Economics of Education*, 60–67, ed. D. Brewer and P. McEwan. New York: Academic Press. https://shop.elsevier.com/books/economics-of-education/brewer/978-0-08-096530-7.

Hendren, N., and B. Sprung-Keyser. 2020. "A Unified Welfare Analysis of Government Policies*." *Quarterly Journal of Economics* 135, no.3: 1209–1318. https://doi.org/10.1093/qje/qjaa006.

Herbst, C. 2022. "Child Care in the United States: Markets, Policy, and Evidence." *Journal of Policy Analysis and Management* 42, no.1: 255–304. https://doi.org/10.1002/pam.22436.

Heuveline, P. 2023. "The COVID-19 Pandemic and the Expansion of the Mortality Gap between the United States and Its European Peers." *Plos One* 18, no.3. https://doi.org/10.1371/journal.pone.0283153.

HHS (U.S. Department of Health and Human Services). 2021. "Confronting Health Misinformation." https://www.hhs.gov/sites/default/files/surgeon-general-misin-formation-advisory.pdf.

———. 2022. "New HHS Report Shows National Uninsured Rate Reached All-Time Low in 2022." https://www.hhs.gov/about/news/2022/08/02/new-hhs-report-shows-national-uninsured-rate-reached-all-time-low-in-2022.html.

———. 2023a. "Fact Sheet: End of the COVID-19 Public Health Emergency." https://www.hhs.gov/about/news/2023/05/09/fact-sheet-end-of-the-covid-19-public-health-emergency.html.

———. 2023b. "The Biden-Harris Administration Takes Critical Action to Make Naloxone More Accessible and Prevent Fatal Overdoses from Opioids Like Fentanyl." https://www.hhs.gov/about/news/2023/03/29/biden-harris-adminis-tration-takes-critical-ac-tion-make-naloxone-more-accessible-prevent-fatal-over-dos-es-opioids-fentanyl.html.

———. 2023c. "Biden Harris Administration Invests More Than $80 Million to Help Rural Communities Respond to Fentanyl and Other Opioid Overdose Risks." Health Resources and Services Administration. https://www.hrsa.gov/about/news/press-releases/rcorps-2023-awards.

———. 2023d. "National Uninsured Rate Reaches an All-Time Low in Early 2023." https://www.aspe.hhs.gov/reports/national-unin-sured-rate-reaches-all-time-low-early-2023.

Hill, A. 2021. "'I Had Second Thoughts': The Gen Z-ers Choosing Not to Have Chil-dren." *Guardian*, April 23. https://www.theguardian.com/society/2021/apr/23/i-had-second-thoughts-the-gen-z-ers-choosing-not-to-have-children.

Hock, H. 2007. "The Pill and the College Attainment of American Women and Men." Working paper, Florida State University. https://coss.fsu.edu/econpapers/wpaper/wp2007_10_01.pdf.

Honoré, B., and A. Lleras-Muney. 2006. "Bounds in Competing Risks Models and the War on Cancer." *Econometrica* 74, no.6: 1675–98. https://doi.org/10.1111/j.1468-0262.2006.00722.x.

Hooper, K. 2023. "What Role Can Immigration Play in Addressing Current and Future Labor?" Migration Policy Institute. https://www.migrationpolicy.org/research/immigration-addressing-la-bor-shortages.

Howard, J., and T. Sneed. 2023. "Texas Woman Denied an Abortion tells Senators She 'Nearly Died on their Watch.'" CNN. https://www.cnn.com/2023/04/26/health/abortion-hearing-texas-sena-tors-amanda-zurawski/index.html.

Hoyert, D., and A. Miniño. 2023. "Maternal Mortality Rates in the United States, 2021." Centers for Disease Control and Prevention, National Center for Health Statistics. https://www.cdc.gov/nchs/data/hestat/maternal-mortality/2021/maternal-mortali-ty-rates-2021.pdf.

Hunt, J., and M. Gauthier-Loiselle. 2010. 'How Much Does Immigration Boost Innova-tion?" *American Economic Journal: Macroeconomics* 2, no.2: 31–56. https://doi.org/10.1257/mac.2.2.31.

IRS (U.S. Internal Revenue Service). 2024. "Affordable Care Act Tax Provisions." https://www.irs.gov/affordable-care-act/afford-able-care-act-tax-provisions.

Johnson, R., and C. Jackson. 2019. "Reducing Inequality through Dynamic Complemen-tarity: Evidence from Head Start and Public School Spending." *American Economic Journal: Economic Policy*

11, no.4: 310–49. https://doi.org/10.1257/pol.20180510.

Jones, C. 2019. "Paul Romer: Ideas, Nonrivalry, and Endogenous Growth." *Scandinavian Journal of Economics* 121, no.3: 859–83. https://doi.org/10.1111/sjoe.12370.

———. 2022. "The End of Economic Growth? Unintended Consequences of a Declining Population." *American Economic Review* 112, no.11: 3489–527. https://doi.org/10.1257/aer.20201605.

Jones, C., and P. Romer. 2010. "The New Kaldor Facts: Ideas, Institutions, Population, and Human Capital." *American Economic Journal: Macroeconomics* 2, no.1: 224–45. https://doi.org/10.1257/mac.2.1.224.

Joseph, K., A. Boutin, S. Lisonkova, G. Muraca, N. Razaz, S. John, A. Mehrabadi, Y. Sabr, C. Ananth, and E. Schisterman. 2021. "Maternal Mortality in the United States: Recent Trends, Current Status, and Future Considerations." *Obstetrics Gynecology* 137, no.5: 763–71. https://doi.org/10.1097/AOG.0000000000004361.

Karahan, F., B. Pugsley, and A. Şahin. 2019. *Demographic Origins of the Startup Deficit.* NBER Working Paper 25874. Cambridge, MA: National Bureau for Economic Research. https://doi.org/10.3386/w25874.

Kearney, M., P. Levine, and L. Pardue. 2022. "The Puzzle of Falling U.S. Birth Rates since the Great Recession." *Journal of Economic Perspectives* 36, no.1: 151–76. https://www.econ.umd.edu/sites/www.econ.umd.edu/files/pubs/jep.36.1.151.pdf.

Kennedy-Moulton, K., S. Miller, P. Persson, M. Rossin-Slater, L. Wherry, and G. Aldana. 2023. *Maternal and Infant Health Inequality: New Evidence from Linked Administrative Data.* NBER Working Paper 30693. Cambridge, MA: National Bureau for Economic Research. https://doi.org/10.3386/w30693.

KFF (Kaiser Family Foundation). 2024. "Medicaid Postpartum Coverage Extension Tracker." https://www.kff.org/medicaid/issue-brief/medicaid-postpartum-coverage-extension-tracker/.

Kolata, G. 2022. "'Sobering' Study Shows Challenges of Egg Freezing." *New York Times.* https://www.nytimes.com/2022/09/23/health/egg-freezing-age-pregnancy.html.

Kuruc, K., S. Vyas, M. Budolfson, M. Geruso, and D. Spears. 2023. "Population Decline: Too Slow for the Urgency of Climate Solutions." University of Texas at Austin, Population Wellbeing Initiative. https://sites.utexas.edu/pwi/files/2023/11/Vienna_authors.pdf.

Lancet. 2022. "Managing the Opioid Crisis in North America and Beyond." Vol.399, no.10324: 495. https://doi.org/10.1016/s0140-6736(22)00200-8.

Lawrence, W., N. Freedman, J. McGee-Avila, A. González, Y. Chen, M. Emerson, G. Gee, E. Haozous, A. Haque, M. Inoue-Choi, S. Jackson, B. Lord, A. Nápoles, E. Pérez-Stable, J. Vo, F. Williams, and M. Shiels. 2023. "Trends in Mortality from Poisonings, Firearms, and All Other Injuries by Intent in the U.S., 1999– 2020." *JAMA Internal Medicine* 183, no.8: 849–56. https://doi.org/10.1001/jamainternmed.2023.2509.

Lazzari, E., E. Gray, and G. Chambers. 2021. "The Contribution of Assisted Reproductive Technology to Fertility Rates and Parity Transition: An Analysis of Australian Data." *Demographic Research* 45: 1081–96. https://doi.org/10.4054/demres.2021.45.35.

Lee, K. 2007. "Infant Mortality Decline in the Late 19th and Early 20th Centuries: The Role of Market Milk." *Perspectives in Biology and Medicine* 50, no.4: 585–602. https://doi.org/10.1353/pbm.2007.0051.

Lee, R., and R. Edwards. 2002. "The Fiscal Effects of Population Aging in the U.S.: Assessing the Uncertainties." *Tax Policy and the Economy* 16: 141–80. https://www.nber.org/books-and-chapters/tax-policy-and-economy-volume-16/fiscal-effects-population-aging-us-assessing-uncertainties.

Lindo, J., and M. Pineda-Torres. 2020. *New Evidence on the Effects of Mandatory Waiting Periods for Abortion.* NBER Working Paper 26228. Cambridge, MA: National Bureau for Economic Research. https://doi.org/10.3386/w26228.

Lister, R., W. Drake, B. Scott, and C. Graves. 2019. "Black Maternal Mortality: The Elephant in the Room." *World Journal of Gynecology & Women's Health* 3, no.1. https://www.ncbi.nlm.nih.gov/pmc/articles/PMC7384760/.

Livingston, G., and D. Cohn. 2010. "The New Demography of American Motherhood." Pew Research Center, Social & Demographic Trends Project. https://www.pewresearch.org/social-trends/2010/05/06/the-new-demography-of-american-motherhood/.

Maestas, N., K. Mullen, and D. Powell. 2016. "The Effect of Population Aging on Economic Growth, The Labor Force and Productivity." Working Paper, RAND Labor & Population. https://www.rand.org/content/dam/rand/pubs/working_ papers/WR1000/WR1063-1/RAND_WR1063-1.pdf.

Mancher, M., and A. Leshner. 2019. "The Effectiveness of Medication-Based Treatment for Opioid Use Disorder." In *Medications for Opioid Use Disorder Save Lives,* ed. M. Mancher and A. Leshner. Washington: National Academies Press. https://doi.org/10.17226/25310.

McCann, A., and A. Walker. 2023. "Dozens of Abortion Clinics Have Closed Since *Roe v. Wade* Was Overturned." *New York Times.* https://www.nytimes.com/interac-tive/2023/06/22/us/abortion-clinics-dobbs-roe-wade.html.

Mehta, L., T. Beckie, H. DeVon, C. Grines, H. Krumholz, M. Johnson, K. Lindley, V. Vaccarino, T. Wang, K. Watson, and N. Wenger. 2016. "Acute Myocardial Infarction in Women." *Circulation,* Vol.133, no.9. https://www.ahajournals. org/doi/10.1161/CIR.0000000000000351.

Miller, S., N. Johnson, and L. Wherry. 2019. *Medicaid and Mortality: New Evidence from Linked Survey and Administrative Data.* NBER Working Paper 26081. Cambridge, MA: National Bureau for Economic Research. https://doi.org/10.3386/w26081.

Miller, S., and L. Wherry. 2019. "The Long-Term Effects of Early Life Medicaid Coverage." *Journal of Human Resources* 54, no.3: 785–824. https://doi.org/10.3368/jhr.54.3.0816.8173r1.

Miller, S., L. Wherry, and D. Foster. 2023. "The Economic Consequences of Being Denied an Abortion." *American Economic Journal: Economic Policy* 15, no.1: 394–437. https://doi.org/10.1257/pol.20210159.

Modigliani, F., and R. Brumberg. 1954. "Utility Analysis and the Consumption Func-tion." In *The Collected Papers of Franco Modigliani,* ed. F. Modigliani. Cambridge, MA: MIT Press. https://doi.org/10.7551/mitpress/1923.001.0001.

Morrissey, T. 2017. "Child Care and Parent Labor Force Participation: A Review of the Research Literature." *Review of Economics of the Household* 15, no.1: 1–24. https://doi.org/10.1007/s11150-016-9331-3.

Mulcahy, A., C. Whaley, M. Gizaw, D. Schwam, N. Edenfield, and A. Becerra-Ornelas. 2022. "International Prescription Drug Price Comparisons: Current Empirical Estimates and Comparisons with Previous Studies." Health and Human Services Department, Office of the Assistant Secretary for Planning and Evalu-ation. https://aspe.hhs.gov/reports/international-prescription-drug-price-comparisons.

Myers, C. 2017. "The Power of Abortion Policy: Reexamining the Effects of Young Women's Access to Reproductive Control." *Journal of Political Economy* 125, no.6: 2178–2224. https://doi.org/10.1086/694293.

Myers, C., L. Bennett, F. Vale, and A. Nieto. 2023. "Abortion Access Dashboard." https://experience.arcgis.com/experience/6e360741bfd84db79d5db774a1147815.

Nash, E., and I. Guarnieri. 2022. "13 States Have Abortion Trigger Bans—Here's What Happens When *Roe* Is Overturned." Guttmacher Institute. https://www.guttm-acher.org/article/2022/06/13-states-have-abortion-trigger-bans-heres-what-happens-when-roe-overturned.

NHEA (National Health Expenditure Data). 2023. "National Health

Expenditure Data." https://www.cms.gov/data-research/statistics-trends-and-reports/national-health-expenditure-data.

OECD (Organization for Economic Cooperation and Development). 2021. "Health at a Glance 2021: OECD Indicators." https://doi.org/10.1787/7a7afb35-en.

Osterman, P. 2017. *Who Will Care for Us? Long-Term Care and the Long-Term Work-force.* New York: Russell Sage Foundation. https://www.russellsage.org/publications/who-will-care-us-0.

Ottaviano, G., and G. Peri. 2012. "Rethinking the Effect of Immigration on Wages." *Journal of the European Economic Association* 10, no 1:152–97. https://doi.org/10.1111/j.1542-4774.2011.01052.x.

Parker, K., and R. Minkin. 2023. "Public Has Mixed Views on the Modern American Family." Pew Research Center. https://www.pewresearch.org/social-trends/2023/09/14/public-has-mixed-views-on-the-modern-american-family/.

Peri, G. 2012. "The Effect of Immigration on Productivity: Evidence from U.S. States." *Review of Economics and Statistics* 94, no.1: 348–58. https://doi.org/10.1162/REST_a_00137.

Peri, G., and C. Sparber. 2009. "Task Specialization, Immigration, and Wages." *American Economic Journal: Applied Economics*, 1 no.3: 135–69. https://doi.org/10.1257/app.1.3.135.

Peters, M. 2022. "Market Size and Spatial Growth—Evidence from Germany's Post-War Population Expulsions." *Econometrica* 90, no.5: 2357–96. https://doi.org/10.3982/ecta18002.

PHI (Paraprofessional Healthcare Institute). 2022. "Direct Care Workers in the United States." https://www.phinational.org/wp-content/uploads/2022/08/DCW-in-the-United-States-2022-PHI.pdf.

Picchi, A. 2022. "It Now Costs $310,000 to Raise a Child: 'Something Has to Give.'" *CBS News.* https://www.cbsnews.com/news/raising-a-child-costs-310000/.

Prato, M. 2022. "The Global Race for Talent: Brain Drain, Knowledge, Transfer, and Growth." Working Paper, World Bank. https://thedocs.worldbank.org/en/doc/35 e299dda0bce-4645403a3418356b405-0050022023/original/prato-global-race-talent-november2022.pdf.

PWI (Population Wellbeing Initiative, University of Texas at Austin). 2023. "Projections of Long-Term Population Decline for the United States: Causes, Consequences, and Responses to Sustained Low Birth Rates." PWI Policy Discussion Paper. https://sites.utexas.edu/pwi/us_long-term_population_decline/.

Reinhard, S., S. Caldera, A. Houser, and R. Choula. 2023. "Valuing the Invaluable: 2023 Update." AARP Public Policy Initiative. https://doi.org/10.26419/ppi.00082.006.

Ritchie, H. 2023. "The U.N. Has Made Population Projections for More Than 50 Years— How Accurate Have They Been?" OurWorldInData. https://ourworldindata. org/population-projections.

Romer, P. 2018. "Prize Lecture: On the Possibility of Progress." Nobel Prize in Economics. https://www.nobelprize.org/prizes/economic-sciences/2018/romer/lecture/.

Sabelhaus, J. 2023. "Will Population Aging Push Us Over a Fiscal Cliff?" Aspen Institute Economic Strategy Group. https://www.economicstrategygroup.org/publication/population-aging-fiscal-cliff/.

Sabo, S., and S. Johnson. 2022. "Pandemic Disrupted Historical Mortality Patterns, Caused Largest Jump in Deaths in 100 Years." U.S. Census Bureau. https://www.census.gov/library/stories/2022/03/united-states-deaths-spiked-as-covid-19-continued.html.

Schmitz, H., and M. Westphal. 2017. "Informal Care and Long-Term Labor Market Outcomes." *Journal of Health Economics* 56: 1–18. https://doi.org/10.1016/j. jhealeco.2017.09.002.

Schnell, M. 2022. "Physician Behavior in the Presence of a Secondary Market: The Case of Prescription Opioids." Working paper. https://static1.squarespace.com/static/572372e7c2ea51b309e9991a/t/62a361101fa2c47a22943335/1654874393320/Schnell_06102022.pdf.

Schwandt, H., J. Currie, M. Bär, J. Banks, P. Bertoli, A. Bütikofer, S. Cattan, B. Chao, C. Costa, L. González, V. Grembi, K. Huttunen, R. Karadakic, L. Kraftman, S. Krutikova, S. Lombardi, P. Redler, C. Riumallo-Herl, A. Rodríguez-González, K. Salvanes, P. Santana, J. Thuilliez, E. Doorslaer, T. Ourti, J. Winter, B. Wout-erse, and A. Wuppermann. 2021. "Inequality in Mortality between Black and White Americans by Age, Place, and Cause and in Comparison to Europe, 1990 to 2018." *Proceedings of the National Academy of Sciences of the United States of America* 118, no.40. https://doi.org/10.1073/pnas.2104684118.

Sellers, F., and F. Nirappil. 2022. "Confusion Post-*Roe* Spurs Deals, Denials for Some Lifesaving Pregnancy Care." *Washington Post.* https://www.washingtonpost. com/health/2022/07/16/abortion-miscarriage-ectopic-pregnancy-care/.

Sheiner, L. 2018. *The Long-Term Impact of Aging on the Federal Budget.* Hutchins Center Working Paper 40. Washington: Brookings Institution. https://www. brookings.edu/wp-content/uploads/2018/01/wp405.pdf.

Shen, K. 2023. "Who Benefits from Public Financing of Home-Based Long Term Care? Evidence from Medicaid." Working Paper, SSRN. http://dx.doi.org/10.2139/ssrn.4523279.

Shepard, K., R. Roubein, and C. Kitchener. 2022. "1 in 3 American Women Have Already Lost Abortion Access; More Restrictive Laws Are Coming." *Washington Post.* https://www.washingtonpost.com/nation/2022/08/22/more-trigger-bans-loom-1-3-women-lose-most-abortion-access-post-roe/.

Smith, D., and B. Bradshaw. 2006. "Variation in Life Expectancy During the Twentieth Century in the United States." *Demography* 43: 647–57. https://doi.org/10.1353/dem.2006.0039.

Smith, S., J. Newhouse, and G. Cuckler. 2022. *Health Care Spending Growth Has Slowed: Will the Bend in the Curve Continue?* NBER Working Paper 30782. Cambridge, MA: National Bureau for Economic Research. https://doi.org/10.3386/w30782.

Smock, P., and C. Schwartz. 2020. "The Demography of Families: A Review of Patterns and Change." *Journal of Marriage and Family* 82, no.1: 9–34. https://doi.org/10.1111/jomf.12612.

Sobotka, T., V. Skirbekk, and D. Philipov. 2011. "Economic Recession and Fertility in the Developed World." *Population and Development Review* 37, no.2: 267–306. https://doi.org/10.1111/j.1728-4457.2011.00411.x.

Soni, A., L. Wherry, and K. Simon. 2020. "How Have ACA Insurance Expansions Affected Health Outcomes? Findings from the Literature." *Health Affairs* 39, no.3: 371–78. https://doi.org/10.1377/hlthaff.2019.01436.

Spears, D. 2023. "The World's Population May Peak in Your Lifetime; What Happens Next?" *New York Times.* https://www.nytimes.com/interactive/2023/09/18/opinion/human-population-global-growth.html.

Spears. D., S. Vyas, G. Weston, and M. Geruso. 2023. "Long-Term Population Projec-tions: Scenarios of Low or Rebounding Fertility." Working Paper, SSRN. https://dx.doi.org/10.2139/ssrn.4534047.

SSA (U.S. Social Security Administration). 2023a. "National Average Wage Index." https://www.ssa.gov/oact/cola/AWI.html.

———. 2023b. "2023 OASDI Trustees Report." https://www.ssa.gov/OACT/TR/2023/VI_G2_OASDHI_GDP.html.

———. 2023c. "The 2023 Annual Report of the Board of Trustees of the Federal Old-Age and Survivors Insurance and Federal Disability Insurance Trust Funds." https://www.ssa.gov/oact/TR/2023/tr2023.pdf.

Steuerle, C., A. Carasso, and L. Cohen. 2004. "How Progressive Is Social Security and Why?" Urban Institute. 2004. https://www.urban.org/sites/default/files/publication/57666/311016-how-progressive-is-social-security-and-why-.pdf.

Steuerle, C., and K. Smith. 2023. "Social Security & Medicare Lifetime Benefits and Taxes: 2022." Urban Institute and Brookings Institution, Tax Policy Center. https://www.taxpolicycenter.org/publications/social-security-medicare-lifetime-benefits-and-taxes-2022/

Syverson, C. 2017. "Challenges to Mismeasurement Explanations for the U.S. Produc-tivity Slowdown." *Journal of Economic Perspectives* 31, no.2: 165–86. https://doi.org/10.1257/jep.31.2.165.

Turner, N., K. Danesh, and K. Moran. 2020. "The Evolution of Infant Mortality Inequality in the United States, 1960–2016." *Science Advances* 6, no.29. https://doi.org/10.1126/sciadv.aba5908.

U.N. DESA (United Nations, Department of Economic and Social Affairs, Population Division). 2012. "2012 Revision." https://population.un.org/wpp/Download/Archive/Standard/.

———. 2022a. *World Population Prospects 2022*. https://population.un.org/wpp/.

———. 2022b. *Methodology Report: World Population Prospects 2022*. https://popula-tion.un.org/wpp/Publications/Files/WPP2022_Methodology.pdf.

———. 2023. "India Overtakes China as the World's Most Populous Country." Policy Brief 153. https://www.un.org/development/desa/dpad/publication/un-desa-policy-brief-no-153-india-over-takes-china-as-the-worlds-most-popu-lous-country.

U.S. Department of the Treasury. 2023. "General Explanations of the Administration's Fiscal Year 2024 Revenue Proposals." https://home.treasury.gov/system/files/131/General-Explana-tions-FY2024.pdf.

Valero, A. 2021. *Education and Economic Growth*. CEP Discussion Paper 1764. London: Centre for Economic Performance. https://files.eric.ed.gov/fulltext/ED614082. pdf.

Vespa, J., L. Medina, and D. Armstrong. 2020. "Demographic Turning Points for the United States: Population Projections for 2020 to 2060." U.S. Census Bureau. https://www.census.gov/content/dam/Census/library/publications/2020/demo/p25-1144.pdf.

WeCount. 2023. "#WeCount Report April 2022 to June 2023." Society of Family Plan-ning. https://societyfp.org/wp-content/uploads/2023/10/WeCountReport_10.16.23.pdf.

White, C., J. Cubanski, and T. Neuman. 2014. "How Much of the Medi-care Spending Slowdown Can be Explained? Insights and Analysis from 2014." Issue Brief, Kaiser Family Foundation. https://files.kff.org/attachment/issue-brief-how-much-of-the-medicare-spend-ing-slowdown-can-be-explained-insights-and-analysis-from-2014.

White House. 2021. "Fact Sheet: Vice President Kamala Harris Announces Call to Action to Reduce Maternal Mortality and Morbidity." https://www.whitehouse.gov/briefing-room/state-ments-releases/2021/12/07/fact-sheet-vice-president-kama-la-harris-announces-call-to-action-to-reduce-maternal-mortali-ty-and-morbidity/.

———. 2022a. "Fact Sheet: The Biden Administration's Historic Invest-ments to Create Opportunity and Build Wealth in Rural America." https://www.whitehouse.gov/briefing-room/statements-releas-es/2022/03/01/fact-sheet-the-biden-administrations-historic-in-vestments-to-create-opportunity-and-build-wealth-in-rural-amer-ica/.

———. 2022b. "National Drug Control Strategy." https://www.white-house.gov/wp-content/uploads/2022/04/National-Drug-Con-trol-2022Strategy.pdf.

———. 2022c. "Fact Sheet: President Biden to Sign Executive Or-der Protecting Access to Reproductive Health Care Services." https://www.whitehouse.gov/briefing-room/statements-releas-es/2022/07/08/fact-sheet-president-biden-to-sign-executive-order-protecting-access-to-repro-ductive-health-care-services/.

———. 2022d. "White House Blueprint for Addressing the Maternal Health Crisis." https://www.whitehouse.gov/wp-content/up-loads/2022/06/Maternal-Health-Blueprint.pdf.

———. 2023a. "Fact Sheet: Biden-Harris Administration Announces Most Sweeping Set of Executive Actions to Improve Care in His-tory." https://www.whitehouse.gov/briefing-room/statements-re-leases/2023/04/18/fact-sheet-biden-harris-administration-announces-most-sweeping-set-of-execu-tive-actions-to-improve-care-in-history/.

———. 2023b. "ICYMI: Biden-Harris Administration Announces $450M to Support President Biden's Unity Agenda Efforts to Beat the Overdose Epidemic & Save Lives." https://www.whitehouse.gov/ondcp/briefing-room/2023/09/01/icymi-biden-%E2%81%A-0harris-administration-announces-450m-to-support-president-bidens-unity-agenda-efforts-to-beat-the-overdose-epidemic-save-lives.

———. 2023c. "The President and First Lady's Cancer Moonshot." https://www.white-house.gov/cancermoonshot/.

———. 2023d. "Fact Sheet: President Joe Biden to Announce First-Ever White House Initiative on Women's Health Research, an Effort led by First Lady Jill Biden and the White House Gender Policy Council." https://www.whitehouse.gov/briefing-room/state-ments-releases/2023/11/13/fact-sheet-president-joe-biden-to-announce-first-ever-white-house-initiative-on-womens-health-research-an-effort-led-by-first-lady-jill-biden-and-the-white-house-gender-policy-council/.

———. 2023e. "Remarks as Prepared for Delivery by First Lady Jill Biden on a Press Call Announcing White House Initiative on Women's Health Research." https://www.whitehouse.gov/brief-ing-room/speeches-remarks/2023/11/13/remarks-as-prepared-for-delivery-by-first-lady-jill-biden-on-a-press-call-announcing-white-house-initiative-on-womens-health-research/.

———. 2023f. "Fact Sheet: One Year In, President Biden's Inflation Reduction Act Is Driving Historic Climate Action and Investing in America to Create Good Paying Jobs and Reduce Costs." https://www.whitehouse.gov/briefing-room/statements-releas-es/2023/08/16/fact-sheet-one-year-in-president-bidens-infla-tion-reduction-act-is-driving-historic-climate-action-and-invest-ing-in-america-to-create-good-paying-jobs--and-reduce-costs/.

———. 2023g. "Fact Sheet: President Biden Issues Executive Order on Strengthening Access to Contraception." https://www.white-house.gov/briefing-room/state-ments-releases/2023/06/23/fact-sheet-president-biden-issues-executive-order-on-strengthen-ing-access-to-contraception/.

Woodcock, A., G. Carter, J. Baayd, D. Turok, J. Turk, J. Sanders, M. Pangasa, L. Gawron, and J. Kaiser. 2023. "Effects of the Dobbs v Jackson Women's Health Organi-zation Decision on Obstetrics and Gynecology Graduating Residents' Practice Plans." *Obstetrics & Gynecology* 142, no.5: 1105–11. https://doi.org/10.1097/AOG.0000000000005383.

Xu, J., S. Murphy, K. Kochanek, and E. Arias. 2022. "Mortality in the United States, 2021." Centers for Disease Control and Prevention, National Center for Health Statistics. https://www.cdc.gov/nchs/products/databriefs/db456.htm.

第4章

Aaronson, D., D. Hartley, and B. Mazumder. 2021. "The Effects of the 1930s HOLC 'Redlining' Maps." *American Economic Journal: Economic Policy* 13, no.4: 355–92. https://doi.org/10.1257/pol.20190414.

Aldern, C. and G. Colburn. 2022. *Homelessness Is a Housing Problem: How Structural Factors Explain U.S. Patterns*. Berkeley: University of California Press. https://homelessnesshousingproblem.com/.

Avenancio-Leon, C., and T. Howard. 2022. "The Assessment Gap: Racial Inequalities in Properly Taxation." *Quarterly Journal of Economics* 137, no.3: 1383–1434. https://doi.org/10.1093/qje/qjac009.

Barber, J. 2019. "Berkeley Zoning Has Served for Many Decades to Separate the Poor from the Rich and Whites from People of Col-or." *Berkeleyside*. https://www. berkeleyside.org/2019/03/12/berkeley-zoning-has-served-for-many-decades-to-separate-the-poor-from-the-rich-and-whites-from-people-of-color.

Baum-Snow, N. 2023. "Constraints on City and Neighborhood Growth: The Central Role of Housing Supply." *Journal of Economic Perspec-tive* 37, no.2: 53–74. https://doi.org/10.1257/jep.37.2.53.

Baum-Snow, N., and J. Marion. 2009. "The Effects of Low-Income Housing Tax Credit Developments on Neighborhoods." *Journal of Public Economics* 93: nos.5–6: 654–66. https://doi.org/10.1016/j.jpubeco.2009.01.001.

Bayer, P., F. Ferreira, and S. Ross. 2016. "The Vulnerability of Minority Homeowners in the Housing Boom and Bust." *American Economic Journal: Economic Policy* 8, no.1: 1–27. http://dx.doi.org/10.1257/pol.20140074.

Been, V., I. Ellen, and K. O'Regan. 2023. "Supply Skepticism Revisited." NYU Law and Economics Research Paper. https://ssrn.com/abstract=4629628.

Been, V., I. Ellen, A. Schwartz, L. Stiefel, and M. Weinstein. 2011. "Does Losing Your Home Mean Losing Your School? Effects of Foreclosures on the School Mobility of Children." *Regional Science and Urban Economics* 41: 407–14. https://nyuscholars.nyu.edu/en/publications/does-losing-your-home-mean-losing-your-school-effects-of-foreclos.

Benioff Homelessness and Housing Initiative. 2023. "Executive Summary of the Cali-fornia Statewide Study of People Experiencing Homelessness." University of California, San Francisco. https://homelessness.ucsf.edu/sites/default/files/2023-06/CASPEH_Executive_Summary_62023.pdf.

Berkeley Economic Review. 2019. "Baby Boomers and the Future of Homeownership in the United States." https://econreview.berkeley.edu/baby-boomers-and-the-future-of-homeownership-in-the-united-states/.

Brasuell, J. 2021. "Charlotte's New, Controversial Comprehensive Plan to End Single-Family Zoning." Planetizen. https://www.planetizen.com/news/2021/06/113893-charlottes-new-controversial-comprehen-sive-plan-end-single-family-zoning.

——. 2023. "Vermont Latest State to Preempt Single-Family Zoning." Planetizen. https://www.planetizen.com/news/2023/06/123767-vermont-latest-state-preempt-single-family-zoning.

Bronin, S. 2023. "Zoning by a Thousand Cuts." *50 Pepperdine Law Review* 719. https://dx.doi.org/10.2139/ssrn.3792544.

Bui, Q., M. Chaban, and J. White. 2016. "40 Percent of the Buildings in Manhattan Could Not Be Built Today." *New York Times*, May 20. https://www.nytimes.com/interactive/2016/05/19/upshot/forty-percent-of-manhattans-buildings-could-not-be-built-today.html.

Byrne, T., E. Munley, J. Fargo, A. Montgomery, and D. Culhane. 2016. "New Perspec-tives on Community-Level Determinants of Homelessness." *Journal of Urban Affairs* 35, no.5: 607–25. https://doi.org/10.1111/j.1467-9906.2012.00643.x.

Calanog, V., T. Metcalfe, and K. Fagan. 2023. "The Outlook for the Housing Market." *Moody's Analytics*, Quarterly Analysis. https://cre.moodysanalytics.com/insights/research/q42022-the-outlook-for-the-housing-market/.

California Department of Housing and Community Development. 2023. "Regional Housing Needs Allocation (RHNA)." https://www.hcd.ca.gov/planning-and-community-development/regional-housing-needs-allocation.

Card, D., J. Rothstein, and M. Yi. 2023. *Location, Location, Location*. NBER Working Paper 31587. Cambridge, MA: National Bureau of Economic Research. https://doi.org/10.3386/w31587.

Carroll, D., and R. Cohen-Kristiansen. 2021. "Evaluating Homeownership as the Solution to Wealth Inequality." Federal Reserve Bank of Cleveland, "Economic Commentary." https://www.clevelandfed.org/publications/economic-commen-tary/2021/ec-202122-evaluating-homeownership-as-the-solution-to-wealth-inequality.

CBRE (Coldwell Banker Richard Ellis). 2022. "2022 U.S. Construction Cost Trends." https://www.cbre.com/insights/books/2022-us-construction-cost-trends#:~:text=CBRE%27s%20new%20Construction%20Cost%20Index,material%20costs%20continue%20to%20rise.

CEA (Council of Economic Advisers). 2021. "Exclusionary Zoning: Its Effect on Racial Discrimination in the Housing Market." https://www.whitehouse.gov/cea/written-materials/2021/06/17/exclusionary-zoning-its-effect-on-racial-discrimination-in-the-housing-market/.

——. 2023a. "An Update on Housing Inflation in the Consumer Price Index." https://www.whitehouse.gov/cea/written-materials/2023/04/27/update-on-housing-inflation-in-cpi/.

——. 2023b. "The Anti-Poverty and Income-Boosting Impacts of the Enhanced CTC." https://www.whitehouse.gov/cea/written-materials/2023/11/20/the-anti-poverty-and-income-boosting-impacts-of-the-enhanced-ctc/.

CFPB (Consumer Financial Protection Bureau). 2021. "Manufactured Housing Finance: New Insights from the Home Mortgage Disclosure Act Data." https://files.consumerfinance.gov/f/documents/cfpb_manufactured-housing-finance-new-insights-hmda-report_2021-05.pdf.

Chester, M., et al. 2015. "Parking Infrastructure: A Constraint on or Opportunity for Urban Redevelopment? A Study of Los Angeles County Parking Supply and Growth." https://www.tandfonline.com/doi/full/10.1080/01944363.2015.10928 79.

Chetty, R., and N. Hendren. 2018. "The Impacts of Neighborhoods on Intergenerational Mobility I: Childhood Exposure Effects." *Quarterly Journal of Economics* 133, no.3: 1107–62. https://doi.org/10.1093/qje/qjy007.

Chetty, R., N. Hendren, and L. Katz. 2016. "The Effects of Exposure to Better Neighbor-hoods on Children: New Evidence from the Moving to Opportunity Experiment." *American Economic Review* 106, no.4: 855–902. https://doi.org/10.1257/aer.20150572.

Choi, J., J. Zhu, and L. Goodman. 2018. "Is Homeownership Inherited? A Tale of Three Millennials." Urban Institute. https://www.urban.org/urban-wire/homeownership-inherited-tale-three-millennials.

Chyn, E., and L. Katz. 2021. "Neighborhoods Matter: Assessing the Evidence for Place Effects." *Journal of Economic Perspectives* 35, no.4: 197–222. https://doi.org/10.1257/jep.35.4.197.

Code of Federal Regulations. 2023. "Title 24: Housing and Urban Development." https://www.ecfr.gov/current/title-24/subtitle-B/chapter-XX.

Collinson, R., J. Humphries, N. Mader, D. Reed, D. Tannenbaum, and W. Dijk. 2023. *Eviction and Poverty in American Cities*. NBER Working Paper 30382. Cambridge, MA: National Bureau of Economic Research. https://www.nber.org/papers/w30382.

Commonwealth of Massachusetts. 2023. "Multi-Family Zoning Requirement for MBTA Communities." Executive Office of Housing and Livable Communities. https://www.mass.gov/info-details/multi-family-zoning-requirement-for-mbta-communities.

Center on Budget and Policy Priorities. 2017. "United States Housing Choice Vouchers Fact Sheet." https://www.cbpp.org/sites/default/files/atoms/files/3-10-14hous-factsheets_us.pdf.

Cornelissen, S., and L. Pack. 2023. "Immigrants' Access to Homeownership in the United States: A Review of Barriers, Discrimination, and Opportunities." Joint Center for Housing Studies at Harvard University. https://www.jchs.harvard.edu/sites/default/files/research/files/harvard_jchs_immigrant_homeownership_corne-lissen_pack_2023.pdf.

Cromwell, M. 2022. "Housing Costs a Big Burden on Renters in Largest U.S. Counties." U.S. Census Bureau, America Counts. https://www.census.gov/library/stories/2022/12/housing-costs-burden.html.

CRS (Congressional Research Service). 2021. "An Overview of the HOME Investment Partnerships Program." https://sgp.fas.org/crs/misc/R40118.pdf.

Crump, S., T. Mattos, J. Schuetz, and L. Schuster. 2020. "Fixing Greater Boston's Housing Crisis Starts with Legalizing Apartments Near Transit." Brookings Institution. https://www.brookings.edu/articles/fixing-greater-bostons-housing-crisis-starts-with-legalizing-apartments-near-transit/.

DBRS Morningstar. 2023. "DBRS Morningstar CMBS Monthly Highlights—June Remit-tance: Delinquency and Special Servicing Rates Move Higher on Continued Office Underperformance." https://www.dbrsmorningstar.com/research/417134.

Derenoncourt, E., C. Kim, M. Kuhn, and M. Schularick. 2023. "Wealth of Two Nations: The U.S. Racial Wealth Gap, 1860–2020." *Quarterly Journal of Economics*. https://doi.org/10.1093/qje/qjad044.

Desegregate Connecticut. No date. "FAQS." https://www.desegregatect.org/faqs.

Diamond, R., A. Guren, and R. Tan. 2020. *The Effect of Foreclosures on Homeowners, Tenants, and Landlords*. NBER Working Paper 27358. Cambridge, MA: National Bureau of Economic Research. https://doi.org/10.3386/w27358.

Diamond, R., and T. McQuade. 2019. "Who Wants Affordable Housing in Their Back-yard? An Equilibrium Analysis of Low-Income Property Development." *Journal of Political Economy* 3: 1063–1117. https://doi.org/10.1086/701354.

Diamond, R., T. McQuade, and F. Qian. 2018. *The Effects of Rent Control Expansion on Tenants, Landlords, and Inequality: Evidence from San Francisco*. NBER Working Paper 24181. Cambridge, MA: National Bureau of Economic Research. https://www.nber.org/system/files/working_papers/w24181/w24181.pdf.

Dietrich, E. 2023. "Homeowner Group Files Court Challenge Against Pro-Construction Housing Laws." *Montana Free Press*. https://montanafreepress.org/2023/12/15/homeowner-group-files-court-challenge-against-pro-construction-housing-laws/.

DiSalvo, R., and J. Yu. 2023. "Housing Affordability and School Quality in the United States." *Journal of Housing Economics* 60. https://doi.org/10.1016/j.jhe.2023.101933.

DOT (U.S. Department of Transportation). 2023. "Reconnecting Communities and Neighborhoods Grant Program." https://www.transportation.gov/grants/rcnprogram.

Eriksen, M., and S. Rosenthal. 2010. "Crowd Out Effects of Place-Based Subsidized Rental Housing: New Evidence from the LIHTC Program." *Journal of Public Economics* 94, nos.11–12: 953–66. https://doi.org/10.1016/j.jpubeco.2010.07.002.

Fang, L., N. Stewart, and J. Tyndall. 2023. "Homeowner Politics and Housing Supply." *Journal of Urban Economics* 138. https://doi.org/10.1016/j.jue.2023.103608.

FHFA (Federal Housing Finance Agency). 2022. "Duty to Serve Underserved Markets Plan." https://sf.freddiemac.com/docs/pdf/marketing-materials/freddie-mac-underserved-markets-plan.pdf.

Fischel, W. 2001. *The Homevoter Hypothesis: How Home Values Influence Local Government Taxation, School Finance, and Land-Use Policies*. Cambridge, MA: Harvard University Press. https://www.hup.harvard.edu/catalog.php?isbn=9780674015951.

———. 2004. "An Economic History of Zoning and a Cure for Its Exclusionary Effects." *Urban Studies* 41. https://doi.org/10.1080/0042098032000165271.

Flint, A. 2022, "The State of Local Zoning: Reforming a Century-Old Approach to Land Use." Lincoln Institute of Land Policy. https://www.lincolninst.edu/publica-tions/articles/2022-12-state-local-zoning-reform.

Frank, T. 2021. "End to Single-Family Zoning in Berkeley Forces Us to Reflect on Our Past." Sierra Club, San Francisco Bay, blog. https://www.sierraclub.org/san-francisco-bay/blog/2021/06/end-single-family-zoning-berkeley-forces-us-reflect-our-past.

Francke, M., and M. Korevaar. 2022. "Baby Booms and Asset Booms: Demographic Change and the Housing Market." Working paper, SSRN. https://dx.doi.org/10.2139/ssrn.3368036.

Freddie Mac. 2022. "Could More Inclusive Zoning for Manufactured Homes Help Address the Current Housing Supply Gap?" Single-Family Division. https://sf.freddiemac.com/articles/insights/could-more-inclusive-zoning-for-manufactured-homes-help-address-the-current-housing-supply-gap.

———. No date. "Manufactured Housing." Single-Family Division. https://sf.freddiemac.com/working-with-us/affordable-lending/duty-to-serve/manufactured-housing.

Freedman, M., and E. Owens. 2011. "Low-Income Housing Development and Crime." *Journal of Urban Economics* 70, nos.2–3: 115–31. https://doi.org/10.1016/j.jue.2011.04.001.

FTA (Federal Transit Administration). 2023. "Areas of Persistent Poverty Program." https://www.transit.dot.gov/grant-programs/areas-persistent-poverty-program.

Furth, S., and N. Gray. 2019. "Do Minimum-Lot-Size Regulation Limit Housing Supply in Texas?' Mercatus Center at George Mason University. https://www.mercatus.org/publications/urban-economics/do-minimum-lot-size-regulations-limit-housing-supply-texas.

Furth, S., and M. Webster. 2022. "Single-Family Zoning and Race: Evidence from the Twin Cities." Working paper, Mercatus Center at George Mason University. https://www.mercatus.org/research/working-papers/single-family-zoning-and-race-evidence-twin-cities.

Gabbe, C., G. Pierce, and G. Clowers. 2020. "Parking Policy: The Effects of Residential Minimum Parking Requirements in Seattle." *Land Use Policy* 91: 104053. https://doi.org/10.1016/j.landusepol.2019.104053.

Ganong, P., and D. Shoag. 2017. "Why Has Regional Income Convergence in the U.S. Declined?" *Journal of Urban Economics* 102: 76–90. https://doi.org/10.1016/j.jue.2017.07.002.

Garcia, D. 2019. "Making It Pencil: The Math Behind Housing Development." UC Berkeley Terner Center for Housing Innovation. https://ternercenter.berkeley.edu/wp-content/uploads/pdfs/Making_It_Pencil_The_Math_Behind_Housing_ Development.pdf.

Garcia, D., et al. 2022. "Unlocking the Potential of Missing Middle Housing." Terner Center at UC Berkeley. https://ternercenter.berkeley.edu/wp-content/uploads/2022/12/Missing-Middle-Brief-December-2022.pdf.

Gensheimer, S., M. Eisenberg, D. Hindman, A. Wu, and C. Pollack. 2022. "Examining Health Care Access and Health of Children Living in Homes Subsidized by the Low-Income Housing Tax Credit." *Health Affairs* 41, no.6: 883–92. https://doi.org/10.1377/hlthaff.2021.01806.

Gerardi, K., L. Lambie-Hanson, and P. Willen. 2021. "Racial Differences in Mortgage Refinancing, Distress, and Housing Wealth Accumulation during COVID-19." Federal Reserve Bank of Boston, "Current Policy Perspectives." https://www.bostonfed.org/publications/current-policy-perspectives/2021/racial-differences-in-mortgage-refinancing-distress-and-housing-wealth-accumulation-during-covid-19.aspx.

Glaeser, E., J. Gyourko, and R. Saks. 2005. "Why Have Housing Prices Gone Up?" *American Economic Review* 95, no.2: 329–33. https://doi.org/10.1257/000282805774669961.

Gong, Y., and Y. Yao. 2022. "Demographic Changes and the Housing Market." *Regional Science and Urban Economics* 95. https://www.sciencedirect.com/science/article/abs/pii/S0166046221000946

Goodman, L., J. Choi, and J. Zhu. 2023. "The 'Real' Homeownership Gap between Today's Young Adults and Past Generations Is Much Larger Thank You Think." Urban Institute, *Urban Wire*. https://www.urban.org/urban-wire/real-homeownership-gap-between-todays-young-adults-and-past-generations-much-larger-you.

Goodman, L., and B. Ganesh. 2018. "Challenges to Obtaining Manufactured Home Financing." Urban Institute. https://www.urban.org/sites/default/files/publica-tion/98687/challenges_to_obtaining_manufactured_home_financing_0.pdf.

Goolsbee, A., and C. Syverson. *The Strange and Awful Path of Productivity in the U.S. Construction Sector*. NBER Working Paper 30845. Cambridge, MA: National Bureau of Economic Research. https://doi.org/10.3386/w30845.

Gould Ellen, I. 2018. "What Do We Know About Housing Choice Vouchers?" NYU Furman Center. https://furmancenter.org/files/fact-sheets/HousingChoiceV-ouchers_ige.pdf.

Gould Ellen, I., J. De la Roca, and J. Steil. 2015. "Black and Latino Segregation and Socioeconomic Outcomes." NYU Furman Center

Research Brief. https://furmancenter.org/research/publication/black-and-latino-segregation-and-socioeconomic-outcomes.

Grabar, H. 2018. "Minneapolis Confronts Its History of Housing Segregation." *Slate*, December 7. https://slate.com/business/2018/12/minneapolis-single-family-zoning-housing-racism.html.

Graetz, N., C. Gershenson, P. Hepburn, S. Porter, D. Sandler, and M. Desmond. 2023. "A Comprehensive Demographic Profile of the U.S. Evicted Population." 2023. *Proceedings of the National Academy of Sciences* 120, no.41: e2305860120. https://www.pnas.org/doi/10.1073/pnas.2305860120.

Gray, M. 2022. *Arbitrary Lines: How Zoning Broke the American City and How to Fix It*. Washington: Island Press. https://www.theatlantic.com/ideas/archive/2022/10/california-accessory-dwelling-units-legalization-yimby/671648/.

Greenaway-McGrevy, R. 2023. *Can Zoning Reform Reduce Housing Costs? Evidence from Rents in Auckland*. Economic Policy Centre Working Paper 016. Auck-land: University of Aukland Business School. https://cdn.auckland.ac.nz/assets/business/about/our-research/research-institutes-and-centres/Economic-Policy-Centre--EPC-/WP016.pdf.

Greene, S., and J. González-Hermoso. 2019. "How Communities Are Rethinking Zoning to Improve Housing Affordability and Access to Opportunity." Urban Institute, *Urban Wire*. https://www.urban.org/urban-wire/how-communities-are-rethinking-z.oning-improve-housing-affordability-and-access-opportunity.

Gries, J. 1922. "A Zoning Primer by the Advisory Committee on Zoning." U.S. Depart-ment of Commerce. https://www.govinfo.gov/content/pkg/GOVPUB-C13-cf208d8ed0dda43ed677acd-6cad8be81/pdf/GOVPUB-C13-cf208d8ed0dda43ed677acd6cad8be81.pdf.

Gupta, A., C. Martinez, and S. Van Nieuwerburgh. 2023. *Converting Brown Offices to Green Apartments*. NBER Working Paper 31530. Cambridge, MA: National Bureau of Economic Research. http://www.nber.org/papers/w31530.

Gutman, A. 2023. "WA House Passes Bill Banning Single-Family Zoning." *Seattle Times*, March 7. https://www.seattletimes.com/seattle-news/politics/wa-house-passes-bill-banning-single-family-zoning/.

Gyourko, J., J. Hartley, and J. Krimmel. 2019. *The Local Residential Land Use Regula-tory Environment Across U.S. Housing Markets: Evidence from a New Wharton Index*. NBER Working Paper 26573. Cambridge, MA: National Bureau of Economic Research. https://doi.org/10.3386/w26573.

Gyourko, J., and S. McCulloch. 2023. *Minimum Lot Size Restrictions: Impacts on Urban Form and House Price at the Border*. NBER Working Paper 31710. Cambridge, MA: National Bureau of Economic Research. https://www.nber.org/papers/w31710.

Gyourko, J., and R. Molloy. 2015. "Regulation and Housing Supply." In *Handbook of Regional and Urban Economics*, ed. G. Duranton, J. Vernon Henderson, and W. Strange. Oxford: Elsevier. https://www.sciencedirect.com/science/article/abs/pii/B9780444595317000193.

Hermann, A., S. Wedeen, W. Airgood-Obrycki, and C. Herbert. 2023. "The Geography of Renter Financial Distress and Housing Insecurity During the Pandemic." Joint Center for Housing Studies of Harvard University. https://www.jchs.harvard. edu/research-areas/working-papers/geography-renter-financial-distress-and-housing-insecurity-during.

Hilber, C., and F. Robert-Nicoud. 2014. "On the Origins of Land Use Regulations: Theory and Evidence from U.S. Metro Areas." *Journal of Urban Economics* 75, no.1. https://www.sciencedirect.com/science/article/abs/pii/S0094119012000466.

Howells, R. 2022. "The History of Zoning Laws in America." *Politically Speaking*, February 8. https://medium.com/politically-speaking/the-history-of-zoning-laws-in-america-9babd157bc29.

Hoyt, H., and J. Schuetz. 2020. "Flexible Zoning and Streamlined Procedures Can Make Housing More Affordable." https://www.jchs.harvard.edu/blog/flexible-zoning-and-streamlined-procedures-can-make-housing-more-afford-able.

Hsieh, C., and E. Moretti. 2019. "Housing Constraints and Spatial Misallocation." *Amer-ican Economic Journal: Macroeconomics* 11, no.2: 1–39. https://doi.org/10.1257/mac.20170388.

HUD (U.S. Department of Housing and Urban Development). 2021. "Tenants in LIHTC Units as of December 31, 2021." https://www.huduser.gov/portal/Datasets/lihtc/2021-LIHTC-Tenant-Tables.pdf.

———. 2022. "CDBG Activity Expenditure Reports." Community Development Block Grant Programs. https://view.officeapps.live.com/op/view. aspx?src=https%3A%2F%2Ffiles.hudexchange.info%-2Fresources%2Fdocumen ts%2FCDBG_Expend_NatlAll.xlsx&wd-Origin=BROWSELINK.

———. 2023a. "HUD Announces New Proposed 'Affirmatively Furthering Fair Housing' Rule, Taking a Major Step Towards Rooting Out Long-Standing Ineq-uities in Housing and Fostering Inclusive Communities." https://www.hud.gov/press/press_releases_media_advisories/HUD_No_23_013.

———. 2023b. "Pathways to Removing Obstacles to Housing (PRO Housing)." https://www.hud.gov/program_offices/comm_planning/pro_housing.

———. 2023c. "HOME Program Funding, Commitments, and Disbursements." Office of Community Planning and Development. https://files.hudexchange.info/reports/published/HOME_Prod_Natl_20230831.pdf.

———. 2023d. "Housing Choice Vouchers Fact Sheet." https://www.hud.gov/topics/housing_choice_voucher_program_section_8.

———. 2023e. "Low-Income Housing Tax Credit (LIHTC): Property-Level Data." Office of Policy Development and Research. https://www.huduser.gov/portal/datasets/lihtc/property.html.

———. 2023f. "The Office of Manufactured Housing Programs." https://www.hud.gov/program_offices/housing/mhs.

———. 2023g. "HUD Takes Action to Highlight and Research Land Use and Zoning Reforms." https://www.hud.gov/press/press_releases_media_advisories/hud_no_23_072.

———. 2023h. "Notice CPD-2023-10." https://www.hud.gov/sites/dfiles/OCHCO/documents/2023-10cpdn.pdf.

———. 2023i. "Tenant-Based Rental Assistance." https://www.hud.gov/sites/dfiles/CFO/documents/2024_CJ_Program_Template_-_TBRA.pdf.

———. 2023j. "FY 2023 Increasing the Supply of Affordable Housing through Off-Site Construction and Pro-Housing Reforms Research Grant Program Pre and Full Application NOFO." https://www.hud.gov/program_offices/spm/gmomgmt/grantsinfo/fundingopps/fy2023_increasing.

———. 2024a. "HUD 2024 Congressional Justifications." https://www.hud.gov/sites/dfiles/CFO/documents/2024-HUD-Congressional-Justifications.pdf.

———. 2024b. "Mandatory Affordable Housing Programs." https://www.hud.gov/sites/dfiles/CFO/documents/2024_Mandatory_Affordable_Housing_Programs.pdf

Ihlanfeldt, K. 2019. "The Deconcentration of Minority Students Attending Bad Schools: The Role of Housing Affordability within School Attendance Zones Containing Good Schools." *Journal of Housing Economics* 43: 83–101. https://www.scien-cedirect.com/science/article/abs/pii/S1051137718300718.

Internal Revenue Service. 2022. "Section 42, Low-Income Housing Credit Average Income Test Regulations." 87 *FR* 61489. https://www.federalregister.gov/do-cu-ments/2022/10/12/2022-22070/section-42-low-in-come-housing-credit-average-income-test-regulations.

Joint Center for Housing Studies. 2023. "The State of the Nation's Housing 2023." https://www.jchs.harvard.edu/sites/default/files/reports/files/Harvard_JCHS_ The_State_of_the_Nations_Housing_2023.pdf.

JPMorgan Chase. 2022. "Cap Rates, Explained." https://www.jpmorgan.com/insights/real-estate/commercial-term-lending/cap-rates-explained.

Kahlenberg, R. 2023. *Excluded: How Snob Zoning, NIMBYism, and Class Bias Build the Walls We Don't See.* New York: PublicAffairs. https://www.hachettebookgroup. com/titles/richard-d-kahlenberg/excluded/9781541701465/?lens=publicaffairs.

Kaufmann, J. 2023. "Downtown Chicago Is a Downer for Drivers." Axios Chicago. https://www.axios.com/local/chicago/2023/04/21/chicago-downtown-parking.

Khater, S., L. Kiefer, and V. Yanamandra. 2021."Housing Supply: A Growing Deficit." 2021. Freddie Mac, Research Note. https://www.freddiemac.com/research/insight/20210507-housing-supply.

Khouri, A. 2022. "California Bans Mandated Parking Near Transit to Fight High Housing Prices, Climate Change." *Los Angeles Times*, September 23. https://www. latimes.com/california/story/2022-09-23/newsom-bill-banning-parking-requirement-transit-housing-climate-change.

Kiefer, L., A. Atreya, and V. Yanamandra. 2018. "Why Is Adulting Getting Harder? Young Adults and Household Formation." Freddie Mac, Insight. https://www. freddiemac.com/research/insight/20180316-adulting.

Kimura, D. 2022. "Steady LIHTC Pricing Expected for First Half of 2022." *Affordable Housing Finance*, March 7. https://www.housingfinance.com/finance/steady-lihtc-pricing-expected-for-first-half-of-2022_o.

La Cava, G. 2016. "Housing Prices, Mortgage Interest Rates and the Rising Share of Capital Income in the United States." BIS Working Paper 572. Bank for Inter-national Settlements. https://ssrn.com/abstract=2814142.

Landis, J., and V. Reina. 2021. "Do Restrictive Land Use Regulations Make Housing More Expensive Everywhere?" *Economic Development Quarterly* 35, no.4: 305–24. https://doi.org/10.1177/08912424211043500.

Layton, D. 2023. "Manufactured Housing Is a Good Source of Unsubsidized Affordable Housing—Except When It's Not: High-Level and Specific Policy Recommen-dations (Part 3)." NYU Furman Center, *The Stoop*. https://furmancenter.org/thestoop/entry/manufactured-housing-is-a-good-source-of-unsubsidized-affordable-housing-except-when-its-not-high-level-and-specific-policy-recommendations-part-3.

Lee, Y., P. Kemp, and V. Reina. 2022. "Divers of Housing (Un)affordability in the Advanced Economies: A Review and New Evidence." *Housing Studies* 37, no.10: 1739–52. https://doi.org/10.1080/02673037.2022.2123623.

Leung, J. 2018. "Decarbonizing U.S. Buildings." Center for Climate and Energy Solu-tions. https://www.c2es.org/wp-content/uploads/2018/06/innovation-buildings-background-brief-07-18.pdf.

Loh, T., C. Coes, and B. Buthe. 2020. "Separate and Unequal: Persistent Residential Segregation Is Sustaining Racial and Economic Injustice in the U.S." Brook-ings. https://www.brookings.edu/articles/trend-1-separate-and-unequal-neighborhoods-are-sustaining-racial-and-economic-injustice-in-the-us/.

Mangin, J. 2014. "The New Exclusionary Zoning." *Stanford Law & Policy Review* 25. https://law.stanford.edu/wp-content/uploads/2018/03/mangin_25_stan._l._poly_ rev_91.pdf.

Martin, C. 2022. "The Inflation Reduction Act Will Reduce Household Energy Insecu-rity—but It Could Do More." Metropolitan Policy Program at Brookings. https://www.brookings.edu/articles/the-inflation-reduction-act-will-reduce-household-energy-insecurity-but-it-could-do-more/.

Merchant, C. 2016. "A Zoning Change in Fairfax Will Allow More Density." *Greater Greater Washington*, June 29. https://ggwash.org/view/41968/a-zoning-change-in-fairfax-will-allow-more-density.

Mischke, J., et al. 2023. "Empty Spaces and Hybrid Places: The Pandemic's Lasting Impact on Real Estate." McKinsey Global Institute. https://www.mckinsey.com/mgi/our-research/empty-spaces-and-hybrid-places/.

Moretti, E. 2012. *The New Geography of Jobs.* New York: Liveright / Houghton Mifflin Harcourt. https://books.google.com/books/about/The_New_Geography_of_ Jobs.html?id=br0S54w0u_sC.

Nguyen, M. 2015. "The Intersection of Immigration and Housing Policies: Implications for the U.S. Housing Market and Economy," *Housing Policy Debate* 25: 796–98. https://doi.org/10.1080/10511482.2015.1043084.

Office of Policy Development and Research. 2023. *Policy & Practice.* U.S. Department of Housing and Urban Development. https://www.huduser.gov/Portal/Policy-and-Practice.html.

Ortalo-Magne, F., and A. Prat. 2014. "On the Political Economy of Urban Growth: Homeownership versus Affordability." *American Economic Journal: Microeco-nomics* 6, no.1: 410–42. https://www.jstor.org/stable/43189657.

Parking Reform Network. No date. "Mandates Map." https://parkingreform.org/resources/mandates-map/.

Parrott, J., and M. Zandi. 2021. "Overcoming the Nation's Daunting Housing Supply Shortage." Urban Institute. https://www.urban.org/sites/default/files/publica-tion/103940/overcoming-the-nations-daunting-housing-supply-shortage_0.pdf.

Peri, G. 2012. "The Effect of Immigration on Productivity: Evidence from U.S. States." *Review of Economics and Statistics* 94, no.1: 348–58. http://www.jstor.org/stable/41349180.

Pilkauskas, N., K. Michelmore, and N. Kovski. 2023. *The 2021 Child Tax Credit, the Living Arrangements and Housing Affordability of Families with Low Incomes.* NBER Working Paper 31339. Cambridge, MA: National Bureau of Economic Research. https://doi.org/10.3386/w31339.

Poon, L. 2017. 'Buffalo Becomes First City to Bid Minimum Parking Goodbye." Bloom-berg. https://www.bloomberg.com/news/articles/2017-01-09/buffalo-is-the-first-to-abandon-minimum-parking-requirements-citywide. RCN Capital. No date. "Multifamily and Commercial Real Estate Loan Ratios." https://rcncapital.com/blog/multifamily-and-commercial-real-estate-loan-ratios.

Reid, C., D. Bocian, W. Li, and R. Quercia. 2016. "Revisiting the Subprime Crisis: The Dual Mortgage Market and Mortgage Defaults by Race and Ethnicity." *Journal of Urban Affairs*. https://www.tandfonline.com/doi/full/10.1080/07352166.2016.1255529?scroll=top&needAccess=true.

Reina, V., and C. Aiken. 2022. "Moving to Opportunity, or Aging in Place? The Changing Profile of Low-Income and Subsidized Households and Where They Live." *Urban Affairs Review* 58, no.2: 454–92. https://doi.org/10.1177/1078087420969895.

Resseger, M. 2022. "The Impact of Land Use Regulation on Racial Segregation: Evidence from Massachusetts Zoning Borders." Working paper, Mercatus Center at George Mason University. https://www.mercatus.org/research/working-papers/impact-land-use-regulation-racial-segregation-evidence-massachusetts-zoning.

Rigsby, E. 2016. "Understanding Exclusionary Zoning and Its Impact on Concentrated Poverty." Century Foundation. https://tcf.org/content/facts/understanding-exclusionary-zoning-impact-concentrated-poverty/?agreed=1.

Rothstein, R. 2014. "The Making of Ferguson: Public Policies at the Root of its Trou-bles." Economic Policy Institute. https://files.epi.org/2014/making-of-ferguson-final.pdf.

———. 2017. *The Color of Law: A Forgotten History of How Our Government Segre-gated America.* New York: Liveright. https://www.epi.org/publication/the-color-of-law-a-forgotten-history-of-how-our-government-segregated-america/.

Rothwell, J. 2012. "Housing Costs, Zoning, and Access to High Scoring School." Metro-politan Policy Program at Brookings. https://www.brookings.edu/articles/housing-costs-zoning-and-access-tohigh-scoring-schools/.

Ruggles, S., S. Flood, S. Sobek, D. Backman, A. Chen, G. Cooper, S. Richards, R. Rogers, and M. Schouweiler. 2023. IPUMS USA: Version 14.0. Data set, Minneapolis. https://doi.org/10.18128/D010.V14.0.

Shanahan, M., A. Austin, C. Durrance, S. Martin, J. Mercer, D. Runyan, and C. Runyan. 2022. "The Association of Low-Income Housing Tax Credit Units and Reports of Child Abuse and Neglect." *American Journal of Preventive Medicine* 62, no.5: 727–34. https://doi.org/10.1016/j.amepre.2021.11.020.

Shoup, D. 2014. "The High Cost of Minimum Parking Requirements." *Parking Issues and Policies* 5: 87–113. https://www.emerald.com/insight/content/doi/10.1108/S2044-994120140000005011./full/html.

Skelton, G. 2021. "Don't Be Fooled: California's New Housing Laws Make Significant Changes to Zoning." *Los Angeles Times*. https://www.latimes.com/california/story/2021-09-22/skelton-sb9-housing-single-family-zoning.

SMPDC (Southern Maine Planning and Development Commission). 2023. "Housing Legislation LD 2003." https://smpdc.org/ld2003.

Song, J. 2021. "The Effects of Residential Zoning in U.S. Housing Markets." SSRN. https://dx.doi.org/10.2139/ssrn.3996483.

Sorens, J. 2023. "Abolish Parking Minimums. Yes, All of Them." American Institute for Economic Research, *Daily Economy*. http://www.aier.org/article/abolish-parking-minimums-yes-all-of-them/.

Sorokin, O. 2023. "Office Vacancy Rates in 2022." National Association of Realtors, *Economists' Outlook*. https://www.nar.realtor/blogs/economists-outlook/office-vacancy-rates-in-2022.

Stacy, C., C. Davis, Y. Freemark, L. Lo, G. MacDonald, V. Zheng, and R. Pendall. 2023. "Land-Use Reforms and Housing Costs: Does Allowing for Increased Density Lead to Greater Affordability?" Urban Institute. https://www.urban.org/research/publication/land-use-reforms-and-housing-costs.

State of Montana Governor's Office. 2023. "Governor Gianforte Announces Bold, Trans-formational Pro-Housing Zoning Reform." https://news.mt.gov/Governors-Office/Governor_Gianforte_Announces_Bold_Transformational_Pro-Housing_ Zoning_Reform.

Supreme Court of the United States. 1926. *Village of Euclid v. Ambler Realty Co.*, 272 U.S. 365. https://supreme.justia.com/cases/federal/us/272/365/.Tax Policy Center. No date. "Briefing Book." https://www.taxpolicycenter.org/briefing-book/what-low-income-housing-tax-credit-and-how-does-it-work.

Taylor, L. 2018. "Housing and Health: An Overview of the Literature." *Health Affairs*. https://www.healthaffairs.org/do/10.1377/hpb20180313.396577/.

Tiebout, C. 1956. "A Pure Theory of Local Expenditures." *Journal of Political Economy* 64. https://www.journals.uchicago.edu/doi/10.1086/257839.

Twinam, T. 2018. "The Long-Run Impact of Zoning: Institutional Hysteresis and Durable Capital in Seattle, 1920–2015." *Regional Science and Urban Economics* 73: 155–69. https://doi.org/10.1016/j.regsciurbeco.2018.08.004.

Urban Institute. 2016. "The Cost of Affordable Housing: Does It Pencil Out?" https://apps.urban.org/features/cost-of-affordable-housing/.

U.S. Census Bureau. 2023. "Homeownership Rate in the United States [RHORUSQ156N]." FRED, Federal Reserve Bank of Saint Louis. https://fred. stlouisfed.org/series/RHORUSQ156N.

USDA (U.S. Department of Agriculture). 2024. "2024 USDA Explanatory Notes, Rural Housing Service." https://www.usda.gov/sites/default/files/documents/32-2024-RHS.pdf.

U.S. Department of the Interior. 2020. "Annual Report on the Economic Impact of the Federal Historic Tax Credits for Fiscal Year 2020." National Park Service, Technical Preservation Services. https://www.nps.gov/subjects/taxincentives/upload/report-2020-economic-impact.pdf.

———. 2021. "Annual Report on the Economic Impact of the Federal Historic Tax Credits for Fiscal Year 2021." National Park Service, Technical Preservation Services. https://www.nps.gov/subjects/taxincentives/upload/report-2021-eco-nomic-impact.pdf.

———. 2022. "Federal Tax Incentives for Rehabilitating Historic Buildings: Annual Report for Fiscal Year 2022." National Park Service, Technical Preservation Services. https://www.nps.gov/subjects/taxincentives/upload/report-2022-annual.pdf.

U.S. Department of the Treasury. 2023a. "General Explanations of the Administration's Fiscal Year 2024 Revenue Proposals." https://home.treasury.gov/system/files/131/General-Explanations-FY2024.pdf.

———. 2023b. "Tax Expenditures FY2024 Update." https://home.treasury.gov/system/files/131/Tax-Expenditures-FY2024-update.pdf.

Voith, R., J. Liu, S. Zielenbach, A. Jakabovics, B. An, S. Rodnyansky, A. Orlando, and R. Bostic. 2022. "Effects of Concentrated LIHTC Development on Surrounding House Prices." *Journal of Housing Economics* 56: 101838. https://doi.org/10.1016/j.jhe.2022.101838.

Wamsley, L. 2024. "From Austin to Anchorage, U.S. Cities Opt to Ditch Their Off-Street Parking Minimums." NPR. https://www.npr.org/2024/01/02/1221366173/u-s-cities-drop-parking-space-minimums-develop-ment.

WGI. 2021. "Parking Structure Cost Outlook for 2021." https://publications.wginc.com/parking-structure-construction-cost-outlook-2021.

White House. 2022. "President Biden Announces New Actions to Ease the Burden of Housing Costs." https://www.whitehouse.gov/briefing-room/statements-releases/2022/05/16/president-biden-announces-new-actions-to-ease-the-burden-of-housing-costs/.

———. 2023a. "Biden-Harris Administration Announces Actions to Lower Housing Costs and Boost Supply." https://www.whitehouse.gov/briefing-room/state-ments-releases/2023/07/27/biden-harris-administration-announces-actions-to-lower-housing-costs-and-boost-supply/.

———. 2023b. "Fact Sheet: Biden-Harris Administration Takes Action to Create More Affordable Housing by Converting Commercial Properties to Residential Use." https://www.whitehouse.gov/briefing-room/statements-releases/2023/10/27/fact-sheet-biden-harris-administration-takes-action-to-create-more-affordable-housing-by-converting-commercial-properties-to-residential-use/.

———. 2023c. "Fact Sheet: President Biden's Budget Lowers Housing Costs and Expands Access to Affordable Rent and Home Ownership." https://www.white-house.gov/omb/briefing-room/2023/03/09/fact-sheet-president-bidens-budget-lowers-housing-costs-and-expands-access-to-affordable-rent-and-home-ownership/.

———. 2023d. "White House Announces New Actions on Homeownership." https://www.whitehouse.gov/briefing-room/statements-releases/2023/10/16/white-house-announces-new-actions-on-homeownership/.

Wolff, E. 2022. *Heterogenous Rates of Return on Homes and Other Real Estate: Do the Rich Do Better? Do Black Households Do Worse?* NBER Working Paper 30543. Cambridge, MA: National Bureau of Economic Research. https://doi.org/10.3386/w30543.

第5章

Abbott, T., R. McGuckin, P. Herrick, and L. Norfolk. 1989. "Measuring the Trade Balance in Advanced Technology Products." Working paper, Center for Economic Studies. https://www2.census.gov/ces/wp/1989/CES-WP-89-01.pdf.

Aiyar, S., J. Chen, C. Ebeke, R. Garcia-Saltos, T. Gudmundsson, A. Ilyina, A. Kangur, T. Kunaratskul, S. Rodriguez, M. Ruta, T. Schulze, G. Soderberg, and J. Trevino.2023. "Geoeconomic Fragmentation and the Future of Multilateralism." https://www.imf.org/en/Publications/Staff-Discussion-Notes/Issues/2023/01/11/Geo-Economic-Fragmentation-and-the-Future-of-Multilateralism-527266.

Aiyar, S., and A. Ilyina. 2023. "Charting Globalization's Turn to Slowbalization After Financial Crisis." https://www.imf.org/en/Blogs/Articles/2023/02/08/charting-globalizations-turn-to-slowbalization-after-global-financial-crisis.

Alfaro, L., and D. Chor. 2023. *Global Supply Chains: The Looming "Great Realloca-tion."* NBER Working Paper 31661. Cambridge, MA: National Bureau of Economic Research. https://doi.org/10.3386/w31661.

Amiti, M., M. Dai, R. Feenstra, and J. Romalis. 2020. "How Did China's WTO Entry Affect U.S. Prices?" *Journal of International Economics* 126. https://doi.org/10.1016/j.jinteco.2020.103339.

Antràs, P., T. Fort, and F. Tintelnot. 2017. "The Margins of Global Sourcing: Theory and Evidence from U.S. Firms." *American Economic Review* 107, no.9: 2514–64. https://doi.org/10.1257/aer.20141685.

Autor, D., D. Dorn, and G. Hanson. 2013. "The China Syndrome: Local Labor Market Effects of Import Competition in the United States." *American Economic Review* 103, no.6: 2121–68. http://dx.doi.org/10.1257/aer.103.6.2121.

———. 2021. *On the Persistence of the China Shock*. NBER Working Paper 29401. Cambridge, MA: National Bureau for Economic Research. https://doi.org/10.3386/w29401.

Baccini, L., I. Osgood, and S. Weymouth. 2019. "The Service Economy: U.S. Trade Coalitions in an Era of Deindustrialization." *Review of International Organiza-tions* 14: 261–96. https://doi.org/10.1007/s11558-019-09349-x.

Bai, L., and S. Stumpner. 2019. "Estimating U.S. Consumer Gains from Chinese Imports." *American Economic Review: Insights* 1, no.2: 209–24. https://doi.org/10.1257/aeri.20180358.

Baker, D. 2014. "The Trade Deficit: The Biggest Obstacle to Full Employment." Center on Budget and Policy Priorities. https://www.cbpp.org/sites/default/files/atoms/files/4-2-14fe-baker.pdf.

Baldwin, R. 2016. *The Great Convergence: Information Technology and the New Global-ization*. Cambridge, MA: Harvard University Press. https://doi.org/10.2307/j.ctv24w655w.

———. 2022. "The Peak Globalization Myth, Part 4: Services Trade Did Not Peak." CEPR-VoxEU. https://cepr.org/voxeu/columns/peak-globalisation-myth-part-4-services-trade-did-not-peak.

Baldwin, R., and R. Freeman. 2022. "Risks and Global Supply Chains: What We Know and What We Need to Know." *Annual Review of Economics* 14: 153–80. https://doi.org/10.1146/annurev-economics-051420-113737.

Baldwin, R., R. Freeman, and A. Theodorakopoulos. 2023. "Hidden Exposure: Measuring U.S. Supply Chain Reliance." *Brookings Papers on Economic Activity*, Fall. https://www.brookings.edu/wp-content/uploads/2023/09/2_Baldwin-et-al_unembargoed.pdf.

Baldwin, R., and J. López-González. 2014. "Supply-Chain Trade: A Portrait of Global Patterns and Several Testable Hypotheses." *World Economy* 38, no.11: 1682– 721. https://doi.org/10.1111/twec.12189.

BEA (U.S. Bureau of Economic Analysis). 2018. "A Guide to BEA's Services Surveys." https://www.bea.gov/system/files/2018-04/surveysu.pdf.

———. 2023a. "U.S. International Economic Accounts: Concepts and Methods." https://www.bea.gov/system/files/2023-06/iea-concepts-methods-2023.pdf.

———. 2023b. "Table 6.1. U.S. International Financial Transactions for Direct Invest-ment." https://www.bea.gov/data/intl-trade-investment/international-transactions.

———. 2023c. "Table 6.2: U.S. International Financial Transactions for Direct Invest-ment by Country and Industry." https://www.bea.gov/data/intl-trade-investment/international-transactions.

———. 2023d. "New Foreign Direct Investment in the United States, 2022." News release. https://www.bea.gov/news/2023/new-foreign-direct-investment-united-states-2022.

Bermel, L., J. Chen, B. Deese, M. Delgado, L. English, Y. Garcia, T. Houser, A. Khan, J. Larsen, N. Stewart, and H. Tavarez. 2023. "The Clean Investment Monitor: Tracking Decarbonization Technology in the United States." Rhodium Group. https://assets-global.website-files.com/64e31ae6c5fd44b10ff405a7/6500f1718b8bc3b49a69d333_The%20Clean%20Investment%20Monitor_Tracking%20Decarbonization%20in%20the%20US.pdf.

Bernanke, B. 2005. "Remarks by Governor Ben S. Bernanke at the Sandridge Lecture, Virginia Association of Economists, Richmond, Virginia, on the Global Saving Glut and the U.S. Current Account Deficit." https://www.federalreserve.gov/boarddocs/speeches/2005/200503102/.

Bernstein, J. 2023. "Remarks by Chair Jared Bernstein at the Economic Policy Institute." Transcript of speech at Economic Policy Institute, Washington, September 28. https://www.whitehouse.gov/cea/written-materials/2023/09/28/remarks-by-chair-jared-bernstein-at-the-economic-policy-institute-wash-ington-d-c/.

Bertaut, C., B. von Beschwitz, and S. Curcuru. 2023. "The International Role of the U.S. Dollar,' Post-COVID Edition." https://www.federalreserve.gov/econres/notes/feds-notes/the-international-role-of-the-us-dollar-post-covid-edition-20230623.html.

BIS (Bank for International Settlements). 2017. "BIS 87th Annual Report." https://www.bis.org/publ/arpdf/ar2017e_ec.pdf.

Blomström, M., A. Kokko, and J. Mucchielli. 2003. "The Economics of Foreign Direct Investment Incentives." In *Foreign Direct Investment on the Real and Financial Sector of Industrial Counties*, 37–60. https://doi.org/10.1007/978-3-540-24736-4_3.

Bloom, N., K. Handley, A. Kurmann, and P. Luck. 2019. "The Impact of Chinese Trade on U.S. Employment: The Good, The Bad, and The Debatable." Meeting Papers 1433. Society for Economic Dynamics. https://red-files-public.s3.amazonaws.com/meetpapers/2019/paper_1433.pdf.

Bloomberg. 2023. "China Is Having a Hard Time Wooing Foreign Investors Back." November 7. https://www.bloomberg.com/news/articles/2023-11-08/china-is-having-a-hard-time-wooing-foreign-investors-back.

BLS (U.S. Bureau of Labor Statistics). 2023a. "All Employees, Manufacturing [MANEMP]." https://fred.stlouisfed.org/series/MANEMP.

———. 2023b. "All Employees, Total Nonfarm [PAYEMS]." https://fred.stlouisfed.org/series/PAYEMS.

Bonadio, B., Z. Huo, A. Levchenko, and N. Pandalai-Nayar. 2020. *Global Supply Chains in the Pandemic*. NBER Working Paper 27224. Cambridge, MA: National Bureau for Economic Research. https://doi.org/10.3386/w27224.

Boushey, H. 2023. "The Economics of Public Investment Crowding in Private Invest-ment." White House Briefing Room Blog. https://www.whitehouse.gov/briefing-room/blog/2023/08/16/the-economics-of-public-investment-crowding-in-private-investment/.

Brainard, L. 2001. "Trade Policy in the 1990s." Brookings Institution. https://www.brook-ings.edu/articles/trade-policy-in-the-1990s/.

Branstetter, L. 2006. "Is Foreign Direct Investment a Channel of Knowledge Spillovers? Evidence from Japan's FDI in the United States." *Journal of International Economics* 68, no.2: 325–44. https://doi.org/10.1016/j.jinteco.2005.06.006.

Broda, C., and D. Weinstein. 2006. "Globalization and the Gains from Variety." *Quarterly Journal of Economics* 121, no.2: 541–85. https://doi.org/10.1162/qjec.2006.121.2.541.

Caballero, R., E. Farhi, and P. Gourinchas. 2017. "The Safe Assets Shortage Conun-drum." *Journal of Economic Perspectives* 31, no 3: 29–46. https://doi.org/10.1257/jep.31.3.29.

Caliendo, L., M. Dvorkin, and F. Parro. 2019. "Trade and Labor Market Dynamics: General Equilibrium Analysis of the China Trade Shock." *Econometrica* 87, no.3: 741–835. https://doi.org/10.3982/ECTA13758.

CEA (Council of Economic Advisers). 2015a. "The Economic Benefits of U.S. Trade." https://obamawhitehouse.archives.gov/sites/default/files/docs/cea_trade_report_final_non-embargoed_v2.pdf.

———. 2015b. *Economic Report of the President*. Washington: U.S. Government Publishing Office. https://www.whitehouse.gov/wp-content/uploads/2021/07/2015-ERP.pdf.

———. 2022. *Economic Report of the President*. Washington: U.S. Government Publishing Office. https://www.whitehouse.gov/wp-content/uploads/2022/04/ERP-2022.pdf.

———. 2023a. *Economic Report of the President*. Washington: U.S. Government Publishing Office. https://www.whitehouse.gov/wp-content/uploads/2023/03/erp-2023.pdf.

———. 2023b. "Issue Brief: Supply Chain Resilience." https://www.whitehouse.gov/cea/written-materials/2023/11/30/issue-brief-supply-chain-resilience/.

Cheng, S. 2023. "China Lifts Ban on Group Tours to U.S. and Other Countries, in Boost to Global Travel Industry." *Wall Street Journal*, August 10. https://www.wsj.com/articles/china-lifts-ban-on-group-tours-to-u-s-and-other-countries-in-boost-to-global-travel-industry-1b467c78.

Clean Investment Monitor. 2024. Rhodium Group & MIT's Center for Energy and Envi-ronmental Policy Research. https://www.cleaninvestmentmonitor.org/.

Constantinescu, C., A. Mattoo, and M. Ruta. 2018. "The Global Trade Slowdown: Cyclical or Structural?" *World Bank Economic Review* 34, no.1: 121–42. https://doi.org/10.1093/wber/lhx027.

Dahlman, A., and M. Lovely. 2023. "U.S.-Led Effort to Diversify Indo-Pacific Supply Chains Away from China Runs Counter to Trends." Peterson Institute for Inter-national Economics, Realtime Economics. https://www.piie.com/blogs/realtime-economics/us-led-effort-diversify-indo-pacific-supply-chains-away-china-runs-counter.

De Chaisemartin, C., and Z. Lei. 2023. "More Robust Estimators for Instrumental-Vari-able Panel Designs, with an Application to the Effect of Imports from China on U.S. Employment." Working paper, Social Science Research Network. https://dx.doi.org/10.2139/ssrn.3802200.

Devadas, S., and N. Loayza. 2018. "When Is a Current Account Deficit Bad?" Research and Policy Briefs, World Bank. https://openknowledge.worldbank.org/server/api/core/bitstreams/8edf9fe5-f97b-55d9-aa21-2a52c8d513bc/content.

Economist. 2021. "Globalisation Has Faltered." January 29. https://www.economist.com/briefing/2019/01/24/globalisation-has-faltered.

Fajgelbaum, P., and A. Khandelwal. 2016. "Measuring the Unequal Gains from Trade." *Quarterly Journal of Economics* 131: no.3: 1113–80. https://doi.org/10.1093/qje/qjw013.

Feenstra, R., and G. Hanson. 1997. "Foreign Direct Investment and Relative Wages: Evidence from Mexico's Maquiladoras." *Journal of International Economics* 42, nos.3–4: 371–93. https://doi.org/10.1016/S0022-1996(96)01475-4.

Fernandes, A., H. Kee, and D. Winkler. 2020. "Determinants of Global Value Chain Participation: Cross-Country Evidence." *World Bank Economic Review* 36, no.2: 329–60. https://doi.org/10.1093/wber/lhab017.

Foley, C., J. Hines, and D. Wessel. 2021. "Multinational Activity in the Modern World." In *Global Goliaths: Multinational Corporations in the 21st Century Economy*, ed. C. Foley, J. Hines, and D. Wessel, 1–32. Washington: Brookings Institution Press. https://repository.law.umich.edu/cgi/viewcontent.cgi?article=1427&context=book_chapters.

Fort, T. 2017. "Technology and Production Fragmentation: Domestic versus Foreign Sourcing." *Review of Economic Studies* 84, no.2: 650–87. https://doi.org/10.1093/restud/rdw057.

———. 2023. "The Changing Firm and Country Boundaries of U.S. Manufacturers in Global Value Chains." *American Economic Association* 37, no.3: 31–58. https://doi.org/10.1257/jep.37.3.31.

Fort, T., J. Pierce, and P. Schott. 2018. "New Perspectives on the Decline of U.S. Manu-facturing Employment." *Journal of Economic Perspectives* 32, no.2: 47–72. https://www.aeaweb.org/articles?id=10.1257/jep.32.2.47.

Freund, C., A. Mattoo, A. Mulabdic, and M. Ruta. 2023. "Natural Disasters and the Reshaping of Global Value Chains." *IMF Economic Review* 70, no.3: 590–623. https://doi.org/10.1057/s41308-022-00164-w.

Galle, S., A. Rodríguez-Clare, and M. Yi. 2023. "Slicing the Pie: Quantifying the Aggre-gate and Distributional Effects of Trade." *Review of Economic Studies* 90, no.1: 331–75. https://doi.org/10.1093/restud/rdac020.

Galle, S., and L. Lorentzen. 2021. "The Unequal Effects of Trade and Automation across Local Labor Markets." SSRN. https://dx.doi.org/10.2139/ssrn.3800962.

Ganapati, S., and W. Wong. 2023. *How Far Goods Travel: Global Transport and Supply Chains from 1965–2020*. NBER Working Paper 31167. Cambridge, MA: National Bureau for Economic Research. https://www.nber.org/papers/w31167.

Georgiadis, P., M. O'Dwyer, I. Smith, S. Morris. 2023. "Business Travel Recovery Stalls as Companies Seek to Cut Costs and Emissions." *Financial Times*. https://www.ft.com/content/ea564d48-6dfd-4c7f-b28b-c2028bbc2fe8.

Ghosh, A., and U. Ramakrishnan. 2024. "Current Account Deficits." International Mone-tary Fund, Back to Basics. https://www.imf.org/en/Publications/fandd/issues/Series/Back-to-Basics/Current-Account-Deficits.

Goldberg, P., and T. Reed. 2023. *Is the Global Economy Deglobalizing? And If So, Why? And What Is Next?* NBER Working Paper 31115. Cambridge, MA: National Bureau for Economic Research. https://doi.org/10.3386/w31115.

Grossman, G., and E. Rossi-Hansberg. 2008. "Trading Tasks: A Simple Theory of Offshoring." *American Economic Review* 98, no.5: 1978–97. https://doi.org/10.1257/aer.98.5.1978.

Hale, G., B. Hobijn, F. Nechio, and D. Wilson. 2019. "How Much Do We Spend on Imports?" Federal Reserve Bank of San Francisco, Economic Letters. https://www.frbsf.org/economic-research/publications/economic-letter/2019/january/how-much-do-we-spend-on-imports/.

Hale, G., and M. Xu. 2016. *FDI Effects on the Labor Markets of Host Countries*. Federal Reserve Bank of San Francisco, Working Paper 2016-25. https://doi.org/10.24148/wp2016-25.

Hancock, T. 2023. "U.S. Trade Data Overstates Decoupling from China, Report Says." Bloomberg, October 12. https://www.bloomberg.com/news/articles/2023-10-12/us-trade-data-overstates-decoupling-from-china-gavekal-says.

Handley, K., F. Kamal, and W. Ouyang. 2021. "A Long View of Employment Growth and Firm Dynamics in the United States: Importers vs. Exporters vs. Non-Traders." Working Paper, Center for Economic Studies. https://www2.census.gov/ces/wp/2021/CES-WP-21-38.pdf.

Higgins, M., and T. Klitgaard. 2021. "How Much Have Consumers Spent on Imports During the Pandemic?" Federal Reserve Bank of New York, Liberty Street Economics. https://libertystreeteconomics.newyorkfed.org/2021/10/how-much-have-consumers-spent-on-imports-during-the-pandemic/.

Hummels, D., J. Ishii, and K. Yi. 2001. "The Nature and Growth of Vertical Specializa-tion in World Trade." *Journal of International Economics* 54, no.1: 75–96. https://doi.org/10.1016/s0022-1996(00)00093-3.

Iakovou, E., and C. White. 2020. "How to Build More Secure, Resilient, Next-Gen U.S. Supply Chains." Brookings Institution. https://www.brookings.edu/articles/how-to-build-more-secure-resilient-next-gen-u-s-supply-chains/.

IMF (International Monetary Fund). 2019. "The Drivers of Bilateral Trade and the Spill-overs from Tariffs." In *World Economic Outlook*, April. https://www.elibrary.imf.org/display/book/9781484397480/ch004.xml.

———. 2022. "Global Trade and Value Chains during the Pandemic."

In *World Economic Outlook*, April. https://www.elibrary.imf.org/display/book/9781616359423/CH004.xml.

———. 2023. "Global Financial Stability Report." https://www.imf.org/en/Publications/GFSR/Issues/2023/10/10/global-financial-stability-report-october-2023?cid=pr-com-AM2023-GF-SREA2023002.

International Energy Agency. 2022. "Global Supply Chains of EV Batteries." https://iea.blob.core.windows.net/assets/4eb8c252-76b1-4710-8f5e-867e751c8dda/Global-SupplyChainsofEVBatteries.pdf.

Jakubik, A., and V. Stolzenburg. 2020. "The 'China Shock' Revisited: Insights from Value Added Trade Flows." *Journal of Economic Geography* 21, no.1: 67–95. https://doi.org/10.1093/jeg/lbaa029.

Jaravel, X., and E. Sager. 2019. *What Are the Price Effects of Trade? Evidence from the U.S. and Implications for Quantitative Trade Models*. CEP Discussion Paper 1642. London: Centre for Economic Performance. https://cep.lse.ac.uk/pubs/download/dp1642.pdf.

Jørgensen, P. 2023. "The Global Savings Glut and the Housing Boom." *Journal of Economic Dynamics and Control* 146. https://doi.org/10.1016/j.jedc.2022.104563.

Kamal, F., J. McCloskey, W. Ouyang. 2022. "Multinational Firms in the U.S. Economy: Insights from Newly Integrated Microdata." Working Paper, U.S. Census Bureau. https://www2.census.gov/ces/wp/2022/CES-WP-22-39.pdf.

Keller, W., and S. Yeaple. 2009. "Multinational Enterprises, International Trade, and Productivity Growth: Firm Level Evidence from the United States." *Review of Economics and Statistics* 91, no.4: 821–31. https://doi.org/10.1162/rest.91.4.821.

Klein, M., and M. Pettis. 2020. *Trade Wars Are Class Wars: How Rising Inequality Distorts the Global Economy and Threatens International Peace*. New Haven, CT: Yale University Press. https://www.jstor.org/stable/j.ctv10sm96m.

Knight, M., and F. Scacciavillani. 1998. "Current Accounts: What Is Their Relevance for Economic Policymaking?" Working Paper, International Monetary Fund. https://www.imf.org/external/pubs/ft/wp/wp9871.pdf.

Lincicome, S., and A. Anand. 2023. "The 'China Shock' Demystified: Its Origins, Effects, and Lessons for Today." CATO Institute, Defending Globalization: Economics. https://www.cato.org/publications/china-shock.

Lipsey, R. 2000. "Foreign Direct Investment and the Operations of Multinational Firms." National Bureau of Economic Research, Reporter. https://www.nber.org/reporter/winter-2000/1/foreign-direct-investment-and-operations-multinational-firms.

Loungani, P., and A. Razin. 2001. "How Beneficial Is Foreign Direct Investment for Developing Countries?" *Finance and Development* 38, no.2. https://www.imf.org/external/pubs/ft/fandd/2001/06/loungani.htm.

McBride, J., and A. Chatzky. 2019. "The U.S. Trade Deficit: How Much Does It Matter?" Council on Foreign Relations. https://www.cfr.org/backgrounder/us-trade-deficit-how-much-does-it-matter.

Mehdi, A., and T. Moorenhout. 2023. "The IRA and the U.S. Battery Supply Chain: One Year On." Center on Global Energy Policy at Columbia University School of International and Public Affairs. https://www.energypolicy.columbia.edu/publi-cations/the-ira-and-the-us-battery-supply-chain-one-year-on/.

Melitz, M., and D. Trefler. 2012. "Gains from Trade When Firms Matter." *Journal of Economic Perspectives* 26, no.2: 91–118. http://dx.doi.org/10.1257/jep.26.2.91.

Miroudot, S. 2022. "Resilience in Services Value Chains." Council on Economic Policies Blog. https://www.cepweb.org/resilience-in-services-value-chains/.

Nathan, A., G. Galbraith, and J. Grimberg. 2022. "(De)Globalization Ahead?" Goldman Sachs Global Macro Research Newsletter. https://www.goldmansachs.com/intelligence/pages/top-of-mind/de-globalization-ahead/report.pdf.

Obstfeld, M., and K. Rogoff. 1996. *Foundations of International Macroeconomics*. Cambridge, MA: MIT Press. https://mitpress.mit.edu/9780262150477/foundations-of-international-macroeconomics/.

OECD (Organization for Economic Cooperation and Development). 2018. "Multinational Enterprises and Global Value Chains." https://www.oecd-ilibrary.org/industry-and-services/multinational-enterprises-and-global-value-chains_194ddb63-en;jsessionid=YO7EGol9Lb2iPwdAAYF_-ZXVzkslnGe1ksbgX1AF.ip-10-240-5-163.

———. 2021. "Guide to OECD's Trade in Value Added Indicators." https://www.oecd-ilibrary.org/docserver/58aa22b1-en.pdf?expires=1707515380&id=id&accname=ocid49017102b&checksum=FA3625888B88ACB19AB5EBDB5E292537.

———. 2022. "International Trade During the COVID-19 Pandemic: Big Shifts and Uncertainty." https://www.oecd.org/coronavirus/policy-responses/international-trade-during-the-covid-19-pandemic-big-shifts-and-uncer-tainty-d1131663/.

———. 2023a. "Foreign Direct Investment Statistics: Data, Analysis and Forecasts." https://www.oecd.org/investment/statistics.htm.

———. 2023b. "FDI in Figures." https://www.oecd.org/daf/inv/FDI-in-Figures-October-2023.pdf.

———. 2023c. "Trade in Value Added." https://www.oecd.org/sti/ind/measuring-trade-in-value-added.htm.

———. 2024. "Foreign Direct Investment (FDI)." https://www.oecd-ilibrary.org/finance-and-investment/foreign-direct-investment-fdi/indicator-group/english_9a523b18-en.

Parilla, J., and M. Muro. 2017. "U.S. Metros Most Exposed to a Trump Trade Shock." Brookings Institution. https://www.brookings.edu/articles/u-s-metros-most-dependent-on-trade/.

Peterson, K. 2011. "Boeing Says Learned from Outsourcing Issues with 787." Reuters, January 20. https://www.reuters.com/article/boeing-idUSN1916381720110120/.

Pettis, M. 2017. "Why a Savings Glut Does Not Increase Savings." Carnegie Endowment for International Peace. https://carnegieendowment.org/chinafinancialmarkets/69838.

Pierce, J., P. Schott, and C. Tello-Trillo. 2023. *Trade Liberalization and Labor-Market Gains: Evidence from U.S. Matched Employer-Employee Data*. Working Paper CES-22-42. Suitland, MD: Center for Economic Studies. https://sompks4.github.io/public/newlehd_114.pdf.

Qiang, C., Y. Liu, and V. Steenbergen. 2021. "Multinational Corporations Shape Global Value Chain Development." In *An Investment Perspective on Global Value Chains*, ed. C. Qiang, Y. Liu, and V. Steenbergen, 62–107. Washington: World Bank. https://elibrary.worldbank.org/doi/abs/10.1596/978-1-4648-1683-3_ch2.

Qiu, H., H. Shin, and L. Zhang. 2023. "Mapping the Realignment of Global Value Chains." Working Paper, Bank for International Settlements. https://www.bis.org/publ/bisbull78.pdf.

Ramondo, N., V. Rappoport, and K. Ruhl. 2016. "Intrafirm Trade and Vertical Fragmenta-tion in U.S. Multinational Corporations." *Journal of International Economics* 98: 51–59. https://doi.org/10.1016/j.jinteco.2015.08.002.

Ricardo, D. 1817. *On the Principles of Political Economy, and Taxation*. Cambridge: Cambridge University Press. https://www.cambridge.org/core/books/on-the-principles-of-political-economy-and-taxation/5C17BF2152379956950601EFE0 5AE14F.

Rodrik, D. 2011. *The Globalization Paradox: Democracy and the Future of the World Economy*. New York: W. W. Norton. https://drodrik.scholar.harvard.edu/publica-tions/globalization-paradox-democracy-and-future-world-economy.

Romei, V. 2023. "Global Trade Falls at Fastest Pace Since Pandemic." *Financial Times*. https://www.ft.com/content/36982601-b799-4166-9e6b-39533efbdfdf?emailId=7ca6f95a-051d-4797-bfd5-6a835f9a1c1d&segmentId=2785c52b-1c00-edaa-29be-7452cf-90b5a2.

Russ, K., J. Shambaugh, and J. Furman. 2017. "U.S. Tariffs Are an Arbitrary and Regres-sive Tax." Centre for Economic Policy Research,

VoxEU Column. https://cepr. org/voxeu/columns/us-tariffs-are-arbitrary-and-regressive-tax.
Santacreu, A., and J. LaBelle. 2022. "Global Supply Chain Disruptions and Inflation during the COVID-19 Pandemic." *Federal Reserve Bank of Saint Louis Review* 104, no.2: 78–91. https://doi. org/10.20955/r.104.78-91.
Sari, D., D. Raess, and D. Kucera. 2016. "Do PTAs Including Labor Provisions Reduce Collective Labor Rights Violations? The Role of Labor Cooperation Provi-sions." Working paper, Swiss Network for International Studies. https://www. peio.me/wp-content/uploads/2016/12/PEIO10_paper_63.pdf.
Shenhar, A., V. Holzmann, B. Melamed, and Y. Zhao. 2016. "The Challenge of Innova-tion in Highly Complex Projects: What Can We Learn from Boeing's Dreamliner Experience?" *Project Management Journal* 47: 62–78. https://jour-nals.sagepub.com/doi/10.1002/pmj.21579.
Shih, W. 2020. "Global Supply Chains in a Post-Pandemic World." *Harvard Business Review.* https://hbr.org/2020/09/global-supply-chains-in-a-post-pandemic-world.
Tabova, A. 2020. "What Happened to Foreign Direct Investment in the United States?" Federal Reserve Board, FEDS Notes. https://www.federalreserve.gov/econres/notes/feds-notes/what-happened-to-foreign-direct-investment-in-the-united-states-20200213.html.
Timmer, M., B. Los, R. Stehrer, and G. de Vries. 2016. *An Anatomy of the Global Trade Slowdown Based on the WIOD 2016 Release.* GGDC Research Memorandum GD-162. Groningen, Netherlands: Groningen Growth and Development Center. https://ideas.repec.org/p/gro/rugggd/gd-162.html.
Tracy, B. 2022. "Critical Minerals in Electric Vehicle Batteries." Congressional Research Service. https://crsreports.congress.gov/product/pdf/R/R47227.
UNCTAD (United Nations Conference on Trade and Development). 2023. "World Invest-ment Report 2023." https://unctad.org/system/files/official-document/wir2023_en.pdf.
U.S. Census Bureau. 2012. "Trade Term: End-Use." https://www.census.gov/newsroom/blogs/global-reach/2012/03/end-use-trade-term-of-the-month-2.html.
——. 2022. "U.S. Goods Trade: Imports and Exports by Related-Parties, 2022." https://www.census.gov/foreign-trade/Press-Release/related_party/rp22.pdf.
——. 2023. "Monthly U.S. International Trade in Goods and Services, December 2023." https://www.census.gov/foreign-trade/current/index.html.
U.S. Department of Commerce. 2022. "Ministerial Statement for Pillar III of the Indo-Pacific Economic Framework for Prosperity." https://www.commerce.gov/sites/default/files/2022-09/Pillar-III-Ministerial-Statement.pdf.
——. 2023a. "Fact Sheet: Substantial Conclusion of Negotiations on Groundbreaking IPEF Clean Economy Agreement." https://www.commerce.gov/sites/default/files/2023-11/US-Factsheet-SF-Pillar-III.pdf.
——. 2023b. "Fact Sheet: Substantial Conclusion of Negotiations of an Innovative IPEF Fair Economy Agreement." https://www.commerce.gov/sites/default/files/2023-11/US-Factsheet-SF-Pillar-IV.pdf.
——. 2023c. "U.S.-EU Joint Statement of the Trade and Technology Council." https://www.commerce.gov/news/press-releases/2023/05/us-eu-joint-statement-trade-and-technology-council.
U.S. Department of Energy. 2023. "Department of Energy Celebrates Two Years of Presi-dent Biden's Historic Investment in America's Clean Energy Future." https://www.energy.gov/articles/department-energy-celebrates-two-years-president-bidens-historic-investment-americas-clean.
U.S. Department of Labor. 2023. "USMCA Cases." https://www.dol.gov/agencies/ilab/our-work/trade/labor-rights-usmca-cases.
U.S. Department of State. No date. "Minerals Security Partnership." https://www.state. gov/minerals-security-partnership/.
U.S. Department of the Treasury. 2023. "Economy Statement by Eric Van Nostrand, Acting Assistant Secretary for Economic Policy, for the Treasury Borrowing Advisory Committee July 31, 2023." https://home.treasury.gov/news/press-releases/jy1661.
U.S. Small Business Administration. 2023a. "Report with Eight Deliverables for Project to Support Small Business Administration (SBA) to Identify the Total Address-able Market of Small Business Exporters." https://www.sba.gov/sites/default/files/2023-02/SBA%20Total%20Addressable%20Market%20Study%20 FINAL-508%20%281%29.pdf.
——. 2023b. "SBA Research Sheds Light on Small Business Exporters." https://www. sba.gov/article/2023/mar/14/sba-research-sheds-new-light-small-business-exporters.
USTR (Office of the U.S. Trade Representative). 2021. "U.S.-EU Trade and Technology Council Inaugural Joint Statement." https://ustr.gov/about-us/policy-offices/press-office/press-releases/2021/september/us-eu-trade-and-technology-council-inaugural-joint-statement.
——. 2022a. "Countries & Regions." https://ustr.gov/countries-regions.
——. 2022b. "Fact Sheet: 2021 President's Trade Agenda and 2020 Annual Report." https://ustr.gov/sites/default/files/files/reports/2021/2021%20Trade%20 Agenda/2021%20Trade%20Report%20Fact%20Sheet.pdf.
——. 2022c. "United States and Kenya Announce the Launch of the U.S.-Kenya Stra-tegic Trade and Investment Partnership." https://ustr.gov/about-us/policy-offices/press-office/press-releases/2022/july/united-states-and-kenya-announce-launch-us-kenya-strategic-trade-and-invest-ment-partnership.
——. 2022d. "2022 Biennial Report on the Implementation of the African Growth and Opportunity Act." https://ustr.gov/sites/default/files/files/reports/2022/2022AG OAImplementationReport.pdf.
——. 2023a. "Chapter 31, Annex A: Facility-Specific Rapid-Response Labor Mecha-nism." https://ustr.gov/issue-areas/enforcement/dispute-settlement-proceedings/fta-dispute-settlement/usmca/chapter-31-annex-facility-specific-rapid-response-labor-mechanism.
——. 2023b. "2023 Trade Policy Agenda and 2022 Annual Report of the President of the United States on the Trade Agreements Program." https://ustr.gov/sites/default/files/2023-02/2023%20Trade%20Policy%20Agenda%20and%20 2022%20Annual%20 Report%20FINAL%20(1).pdf.
——. 2023c. "Agreement Between the American Institute in Taiwan and the Taipei Economic and Cultural Representative Office in the United States Regarding Trade Between the United States of America and Taiwan." https://ustr.gov/sites/default/files/2023-05/AIT-TECRO%20Trade%20Agreement%20May%20 2023. pdf.
——. 2023d. "United States and Taiwan Hold Second Negotiating Round for the U.S.- Taiwan Initiative on 21st-Century Trade." https://ustr.gov/about-us/policy-offices/press-office/press-releases/2023/august/united-states-and-taiwan-hold-second-negotiating-round-us-taiwan-initiative-21st-century-trade-1.
——. 2023e. "U.S.-Kenya Strategic Trade and Investment Partnership Summary of Texts Proposed by the U.S. Side." https://ustr.gov/sites/default/files/2023-05/U.S.-Kenya%20STIP%20Chapter%20 Summaries%20May%202023.pdf.
——. 2023f. "United States and Japan Sign Critical Minerals Agreement." https://ustr. gov/about-us/policy-offices/press-office/press-releases/2023/march/united-states-and-japan-sign-criti-cal-minerals-agreement.
——. No date–a. "Indo-Pacific Economic Framework for Prosperity." https://ustr.gov/ipef.
——. No date–b. "Ministerial Text for Trade Pillar of the Indo-Pacific Economic Framework for Prosperity." https://ustr.gov/sites/

default/files/2022-09/IPEF%20 Pillar%201%20Ministerial%20 Text%20(Trade%20Pillar)_FOR%20 PUBLIC%20RELEASE%20(1). pdf.

———. No date-c. "African Growth and Opportunity Act (AGOA)." https://ustr.gov/issue-areas/trade-development/preference-programs/african-growth-and-opportunity-act-agoa.

Van Nostrand, E., and M. Ashenfarb. 2023. "The Inflation Reduction Act: A Place-Based Analysis." https://home.treasury.gov/news/featured-stories/the-inflation-reduction-act-a-place-based-analysis.

Wang, Z., S. Wei, X. Yu, and K. Zhu. 2018. *Re-examining the Effects of Trading with China on Local Labor Markets: A Supply Chain Perspective*. NBER Working Paper 24886. Cambridge, MA: National Bureau of Economic Research. https://doi.org/10.3386/w24886.

White House. 2021a. "U.S.-EU Trade and Technology Council Inaugural Joint State-ment." https://www.whitehouse.gov/briefing-room/statements-releases/2021/09/29/u-s-eu-trade-and-technology-council-inaugural-joint-statement/.

———. 2021b. "Building Resilient Supply Chains, Revitalizing American Manufac-turing, and Fostering Broad-Based Growth." https://www.whitehouse.gov/wp-content/uploads/2021/06/100-day-supply-chain-review-report.pdf.

———. 2023a. "Australia–United States Climate, Critical Minerals and Clean Energy Transformation Compact." https://www.whitehouse.gov/briefing-room/state-ments-releases/2023/05/20/australia-united-states-climate-critical-minerals-and-clean-energy-transforma-tion-compact/.

———. 2023b. "Fact Sheet: President Joseph R. Biden and General Secretary Nguyen Phu Trong Announce the U.S.-Vietnam Comprehensive Strategic Partnership." https://www.whitehouse.gov/briefing-room/statements-releases/2023/09/10/fact-sheet-president-joseph-r-biden-and-general-secretary-nguyen-phu-trong-announce-the-u-s-vietnam-comprehensive-strategic-partnership/.

World Bank. 2020. *World Development Report 2020: Trading for Development in the Age of Global Value Chains*. Washington: World Bank. https://doi.org/10.1596/978-1-4648-1457-0.

WTO (World Trade Organization). 2021. "Global Value Chain Development Report 2021." https://www.wto.org/english/res_e/booksp_e/00_gvc_dev_ report_2021_e.pdf.

———. 2022. "Trade in Value Added and Global Value Chains: Country Profiles Explan-atory Notes." https://www.wto.org/english/res_e/statis_e/miwi_e/Explanatory_Notes_e.pdf.

———. 2023a. "World Trade Report." https://www.wto.org/english/res_e/booksp_e/wtr23_e/wtr23_e.pdf.

———. 2023b. "Evolution of Trade Under the WTO: Handy Statistics." https://www.wto. org/english/res_e/statis_e/trade_evolution_e/evolution_trade_wto_e.htm.

Yang, L., Y. Zhu, and F. Ren. 2023. "Does Government Investment Push up Manufac-turing Labor Costs? Evidence from China." *Humanities and Social Sciences Communications* 10, no.1. https://doi.org/10.1057/s41599-023-02180-1.

Zumbrun, J. 2023. "Is Globalization in Decline? A New Number Contradicts the Consensus." Wall Street Journal, November 3. https://www.wsj.com/economy/global/is-globalization-in-decline-a-new-number-contradicts-the-consensus-60df8ecf?mod=djemRTE_h.

第6章

Acemoglu, D. 2002. "Directed Technical Change." *Review of Economic Studies* 69, no.4: 781–809. https://doi.org/10.1111/1467-937X.00226.

Acemoglu, D., P, Aghion, L. Bursztyn, and D. Hemous. 2012. "The Environment and Directed Technical Change." *American Economic Review* 102, no.1: 131–66. https://doi.org/10.1257/aer.102.1.131.

Acemoglu, D., U. Akcigit, D. Hanley, and W. Kerr. 2016. "Transition to Clean Tech-nology." *Journal of Political Economy* 124, no.1: 52–104. https://doi.org/10.1086/684511.

Acemoglu, D., and D. Autor. 2011. "Chapter 12: Skills, Tasks and Technologies—Impli-cations for Employment and Earnings." In *Handbook of Labor Economics*, 4B, ed. O. Ashenfelter and D. Card. Amsterdam: Elsevier Science. https://www. sciencedirect.com/science/article/abs/pii/S0169721811024105.

Amsden, A. 1992. *Asia's Next Giant: South Korea and Late Industrialization*. Oxford: Oxford University Press. https://doi.org/10.1093/0195076036.001.0001.

Arkolakis, C, and C. Walsh. 2023. *Clean Growth*. NBER Working Paper 31615. Cambridge, MA: National Bureau for Economic Research. https://doi.org/10.3386/w31615.

Armitage, S., N. Bakhtian, and A. Jaffe. 2023. *Innovation Market Failures and the Design of New Climate Policy Instruments*. NBER Working Paper 31622. Cambridge, MA: National Bureau for Economic Research. https://doi.org/10.3386/w31622.

Arrow, K. 1962. "The Economic Implications of Learning by Doing." *Review of Economic Studies* 29, no.3: 155–73. https://doi.org/10.2307/2295952.

Autor, D., D. Dorn, and G. Hanson. 2013. "The China Syndrome: Local Labor Market Effects of Import Competition in the United States." *American Economic Review* 103, no.6: 2121–68. https://doi.org/10.1257/aer.103.6.2121.

Autor, D., F. Levy, and R. Murnane. 2003. "The Skill Content of Recent Technological Change: An Empirical Exploration." *Quarterly Journal of Economics* 118, no.4: 1279–333. https://doi.org/10.1162/003355303322552801.

Bachas, N., O. Kim, and C. Yannelis. 2021. "Loan Guarantees and Credit Supply." *Journal of Financial Economics* 139: 872–94. https://www.sciencedirect.com/science/article/abs/pii/S0304405X20302361.

Baumol, W., and W. Oates. 1988. *The Theory of Environmental Policy*. Cambridge: Cambridge University Press. https://books.google.com/books?hl=en&lr=&id=32-r0N8l9BgC&oi=fnd&pg=PR7&dq=baumol+and+oate s+1988&ots=P3N0jyJZwI&sig=sZmDlJUPsVM-TaFFUm6PqZVRqKHA.

Berkes, E., K. Manysheva, and M. Mestieri. 2022. "Global Innovation Spillovers and Productivity: Evidence from 100 Years of World Patent Data." Working paper, Federal Reserve Bank of Chicago. https://www.chicagofed.org/publications/working-papers/2022/2022-15.

Berndt, E., R. Glennerster, M. Kremer, J. Lee, R. Levine, G. Weizsäcker, and H. Williams. 2006. "Advance Market Commitments for Vaccines against Neglected Diseases: Estimating Costs and Effectiveness." *Health Economics* 16, no.5: 491–511. https://doi.org/10.1002/hec.1176.

Beuse, M., B. Steffen, M. Dirksmeier, and T. Schmidt. 2021. "Comparing CO2 Emissions Impacts of Electricity Storage Across Applications and Energy Systems." *Joule* 5, no.6: 1501–20. https://doi.org/10.1016/j.joule.2021.04.010.

Bloom, N., M. Schankerman, and J. Van Reenen. 2013. "Identifying Technology Spill-overs and Product Market Rivalry." *Econometrica* 81, no.4: 1347–93. https://doi.org/10.3982/ECTA9466.

Boushey, H. 2023. "The Economics of Public Investment Crowding in Private Invest-ment." White House Blog. https://www.whitehouse.gov/briefing-room/blog/2023/08/16/the-economics-of-public-investment-crowding-in-private-investment/

Boyd, M. 2023. "The Potential of Agrivoltaics for the U.S. Solar Industry, Farmers, and Communities." U.S. Department of Energy Solar Energy Technologies Office Blog. https://www.energy.gov/eere/solar/articles/potential-agrivoltaics-us-solar-industry-farmers-and-communities.

Brooks, L., and Z. Liscow. 2023. "Infrastructure Costs." *American Economic Journal: Applied Economics* 15, no.2: 1–30. https://doi.org/10.1257/app.20200398.

Burke, M., S. Hsiang, and E. Miguel. 2015. "Global Non-Linear Effect of Temperature on Economic Production." *Nature* 527, no.7577: 235–39. https://doi.org/10.1038/nature15725.

Burlig, F., J. Bushnell, D. Rapson, and C. Wolfram. 2021. "Low Energy: Estimating Elec-tric Vehicle Electricity Use." *AEA Papers and Proceedings* 111: 430–35. https://doi.org/10.1257/pandp.20211088.

Bryce, R. 2023. "Renewable Rejection Database." https://robertbryce.com/renewable-rejection-database/.

California Legislature. 2023. "An Act Making Appropriations for the Support of the Government of the State of California and for Several Public Purposes in Accordance with the Provisions of Section 12 of Article IV of the Constitution of the State of California, Relating to the State Budget, to Take Effect Immedi-ately, Budget Bill, Senate Bill No.101, 2023." https://leginfo.legislature.ca.gov/faces/billTextClient.xhtml?bill_id=202320240SB101.

Carleton, T., A. Jina, M. Delgado, M. Greenstone, T. Houser, S. Hsiang, A. Hultgren, R. Kopp, K. McCusker, I. Nath, J. Rising, A. Rode, H. Kwon Seo, A. Viaene, J. Yuan, and A. Zhang. 2022. "Valuing the Global Mortality Consequences of Climate Change Accounting for Adaptation Costs and Benefits." *Quarterly Journal of Economics* 137, no.4: 2037–105. https://doi.org/10.1093/qje/qjac020.

Casey, G., W. Jeon, and C. Traeger. 2023. *The Macroeconomics of Clean Energy Subsi-dies*. CESifo Working Paper 10828. https://www.cesifo.org/en/publications/2023/working-paper/macroeconomics-clean-energy-subsidies.

CEA (Council of Economic Advisers). 2021. "Innovation, Investment, and Inclusion: Accelerating the Energy Transition and Creating Good Jobs." https://www.whitehouse.gov/wp-content/uploads/2021/04/Innovation-Investment-and-Inclu-sion-CEA-April-23-2021-1.pdf.

. 2023a. "Chapter 9: Opportunities for Better Managing Weather Risk in the Changing Climate." In *Economic Report of the President*. Washington: U.S. Government Publishing Office. https://www.whitehouse.gov/wp-content/uploads/2023/03/erp-2023.pdf.

——. 2023b. "The Economics of Demand-Side Support for the Department of Ener-gy's Clean Hydrogen Hubs." https://www.whitehouse.gov/cea/written-materials/2023/07/05/the-economics-of-demand-side-support-for-the-department-of-energys-clean-hydrogen-hubs/.

Chang, R. 2023. "Renewable Energy Is the Key to Building a More Resilient and Reli-able Electricity Grid." Center for American Progress. https://www.americanprogress.org/article/renewable-energy-is-the-key-to-building-a-more-resilient-and-reliable-electricity-grid/.

Choi, J., and A. Levchenko. 2021. *The Long-Term Effects of Industrial Policy*. NBER Working Paper 29263. Cambridge, MA: National Bureau of Economic Research. https://doi.org/10.3386/w29263.

Cole, C., M. Droste, C. Knittel, S. Li, and J. Stock. 2023. "Policies for Electrifying the Light-Duty Vehicle Fleet in the United States." *AEA Papers and Proceedings* 113: 316–22. https://doi.org/10.1257/pandp.20231063.

Colmer, J., E. Lyubich, and J. Voorheis. 2023. "Nice Work If You Can Get It? The Distri-bution of Employment and Earnings During the Early Years of the Clean Energy Transition." https://api.semanticscholar.org/CorpusID:266525460

Cotterman, T., E. Fuchs, and K. Whitefoot. 2022. "The Transition to Electrified Vehicles: Evaluating the Labor Demand of Manufacturing Conventional versus Battery Electric Vehicle Powertrains." Working paper, Carnegie Mellon University. https://dx.doi.org/10.2139/ssrn.4128130.

Cox, S., L. Beshilas, and E. Hotchkiss. 2019. "Renewable Energy to Support Energy Security." National Renewable Energy Lab. https://www.nrel.gov/docs/fy20osti/74617.pdf.

CRFB (Committee for a Responsible Federal Budget). 2013. "The Tax Break-Down: Intangible Drilling Costs" https://www.crfb.org/blogs/tax-break-down-intangible-drilling-costs.

CRS (Congressional Research Service). 2012. "Loan Guarantees for Clean Energy Tech-nologies: Goals, Concerns, and Policy Options." https://crsreports.congress.gov/product/pdf/R/R42152.

——. 2018. "Renewable Energy R&D Funding History: A Comparison with Funding for Nuclear Energy, Fossil Energy, Energy Efficiency, and Electric Systems R&D." https://crsreports.congress.gov/product/pdf/RS/RS22858/17.

——. 2020. "The Renewable Electricity Production Tax Credit: In Brief." https://sgp.fas.org/crs/misc/R43453.pdf.

. 2021. "Oil and Gas Tax Preferences: In Brief." https://crsreports.congress.gov/product/pdf/IF/IF11528.

CTVC. 2023. "Insights: CTVC by Sightline Climate." https://www.ctvc.co/tag/insights/.

Curtis, E., L. O'Kane, and R. Park. 2023. *Workers and the Green-Energy Transition: Evidence from 300 Million Job Transitions*. NBER Working Paper 31539. Cambridge, MA: National Bureau of Economic Research. https://doi.org/10.3386/w31539.

Davis, L. 2023. "Electric Vehicles in Multi-Vehicle Households." *Applied Economics Letters* 30, no.14: 1909–12. https://doi.org/10.1080/13504851.2022.2083563.

Denholm, P., M. Hand, M. Jackson, and S. Ong. 2009. "Land Use Requirements of Modern Wind Power Plants in the United States." National Renewable Energy Lab, Technical Report TP-6A2-45834. https://www.nrel.gov/docs/fy09osti/45834.pdf.

Devine, W. 1982. *An Historical Perspective on the Value of Electricity in American Manufacturing*. Technical Report ORAU/IEA-82-8(M). Oak Ridge: Institute for Energy Analysis, Oak Ridge Associated Universities. https://doi.org/10.2172/6774921.

Dimanchev, E., S. Fleten, D. MacKenzie, and M. Korpås. 2023. "Accelerating Electric Vehicle Charging Investments: A Real Options Approach to Policy Design." *Energy Policy* 181. https://doi.org/10.1016/j.enpol.2023.113703.

DOE (U.S. Department of Energy). 2022a. "Wind Energy: Supply Chain Deep Dive Assessment." https://www.energy.gov/sites/default/files/2022-02/Wind%20Supply%20Chain%20Report%20-%20Final%202.25.22.pdf.

——. 2022b. "DOE Optimizes Structure to Implement $62 Billion in Clean Energy Investments from Bipartisan Infrastructure Law." https://www.energy.gov/arti-cles/doe-optimizes-structure-implement-62-billion-clean-energy-investments-bipar-tisan.

——. 2023a. "United States Energy and Employment Report 2023." https://www.energy.gov/sites/default/files/2023-06/2023%20USEER%20REPORT-v2.pdf.

——. 2023b. "Biden-Harris Administration Announces $15.5 Billion to Support a Strong and Just Transition to Electric Vehicles, Retooling Existing Plants, and Rehiring Existing Workers." Press release.

——. 2023c. "Pathways to Commercial Liftoff: Clean Hydrogen." https://liftoff.energy.gov/.

——. 2023d. "National Transmission Needs Study."

——. 2023e. "Building a Bridge to Bankability." https://www.energy.gov/sites/default/files/2023-05/DOE-LPO22-PPTv03_LPO-Overview_May2023.pdf.

Duranton, G., and D. Puga. 2004. "Chapter 48: Micro-Foundations of Urban Agglomera-tion Economies." In *Handbook of Regional and Urban Economics*, no.4: 2063–2117. https://doi.org/10.1016/s1574-0080(04)80005-1.

EIA (U.S. Energy Information Administration). 2012. "Today in Energy." https://www.eia.gov/todayinenergy/detail.php?id=7590.

——. 2023a. "Electricity Monthly Update: December 2022." https://www.eia.gov/elec-tricity/monthly/update/archive/february2023/.

——. 2023b. "Energy and the Environment Explained Where Greenhouse Gases Come From." https://www.eia.gov/energyexplained/energy-and-the-environment/where-greenhouse-gases-come-from.php.

———. 2024a. "Solar and Wind to Lead Growth of U.S. Power Generation for the Next Two Years." https://www.eia.gov/todayinenergy/detail.php?id=61242.

———. 2024b. "U.S. Battery Storage Capacity Expected to Nearly Double in 2024." https://www.eia.gov/todayinenergy/detail.php?id=61202.

Erickson, P., and P. Achakulwisut. 2021. "How Subsidies Aided the U.S. Shale Oil and Gas Boom." Stockholm Environmental Institute. https://www.sei.org/publica-tions/subsidies-shale-oil-and-gas/.

Erickson, P., A. Down, M. Lazarus, and D. Koplow. 2017. "Effect of Subsidies to Fossil Fuel Companies on United States Crude Oil Production." *Nature Energy* 2, no.11: 891–98.

Esposito, D. 2021. "Meta-Analysis of Clean Energy Policy Models." Energy Innovation Policy & Technology LLC. https://energyinnovation.org/wp-content/uploads/2021/09/Studies-Agree-80-Percent-Clean-Electricity-by-2030-Would-Save-Lives-and-Create-Jobs-at-Minimal-Cost.pdf.

European Environment Agency. 2023. "Total Net Greenhouse Gas Emission Trends and Projections in Europe." https://www.eea.europa.eu/en/analysis/indicators/total-greenhouse-gas-emission-trends?activeAccordion=546a7c35-9188-4d23-94ee-005d97c26f2b.

Fontana, S., and R. Nanda. 2023. "Innovating to Net Zero: Can Venture Capital and Start-Ups Play a Meaningful Role?" In *Entrepreneurship and Innovation Policy and the Economy, Volume 2*, ed. B. Jones, and J. Lerner. Chicago: University of Chicago Press. https://doi.org/10.1086/723236.

Friedlingstein, P., M. O'Sullivan, M. Jones, R. Andrew, J. Hauck, A. Olsen, G. Peters, et al. 2020. "Global Carbon Budget 2020." *Earth System Science Data* 12, no.4: 3269–340. https://doi.org/10.5194/essd-12-3269-2020.

Friedlingstein, P., M. O'Sullivan, M. Jones, R. Andrew, D. Bakker, J. Hauck, P. Land-schützer, et al. 2023. "Global Carbon Budget 2023." *Earth System Science Data* 15: 5301–69. https://doi.org/10.5194/essd-15-5301-2023.

Gallagher, K., and L. Anadon. 2022. "Database on U.S. Department of Energy (DOE) Budgets for Energy Research, Development, & Demonstration (1978-2023R)." Harvard Kennedy School. https://www.belfercenter.org/publication/database-us-department-energy-doe-budgets-energy-research-development-demonstration-1.

Ghosh, S., and R. Nanda. 2010. *Venture Capital Investment in the Clean Energy Sector*. Working Paper 11-020, Harvard Business School. https://www.hbs.edu/ris/Publication%20Files/11-020_0a1b5d16-c966-4403-888f-96d03bbab461.pdf.

Glennerster, R., and M. Kremer. 2000. "A Better Way to Spur Medical Research and Development." *Regulation* 23: 34. https://papers.ssrn.com/sol3/papers.cfm?abstract_id=235870.

Global Trade Funding. No date. "Offtake Agreements, Project Finance Document Critical for Loan Approval." https://globaltradefunding.com/project-finance/project-finance-documents/offtake-agreements/.

Golding, G., and L. Kilian. 2022. "Don't Look to Oil Companies to Lower High Retail Gasoline Prices." Federal Reserve Bank of Dallas. https://www.dallasfed.org/research/economics/2022/0510.

Greenspon, J., and D. Raimi. 2022. *Matching Geographies and Job Skills in the Energy Transition*. RFF WP 22-25. Washington: Resources for the Future. https://media.rff.org/documents/WP_22-25_PnkcURf.pdf.

Gropman, A. 1996. "Mobilizing U.S. Industry in World War II: Myth and Reality." Insti-tute for National Strategic Studies. https://apps.dtic.mil/sti/tr/pdf/ADA316780.pdf.

Gross, D., and B. Sampat. 2023a. "America, Jump-Started: World War II R&D and the Takeoff of the US Innovation System." *American Economic Review* 113, no.12: 3323–56. https://doi.org/10.1257/aer.20221365.

———.2023b. "The World War II Crisis Innovation Model: What Was It, and Where Does It Apply？" *Research Policy* 52, no.9: 104845. https://doi.org/10.1016/j.respol.2023.104845.

Gross, S. 2020. "Renewables, Land Use, and Local Opposition in the United States." Brookings Institution. https://www.brookings.edu/articles/renewables-land-use-and-local-opposition-in-the-united-states/.

Guarnieri, M. 2012. "Looking Back to Electric Cars." https://ieeexplore.ieee.org/xpl/conhome/6480931/proceeding.

Hanson, G. 2023. "Local Labor Market Impacts of the Energy Transition: Prospects and Policies." In *Economic Policy in a More Uncertain World*, 155–99. Wash-ington: Aspen Economic Strategy Group. https://www.economicstrategygroup.org/wp-content/uploads/2022/12/Hanson-chapter.pdf.

Hart, D. 2020. "The Impact of China's Production Surge on Innovation in the Global Solar Photovoltaics Industry." Information Technology & Innovation Founda-tion. https://itif.org/publications/2020/10/05/impact-chinas-production-surge-innovation-global-solar-photovoltaics/.

Hassler, J., P. Krusell, C. Olovsson, and M. Reiter. 2020. "On the Effectiveness of Climate Policies." Working paper, Institute for International Economic Studies at Stockholm University.

Heintz, J. 2010. "The Impact of Public Capital on the US Private Economy: New Evidence and Analysis." *International Review of Applied Economics* 24, no.5: 619–32. https://doi.org/10.1080/02692170903426104.

Herrendorf, B., R. Rogerson, and A. Valentinyi. 2014. "Chapter 6: Growth and Structural Transformation." In *Handbook of Economic Growth*, ed. P. Aghion and S. Durlauf, 855–941. Amsterdam: Elsevier Science. https://www.sciencedirect.com/science/article/abs/pii/B9780444535405000069.

Hittinger, E., and I. Azevedo. 2015. "Bulk Energy Storage Increases United States Elec-tricity System Emissions." *Environmental Science & Technology* 49, no.5: 3203–10. https://doi.org/10.1021/es505027p.

Hottenrott, H., E. Lins, and E. Lutz. 2018. "Public Subsidies and New Ventures' Use of Bank Loans." *Economics of Innovation and New Technology* 27, no.8: 786–808. https://doi.org/10.1080/10438599.2017.1408200.

Howell, S. 2017. "Financing Innovation: Evidence from R&D Grants." *American Economic Review* 107, no.4: 1136–64. https://doi.org/10.1257/aer.20150808.

Hsiang, S., M. Burke, and E. Miguel. 2013. "Quantifying the Influence of Climate on Human Conflict." *Science* 341, no.6151: 1235367. https://doi.org/10.1126/science.1235367.

Hsiang, S., S. Greenhill, J. Martinich, M. Grasso, R. Schuster, L. Barrage, D. Diaz, et al. 2023. "Ch. 19: Economics." In *Fifth National Climate Assessment*, ed. A. Crim-mins, C. Avery, D. Easterling, K. Kunkel, B. Stewart, and T. Maycock. Washington: U.S. Global Change Research Program. https://doi.org/10.7930/NCA5.2023.CH19.

Hyman, B. 2022. "Can Displaced Labor Be Retrained? Evidence from Quasi-Random Assignment to Trade Adjustment Assistance." Working Paper, U.S. Census Bureau, Center for Economic Studies. https://www2.census.gov/ces/wp/2022/CES-WP-22-05.pdf.

IEA (International Energy Agency). 2021a. "Net Zero by 2050: A Roadmap for the Global Energy Sector." https://iea.blob.core.windows.net/assets/deebef5d-0c34-4539-9d0c-10b13d840027/NetZeroby2050-ARoadmapfortheGlobalEnergySector_CORR.pdf.

———.2021b. "The Role of Critical Minerals in Clean Energy Transitions." In *World Energy Outlook*. https://www.iea.org/reports/the-role-of-critical-minerals-in-clean-energy-transitions.

———. 2021c. "The Cost of Capital in Clean Energy Transitions." https://www.iea.org/articles/the-cost-of-capital-in-clean-energy-transitions.

———. 2022. "World Energy Employment." https://iea.blob.core.windows.net/assets/a0432c97-14af-4fc7-b3bf-c409fb7e4ab8/WorldEnergyEmployment.pdf.

———. 2023a. *World Energy Outlook*. Paris: IEA. https://www.iea.org/

reports/world-energy-outlook-2023.

———. 2023b. "A Renewed Pathway to Net Zero Emissions." https://www.iea.org/reports/net-zero-roadmap-a-global-pathway-to-keep-the-15-0c-goal-in-reach/a-renewed-pathway-to-net-zero-emissions.

———. 2023c. "Solar PV: Overview." https://www.iea.org/energy-system/renewables/solar-pv.

———. 2023d. "Energy Technology RD&D Budgets Data Explorer." https://www.iea.org/data-and-statistics/data-tools/energy-technology-rdd-budgets-data-explorer.

Interagency Working Group on Coal and Power Plant Communities and Economic Revi-talization. 2023. "Revitalizing Energy Communities: Two-Year Report to the President." https://energycommunities.gov/wp-content/uploads/2023/04/IWG-Two-Year-Report-to-the-President.pdf.

International Renewable Energy Agency. 2023. "Renewable Power Generation Costs in 2022." Report. https://energycommunities.gov/wp-content/uploads/2023/04/IWG-Two-Year-Report-to-the-President.pdf.

IREC (Interstate Renewable Energy Council). 2022. "National Solar Jobs Census 2021." https://irecusa.org/wp-content/uploads/2022/07/National-Solar-Jobs-Census-2021.pdf.

———. 2023. "Cultivating a Diverse and Skilled Talent Pipeline for the Equitable Tran-sition." https://irecusa.org/wp-content/uploads/2023/02/Alliance-Report-2.23-Interactive-compressed.pdf.

IRENA (International Renewable Energy Agency). 2019. "Utility-Scale Batteries: Innova-tion Landscape Brief." https://www.irena.org/-/media/Files/IRENA/Agency/Publication/2019/Sep/IRENA_Utility-scale-batteries_2019.pdf.

———. 2023. "Renewable Capacity Statistics 2023." https://mc-cd8320d4-36a1-40ac-83cc-3389-cdn-endpoint.azureedge.net/-/media/Files/IRENA/Agency/Publication/2023/Mar/IRENA_RE_Capacity_Statistics_2023.pdf?rev=d294915 1ee6a4625b65c-82881403c2a7.

Jaworski, T. 2017. "World War II and the Industrialization of the American South." Journal of Economic History 77, no.4: 1048–82. https://doi.org/10.1017/S0022050717000791.

Jenkins, J., J. Farbes, R. Jones, N. Patankar, and G. Schivley. 2022. "Electricity Transmis-sion Is Key to Unlock the Full Potential of the Inflation Reduction Act." Rapid Energy Policy Evaluation and Analysis Toolkit Project, PowerPoint presenta-tion. https://repeatproject.org/docs/REPEAT_IRA_Transmission_2022-09-22.pdf.

Johnston, B. 1970. "Agriculture and Structural Transformation in Developing Countries: A Survey of Research." Journal of Economic Literature 8, no.2: 369–404. https://www.jstor.org/stable/2720471.

Juhász, R., N. Lane, and D. Rodrik. 2023. "The New Economics of Industrial Policy." National Bureau of Economic Research. https://drodrik.scholar.harvard.edu/sites/scholar.harvard.edu/files/dani-rodrik/files/the_new_economics_of_ ip_080123.pdf.

Katz, L., J. Roth, R. Hendra, and K. Schaberg. 2022. "Why Do Sectoral Employment Programs Work? Lessons from WorkAdvance." Journal of Labor Economics 40, no.S1: S249–91. https://doi.org/10.1086/717932.

Kotchen, M. 2021. "The Producer Benefits of Implicit Fossil Fuel Subsidies in the United States." Proceedings of the National Academy of Sciences 118, no.14: e20119691 https://www.pnas.org/doi/10.1073/pnas.2011969118.

Kremer, M., J. Levin, and C. Snyder. 2020. "Advance Market Commitments: Insights from Theory and Experience." AEA Papers and Proceedings 110: 269–73. https://pubs.aeaweb.org/doi/pdfplus/10.1257/pandp.20201017.

Kriegler, E., N. Bauer, A. Popp, F. Humpenöder, M. Leimbach, J. Strefler, L. Baumstark, et al. 2017. "Fossil-Fueled Development (SSP5): An Energy and Resource-Intensive Scenario for the 21st Century." Global Environmental Change 42: 297–315. https://doi.org/10.1016/j.gloenvcha.2016.05.015.

Lane, N. 2022. "Manufacturing Revolutions: Industrial Policy and Industrialization in South Korea." University of Oxford, Department of Economics. http://dx.doi.org/10.2139/ssrn.3890311.

Larsen, K., H. Pitt, M. Mobir, S. Movalia, A. Rivera, E. Rutkowski, and T. Houser. 2023. "Global Emerging Climate Technology Diffusion and the Inflation Reduction Act." Rhodium Group. https://rhg.com/research/emerging-climate-technology-ira/.

Lazard. 2023. "Levelized Cost of Energy Analysis +." PowerPoint presentation. https://www.lazard.com/media/2ozoovyg/lazards-lcoeplus-april-2023.pdf.

Lelieveld, J., K. Klingmüller, A. Pozzer, R. Burnett, A. Haines, and V. Ramanathan. 2019. "Effects of Fossil Fuel and Total Anthropogenic Emission Removal on Public Health and Climate." Proceedings of the National Academy of Sciences 116, no.15: 7192–97. https://doi.org/10.1073/pnas.1819989116.

Lerner, J., and R. Nanda. 2020. "Venture Capital's Role in Financing Innovation: What We Know and How Much We Still Need to Learn." Journal of Economic Perspectives 34, no.3: 237–61. https://doi.org/10.1257/jep.34.3.237.

Lewis, J., and R. Wiser. 2007. "Fostering a Renewable Energy Technology Industry: An International Comparison of Wind Industry Policy Support Mechanisms." Energy Policy 35, no.3: 1844–57. https://doi.org/10.1016/j.enpol.2006.06.005.

Lewis, W. 1954. "Economic Development with Unlimited Supplies of Labour." Manchester School 22, no.2: 139–91. https://doi.org/10.1111/j.1467-9957.1954. tb00021.x.

Li, S., L. Tong, J. Xing, and Y. Zhou. 2017. "The Market for Electric Vehicles: Indirect Network Effects and Policy Design." Journal of the Association of Environ-mental and Resource Economists 4, no.1: 89–133. http://dx.doi.org/10.1086/689702.

Lim, J., M. Aklin, and M. Frank. 2023. "Location Is a Major Barrier for Transferring U.S. Fossil Fuel Employment to Green Jobs." Nature Communications 14: 5711. https://doi.org/10.1038/s41467-023-41133-9.

Louie, E., and J. Pearce. 2016. "Retraining Investment for U.S. Transition from Coal to Solar Photovoltaic Employment." Energy Economics 57: 295–302. https://doi.org/10.1016/j.eneco.2016.05.016.

Lucas, R. 1988. "On the Mechanics of Economic Development." Journal of Monetary Economics 22, no.1: 3–42. https://doi.org/10.1016/0304-3932(88)90168-7.

Lucking, B., N. Bloom, and J. Van Reenen. 2020. "Have R&D Spillovers Declined in the 21st Century?" Fiscal Studies 40, no.4: 561–90. https://doi.org/10.1111/1475-5890.12195.

Manpower Group. 2022. "The United States' 2022 Talent Shortage." https://go.manpowergroup.com/hubfs/Talent%20Shortage%202022/MPG_2022_TS_Infographic-US.pdf.

Marvel, K., W. Su, R. Delgado, S. Aarons, A. Chatterjee, M. Garcia, Z. Hausfather, et al. 2023. "Ch. 2: Climate Trends." In Fifth National Climate Assessment, ed. A. Crimmins, C. Avery, D. Easterling, K. Kunkel, B. Stewart, and T. Maycock. Washington: U.S. Global Change Research Program. https://doi.org/10.7930/NCA5.2023.CH2.

McMillan, M., and D. Rodrik. 2011. Globalization, Structural Change and Productivity Growth. NBER Working Paper 17143. Cambridge, MA: National Bureau of Economic Research. https://doi.org/10.3386/w17143.

Meckling, J., N. Kelsey, E. Biber, and J. Zysman. 2015. "Winning Coalitions for Climate Policy." Science 349, no.6253: 1170–71. https://doi.org/10.1126/science. aab1336.

Meckling, J., and J. Nahm. 2021. "Strategic State Capacity: How States Counter Opposi-tion to Climate Policy." Comparative Political Studies 55, no.3: 493–523. https://doi.org/10.1177/00104140211024308.

Mendell, R., M. Einberger, and K. Siegner. 2022. "FERC Could Slash

Inflation and Double Renewables with These Grid Upgrades." Rocky Mountain Institute. https://rmi.org/ferc-could-slash-inflation-and-double-renewables-grid-upgrades/.

Meng, K. 2023. *Estimating Path Dependence in Energy Transitions.* NBER Working Paper 22536. Cambridge, MA: National Bureau of Economic Research. https://doi.org/10.3386/w22536.

Nahm, J. 2021. *Collaborative Advantage: Forging Green Industries in the New Global Economy.* Oxford: Oxford University Press. https://global.oup.com/academic/product/collaborative-advantage-9780197555361.

Nanda, R., and M. Rhodes-Kropf. 2016. "Financing Risk and Innovation." *Management Science* 63, no.4: 901–18. https://doi.org/10.1287/mnsc.2015.2350.

Nanda, R., K. Younge, and L. Fleming. 2015. "Innovation and Entrepreneurship in Renewable Energy." In *The Changing Frontier: Rethinking Science and Inno-vation Policy,* ed. A. Jaffe and B. Jones, 199–232. Chicago: University of Chicago Press. https://www.nber.org/system/files/chapters/c13048/c13048.pdf.

Narich, C., D. Kammen, M. Stark, T. Powers, B. Budiman, J. Szinai, and P. Hidalgo-Gonzalez. 2021. "The Role of Storage in the Path to Net Zero." Accenture and University of California-Berkeley Renewable and Appropriate Energies Lab. https://www.accenture.com/content/dam/accenture/final/a-com-migration/r3-3/pdf/pdf-144/accenture-path-to-net-zero-pov.pdf.

National Academies of Sciences, Engineering, and Medicine. 2021. *Accelerating Decar-bonization of the U.S. Energy System.* Washington: National Academies Press. https://doi.org/10.17226/25932.

National Renewable Energy Lab. 2023. "Annual Technology Baseline: Utility-Scale Battery Storage." https://atb.nrel.gov/electricity/2023/utility-scale_battery_storage.

National Research Council. 2001. *Energy Research at DOE: Was It Worth It? Energy Efficiency and Fossil Energy Research 1978 to 2000.* Washington: National Academies Press. https://doi.org/10.17226/10165.

Nature Conservancy. 2023. "Power of Place National Executive Summary." https://www.nature.org/content/dam/tnc/nature/en/documents/FINAL_TNC_Power_of_Place_National_Executive_Summary_5_2_2023.pdf?itid=lk_inline_enhanced-template.

NCEI (National Centers for Environmental Information). 2024. "Billion-Dollar Weather and Climate Disasters." https://www.ncei.noaa.gov/access/billions/overview/.

Nelson, R., and S. Winter. 1985. *An Evolutionary Theory of Economic Change.* Cambridge, MA: Harvard University Press. https://www.hup.harvard.edu/books/9780674272286.

Nemet, G. 2019. *How Solar Energy Became Cheap: A Model for Low-Carbon Innova-tion.* Oxford: Routledge. https://www.routledge.com/How-Solar-Energy-Became-Cheap-A-Model-for-Low-Carbon-Innovation/Nemet/p/book/9780367136598?utm_source=cjaffiliates&utm_medium=affiliate s&cjevent=ced8fe67678411ee-8168008b0a82b82a.

Nemet, G., and D. Kammen. 2007. "U.S. Energy Research and Development: Declining Investment, Increasing Need, and the Feasibility of Expansion." *Energy Policy* 35, no.1: 746–55. https://doi.org/10.1016/j.enpol.2005.12.012.

Nemet, G., V. Zipperer, and M. Kraus. 2018. "The Valley of Death, the Technology Pork Barrel, and Public Support for Large Demonstration Projects." *Energy Policy* 119: 154–67. https://doi.org/10.1016/j.enpol.2018.04.008.

NOAA (National Oceanic and Atmospheric Administration). 2024. "Billion-Dollar Weather and Climate Disasters." https://www.ncei.noaa.gov/access/billions/overview.

Noailly, J., L. Nowzohour, and M. van den Heuvel. 2022. *Does Environmental Policy Uncertainty Hinder Investments Towards a Low-Carbon Economy?* NBER Working Paper 30361. Cambridge, MA: National Bureau of Economic Research. https://doi.org/10.3386/w30361.

NREL (National Renewable Energy Laboratory). 2023. "Utility-Scale Battery Storage." https://atb.nrel.gov/electricity/2023/utility-scale_battery_storage.

Nurkse, R. 1952. "Some International Aspects of the Problem of Economic Develop-ment." *American Economic Review* 42, no.2: 571–83. https://www.jstor.org/stable/1910629.

NYC Department of Buildings. 2023. "Solar Electric Generating Systems Tax Abatement Program." https://nyc-business.nyc.gov/nyc-business/description/solar-electric-generating-systems-tax-abatement-program.

OEC (Observatory of Economic Complexity). 2021. "South Korea." https://oec.world/en/profile/country/kor.

OCED (Office of Clean Energy Demonstrations). 2023. "OCED Funding Opportunity Announcements." https://oced-exchange.energy.gov/Default. aspx#FoaId3c3d8e7f-1839-45fc-8735-c0caf87408ef.

OECD (Organization for Economic Cooperation and Development). 2023. "Greenhouse Gas Emissions." https://stats.oecd.org/Index.aspx?DataSetCode=air_ghg.

OMB (U.S. Office of Management and Budget). 2023. "Budget Exposure to Increased Costs and Lost Revenue Due to Climate Change: A Preliminary Assessment and Proposed Framework for Future Assessments." White Paper. https://www.whitehouse.gov/wp-content/uploads/2023/03/climate_budget_exposure_fy2024.pdf.

Pasqualetti, M., R. Righter, and P. Gipe. 2004. "History of Wind Energy." In *Encyclo-pedia of Energy,* ed. C. Cleveland, 419–33. Cambridge: Academic Press. https://www.researchgate.net/publication/265594973_History_of_Wind_Energy.

Pimm, A., E. Barbour, T. Cockerill, and J. Palczewski. 2019. "Evaluating the Regional Potential for Emissions Reduction Using Energy Storage." In *Proceedings of 2019 Offshore Energy and Storage Summit,* 1–6. https://ieeexplore.ieee.org/document/8867357.

Pirani, S. 2018. *Burning Up: A Global History of Fossil Fuel Consumption.* London: Pluto Press. https://www.jstor.org/stable/j.ctv4ncp7q.14?typeAccessWorkflow=l ogin&seq=10.

Pollin, R., and B. Callaci. 2016. "The Economics of Just Transition: A Framework for Supporting Fossil-Fuel-Dependent Workers and Communities in the United States." Working paper, *Labor Studies Journal.* https://peri.umass.edu/publica-tion/item/762-the-economics-of-just-transition-a-framework-for-supporting-fossil-fuel-dependent-workers-and-communities-in-the-united-states.

Quinn, R. 2013. "Rethinking Antibiotic Research and Development: World War II and the Penicillin Collaborative." *American Journal of Public Health* 103, no.3: 426–34. https://www.ncbi.nlm.nih.gov/pmc/articles/PMC3673487/.

Raimi, D., E. Grubert, J. Higdon, G. Metcalf, S. Pesek, and D. Singh. 2023. "The Fiscal Implications of the U.S. Transition Away from Fossil Fuels." *Review of Envi-ronmental Economics and Policy* 17, no.2: 295–315. https://doi.org/10.1086/725250.

Ranis, G., and J. Fei. 1961. "A Theory of Economic Development." *American Economic Review* 51, no.4: 533–65. https://www.jstor.org/stable/1812785.

Rao, V. 1952. "Investment, Income and the Multiplier in an Under-Developed Economy." *Indian Economic Review* 1, no.1: 55–67. https://doi.org/10.1177/0019466220080205.

Rapson, D., and E. Muehlegger. 2023. *The Economics of Electric Vehicles.* NBER Working Paper 29093. Cambridge, MA: National Bureau of Economic Research. https://doi.org/10.3386/w29093.

Riofrancos, T., A. Kendall, K. Dayemo, M. Haugen, K. McDonald, B. Hassan, M. Slat-tery, and X. Lillehei. 2023. "Achieving Zero Emissions with More Mobility and Less Mining." Climate and Community Project. https://www.climateandcom-munity.org/more-mobility-less-mining.

RMI. 2022. "FERC Could Slash Inflation and Double Renewables with These Grid Upgrades." https://rmi.org/ferc-could-slash-inflation-and-double-renewables-grid-upgrades/.

Rodrik, D. 2014. "Green Industrial Policy." *Oxford Review of Economic*

Policy 30, no.3: 469–91. https://doi.org/10.1093/oxrep/gru025.

Romer, P. 1990. "Endogenous Technological Change." *Journal of Political Economy* 98, no.5: S71–102. https://www.jstor.org/stable/2937632.

Sandalow, D., M. Meidan, P. Andrews-Speed, A. Hove, S. Qiu, and E. Downie. 2022. "Guide to Chinese Climate Policy 2022." Oxford Institute of Energy Studies, chap. 21: "Clean Energy R&D." https://chineseclimatepolicy.oxfordenergy.org/book-content/domestic-policies/clean-energy-rd/.

Sankaran, V., H. Parmar, and K. Collison. 2021. "Just & Reasonable? Transmission Upgrades Charged to Interconnecting Generators Are Delivering System-Wide Benefits." American Council on Renewable Energy. https://acore.org/wp-content/uploads/2021/10/Just_and_Reasonable.pdf.

Schlenker, W., and M. Roberts. 2009. "Nonlinear Temperature Effects Indicate Severe Damages to U.S. Crop Yields under Climate Change." *Proceedings of the National Academy of Sciences* 106, no.37: 15594–98. https://doi.org/10.1073/pnas.0906865106.

UNFCCC (United Nations Framework Convention on Climate Change). 2023. "2023 Voluntary Supplement to the U.S. Fifth Biennial Report." https://unfccc.int/sites/default/files/resource/US_BR_Voluntary_Suplement_2023.pdf.

——. 2024a. "The Paris Agreement." https://unfccc.int/process-and-meetings/the-paris-agreement.

——. 2024b. "What Is the Kyoto Protocol?" https://unfccc.int/kyoto_protocol.

U.S. Congress. 2004. "H.R.4520: American Jobs Creation Act of 2004." https://www.congress.gov/bill/108th-congress/house-bill/4520.

U.S. Department of the Treasury. 2023. "New U.S. Department of the Treasury Analysis: Inflation Reduction Act Driving Clean Energy Investment to Underserved Communities, Communities at the Forefront of Fossil Fuel Production." https://home.treasury.gov/news/press-releases/jy1931.

Van den Heuvel, M., and D. Popp. 2022. *The Role of Venture Capital and Governments in Clean Energy: Lessons from the First Cleantech Bubble.* NBER Working Paper 29919. Cambridge, MA: National Bureau of Economic Research. https://doi.org/10.3386/w29919.

Van de Ven, D., I. Capellan-Peréz, I. Arto, I. Cazcarro, C. de Castro, P. Patel, and M. Gonzalez-Eguino.2021. "The Potential Land Requirements and Related Land Use Change Emissions of Solar Energy." *Scientific Reports* 11. https://doi.org/10.1038/s41598-021-82042-5.

Vanatta, M., M. Craig, B. Rathod, J. Florez, I. Bromley-Dulfano, and D. Smith. 2022. "The Costs of Replacing Coal Plant Jobs with Local Instead of Distant Wind and Solar Jobs across the United States." *iScience* 25, no.8. https://doi.org/10.1016/j.isci.2022.104817.

Van Zalk, J., and P. Behrens. 2018. "The Spatial Extent of Renewable and Non-Renew-able Power Generation: A Review and Meta-Analysis of Power Densities and Their Application in the U.S." *Energy Policy* 123: 83–91. https://www.science-direct.com/science/article/pii/S0301421518305512.

Victor, D. 2009. "The Politics of Fossil-Fuel Subsidies." Working paper, Global Studies Initiative. https://dx.doi.org/10.2139/ssrn.1520984.

Way, R., M. Ives, P. Mealy, and J. Farmer. 2022. "Empirically Grounded Technology Forecasts and the Energy Transition." *Joule* 6, no.9: 2057–82. https://doi.org/10.1016/j.joule.2022.08.009.

Weber, J. 2020. "How Should We Think about Environmental Policy and Jobs? An Analogy with Trade Policy and an Illustration from U.S. Coal Mining." *Review of Environmental Economics and Policy* 14. no.1. https://doi.org/10.1093/reep/rez016.

White House. 2022. "Federal Budget Exposure to Climate Risk." https://www.white-house.gov/wp-content/uploads/2022/04/ap_21_climate_risk_fy2023.pdf.

Zacarias, M., and J. Nakano.2023. "Exploring the Hydrogen Midstream: Distribution and Delivery." Center for Strategic and International Studies. https://www.csis.org/analysis/exploring-hydrogen-midstream-distribution-and-delivery.

第7章

Abada, I., and X. Lambin. 2023. "Artificial Intelligence: Can Seemingly Collusive Outcomes Be Avoided?" *Management Science* 69, no.9: 5042–65. https://doi.org/10.1287/mnsc.2022.4623.

Abbott, R., and B. Bogenschneider. 2018. "Should Robots Pay Taxes? Tax Policy in the Age of Automation." *Harvard Law & Policy Review* 12. https://heinonline.org/HOL/Page?handle=hein.journals/harlpolrv12&div=10&g_sent=1&casa_token=&collection=journals.

Acemoglu, D. 2021. *Harms of AI.* NBER Working Paper 29247. Cambridge, MA: National Bureau of Economic Research. https://doi.org/10.3386/w29247.

Acemoglu, D., G. Anderson, D. Beede, C. Buffington, E. Childress, E. Dinlersoz, L. Foster, N. Goldschlag, J. Haltiwanger, Z. Kroff, P. Restrepo, and N. Zolas. 2022. *Automation and the Workforce: A Firm-Level View from the 2019 Annual Business Survey.* NBER Working Paper 30659. Cambridge, MA: National Bureau of Economic Research. https://www.nber.org/system/files/working_papers/w30659/w30659.pdf.

Acemoglu, D., D. Autor, J. Hazell, and P. Restrepo. 2020. *AI and Jobs: Evidence from Online Vacancies.* NBER Working Paper 28257. Cambridge, MA: National Bureau of Economic Research. https://doi.org/10.3386/w28257.

Acemoglu, D., S. Johnson, and J. Robinson, 2005. "Chapter 6: Institutions as a Funda-mental Cause of Long-Run Growth." In *Handbook of Economic Growth* 1: 385–472. https://doi.org/10.1016/S1574-0684(05)01006-3.

Acemoglu, D., A. Manera, and P. Restrepo. 2020. *Does the U.S. Tax Code Favor Automa-tion?* NBER Working Paper 27052. Cambridge, MA: National Bureau of Economic Research. https://doi.org/10.3386/w27052.

Acemoglu, D. and Pischke, J. 1998. "Why Do Firms Train? Theory and Evidence." *Quar-terly Journal of Economics* 113, no.1: 79–119. https://doi.org/10.1162/003355398555531.

Acemoglu, D., and P. Restrepo. 2018. "The Race between Man and Machine: Implica-tions of Technology for Growth, Factor Shares, and Employment." *American Economic Review* 108, no.6: 1488–542. https://doi.org/10.1257/aer.20160696.

——. 2019. "Automation and New Tasks: How Technology Displaces and Reinstates Labor." *Journal of Economic Perspectives* 33, no.2: 3–30. https://doi.org/10.1257/jep.33.2.3.

——. 2020. "Robots and Jobs: Evidence from U.S. Labor Markets." *Journal of Polit-ical Economy* 128, no.6: 2188–244. https://doi.org/10.1086/705716.

Aghion, P., N. Bloom, R. Blundell, R. Griffith, and P. Howitt. 2005. "Competition and Innovation: An Inverted-U Relationship." *Quarterly Journal of Economics* 120, no.2: 701–28. https://doi.org/10.1093/qje/120.2.701.

Aghion, P., and P. Bolton. 1992. "An Incomplete Contracts Approach to Financial Contracting." *Review of Economic Studies* 59, no.3: 473–94. https://doi.org/10.2307/2297860.

Aghion, P., and P. Howitt. 1992. "A Model of Growth Through Creative Destruction." *Econometrica* 60, no.2: 323–51. https://doi.org/10.2307/2951599.

Aghion, P., P. Howitt, and G. Violante. 2002. "General Purpose Technology and Wage Inequality." *Journal of Economic Growth* 7, no.4: 315–45. https://doi.org/10.1023/A:1020875717066.

Agrawal, A., J. Gans, and A. Goldfarb. 2018. *Prediction Machines: The Simple Economics of Artificial Intelligence.* Brighton, MA: Harvard Business Review Press. https://www.predictionmachines.ai/pre-order.

——. 2022. *Power and Prediction: The Disruptive Economics of Artifi-cial Intelligence.* Brighton, MA: Harvard Business Review Press.

https://www.predictionma-chines.ai/power-prediction.

Akcigit, U., J. Grigsby, T. Nicholas, and S. Stantcheva. 2021. "Taxation and Innovation in the Twentieth Century." *Quarterly Journal of Economics* 137, no.1: 329–85. https://doi.org/10.1093/qje/qjab022.

Akerman, A., I. Gaarder, and M. Mogstad. 2015. "The Skill Complementarity of Broad-band Internet." *Quarterly Journal of Economics* 130, no.4: 1781-1824. https://doi.org/10.1093/qje/qjv028.

Alchian, A. 1965. "Some Economics of Property Rights." *Il Politico* 30, no.4: 816–29. https://www.jstor.org/stable/43206327.

Amershi, S., M. Cakmak, W. Knox, and T. Kulesza. 2014. "Power to the People: The Role of Humans in Interactive Machine Learning." *AI Magazine* 35, no.4: 105–20. https://doi.org/10.1609/aimag.v35i4.2513.

Anthropic. 2024. "Anthropic-SDK-Python." Code commit. https://github.com/anthropics/anthropic-sdk-python.

Appel, G., J. Neelbauer, and D. Schweidel. 2023. "Generative AI Has an Intellectual Problem." *Harvard Business Review*. https://hbr.org/2023/04/generative-ai-has-an-intellectual-property-problem.

Arena F., and G. Pau. 2019. "An Overview of Vehicular Communications." *Future Internet* 11, no.2: 27. https://doi.org/10.3390/fi11020027.

Armstrong, S., K. Sotala, and S. Ó hÉigeartaigh. 2014. "The Errors, Insights and Lessons of Famous AI Predictions—and What They Mean for the Future." *Journal of Experimental & Theoretical Artificial Intelligence* 26, no.3: 317–42. https://doi.org/10.1080/0952813X.2014.895105.

Arrow, K. 1962. "The Economic Implications of Learning by Doing." *Review of Economic Studies* 29, no.3: 155–73. https://doi.org/10.2307/2295952.

Athey, S., K. Bryan, and J. Gans. 2020. "The Allocation of Decision Authority to Human and Artificial Intelligence." *AEA Papers and Proceedings* 110: 80–84. https://doi.org/10.1257/pandp.20201034.

Athey, S., and F. Scott Morton. 2022. "Platform Annexation." *Antitrust Law Journal* 84, no.3. https://www.americanbar.org/content/dam/aba/publications/antitrust/journal/84/3/platform-annexation.pdf.

Authors Guild v. Google, Inc. 2015. U.S. Court of Appeals for the Second Circuit, No.13-4829-cv. https://law.justia.com/cases/federal/appellate-courts/ca2/13-4829/13-4829-2015-10-16.html.

Autor, D. 2015. "Why Are There So Many Jobs? The History and Future of Workplace Automation." *Journal of Economic Perspectives* 29, no.3: 3–30. https://doi.org/10.1257/jep.29.3.3.

Autor, D., C. Chin, A. M. Salomons, and B. Seegmiller. 2022. *New Frontiers: The Origins and Content of New Work, 1940–2018*. NBER Working Paper 30389. Cambridge, MA: National Bureau for Economic Research. https://doi.org/10.3386/w30389.

Autor, D., and D. Dorn. 2013. "The Growth of Low-Skill Service Jobs and the Polariza-tion of the U.S. Labor Market." *American Economic Review* 103, no.5: 1553–97. https://doi.org/10.1257/aer.103.5.1553.

Autor, D., D. Dorn, and G. Hanson. 2013. "The China Syndrome: Local Labor Market Effects of Import Competition in the United States." *American Economic Review* 103, no.6: 2121–68. https://doi.org/10.1257/aer.103.6.2121.

———. 2021. *On the Persistence of the China Shock*. NBER Working Paper 29401. Cambridge, MA: National Bureau of Economic Research. https://doi.org/10.3386/w29401.

Autor, D., C. Goldin, and L. Katz. 2020. *Extending the Race Between Education and Technology*. NBER Working Paper 26705. Cambridge, MA: National Bureau for Economic Research. https://doi.org/10.3386/w26705.

Autor, D., F. Levy, and R. Murnane. 2003. "The Skill Content of Recent Technological Change: An Empirical Exploration." *Quarterly Journal of Economics* 118, no.4: 1279–1333. https://doi.org/10.1162/003355303322552801.

Babina, T., A. Fedyk, A. He, and J. Hodson. 2024. "Artificial Intelligence, Firm Growth, and Product Innovation." *Journal of Financial Economics* 151, no.103745. https://doi.org/10.1016/j.jfineco.2023.103745.

Bambauer, D., and M. Surdeanu. 2023. *Authorbots*. Arizona Legal Studies Discussion Paper 23-13. Tucson: Arizona Legal Studies Research Paper Series. https://ssrn.com/abstract=4443714.

Bárány, Z., and C. Siegel. 2018. "Job Polarization and Structural Change." *American Economic Journal: Macroeconomics* 10, no.1: 57–89. https://www.aeaweb.org/articles?id=10.1257/mac.20150258.

Barocas, S., and A. Selbst. 2016. "Big Data's Disparate Impact." *California Law Review* 104, no.3: 671–732. https://www.jstor.org/stable/24758720.

Bartholomew, J. 2023. "Q&A: Uncovering the Labor Exploitation That Powers AI." *Columbia Journalism Review*, Tow Center. https://www.cjr.org/tow_center/qa-uncovering-the-labor-exploitation-that-powers-ai.php.

Bartlett, R., A. Morse, R. Stanton, and N. Wallace. 2022. "Consumer-Lending Discrimi-nation in the FinTech Era." *Journal of Financial Economics* 143, no.1: 30–56. https://doi.org/10.1016/j.jfineco.2021.05.047.

Barzel, Y., and D. Allen. 2023. *Economic Analysis of Property Rights*. New York: Cambridge University Press. https://www.cambridge.org/core/books/economic-analysis-of-property-rights/6D5E9A3AA67284FD9A12379CA3028D50.

Beauchêne, D. 2019. "Is Ambiguity Aversion Bad for Innovation?" *Journal of Economic Theory* 183: 1154–76. https://doi.org/10.1016/j.jet.2019.07.015.

Becker, G., and K. Murphy. 1994. "Chapter XI: The Division of Labor, Coordination Costs, and Knowledge." In *Human Capital: A Theoretical and Empirical Analysis with Special Reference to Education, 3rd Edition*. Chicago: University of Chicago Press. https://www.nber.org/books-and-chapters/human-capital-theoretical-and-empirical-analysis-special-reference-education-third-edition.

Bell, A., and G. Parchomovsky. 2005. "A Theory of Property." *Cornell Law Review* 90, no.3: 531–616. https://scholarship.law.cornell.edu/clr/vol90/iss3/1.

Bernheim, B., and M. Whinston. 1990. "Multimarket Contact and Collusive Behavior." *RAND Journal of Economics* 21, no.1: 1–26. https://www.jstor.org/stable/2555490.

Bessen, J., M. Goos, A. Salomons, and W. van den Berge. 2023. "What Happens to Workers at Firms That Automate?" *Review of Economics and Statistics*, 1–45. https://doi.org/10.1162/rest_a_01284.

Biggs, R. 1983. "The Impact of the Interstate Highway System on Nonmetropolitan Development, 1950–75." In *Beyond the Urban Fringe: Land Use Issues in Nonmetropolitan America*, ed. R. Platt and G. Macinko, 83–105. Minneapolis: University of Minnesota Press. https://books.google.com/books?hl=en&lr=&id=NmOI8ogefvOC&oi=fnd&pg=PA83&dq=interstate+highway+system+migration&ots=jTrCdS1jud&sig=KpyxVj-EBIhO4MGC9XppYQ2nEew.

Bischoff, K., and S. Reardon. 2013. "Residential Segregation by Income, 1970–2009." Working paper, US2010 Project. https://cepa.stanford.edu/content/residential-segregation-income-1970-2009.

Billard, A., and D. Kragic. 2019. "Trends and Challenges in Robot Manipulation." *Science*. https://www.science.org/doi/full/10.1126/science.aat8414.

Bloom, N., C. Jones, J. Van Reenen, and M. Webb. 2020. "Are Ideas Getting Harder to Find?" *American Economic Review* 110, no.4: 1104–44. https://doi.org/10.1257/aer.20180338.

Bloom, N., J. Van Reenen, and H. Williams. 2019. "A Toolkit of Policies to Promote Innovation." *Journal of Economic Perspectives* 33, no.3: 163–84. https://doi.org/10.1257/jep.33.3.163.

BLS (U.S. Bureau of Labor Statistics). 2023. "Fastest Growing Occupations: Occupa-tional Outlook Handbook." https://www.bls.gov/

ooh/fastest-growing.htm.

Boldrin, M., and D. Levine. 2013. "The Case Against Patents." *Journal of Economic Perspectives* 27, no.1: 3–22. https://doi.org/10.1257/jep.27.1.3.

Bolton, P., and M. Dewatripont. 1994. "The Firm as a Communication Network." *Quar-terly Journal of Economics* 109, no.4: 809–39. https://doi.org/10.2307/2118349.

Bommasani, R., D. Hudson, E. Adeli, R. Altman, S. Arora, S. von Arx, M. Bernstein, J. Bohg, A. Bosselut, E. Brunskill, E. Brynjolfsson, S. Buch, D. Card, R. Castellon, N. Chatterji, A. Chen, K. Creel, J. Quincy Davis, D. Demszky, C. Donahue, M. Doumbouya, E. Durmus, S. Ermon, J. Etchemendy, K. Ethayarajh, L. Fei-Fei, C. Finn, T. Gale, L. Gillespie, K. Goel. N. Goodman, S. Grossman, N. Guha, T. Hashimoto, P. Henderson, J. Hewitt, D. Ho, J. Hong, K. Hsu, J. Huang, T. Icard, S. Jain, D. Jurafsky, P. Kalluri, S. Karamcheti, G. Keeling, F. Khani, O. Khattab, P. Wei Koh, M. Krass. R. Krishna, R. Kuditi-pudi, A. Kumar, F. Ladhak, M. Lee, T. Lee, J. Leskovec, I. Levent, X.L. Li, X. Li, T. Ma, A. Malik, C. Manning, S. Mirchandani, E. Mitchell, Z. Munyikwa, S. Nair, A. Narayan, D. Narayanan, B. Newman, A. Nie, J. Niebles, H. Nilforo-shan, J. Nyarko, G. Ogut, L. Orr, I. Papadimitri-ou, J. Sung Park, C. Piech, E. Portelance, C. Potts, A. Raghunathan, R. Reich, H. Ren, F. Rong, Y. Roohani, C. Ruiz, J. Ryan, C. Ré, D. Sadigh, S. Sagawa, K. Santhanam, A. Shih, K. Srinivasan, A. Tamkin, R. Taori, A. Thomas, F. Tramèr, R. Wang, W. Wang, B. Wu, J. Wu, Y. Wu, S. Xie, M. Yasunaga, J. You, M. Zaharia, M. Zhang, T. Zhang, X. Zhang, Y. Zhang, L. Zheng, K. Zhou, and P. Liang. 2021. *On the Opportunities and Risks of Foundation Models.* ArXiv Preprint ArXiv:1802.04865. Ithaca, NY: Cornell University. https://doi.org/10.48550/arXiv.2108.07258.

Bonvillian, W. 2018. "DARPA and Its ARPA-E and IARPA Clones: A Unique Innovation Organization Model." *Industrial and Corporate Change* 27, no.5: 897–914. https://doi.org/10.1093/icc/dty026.

Booth, A., and M. Chatterji. 1998. "Unions and Efficient Training." *Economic Journal* 108, no.447: 328–43. https://doi.org/10.1111/1468-0297.00290.

Boudreau, K., L. Jeppesen, and M. Miric. 2022. "Profiting from Digital Innovation: Patents, Copyright and Performance." *Research Policy* 51, no.5. https://doi.org/10.1016/j.respol.2022.104477.

Braghieri, L., R. Levy, and A. Makarin. 2022. "Social Media and Mental Health." *Amer-ican Economic Review* 112, no.11: 3660–93. https://doi.org/10.1257/aer.20211218.

Brau, R., and C. Carraro. 1999. "Voluntary Approaches, Market Structure and Competi-tion." Fondazione eni Enrico Mattei. FEEM Working Paper 53–99 https://doi.org/10.2139/ssrn.200614.

Bresnahan, T., and M. Trajtenberg. 1995. "General Purpose Technologies 'Engines of Growth'?" *Journal of Econometrics* 65, no.1: 83–108. https://doi.org/10.1016/0304-4076(94)01598-T.

Brodsky, J. 2016. "Autonomous Vehicle Regulation." *Berkeley Technology Law Journal* 21, no.2: 851–78. https://www.jstor.org/stable/26377774.

Brooks, F. 1996. *The Mythical Man-Month.* Boston: Addison-Wesley Professional. https://web.eecs.umich.edu/~weimerw/2018-481/readings/mythical-man-month.pdf.

Broussard, W. 2009. "The Promise and Peril of Collective Licensing." *Journal of Intel-lectual Property Law* 17, no.1: 21–34. https://heinonline.org/HOL/P?h=hein. journals/intpl17&i=23.

Brown, N. 2023. "Bots Behaving Badly: A Products Liability Approach to the Chatbot-Generated Defamation." *Journal of Free Speech* 3, no.2: 389–424. https://heinonline.org/HOL/P?h=hein.journals/jfspl3&i=389.

Brown, I. 2020. "Interoperability as a Tool for Competition Regulation." https://econpa-pers.repec.org/paper/osflawarx/fbvxd.htm.

Brown, J., C. Coile, and S. Weisbenner. 2010. "The Effects of Inheritance Receipt on Retirement." *Review of Economics and Statistics* 92, no.2: 425–34. https://doi.org/10.1162/rest.2010.11182.

Brown, T., B. Mann, N. Ryder, M. Subbiah, J. Kaplan, P. Dhariwal, A. Neelakantan, P. Shyam, G. Sastry, A. Askell, S. Agarwal, S. Herbert-Voss, G. Krueger, T. Henighan, R. Child, A. Ramesh, D. Ziegler, J. Wu, C. Winter, C. Hesse, M. Chen, E. Sigler, M. Litwin, S. Gray, B. Chess, J. Clark, C. Berner, S. McClan-dish, A. Radford, I. Sutskever, and D. Amodei. 2020. "Language Models Are Few-Shot Learners." In *Proceedings of the 34th International Conference on Neural Information Processing Systems,* 1877–1901. NIPS' 20. Red Hook, NY: Curran Associates. https://dl.acm.org/doi/abs/10.5555/3495724.3495883.

Brozen, Y. 1957. "The Economics of Automation." *American Economic Review* 47, no.2: 339–50. https://www.jstor.org/stable/1831605.

Brynjolfsson, E., X. Hui, and M. Liu. 2019. "Does Machine Translation Affect Interna-tional Trade? Evidence from a Large Digital Platform." *Management Science* 65, no.12: 5449–60. https://doi.org/10.1287/mnsc.2019.3388.

Brynjolfsson, E., D. Li, and L. Raymond. 2023. *Generative AI at Work.* NBER Working Paper 31161. Cambridge, MA: National Bureau for Economic Research. https://doi.org/10.3386/w31161.

Brynjolfsson, E., T. Mitchell, and D. Rock. 2018. "What Can Machines Learn and What Does It Mean for Occupations and the Economy?" *AEA Papers and Proceed-ings* 108: 43–47. https://www.aeaweb.org/articles?id=10.1257/pandp.20181019.

Brynjolfsson, E., D. Rock, and C. Syverson. 2021. "The Productivity J-Curve: How Intangibles Complement General Purpose Technologies." *American Economic Journal: Macroeconomics* 13, no.1: 333–72. https://doi.org/10.1257/mac.20180386.

Burnell, R., W. Schellaert, J. Burden, T. Ullman, F. Martínez-Plumed, J. Tenenbaum, D. Rutar, L. Cheke, J. Sohl-Dickstein, M. Mitchell, D. Kiela, M. Shanahan, E. Voorhees, A. Cohn, J. Leibo, and J. Hernán-dez-Orallo. 2023. "Rethink Reporting of Evaluation Results in AI." *Science* 380, no.6641: 136–38. https://doi.org/10.1126/science.adf6369.

Buolamwini, J., and T. Gebru. 2018. "Gender Shades: Intersectional Accuracy Disparities in Commercial Gender Classification." *Proceedings of the First Conference on Fairness, Accountability, and Transparency, PMLR* 81: 77–91. https://proceed-ings.mlr.press/v81/buolamwini18a.html.

Byström, K., and K. Järvelin. 1995. "Task Complexity Affects Information Seeking and Use." *Information Processing & Management* 31, no.2: 191–213. https://doi.org/10.1016/0306-4573(95)80035-R.

Calabresi, G., and A. Melamed. 1972. "Property Rights, Liability Rules, and Inalien-ability: One View of the Cathedral." *Harvard Law Review* 85, no.6: 1130–303. https://heinonline.org/HOL/Page?handle=hein.journals/hlr85&div=8&g_sent=1&casa_token=&collection=journals.

Calvano, E., G. Calzolari, V. Denicolò, and S. Pastorello. 2020. "Artificial Intelligence, Algorithmic Pricing, and Collusion." *American Economic Review* 110, no.10: 3267–97. https://doi.org/10.1257/aer.20190623.

Census (U.S. Bureau of the Census). 2023. "CPS Historical Time Series Tables: Table A-1. Years of School Completed by People 25 Years and Over, by Age and Sex: Selected Years 1940–2022." https://www.census.gov/data/tables/time-series/demo/educational-attainment/cps-historical-time-series.html.

Chatterjoon, B., and W. Kerr. 2021. *Winner Takes All? Tech Clusters, Population Centers, and the Spatial Transformation of U.S. Invention.* NBER Working Paper 29456. Cambridge, MA: National Bureau of Economic Research. https://doi.org/10.3386/w29456.

Chen, L., M. Zaharia, and J. Zou. 2023. *How Is ChatGPT's Behavior Changing Over Time?* ArXiv Preprint ArXiv: 2307.09009. Ithaca, NY: Cornell University. https://doi.org/10.48550/arXiv.2307.09009.

Chen, L., Z. Jin, S. Eyuboglu, C. Ré, M. Zaharia, and J. Zou. 2022. "HAPI: A Large-Scale Longitudinal Dataset of Commercial ML API Predictions." *Advances in Neural Information Processing Systems* 35. https://proceedings.neurips.cc/paper_files/paper/2022/hash/9bcd0bdb2777fe8c729b682f07e993f1-Abstract-Datasets_ and_Benchmarks.html.

Cherney, M. 2021. "Buzz Off, Bees. Pollination Robots Are Here." *Wall Street Journal*, July 7. https://www.wsj.com/articles/buzz-off-bees-pollination-robots-are-here-11625673660?reflink=desktopwebshare_permalink.

Chetty, R. 2008. "Moral Hazard versus Liquidity and Optimal Unemployment Insurance." *Journal of Political Economy* 116, no.2: 173–234. https://doi.org/10.1086/588585.

Chesterman, S. 2021. "Through a Glass, Darkly: Artificial Intelligence and the Problem of Opacity." *American Journal of Comparative Law* 69, no.2: 271–94. https://doi.org/10.1093/ajcl/avab012.

Chialastri, A. 2012. "Automation in Aviation." *INTECH Open Access.* https://pdfs.seman-ticscholar.org/8232/21400579c2d309f84b-33667cf3a7b4772d04.pdf.

Christensen, P., and C. Timmins. 2023. "The Damages and Distortions from Discrimina-tion in the Rental Housing Market." *Quarterly Journal of Economics* 138, no.4: 2505–57. https://doi.org/10.1093/qje/qjad029.

Chui, M., E. Hazan, R. Roberts, A. Singla, K. Smaje, A. Sukharevsky, L. Yee, and R. Zemmel. 2023. "The Economic Potential of Generative AI: The Next Produc-tivity Frontier." McKinsey & Company. https://www.mckinsey.com/capabilities/mckinsey-digital/our-insights/the-economic-potential-of-generative-ai-the-next-productivity-frontier.

Coase, R. 1960. "The Problem of Social Cost." *Journal of Law and Economics* 56, no.4: 837–77. https://doi.org/10.1086/674872.

CEA (Council of Economic Advisers). 2022. *Economic Report of the President.* Wash-ington: U.S. Government Publishing Office. https://www.whitehouse.gov/wp-content/uploads/2022/04/ERP-2022.pdf.

———. 2023. *Economic Report of the President.* Washington: U.S. Government Publishing Office. https://www.whitehouse.gov/wp-content/uploads/2023/03/ERP-2023.pdf.

Costanza-Chock, S., I. Raji, and J. Buolamwini. 2022. "Who Audits the Auditors? Recommendations from a Field Scan of the Algorithmic Auditing Ecosystem." In *Proceedings of the 2022 ACM Conference on Fairness, Accountability, and Transparency*, 1571–83. New York: Association for Computing Machinery. https://doi.org/10.1145/3531146.3533213.

Costinot, A. 2009. "On the Origins of Comparative Advantage." *Journal of International Economics* 77, no.2: 255–64. https://doi.org/10.1016/j.jinteco.2009.01.007.

Cowen, T. 2017. "Why Hasn't Economic Progress Lowered Work Hours More?" *Social Philosophy & Policy* 34, no.2: 190–212. https://doi.org/10.1017/S0265052517000267.

CRS (Congressional Research Service). 2023a. "Generative Artificial Intelligence and Copyright Law." https://crsreports.congress.gov/product/pdf/LSB/LSB10922.

———. 2023b. "Trade Adjustment Assistance for Workers: Background and Current Status." https://crsreports.congress.gov/product/pdf/R/R47200.

———. 2024. "Section 230: An Overview." https://crsreports.congress.gov/product/pdf/R/R46751.

Dally, W., S. Keckler, and D. Kirk. 2021. "Evolution of the Graphics Processing Unit (GPU)". *IEEE Micro* 41, no.6: 42–51. https://doi.org/10.1109/MM.2021.3113475.

Dalvi, M., and J. Refalo. 2008. "An Economic Analysis of Libel Law." *Eastern Economic Journal* 34, no.1: 74–91. http://www.jstor.org/stable/20642394.

Dastin, J. 2018. "Insight: Amazon Scraps Secret AI Recruiting Tool That Showed Bias against Women." Reuters. https://www.reuters.com/article/amazoncom-jobs-automation/rpt-insight-amazon-scraps-secret-ai-recruiting-tool-that-showed-bias-against-women-idINL2N1WP1RO/.

David, P. 1990. "The Dynamo and the Computer: An Historical Perspective on the Modern Productivity Paradox." *American Economic Review* 80, no.2: 355–61. https://www.jstor.org/stable/2006600.

Davis, S., and T. von Wachter. 2011. *Recessions and the Cost of Job Loss.* NBER Working Paper 17638. Cambridge, MA: National Bureau of Economic Research. https://doi.org/10.3386/w17638.

DeVries, T., and G. Taylor. 2018. *Learning Confidence for Out-of-Distribution Detection in Neural Networks.* ArXiv Preprint ArXiv:1802.04865. Ithaca, NY: Cornell University. https://doi.org/10.48550/arXiv.1802.04865.

Diamantis, M., R. Cochran, and M. Dam. 2023. "AI and the Law." In *Technology Ethics*, edited by G. Robson, and J. Tsou., 242–49. New York: Routledge. https://doi.org/10.4324/9781003189466.

Diamond, P., and E. Saez. 2011. "The Case for a Progressive Tax: From Basic Research to Policy Recommendations." *Journal of Economic Perspectives* 25, no.4: 165–90. https://doi.org/10.1257/jep.25.4.165.

DiNardo, J., and J. Pischke. 1997. "The Returns to Computer Use Revisited: Have Pencils Changed the Wage Structure Too?" *Quarterly Journal of Economics* 112, no.1: 291–303. http://www.jstor.org/stable/2951283.

DOL (U.S. Department of Labor). 2023a. "Employer and Occupation Sections." https://www.dol.gov/agencies/eta/ui-modernization/improve-applications/employer-occupation.

———. 2023b. "U.S. Department of Labor Announces Proposed Rulemaking to Modernize Registered Apprenticeship Regulations." https://www.dol.gov/news-room/releases/eta/eta20231214-0.

———. 2023c. "Reemployment Services and Eligibility Assessment Grants." https://www.dol.gov/agencies/eta/american-job-centers/RESEA.

Dong, X., Z. Yu, W. Cao, Y. Shi and Q. Ma, 2020. "A Survey on Ensemble Learning." *Frontiers of Computer Science* 14: 241–58. https://doi.org/10.1007/s11704-019-8208-z.

Dornis, T. 2020. "Artificial Intelligence and Innovation: The End of Patent Law as We Know It." *Yale Journal of Law & Technology* 23: 97–159. https://dx.doi.org/10.2139/ssrn.3668137.

Du Boff, R. 1967. "The Introduction of Electric Power in American Manufacturing." *Economic History Review* 20, no.3: 509–18. https://doi.org/10.2307/2593069.

Eschner, K. 2017. "Three Ways the Interstate System Changed America." *Smithsonian Magazine*, June. https://www.smithsonianmag.com/smart-news/three-ways-interstate-system-changed-america-180963815/.

Edwards, B. 2023. "AI-Generated Books Force Amazon to Cap E-Book Publications to 3 Per Day." Ars Technica. https://arstechnica.com/information-tech-nology/2023/09/ai-generated-books-force-amazon-to-cap-ebook-publications-to-3-per-day/.

Ellingrud, K., S. Sanghvi, G. Dandona, A. Madgavkar, M. Chui, O. White, and P. Hasebe. 2023. "Generative AI and the Future of Work in America." McKinsey Global Institute. https://www.mckinsey.com/mgi/our-research/generative-ai-and-the-future-of-work-in-america.

Eloundou, T., S. Manning, P. Mishkin, and D. Rock. 2023. *GPTs Are GPTs: An Early Look at the Labor Market Impact Potential of Large Language Models.* ArXiv Preprint ArXiv:2303.10130. Ithaca, NY: Cornell University. https://doi.org/10.48550/arXiv.2303.10130.

Engler, A. 2021. "Enrollment Algorithms Are Contributing to the Crises of Higher Educa-tion." Brookings Institution, AI Governance. https://www.brookings.edu/articles/enrollment-algorithms-are-contributing-to-the-crises-of-higher-education/.

European Parliament Committee on Legal Affairs. 2017. "Draft Report with Recommen-dations to the Commission on Civil Law Rules on Robotics." https://www.europarl.europa.eu/doceo/document/JURI-PR-582443_EN.pdf.

Fama, E., and M. Jensen. 1983. "Separation of Ownership and Control." *Journal of Law & Economics* 26, no.2: 301–25. https://doi.org/10.2139/ssrn.94034.

Fan, W., J. Liu, S. Zhu, and P. Pardalos. 2020. "Investigating the

Impacting Factors for the Healthcare Professionals to Adopt Artificial Intelligence-Based Medical Diagnosis Support System (AIMDSS)." *Annals of Operations Research* 294, no.2: 567–92. https://doi.org/10.1007/s10479-018-2818-y.

Farre-Mensa, J., D. Hegde, and A. Ljungqvist. 2019. "What Is a Patent Worth? Evidence from the U.S. Patent 'Lottery'?" *Journal of Finance* 75, no.2: 639–82. https://doi.org/10.1111/jofi.12867.

Farrell, J., and P. Klemperer. 2007. "Chapter 31 Coordination and Lock-In: Competition with Switching Costs and Network Effects." *Handbook of Industrial Organiza-tion* 3: 1967–2072. https://doi.org/10.1016/S1573-448X(06)03031-7.

Felten, E., M. Raj, and R. Seamans. 2021. "Occupational, Industry, and Geographic Exposure to Artificial Intelligence: A Novel Dataset and Its Potential Uses." *Strategic Management Journal* 42, no.12: 2195–2217. https://doi.org/10.1002/smj.3286.

Fisher, J., and C. Houseworth. 2013. "Occupation Inflation in the Current Population Survey." *Journal of Economic and Social Measurement* 38, no.3: 243–61. https://content.iospress.com/articles/journal-of-economic-and-social-measure-ment/jem00377.

Florida, R., and C. Mellander. 2015. "Segregated City: The Geography of Economic Segregation in America's Metros." Martin Prosperity Institute. https://urn.kb.se/resolve?urn=urn:nbn:se:hj:diva-28303.

Foster, A., and M. Rosenzweig. 2010. "Microeconomics of Technology Adoption." *Annual Review of Economics* 2, no.1: 395–424. https://doi.org/10.1146/annurev.economics.102308.124433.

Frank, R. 2008. "Context Is More Important Than Keynes Realized." In *Revisiting Keynes: Economic Possibilities for Our Grandchildren*, ed. L. Pecchi, and G. Piga, 143–50. Cambridge, MA: MIT Press. https://andrewmbailey.com/money/readings/pecchi.pdf.

Freeman, R. 2008. "Why Do We Work More Than Keynes Expected?" In *Revisiting Keynes: Economic Possibilities for Our Grandchildren*, ed. L. Pecchi and G. Piga, 135–42. Cambridge, MA: MIT Press. https://dash.harvard.edu/bitstream/handle/1/34310002/Why-Do-We-Work-More-Keynes-Expected_MS-for-Pecchi-Piga-VOL-4-07_0.pdf.

Frey, C., and M. Osborne. 2017. "The Future of Employment: How Susceptible Are Jobs to Computerisation?" *Technological Forecasting and Social Change* 114: 254–80. https://doi.org/10.1016/j.techfore.2016.08.019.

Frischmann, B, A. Marciano, and G. Ramello. 2019. "Retrospectives: Tragedy of the Commons after 50 Years." *Journal of Economic Perspectives* 33, no.4: 211–28. https://doi.org/10.1257/jep.33.4.211.

FTC (U.S. Federal Trade Commission). 2023. "Generative AI Raises Competition Concerns." https://www.ftc.gov/policy/advocacy-research/tech-at-ftc/2023/06/generative-ai-raises-competition-concerns.

Furman, J., and R. Seamans. 2019. "AI and the Economy." *Innovation Policy and the Economy* 19: 161–91. https://doi.org/10.1086/699936.

GAO (U.S. Government Accountability Office). 2018. "Personal Information, Private Companies." https://www.gao.gov/blog/2018/05/01/personal-information-private-companies.

Ganguli, D., L. Lovitt, J. Kernion, A. Askell, Y. Bai, S. Kadavath, B. Mann, E. Perez, N. Schiefer, K. Ndousse, A. Jones, S. Bowman, A. Chen, T. Conerly, N. DasSarma, D. Drain, N. Elhage, S. El-Showk, S. Fort, Z. Hatfield-Dodds, T. Henighan, D. Hernandez, T. Hume, J. Jacobson, S. Johnston, S. Kravec, C. Olsson, S. Ringer, E. Tran-Johnson, D. Amodei, T. Brown, N. Joseph, S. McCandlish, C. Olah, J. Kaplan, and J. Clark. 2022. *Red Teaming Language Models to Reduce Harms: Methods, Scaling Behaviors, and Lessons Learned*. ArXiv Preprint ArXiv:2209.07858. Ithaca, NY: Cornell University. https://doi.org/10.48550/arXiv.2209.07858.

Garbarino, E., and S. Maxwell. 2010. "Consumer Response to Norm-Breaking Pricing Events in E-Commerce." *Journal of Business Research* 63, nos.9-10: 1066–72. https://doi.org/10.1016/j.jbusres.2008.12.010.

Garicano, L. 2000. "Hierarchies and the Organization of Knowledge in Production." *Journal of Political Economy* 108, no.5: 874–904. https://doi.org/10.1086/317671.

Gaulé, P. 2018. "Patents and the Success of Venture-Capital-Backed Startups: Using Examiner Assignment to Estimate Causal Effects." *Journal of Industrial Economics* 66, no.2: 350–76. https://doi.org/10.1111/joie.12168.

Gautier, A., A. Ittoo, and P. Van Cleynenbreugel. 2020. "AI Algorithms, Price Discrimina-tion and Collusion: A Technological, Economic, and Legal Perspective." *European Journal of Law and Economics* 50: 405–35. https://link.springer.com/article/10.1007/s10657-020-09662-6.

Gifford, D. 2018. "Technological Triggers to Tort Revolutions: Steam Locomotives, Autonomous Vehicles, and Accident Compensation." *Journal of Tort Law* 11, no.1: 71–143. https://doi.org/10.1515/jtl-2017-0029.

Gless, S., E. Silverman, and T. Weigend. 2016. "If Robots Cause Harm, Who Is to Blame? Self-Driving Cars and Criminal Liability." *New Criminal Law Review* 19, no.3: 412–36. https://doi.org/10.1525/nclr.2016.19.3.412.

Goldin, C., and L. Katz. 2007. *The Race Between Education and Technology: The Evolu-tion of U.S. Educational Wage Differentials, 1890 to 2005*. NBER Working Paper 12984. Cambridge, MA: National Bureau for Economic Research. https://doi.org/10.3386/w12984.

Goldman Sachs. 2023. "AI May Start to Boost U.S. GDP in 2027." https://www.goldma-nsachs.com/intelligence/pages/ai-may-start-to-boost-us-gdp-in-2027.html.

Golosov, M., M. Graber, M. Mogstad, and D. Novgorodsky. 2021. *How Americans Respond to Idiosyncratic and Exogenous Changes in Household Wealth and Unearned Income*. NBER Working Paper 29000. Cambridge, MA: National Bureau of Economic Research. https://doi.org/10.3386/w29000.

Gordon, W. 1982. "Fair Use as Market Failure: A Structural and Economic Analysis of the Betamax Case and Its Predecessors." *J. Copyright Society USA* 30: 253. https://www.jstor.org/stable/pdf/1122296.pdf.

Green, F., S. Machin, and D. Wilkinson. 1999. "Trade Unions and Training Practices in British Workplaces." *ILR Review* 52, no.2. https://journals.sagepub.com/doi/10.1177/001979399905200202.

Gregory, R., O. Henfridsson, E. Kaganer, and H. Kyriakou. 2021. "The Role of Artificial Intelligence and Data Network Effects for Creating User Value." *Academy of Management Review* 46, no.3: 534–51. https://doi.org/10.5465/amr.2019.0178.

Grossman, S., and O. Hart. 1986. "The Costs and Benefits of Ownership: A Theory of Vertical and Lateral Integration." *Journal of Political Economy* 94, no.4: 691–719. https://doi.org/10.1086/261404.

Gruber, J., S. Johnson, and E. Moretti. 2023. "Place-Based Productivity and Costs in Science." *Entrepreneurship and Innovation Policy and the Economy* 2, no.1. https://doi.org/10.1086/723239.

Guerreiro, J., S. Rebelo, and P. Teles. 2022. "Should Robots Be Taxed?" *Review of Economic Studies* 89, no.1: 279–311. https://doi.org/10.1093/restud/rdab019.

Guszcza, J., I. Rahwan, W. Bible, M. Cebrian, and V. Katyal. 2018. "Why We Need to Audit Algorithms." *Harvard Business Review*. https://hbr.org/2018/11/why-we-need-to-audit-algorithms.

Hall, B., and B. Khan. 2003. *Adoption of New Technology*. NBER Working Paper 9730. Cambridge, MA: National Bureau of Economic Research. https://doi.org/10.3386/w9730.

Haller, P., and D. Heuermann. 2020. "Opportunities and Competition in Thick Labor Markets: Evidence from Plant Closures." *Journal of Regional Science* 60, no.2: 273–95. https://doi.org/10.1111/jors.12460.

Hart, O. 2009. "Hold-Up, Asset Ownership, and Reference Points." *Quarterly Journal of Economics* 124, no.1: 267–300. https://www.

jstor.org/stable/40506229.

Haucap, J., and C. Wey. 2004. "Unionisation Structures and Innovation Incentives." *Economic Journal* 114, no.494: C149–65. https://doi.org/10.1111/j.0013-0133.2004.00203.x.

Heathcote, J., K. Storesletten, and G. Violante. 2010. "The Macroeconomic Implications of Rising Wage Inequality in the United States." *Journal of Political Economy* 118, no.4: 681–722. https://doi.org/10.1086/656632.

Heaven, W. 2023. "The Open-Source AI Boom Is Built on Big Tech's Handouts; How Long Will It Last?" *MIT Technology Review*. https://www.technologyreview.com/2023/05/12/1072950/open-source-ai-google-openai-eleuther-meta/.

Herrmann, T., and S. Pfeiffer. 2023. "Keeping the Organization in the Loop: A Socio-Technical Extension of Human-Centered Artificial Intelligence." *AI & Society* 38: 1523–42. https://doi.org/10.1007/s00146-022-01391-5.

Hestness, J., S. Narang, N. Aredalani, G. Diamos, H. Jun, H. Kianinejad, M. Patwary, Y. Yang, and Y. Zhou. 2017. *Deep Learning Scaling Is Predictable, Empirically*. ArXiv Preprint ArXiv:1712.00409. Ithaca, NY: Cornell University. https://doi.org/10.48550/arXiv.1712.00409.

Hirsch, B. 2004. *What Do Unions Do for Economic Performance*. IZA Discussion Paper 892. Bonn: IZA Institute of Labor Economics. https://dx.doi.org/10.2139/ssrn.459581.

Hitsuwari, J., Y. Ueda, W. Yun, and M. Nomura, 2023. "Does Human–AI Collaboration Lead to More Creative Art? Aesthetic Evaluation of Human-Made and AI-Generated Haiku Poetry." *Computers in Human Behavior* 139: 107502. https://doi.org/10.1016/j.chb.2022.107502.

Honoré, A. 1961. "Ownership." In *Oxford Essays in Jurisprudence*, ed. A. Guest, 106–46. Oxford: Oxford University Press. http://fs2.american.edu/dfagel/www/Owner-shipSmaller.pdf.

Horton, A. 2023. "Scarlett Johansson Takes Legal Action Against Use of Image for AI." *Guardian*. https://www.theguardian.com/film/2023/nov/01/scarlett-johansson-artificial-intelligence-ad.

Hutson, M. 2021. "The Opacity of Artificial Intelligence Makes it Hard to Tell when Decision-Making is Biased." *IEEE Spectrum* 58, no.2: 40–45. https://ieeexplore.ieee.org/abstract/document/9340114.

Hyman, B. 2022. "Can Displaced Labor Be Retrained? Evidence from Quasi-Random Assignment to Trade Adjustment Assistance." Discussion Paper, U.S. Census Bureau, Center for Economic Studies. https://www2.census.gov/ces/wp/2022/CES-WP-22-05.pdf.

Johnson, J., and D. Sokol. 2020. "Understanding AI Collusion and Compliance." Working paper, Cambridge Handbook of Compliance. https://ssrn.com/abstract=3413882.

Jones, C. 2022. "The Past and Future of Economic Growth: A Semi-Endogenous Perspec-tive." *Annual Review of Economics* 14: 125-–52. https://doi.org/10.1146/annurev-economics-080521-012458.

Kaddour, J., J. Harris, M. Mozes, H. Bradley, R. Raileanu, and R. McHardy. 2023. *Challenges and Applications of Large Language Models*. ArXiv Preprint ArXiv:2307.10169. Ithaca, NY: Cornell University. https://doi.org/10.48550/arXiv.2307.10169.

Kadrey et al. v. Meta Platforms, Inc. 2023. U.S. District Court for the Northern District of California. https://dockets.justia.com/docket/california/candce/3:2023cv03417/415175.

Kahveci, Z. 2023. "Attribution Problem of Generative AI: A View from U.S. Copyright Law." *Journal of Intellectual Property Law & Practice* 18, no.11: 796–807. https://doi.org/10.1093/jiplp/jpad076.

Kaplan, J., S. McCandlish, T. Henighan, T. Brown, B. Chess, R. Child, S. Gray, A. Radford, J. Wu, and D. Amodei. 2020. *Scaling Laws for Neural Language Models*. ArXiv Preprint ArXiv:2001.08361. Ithaca, NY: Cornell University. https://doi.org/10.48550/arXiv.2001.08361.

Kapoor, S., and A. Narayanan. 2023. "Leakage and the Reproducibility Crisis in Machine-Learning-Based Science." *Patterns* 4, no.9: 100804. https://doi.org/10.1016/j.patter.2023.100804.

Katz, M., and C. Shapiro. 1986. "Technology Adoption in the Presence of Network Exter-nalities." *Journal of Political Economy* 94, no.4. https://www.journals.uchicago.edu/doi/abs/10.1086/261409.

Kennan, J., and R. Wilson. 1993. "Bargaining with Private Information." *Journal of Economic Literature* 31, no.1: 45–104. https://www.jstor.org/stable/2728150.

Keynes, J. 1930. "Economic Possibilities for Our Grandchildren." In *Essays in Persua-sion*, 321–32. New York: Harcourt Brace. https://doi.org/10.1007/978-1-349-59072-8_25.

King, T., N. Aggarwal, M. Taddeo, and L. Floridi. 2020. "Artificial Intelligence Crime: An Interdisciplinary Analysis of Foreseeable Threats and Solutions." *Science and Engineering Ethics* 26: 89–120. https://doi.org/10.1007/s11948-018-00081-0.

Kleinberg, J., J. Ludwig, S. Mullainathan, and C. Sunstein. 2018. "Discrimination in the Age of Algorithms." *Journal of Legal Analysis* 10: 113–74. https://doi.org/10.1093/jla/laz001.

Knepper, M. 2020. "From the Fringe to the Fore: Labor Unions and Employee Compen-sation." *Review of Economics and Statistics* 102, no.1: 98–112. https://doi.org/10.1162/rest_a_00803.

Knight, F. 1921. *Risk, Uncertainty and Profit*. Cambridge, MA: Riverside Press Cambridge. https://fraser.stlouisfed.org/files/docs/publications/books/risk/riskuncertaintyprofit.pdf.

Kochan, T., B. Armstrong, J. Shah, E. Castilla, B. Likis, and M. Mangelsdorf. 2023. "Bringing Worker Voice into Generative AI." *IWER Research*. https://mitsloan.mit.edu/centers-initiatives/institute-work-and-employment-research/bringing-worker-voice-generative-ai.

Kochhar, R. 2023. "Which U.S. Workers Are Exposed to AI in Their Jobs?" Pew Research Center, Social and Demographic Trends Project. https://www.pewre-search.org/social-trends/2023/07/26/which-u-s-workers-are-more-exposed-to-ai-on-their-jobs/.

Korinek, A., and J. Stiglitz. 2019. "Artificial Intelligence and Its Implications for Income Distribution and Unemployment." In *The Economics of Artificial Intelligence: An Agenda*, 349–90. Chicago: University of Chicago Press. https://www.nber.org/system/files/chapters/c14018/c14018.pdf.

Kortum, S. 1997. "Research, Patenting, and Technological Change." *Econometrica* 65, no.6: 1389–1419. https://doi.org/10.2307/2171741.

Krugman, P. 1981. "Intraindustry Specialization and the Gains from Trade." *Journal of Political Economy* 89, no.5: 959–73. https://www.journals.uchicago.edu/doi/abs/10.1086/261015.

Kumar, A., A. Raghunathan, R. Jones, T. Ma, and P. Liang. 2022. *Fine-Tuning can Distort Pretrained Features and Underperform Out-of-Distribution*. ArXiv Preprint ArXiv:2202.10054. Ithaca, NY: Cornell University. https://doi.org/10.48550/arXiv.2202.10054.

Kuramanji, M., P. Triantafillou, J. Hayes, and E. Triantafillou. 2023. *Towards Unbounded Machine Unlearning*. ArXiv Preprint ArXiv:2302.09880. Ithaca, NY: Cornell University. https://doi.org/10.48550/arXiv.2302.09880.

Lambrecht, A., and C. Tucker. 2019. "Algorithmic Bias? An Empirical Study of Apparent Gender-Based Discrimination in the Display of STEM Career Ads." *Management Science* 65, no.7: 2966–81. https://pubsonline.informs.org/doi/10.1287/mnsc.2018.3093.

Landes, W., and R. Posner. 1987. *The Economic Structure of Tort Law*. Cambridge, MA: Harvard University Press. https://chicagounbound.uchicago.edu/books/226/.

Lang, K., and A. Spitzer. 2020. "Race Discrimination: An Economic Perspective." *Journal of Economic Perspectives* 34, no.2: 68–89. https://doi.org/10.1257/jep.34.2.68.

Leffer, L. 2023. "When It Comes to AI Models, Bigger Isn't Always Better." *Scientific American*. https://www.scientificamerican.com/article/when-it-comes-to-ai-models-bigger-isnt-always-better/.

Lewis-Kraus, G. 2014. "The Fasinatng . . . Fascinating History of Autocorrect." *Wired*, July 22. https://www.wired.com/2014/07/history-of-autocorrect/.

Levitt, T. 2004. "Marketing Myopia." *Harvard Business Review*. https://

hbr.org/2004/07/marketing-myopia.

Lin, J. 2011. "Technological Adaptation, Cities, and New Work." *Review of Economics and Statistics* 93, no.2: 554–74. https://doi.org/10.1162/REST_a_00079.

Ling, C., X. Zhao, J. Lu, C. Deng, C. Zheng, J. Wang, T. Chowdhury, Y. Li, H. Cui, X. Zhang, T. Zhao, A. Panalkar, W. Cheng, H. Wang, Y. Liu, Z. Chen, H. Chen, C. White, Q. Gu, J. Pei, and L. Zhao. 2023. *Domain Specialization as the Key to Make Large Language Models Disruptive: A Comprehensive Survey*. ArXiv Preprint ArXiv:2305.18703. Ithaca, NY: Cornell University. https://doi.org/10.48550/arXiv.2305.18703.

Llorca, D., V. Charisi, R. Hamon, I. Sánchez, and E. Gómez. 2023. "Liability Regimes in the Age of AI: A Use-Case-Driven Analysis of the Burden of Proof." *Journal of Artificial Intelligence Research* 76: 613–44. https://doi.org/10.1613/jair.1.14565.

Luca, M. 2015. "Chapter 12: User-Generated Content and Social Media." In *Handbook of Media Economics* 1: 563–92. https://doi.org/10.1016/B978-0-444-63685-0.00012-7.

Mankiw, N., D. Romer, and D. Weil. 1992. "A Contribution to the Empirics of Economic Growth." *Quarterly Journal of Economics* 107: 407–37. https://doi.org/10.2307/2118477.

Mas-Colell, A., M. Whinston, and J. Green. 1995. *Microeconomic Theory*. Oxford: Oxford University Press. https://global.oup.com/academic/product/microeconomic-theory-9780195073409?cc=us&lang=en&.

Maslej, N., L. Fattorini, E. Brynjolfsson, J. Etchemendy, K. Ligett, T. Lyons, J. Manyika, H. Ngo, J. Niebles, V. Parli, Y. Shoham, R. Wald, J. Clark, and R. Perrault. 2023. *The AI Index 2023 Annual Report*. AI Index Steering Committee, Institute for Human-Centered AI. Stanford, CA: Stanford University. https://aiindex.stanford.edu/wp-content/uploads/2023/04/HAI_AI-Index-Report_2023.pdf.

McElheran, K., J. Li, E. Brynjolfsson, Z. Kroff, E. Dinlersoz, L. Foster, and N. Zolas. 2023. *AI Adoption in America: Who, What, and Where*. NBER Working Paper 31788. Cambridge, MA: National Bureau of Economic Research. https://doi.org/10.3386/w31788.

McKelvey, R., and T. Page. 1999. "Taking the Coase Theorem Seriously." *Economics and Philosophy* 15, no.2: 235–47. https://doi.org/10.1017/S0266267100003990.

McNicholas, C., M. Poydock, J. Wolfe, B. Zipperer, G. Lafer, and L. Loustaunau. 2019. "Unlawful: U.S. Employers Are Charged with Violating Federal Law in 41.5% of All Union Election Campaigns." Economic Policy Institute. https://www.epi.org/publication/unlawful-employer-opposition-to-union-election-campaigns/.

Medema, S. 2020. "The Coase Theorem at Sixty." *Journal of Economic Literature* 58, no.4: 1045–128. https://doi.org/10.1257/jel.20191060.

Merrill, T., and H. Smith. 2011. "Making Coasean Property More Coasean." *Journal of Law and Economics* 54, no.S4: S77–S104. https://doi.org/10.1086/661946.

Min, B., H. Ross, E. Sulem, A. Veyseh, T. Nguyen, O. Sainz, E. Agirre, I. Heintz, and D. Roth. 2023. "Recent Advances in Natural Language Processing via Large Pre-trained Language Models: A Survey." *ACM Computing Surveys* 56, no.2: 1–40. https://doi.org/10.1145/3605943.

Miric, M., N. Jia, and K. Huang. 2022. "Using Supervised Machine Learning for Large-Scale Classification in Management Research: The Case for Identifying Artificial Intelligence Patents." *Strategic Management Journal* 44, no.2: 491–519. https://doi.org/10.1002/smj.3441.

Mishel, L., H. Shierholz, and J. Schmitt. 2013. "Don't Blame the Robots: Assessing the Job Polarization Explanation of Growing Wage Inequality." Working paper, Economic Policy Institute, Center for Economic and Policy Research. https://files.epi.org/2013/technology-inequality-dont-blame-the-robots.pdf.

Mishra, S., R. Koopman, G. De Prato, A. Rao, I. Osorio-Rodarte, J. Kim, N. Spatafora, K. Strier, and A. Zaccaria. 2023. "AI Specialization for Pathways of Economic Diversification." *Scientific Reports* 13: 19475. https://doi.org/10.1038/s41598-023-45723-x.

Mökander, J., J. Morley, M. Taddeo, and L. Floridi. 2021. "Ethics-Based Auditing of Automated Decision-Making Systems: Nature, Scope, and Limitations." *Science and Engineering Ethics* 27, no.44. https://doi.org/10.1007/s11948-021-00319-4.

Mookherjee, D., and I. Png, 1992. "Monitoring vis-a-vis Investigation in Enforcement of Law." *American Economic Review*, 556–65. https://www.jstor.org/stable/2117321.

Mokyr, J. 2008. "The Institutional Origins of the Industrial Revolution." Working paper, Northwestern University. https://faculty.wcas.northwestern.edu/jmokyr/Institu-tional-Origins-4.PDF.

Mokyr, J., C. Vickers, and N. Ziebarth. 2015. "The History of Technological Anxiety and the Future of Economic Growth: Is This Time Different?" *Journal of Economic Perspectives* 29, no.3: 31–50. https://doi.org/10.1257/jep.29.3.31.

Moresi, S., and M. Schwartz. 2021. "Vertical Mergers with Input Substitution: Double Marginalization, Foreclosure, and Welfare." *Economic Letters* 202. https://doi.org/10.1016/j.econlet.2021.109818.

Mosqueira-Rey, E., E. Hernández-Pereira, D. Alonso-Ríos, J. Bobes-Bascarán, and A. Fernández-Leal. 2022. "Human-in-the-Loop Machine Learning: A State of the Art." *Artificial Intelligence Review* 56: 3005–54. https://doi.org/10.1007/s10462-022-10246-w.

Muennighoff, N., A. Rush, B. Barak, T. Le Scao, A. Piktus, N. Tazi, S. Pyysalo, T. Wolf, and C. Raffel. 2023. *Scaling Data-Constrained Language Models*. ArXiv Preprint ArXiv:2305.16264. Ithaca, NY: Cornell University. https://doi.org/10.48550/arXiv.2305.16264.

NAIAC (National Artificial Intelligence Advisory Committee). 2023. "National AI Advi-sory Committee." https://ai.gov/naiac/.

Naik, R., V. Chandrasekaran, M. Yuksekgonul, H. Palangi, and B. Nushi, 2023. "Diver-sity of Thought Improves Reasoning Abilities of Large Language Models." https://doi.org/10.48550/arXiv.2310.07088.

Najibi, A. 2020. "Racial Discrimination in Face Recognition Technology." Harvard University, Science in the News. https://sitn.hms.harvard.edu/flash/2020/racial-discrimination-in-face-recognition-technology/.

Narechania, T. 2022. "Machine Learning as Natural Monopoly." *Iowa Law Review* 7, no.4: 1543–1614. https://ilr.law.uiowa.edu/sites/ilr.law.uiowa.edu/files/2023-02/A4_Narechania.pdf.Narechania, T., and G. Sitaraman. 2023. "An Antimonopoly Approach to Governing Arti-ficial Intelligence." Vanderbilt Policy Accelerator for Political Economy & Regulation. https://cdn.vanderbilt.edu/vu-URL/wp-content/uploads/sites/412/2023/10/06212048/Narechania-Sitaraman-Antimonopoly-AI-2023.10.6.pdf.pdf.

Neel, S., and P. Chang. 2023. *Privacy Issues in Large Language Models: A Survey*. ArXiv Preprint ArXiv:2312.06717. Ithaca, NY: Cornell University. https://doi.org/10.48550/arXiv.2312.06717.

Nekoei, A., and A. Weber. 2017. "Does Extending Unemployment Benefits Improve Job Quality?" *American Economic Review* 107, no.2: 527–61. https://doi.org/10.1257/aer.20150528.

Netanel, N. 2011. "Making Sense of Fair Use." *Lewis & Clark Law Review* 15, no.3: 715–71. https://heinonline.org/HOL/P?h=hein.journals/lewclr15&i=731.

Newell, A. 1983. "Chapter 1: Intellectual Issues in the History of Artificial Intelligence." In *Artificial Intelligence: Critical Concepts, Volume 1*, ed. R. Chrisley and S. Begeer, 25–70. Abingdon, U.K.: Taylor & Francis. apps.dtic.mil/sti/citations/ADA125318.

Noy, S., and W. Zhang. 2023. "Experimental Evidence on the Productivity Effects of Generative Artificial Intelligence." Working paper, Social Science Research Network. https://dx.doi.org/10.2139/ssrn.4375283.

Nunan, D., and M. Di Domenico. 2022. "Value Creation in an Algorithmic World: Towards an Ethics of Dynamic Pricing." *Journal of Business Research* 150: 451–60. https://doi.org/10.1016/j.jbusres.2022.06.032.

NIST (National Institute of Standards and Technology). 2023.

"NIST Seeks Collaborators for Consortium Supporting Artificial Intelligence Safety." https://www.nist.gov/news-events/news/2023/11/nist-seeks-collaborators-consortium-supporting-artificial-intelligence.

Obermeyer, Z., B. Powers, C. Vogeli, and S. Mullainathan. 2019. "Dissecting Racial Bias in an Algorithm Used to Manage the Health of Populations." *Science* 366, no.6464: 447–53. https://www.science.org/doi/10.1126/science.aax2342.

Ohlin, B., and E. Heckscher. 1991. *Heckscher-Olin Trade Theory*. Cambridge, MA: MIT Press. https://mitpress.mit.edu/9780262082013/heckscher-ohlin-trade-theory/.

OMB (U.S. Office and Management and Budget). 2023a. "Guidance on Accounting for Competition Effects When Developing and Analyzing Regulatory Actions." https://www.whitehouse.gov/wp-content/uploads/2023/10/RegulatoryCompeti-tionGuidance.pdf.

———. 2023b. "OMB Releases Implementation Guidance Following President Biden's Executive Order on Artificial Intelligence." https://www.whitehouse.gov/omb/briefing-room/2023/11/01/omb-releases-implementation-guidance-following-president-bidens-execu-tive-order-on-artificial-intelligence/.

O*NET Online. No date. Database sponsored by U.S. Department of Labor. https://www. onetonline.org/.

OpenAI. 2024. "OpenAI-Python." Code commit. https://github.com/openai/openai-python.

Ordover, J., G. Saloner, and S. Salop. 1990. "Equilibrium Vertical Foreclosure." *Amer-ican Economic Review* 80, no.1: 127–42. https://www.jstor.org/stable/2006738.

Oremus, W., and E. Izadi. 2024. "AI's Future Could Hinge on One Thorny Legal Ques-tion." *Washington Post*. https://www.washingtonpost.com/technology/2024/01/04/nyt-ai-copyright-lawsuit-fair-use/.

Ostrom, E. 1990. *Governing the Commons: The Evolution of Institutions for Collective Action*. Cambridge: Cambridge University Press. https://www.cambridge.org/core/books/governing-the-commons/A8BB63BC4A1433A50A3FB92EDBBB97D5.

Ottaviani, M., and A. Wickelgren. 2011. "Ex Ante or Ex Post Competition Policy? A Progress Report." *International Journal of Industrial Organization* 29, no.3: 356–59. https://doi.org/10.1016/j.ijindorg.2011.02.004.

Ouyang, L., J. Wu, X. Jiang, D. Almeida, C. Wainwright, P. Mishkin, C. Zhang, S. Agarwal, K. Slama, A. Ray, J. Schulman, J. Hilton, F. Kelton, L. Miller, M. Simens, A. Askell, P. Welinder, P. Christiano, J. Leike, and R. Lowe. 2022. "Training Language Models to Follow Instructions with Human Feedback." *Advances in Neural Informational Processing Systems* 35: 27730–44. https://proceedings.neurips.cc/paper_files/paper/2022/hash/b1efde-53be364a73914f58805a001731-Abstract-Conference.html.

Parente, S., and E. Prescott. 1994. "Barriers to Technology Adoption and Development." *Journal of Political Economy* 102, no.2: 298–321. https://doi.org/10.1086/261933.

Peng, S., E. Kalliamvakou, P. Cihon, and M. Demirer. 2023. *The Impact of AI on Devel-oper Productivity: Evidence from GitHub Copilot*. ArXiv Preprint ArXiv:2302.06590. Ithaca, NY: Cornell University. https://doi.org/10.48550/arXiv.2302.06590.

Perrigo, B. 2023. "Exclusive: OpenAI Used Kenyan Workers on Less Than $2 Per Hour to Make ChatGPT Less Toxic." *Time*, January 18. https://time.com/6247678/openai-chatgpt-kenya-workers/.

Perault, M. 2023. "Section 230 Won't Protect ChatGPT." *Journal of Free Speech Law* 3: 363–73. https://heinonline.org/HOL/P?h=hein.journals/jfspl3&i=363.

Peterson, N., M. Mumford, W. Borman, P. Jeanneret, and E. Fleishman. 1995. "Develop-ment of Prototype Occupational Information Network (O*NET) Content Model." O*Net: Occupational Information Network. https://www.onetcenter. org/dl_files/Prototype_Vol1.pdf.

Philippon, T. 2022. *Additive Growth*. NBER Working Paper 29950. Cambridge, MA: National Bureau for Economic Research. https://doi.org/10.3386/w29950.

Pizzinelli, C., A. Panton, M. Mendes Tavares, M. Cazzaniga, and L. Li. 2023. "Labor Market Exposure to AI: Cross-Country Differences and Distributional Implica-tions." https://papers.ssrn.com/sol3/papers.cfm?abstract_id=4612697.

Post, C., E. De Lia, N. DiTomaso, T. Tirpak, and R. Borwankar, 2009. "Capitalizing on Thought Diversity for Innovation." *Research-Technology Management* 52: 14–25. https://doi.org/10.1080/08956308.2009.11657596.

Price, D. 2019. "Goodbye, Operator." Federal Reserve Bank of Richmond, Econ Focus. https://www.richmondfed.org/publications/research/econ_focus/2019/q4/economic_history.

Quartz. 2017. "Bill Gates: The Robot That Takes Your Job Should Pay Taxes." https://qz.com/911968/bill-gates-the-robot-that-takes-your-job-should-pay-taxes.

Raji, I., T. Gebru, M. Mitchell, J. Buolamwini, J. Lee, and E. Denton. 2020a. "Saving Face: Investigating the Ethical Concerns of Facial Recognition Auditing." *Proceedings of the AAAI/ACM Conference on AI, Ethics, and Society*: 145-51. https://doi.org/10.1145/3375627.3375820.

Raji, I., A. Smart, R. White, M. Mitchell, T. Gebru, B. Hutchinson, J. Smith-Loud, D. Theron, and P. Barnes. 2020b. "Closing the AI Accountability Gap: Defining an End-to-End Framework for Internal Algorithmic Auditing." In *Proceedings of the 2020 Conference on Fairness, Accountability, and Transparency*, 33–44. FAT* '20. New York: Association for Computing Machinery. https://doi.org/10.1145/3351095.3372873.

Rees, T. 2023. "AI Could Enable Humans to Work 4 Days a Week, Says Nobel Prize-Winning Economist." *Time*. https://time.com/6268804/artificial-intelligence-pissarides-productivity/.

Ricardo, D. 1817. *On The Principles of Political Economy and Taxation*. Kitchener, Canada: Batoche Books. https://socialsciences.mcmaster.ca/econ/ugcm/3ll3/ricardo/Principles.pdf.

Roosen, J., and D. Hennessy. 2003. "Tests for the Role of Risk Aversion on Input Use." *American Journal of Agricultural Economics* 85, no.1: 30–43. https://doi.org/10.1111/1467-8276.00101.

Roser, M., H. Richie, and E. Mathieu. 2023. "Technological Change." *Our World in Data*. https://ourworldindata.org/technological-change?ref=bitcoinalpha.nl.

Roziere, B., M. Lachaux, L. Chanussot, and G. Lample. 2020. "Unsupervised Translation of Programming Languages." *Advances in Neural Information Processing Systems* 33: 20601–11. https://proceedings.neurips.cc/paper/2020/hash/ed23fbf-18c2cd35f-8c7f8de44f85c08d-Abstract.html.

Ryman-Tubb, N., P. Krause, and W. Garn. 2018. "How Artificial Intelligence and Machine Learning Research Impacts Payment Card Fraud Detection: A Survey and Industry Benchmark." *Engineering Applications of Artificial Intelligence* 76: 130–57. https://doi.org/10.1016/j.engappai.2018.07.008.

Saez, E., and S. Stantcheva. 2018. "A Simpler Theory of Optimal Capital Taxation." *Journal of Public Economics* 162: 120–42. https://doi.org/10.1016/j. jpubeco.2017.10.004.

Sag, M. 2023. "Fairness and Fair Use in Generative AI." *Fordham Law Review*. https://ssrn.com/abstract=4654875.

SAG-AFTRA (Screen Actors Guild–American Federation of Television and Radio Artists). 2023. "TV/Theatrical Contracts 2023: Summary of Tentative Agree-ment." https://www.sagaftra.org/files/sa_documents/TV-Theatrical_23_Summary_Agreement_Final.pdf.

Sampat, B., and H. Williams. 2019. "How Do Patents Affect Follow-On Innovation? Evidence from the Human Genome." *American Economic Review* 109, no.1: 203–36. https://doi.org/10.1257/aer.20151398.

Samuelson, P. 2023. "Generative AI Meets Copyright." *Science* 381, no.6654: 158–61. https://doi.org/10.1126/science.adi0656.

Schaeffer, R., B. Miranda, and S. Koyejo. 2023. "Are Emergent Abilities of Large Language Models a Mirage?" *Advances in Neural*

Information Processing Systems 36. https://proceedings.neurips.cc/paper_files/paper/2023/hash/adc98a266f45005c403b-8311ca7e8bd7-Abstract-Conference.html.

Schmieder, J., T. von Wachter, and S. Bender. 2012. "The Effects of Extended Unemploy-ment Insurance Over the Business Cycle: Evidence from Regression Discontinuity Estimates Over 20 Years." *Quarterly Journal of Economics* 127, no.2: 701–52. https://doi.org/10.1093/qje/qjs010.

Schneider, P., W. Walters, A. Plowright, N. Sieroka, J. Listgarten, R. Goodnow Jr., J. Fisher, J. Jansen, J. Duca, T. Rush, M. Zentgraf, J. Hill, E. Krutoholow, M. Kohler, J. Blaney, K. Funatsu, C. Luebkemann, and G. Schneider. 2020. "Rethinking Drug Design in the Artificial Intelligence Era." *Nature Reviews Drug Discovery* 19: 353–64. https://doi.org/10.1038/s41573-019-0050-3.

Scotchmer, S. 1991. "Standing on the Shoulders of Giants: Cumulative Research and the Patent Law." *Journal of Economic Perspectives* 5, no.1: 29–41. https://doi.org/10.1257/jep.5.1.29.

Setty, R. 2023. "Getty Images Sues Stability AI Over Art Generator IP Violations." Bloomberg Law. https://news.bloomberglaw.com/ip-law/getty-images-sues-stability-ai-over-art-generator-ip-violations.

Shan, S., W. Ding, J. Passananti, S. Wu, H. Zheng, and B. Zhao. 2023. *Prompt-Specific Poisoning Attacks on Text-to-Image Generative Models*. ArXiv Preprint ArXiv:2310.13828. Ithaca, NY: Cornell University. https://doi.org/10.48550/arXiv.2310.13828.

Sharifani, K., and M. Amini. 2023. "Machine Learning and Deep Learning: A Review of Methods and Applications." *World Information Technology and Engineering Journal* 10, no.7: 3897–904. https://ssrn.com/abstract=4458723.

Sharkey, C. 2022. "Products Liability in the Digital Age: Online Platforms as 'Cheapest Cost Avoiders.'" *Hastings Law Journal* 73: 1327–51. https://heinonline.org/HOL/P?h=hein.journals/hastlj73&i=1329.

Shavell, S. 2004. *Foundations of Economic Analysis of Law*. Cambridge, MA: Harvard University Press. https://www.jstor.org/stable/j.ctv1m0kjr4.

Sintchenko, V., and E. Coiera. 2003. "Which Clinical Decisions Benefit from Automa-tion? A Task Complexity Approach." *International Journal of Medical Informatics* 70, nos.2–3: 309–16. https://doi.org/10.1016/S1386-5056(03)00040-6.

Smith, A. 1776. *An Inquiry into the Nature and Causes of the Wealth of Nations*. Oxford: Oxford University Press. https://doi.org/10.1093/oseo/instance.00043218.

Smith, H. 2012. "Property as the Law of Things." *Harvard Law Review* 125, no.7: 1691– 1726. https://www.jstor.org/stable/23214545.

Sobel, B. 2017. "Artificial Intelligence's Fair Use Crisis." *Columbia Journal of Law & the Arts* 41, no.1: 45–98. https://doi.org/10.7916/jla.v41i1.2036.

Solow, R. 1956. "A Contribution to the Theory of Economic Growth." *Quarterly Journal of Economics* 70, no.1: 65–94. https://doi.org/10.2307/1884513.

Sorscher, B., R. Geirhos, S. Shekhar, S. Ganguli, and A. Morcos. 2022. "Beyond Neural Scaling Laws: Beating Power Law Scaling via Data Pruning." *Advances in Neural Information Processing Systems* 35: 19523–36. https://proceedings.neurips.cc/paper_files/paper/2022/file/7b75da9b61eda40fa35453ee5d077df6-Paper-Conference.pdf.

Svanberg, M., W. Li, M. Fleming, B. Goehring, and N. Thompson, 2024. "Beyond AI Exposure: Which Tasks Are Cost-Effective to Automate with Computer Vision?" SSRN 4700751. https://futuretech-site.s3.us-east-2.amazonaws.com/2024-01-18+Beyond_AI_Exposure.pdf.

Taddy, M. 2019. "The Technological Elements of Artificial Intelligence." In *The Economics of Artificial Intelligence: An Agenda*, ed. A. Agrawal, J. Gans, and A. Goldfarb, 61–89. Chicago: University of Chicago Press. https://www.nber. org/papers/w24301.

Taub, D., and H. Levitt. 2023. "JPMorgan's Dimon Predicts 3.5-Day Work Week for Next Generation Thanks to AI." Bloomberg. https://www.bloomberg.com/news/arti-cles/2023-10-02/dimon-sees-ai-giving-a-3-1-2-day-workweek-to-the-next-generation.

Thaler v. Perlmutter. 2023. U.S. District Court for the District of Columbia. https://ecf. dcd.uscourts.gov/cgi-bin/show_public_doc?2022cv1564-24.

Thaler v. Vidal. 2022. U.S. District Court for the Eastern District of Virginia. https://cafc. uscourts.gov/opinions-orders/21-2347.OPINION.8-5-2022_1988142.pdf.

Thompson, P. 2010. "Chapter 10: Learning by Doing." In *Handbook of the Economics of Innovation* 1, ed. B. Hall and N. Rosenberg, 429–76. Amsterdam: Elsevier. https://doi.org/10.1016/S0169-7218(10)01010-5.

Thuemmel, U. 2022. "Optimal Taxation of Robots." *Journal of the European Economic Association* 21, no.3: 1154–90. https://doi.org/10.1093/jeea/jvac062.

Tirole, J. 1988. *The Theory of Industrial Organization*. Cambridge, MA: MIT Press. https://mitpress.mit.edu/9780262200714/the-theory-of-industrial-organization/.

———. 2023. "Competition and the Industrial Challenge for the Digital Age." *Annual Review of Economics* 15: 573–605. https://www.annualreviews.org/doi/10.1146/annurev-economics-090622-024222.

U.S. Department of the Treasury. 2023. "Labor Unions and the Middle Class." https://home.treasury.gov/system/files/136/Labor-Unions-And-The-Middle-Class.pdf.

Vaswani, A., N. Shazeer, N. Parmar, J. Uszkoreit, L. Jones, A. Gomez, L. Kaiser, and I. Polosukhin, 2017. "Attention Is All You Need." Advances in Neural Informa-tion Processing Systems. https://doi.org/10.48550/arXiv.1706.03762.

Verhoef, P., T. Broekhuizen, Y. Bart, A. Bhattacharya, J. Dong, N. Fabian, and M. Haenlein. 2021. "Digital Transformation: A Multidisciplinary Reflection and Research Agenda." *Journal of Business Research* 122: 889–901. https://doi.org/10.1016/j.jbusres.2019.09.022.

Vipra, J., and A. Korinek. 2023. "Market Concentration Implications of Foundation Models: The Invisible Hand of ChatGPT." Working paper, Brookings Center on Regulation and Markets. https://www.brookings.edu/wp-content/uploads/2023/09/Market-concentration-implications-of-foundation-models-FINAL-1.pdf.

Volokh, E. 2023. "Large Libel Models? Liability for AI Output." *Journal of Free Speech* 3: 489–558. https://heinonline.org/HOL/P?h=hein.journals/jfspl3&i=489.

Webb, G., and Z. Zheng. 2004. "Multistrategy Ensemble Learning: Reducing Error by Combining Ensemble Learning Techniques." *IEEE Transactions on Knowledge and Data Engineering* 16: 980–91. https://ieeexplore.ieee.org/abstract/document/1318582.

Weisz, J., M. Muller, S. Ross, F. Martinez, S. Houde, M. Agarwal, K. Talamadupula, and J. Richards. 2022. *Better Together? An Evaluation of AI-Supported Code Trans-lation*. 27th International Conference on Intelligent User Interfaces, 369–91. New York: Association for Computing Machinery. https://doi.org/10.1145/3490099.3511157.

Werden, G. 2001. "Network Effects and Conditions of Entry: Lessons from the Microsoft Case." *Antitrust Law Journal* 69, no.1: 87–112. https://heinonline.org/HOL/Page?collection=journals&handle=hein.journals/antil69&id=99&men_tab=srchresults.

WGAW (Writers Guild of America West). 2023. "Summary of the 2023 WGA MBA." https://www.wga.org/contracts/contracts/mba/summary-of-the-2023-wga-mba.

Whalley, A. 2011. "Optimal R&D Investment for a Risk-Averse Entrepreneur." *Journal of Economic Dynamics and Control* 35, no.4: 413–29. https://doi.org/10.1016/j.jedc.2009.11.009.

White House. 2022. "Blueprint for an AI Bill of Rights: Making Automated Systems Work for the American People." https://www.whitehouse.gov/wp-content/uploads/2022/10/Blueprint-for-an-AI-Bill-of-Rights.pdf.

———. 2023a. "Executive Order on the Safe, Secure, and Trustworthy Development and Use of Artificial Intelligence." https://www.whitehouse.gov/briefing-room/pres-idential-actions/2023/10/30/executive-order-on-the-safe-secure-and-trustworthy-development-and-use-of-artificial-intelligence/.

———. 2023b. "Biden-Harris Administration Secures Voluntary Commitments from Eight Additional Intelligence Companies to Manage the Risks Posed by AI." https://www.whitehouse.gov/briefing-room/statements-releases/2023/09/12/fact-sheet-biden-harris-administration-secures-voluntary-commitments-from-eight-additional-artificial-intelligence-companies-to-manage-the-risks-posed--by-ai.

———. 2023c. "Biden-Harris Administration Roadmap to Support Good Jobs." https://www.whitehouse.gov/briefing-room/statements-releases/2023/05/16/biden-harris-administration-roadmap-to-support-good-jobs/.

Williamson, O. 1971. "The Vertical Integration of Production: Market Failure Consider-ations." *American Economic Review* 61, no.2: 112–23. http://dx.doi.org/10.1179/102452907X166845.

Xiong, W., J. Droppo, X. Huang, F. Seide, M. Seltzer, A. Stolcke, D. Yu, and G, Zweig. 2016. *Achieving Human Parity in Conversational Speech Recognition*. Micro-soft Research Technical Report MSR-TR-2016-71. Redmond, WA: Microsoft Research. https://doi.org/10.48550/arXiv.1610.05256.

Xu, Y., C. Shieh, P. van Esch, and I. Ling. 2020. "AI Customer Service: Task Complexity, Problem-Solving Ability, and Usage Intention." *Australian Marketing Journal* 28, no.4: 189–99. https://doi.org/10.1016/j.ausmj.2020.03.005.

Zeira, J. 1998. "Workers, Machines, and Economic Growth." *Quarterly Journal of Economics* 113, no.4: 1091–117. https://doi.org/10.1162/003355398555847.

Zhai, X., A. Kolesnikov, N. Houlsby, and L. Beyer. 2022. "Scaling Vision Transformers." *Proceedings of the IEEE/CVF Conference on Computer Vision and Pattern Recognition (CVPR)*: 12104–113. https://doi.org/10.48550/arXiv.2106.04560.

Zhang, N., Y. Yao, B. Tian, P. Wang, S. Deng, M. Wang, Z. Xi, S. Mao, J. Zhang, Y. Ni, S. Cheng, Z. Xu, X. Xu, J. Gu, Y. Jiang, P. Xie, F. Huang, L. Liang, Z. Zhang, X. Zhu, J. Zhou, and H. Chen. 2024. *A Comprehensive Study of Knowledge Editing for Large Language Models*. ArXiv Preprint ArXiv:2401.01286. Ithaca, NY: Cornell University. https://doi.org/10.48550/arXiv.2401.01286.

Zhou, H., X. Wang, W. Au, H. Kang, and C. Chen. 2022. "Intelligent Robots for Fruit Harvesting: Recent Developments and Future Challenges." *Precision Agricul-ture* 23: 1856–907. https://doi.org/10.1007/s11119-022-09913-3.

Zilibotti, F. 2007. "Economic Possibilities for Our Grandchildren 75 Years After: A Global Perspective." In *Revisiting Keynes: Economic Possibilities for Our Grandchildren*, ed. L. Pecchi, and G. Piga, 27–39. Scholarship Online. Cambridge, MA: MIT Press. https://doi.org/10.7551/mitp ress/9780262162494.003.0003.

Zirar, A., S. Ali, and N. Islam, 2023. "Worker and Workplace Artificial Intelligence (AI) Coexistence: Emerging Themes and Research Agenda." *Technovation* 124: 102747. https://doi.org/10.1016/j.technovation.2023.102747.

Zolas, N., Z. Kroff, E. Brynjolfsson, K. McElheran, D. Beede, C. Buffington, N. Gold-schlag, L. Foster, and E. Dinlersoz. 2020. "Advanced Technologies Adoption and Use by U.S. Firms: Evidence from the Annual Business Survey." *NBER Working Paper 28290*. Cambridge, MA: National Bureau for Economic Research. https://doi.org/10.3386/w28290.

経済諮問委員会活動報告

2023 年大統領経済諮問委員会活動に関する大統領への報告

提出書

経済諮問委員会
ワシントン DC　2023 年 12 月 31 日

大統領閣下

　経済諮問委員会は、1978 年「完全雇用および均衡成長法」によって修正された「1946 年雇用法」第 10 条 (d) 項に基づき、議会の要請にしたがって、2023 暦年中の本委員会の諸活動についての報告書を提出いたします。

敬具

ジャレッド・バーンスタイン
委員長

ヘザー・ブーシェイ
委員

C・キラボ・ジャクソン
委員

付録 A

Council Members and Their Dates of Service

Name	Position	Oath of office date	Separation date
Edwin G. Nourse	Chairman	August 9, 1946	November 1, 1949
Leon H. Keyserling	Vice Chairman	August 9, 1946	
	Acting Chairman	November 2, 1949	
	Chairman	May 10, 1950	January 20, 1953
John D. Clark	Member	August 9, 1946	
	Vice Chairman	May 10, 1950	February 11, 1953
Roy Blough	Member	June 29, 1950	August 20, 1952
Robert C. Turner	Member	September 8, 1952	January 20, 1953
Arthur F. Burns	Chairman	March 19, 1953	December 1, 1956
Neil H. Jacoby	Member	September 15, 1953	February 9, 1955
Walter W. Stewart	Member	December 2, 1953	April 29, 1955
Raymond J. Saulnier	Member	April 4, 1955	
	Chairman	December 3, 1956	January 20, 1961
Joseph S. Davis	Member	May 2, 1955	October 31, 1958
Paul W. McCracken	Member	December 3, 1956	January 31, 1959
Karl Brandt	Member	November 1, 1958	January 20, 1961
Henry C. Wallich	Member	May 7, 1959	January 20, 1961
Walter W. Heller	Chairman	January 29, 1961	November 15, 1964
James Tobin	Member	January 29, 1961	July 31, 1962
Kermit Gordon	Member	January 29, 1961	December 27, 1962
Gardner Ackley	Member	August 3, 1962	
	Chairman	November 16, 1964	February 15, 1968
John P. Lewis	Member	May 17, 1963	August 31, 1964
Otto Eckstein	Member	September 2, 1964	February 1, 1966
Arthur M. Okun	Member	November 16, 1964	
	Chairman	February 15, 1968	January 20, 1969
James S. Duesenberry	Member	February 2, 1966	June 30, 1968
Merton J. Peck	Member	February 15, 1968	January 20, 1969
Warren L. Smith	Member	July 1, 1968	January 20, 1969
Paul W. McCracken	Chairman	February 4, 1969	December 31, 1971
Hendrik S. Houthakker	Member	February 4, 1969	July 15, 1971
Herbert Stein	Member	February 4, 1969	
	Chairman	January 1, 1972	August 31, 1974
Ezra Solomon	Member	September 9, 1971	March 26, 1973
Marina v.N. Whitman	Member	March 13, 1972	August 15, 1973
Gary L. Seevers	Member	July 23, 1973	April 15, 1975
William J. Fellner	Member	October 31, 1973	February 25, 1975
Alan Greenspan	Chairman	September 4, 1974	January 20, 1977
Paul W. MacAvoy	Member	June 13, 1975	November 15, 1976
Burton G. Malkiel	Member	July 22, 1975	January 20, 1977
Charles L. Schultze	Chairman	January 22, 1977	January 20, 1981
William D. Nordhaus	Member	March 18, 1977	February 4, 1979
Lyle E. Gramley	Member	March 18, 1977	May 27, 1980
George C. Eads	Member	June 6, 1979	January 20, 1981
Stephen M. Goldfeld	Member	August 20, 1980	January 20, 1981
Murray L. Weidenbaum	Chairman	February 27, 1981	August 25, 1982
William A. Niskanen	Member	June 12, 1981	March 30, 1985
Jerry L. Jordan	Member	July 14, 1981	July 31, 1982

Council Members and Their Dates of Service

Name	Position	Oath of office date	Separation date
Martin Feldstein	Chairman	October 14, 1982	July 10, 1984
William Poole	Member	December 10, 1982	January 20, 1985
Beryl W. Sprinkel	Chairman	April 18, 1985	January 20, 1989
Thomas Gale Moore	Member	July 1, 1985	May 1, 1989
Michael L. Mussa	Member	August 18, 1986	September 19, 1988
Michael J. Boskin	Chairman	February 2, 1989	January 12, 1993
John B. Taylor	Member	June 9, 1989	August 2, 1991
Richard L. Schmalensee	Member	October 3, 1989	June 21, 1991
David F. Bradford	Member	November 13, 1991	January 20, 1993
Paul Wonnacott	Member	November 13, 1991	January 20, 1993
Laura D'Andrea Tyson	Chair	February 5, 1993	April 22, 1995
Alan S. Blinder	Member	July 27, 1993	June 26, 1994
Joseph E. Stiglitz	Member	July 27, 1993	
	Chairman	June 28, 1995	February 10, 1997
Martin N. Baily	Member	June 30, 1995	August 30, 1996
Alicia H. Munnell	Member	January 29, 1996	August 1, 1997
Janet L. Yellen	Chair	February 18, 1997	August 3, 1999
Jeffrey A. Frankel	Member	April 23, 1997	March 2, 1999
Rebecca M. Blank	Member	October 22, 1998	July 9, 1999
Martin N. Baily	Chairman	August 12, 1999	January 19, 2001
Robert Z. Lawrence	Member	August 12, 1999	January 12, 2001
Kathryn L. Shaw	Member	May 31, 2000	January 19, 2001
R. Glenn Hubbard	Chairman	May 11, 2001	February 28, 2003
Mark B. McClellan	Member	July 25, 2001	November 13, 2002
Randall S. Kroszner	Member	November 30, 2001	July 1, 2003
N. Gregory Mankiw	Chairman	May 29, 2003	February 18, 2005
Kristin J. Forbes	Member	November 21, 2003	June 3, 2005
Harvey S. Rosen	Member	November 21, 2003	
	Chairman	February 23, 2005	June 10, 2005
Ben S. Bernanke	Chairman	June 21, 2005	January 31, 2006
Katherine Baicker	Member	November 18, 2005	July 11, 2007
Matthew J. Slaughter	Member	November 18, 2005	March 1, 2007
Edward P. Lazear	Chairman	February 27, 2006	January 20, 2009
Donald B. Marron	Member	July 17, 2008	January 20, 2009
Christina D. Romer	Chair	January 29, 2009	September 3, 2010
Austan D. Goolsbee	Member	March 11, 2009	
	Chairman	September 10, 2010	August 5, 2011
Cecilia Elena Rouse	Member	March 11, 2009	February 28, 2011
Katharine G. Abraham	Member	April 19, 2011	April 19, 2013
Carl Shapiro	Member	April 19, 2011	May 4, 2012
Alan B. Krueger	Chairman	November 7, 2011	August 2, 2013
James H. Stock	Member	February 7, 2013	May 19, 2014
Jason Furman	Chairman	August 4, 2013	January 20, 2017
Betsey Stevenson	Member	August 6, 2013	August 7, 2015
Maurice Obstfeld	Member	July 21, 2014	August 28, 2015
Sandra E. Black	Member	August 10, 2015	January 20, 2017
Jay C. Shambaugh	Member	August 31, 2015	January 20, 2017

付録 A

Council Members and Their Dates of Service

Name	Position	Oath of office date	Separation date
Kevin A. Hassett	Chairman	September 13, 2017	June 30, 2019
Richard V. Burkhauser	Member	September 28, 2017	May 18, 2019
Tomas J. Philipson	Member	August 31, 2017	
	Acting Chairman	July 1, 2019	
	Vice Chairman	July 24, 2019	June 22, 2020
Tyler B. Goodspeed	Member	May 22, 2019	
	Acting Chairman	June 23, 2020	
	Vice Chairman	June 23, 2020	January 6, 2021
Cecilia Elena Rouse	Chair	March 2, 2021	April 1, 2023
Jared Bernstein	Member	January 20, 2021	
	Chair	June 13, 2023	
Heather Boushey	Member	January 20, 2021	
C. Kirabo Jackson	Member	August 28, 2023	

大統領経済諮問委員会の2023年中の活動についての大統領への報告

経済諮問委員会は1946年雇用法によって設立され、データ、研究、エビデンスに基づいて経済政策について大統領に助言する責任を持っている。本委員会は3名の委員で構成されている。委員長は、上院の助言と同意を得て大統領によって任命される。2名の委員は、大統領によって任命される。経済学者から成るチームとともに、彼らは経済的出来事を分析、解釈し、アメリカ国民の利益にかなう経済政策を策定し勧告する。

本委員会の委員長

ジャレッド・バーンスタインは、第31代経済諮問委員会委員長として、2023年6月13日に上院によって承認された。この役割において、バイデン大統領のチーフ・エコノミスト、閣僚を務めている。委員長に任命される前、彼はバイデン―ハリス政権発足時からCEA委員を務めていた。

バーンスタイン委員長は、経済政策と経済研究の分野でさまざまなポストを歴任した。経済政策では、2009年から2011年には、当時のバイデン副大統領のチーフ・エコノミスト兼経済顧問を務め、クリントン政権では労働省で次席エコノミストを務めた。研究では、バーンスタイン博士は、2011年から2020まで予算・政策優先事項センターの上席研究員を務め、経済政策研究所の要職を16年間務めた。労働市場とマクロ経済の専門家として、バーンスタイン博士の研究は、所得不平等、社会的流動性、雇用と勤労所得、国際貿易、中間層の生活水準に焦点を合わせている。彼は、マンハッタン音楽学校で学士号、ハンター社会福祉事業大学院で修士号、コロンビア大学で修士号と博士号を取得した。

本委員会の委員

ヘザー・ブーシェイは、2021年1月20日、大統領により本委員会に任命された。この職位に就く前に、ブーシェイはワシントン公平成長センターを共同設立し、2013年から2020年まで理事長兼CEOを務めた。彼女は以前、ヒラリー・クリントン長官の2016年の政権移行チームのチーフ・エコノミストを務めたほか、アメリカ進歩センター、米連邦議会合同経済委員会、経済政策研究センター、経済政策研究所のエコノミストとして活躍した。彼女はハンプシャー大学で学士号、ニュー・スクール・フォー・ソーシャル・リサーチで経済学博士号を取得した。

C・キラボ・ジャクソンは、2023年8月28日、大統領により本委員会に任命された。ジャクソン博士は、ノースウェスタン大学を休職中であり、そこで彼はエイブラハム・ハリス教育・社会政策学教授、経済学教授、政策研究所研究員を務めている。ジャクソン博士はまた、『アメリカン・エ

付録 A

コノミック・ジャーナル——経済政策』の編集長を休職中である。ジャクソン博士の研究は、教育の経済学、労働経済学、社会政策問題に焦点を合わせている。彼は、イェール大学から学士号、ハーバード大学から修士号、ハーバード大学から経済学博士号を取得した。

活動分野

本委員会の中心的機能は、すべての経済的な問題や出来事について大統領に助言することである。それには、大統領、副大統領、ホワイトハウス上級スタッフに向けて、重要な経済データ発表および政策問題について、ほぼ毎日メモを作成することが含まれている。本委員会は、国家経済会議、国内政策会議、行政管理予算局、行政諸機関を含め、種々の政府機関の職員と密接に連携し、幾多の政策問題にかんする討議に関与している。本委員会、財務省、行政管理予算局は、経済予測の作成に責任を負っており、それが政権の予算案の基礎となっている。最後に、本委員会は、経済協力開発機構（OECD）の主要な参加者であり、長い間、経済政策委員会の議長を務め、OECD 作業会合に参画している。本委員会は、ブログ記事、問題概要、白書、公開講演で提示される経済分析を作成している。バーンスタイン委員長のリーダーシップの下、CEA は、ブログ投稿の頻度を高めており、経済データ発表については分析と解釈にとくに焦点を定めている。

ブログ記事

- 「コア非住宅サービスの新賃金計測値」、他のすぐれた賃金計測値の限界に対処できるように、非住宅サービス産業に固有の CEA が構築した賃金計測値を提示したブログ（2023 年 2 月）。
- 「［月の］雇用情勢」、労働統計局の月次雇用統計を分析した一連のブログ（2023 年 2 月、3 月、6 月、7 月、8 月、9 月、10 月）。
- 「不当請求はいかに競争をゆがめるか」、特定の不正請求と、それらが消費者と競争全般にもたらす課題を明らかにしたブログ（2023 年 3 月）。
- 「パンデミックからの労働供給の回復」、パンデミック後の労働市場における「失われた労働者」の復帰と、移民の流れの回復についてのブログ（2023 年 4 月）。
- 「消費者物価指数における住宅インフレの最新情報」、住宅インフレの上昇と、CPI インフレへのその寄与について分析したブログ（2023 年 4 月）。
- 「米国への投資は米国スモール・ビジネスへの投資を意味する」、わが政権の政策がいかにスモール・ビジネスを支援するかについてのブログ（2023 年 5 月）。
- 「DAME 税——他者に負担させているコストを暗号資産採掘者に支払わせる」、ローカルなコミュニティと環境に与えているコストを、DAME 税案によっていかにして暗号資産採掘者に支払わせるかについてのブログ（2023 年 5 月）
- 「種々の債務上限シナリオについての潜在的な経済的影響」、米国政府が債務不履行になった場合の潜在的な経済的結果について概説したブログ（2023 年 5 月）。
- 「シグナルとノイズ——趨勢的雇用増は安定成長への移行を示す」、堅調であるが減速している雇用増と、パンデミック以前の水準への労働供給の正常化を浮き彫りにしたブログ（2023 年 5 月）。
- 「シグナルとノイズ、第 2 弾——CPI インフレ」、

3カ月年率変化にもとづいた総合CPIインフレとコアCPIインフレを分析したブログ（2023年5月）
- 「今年の母の日、仕事に復帰した母親が増えているが、ケアの課題が残されている」、パンデミック後の母親の雇用回復と、親と保育士を支援するわが政権の政策がいかにして母親の労働供給を加速させられるかについてのブログ（2023年5月）。
- 「非住宅サービス・インフレにおける賃金感応度」、非住宅サービス・インフレにおける賃金感応度のより詳細な分析を提示したブログ。
- 「解き放たれたサプライチェーンは財インフレ軽減に役立つであろう」、サプライチェーンの正常化とコア財インフレの沈静化を分析したブログ（2023年6月）。
- 「2023年5月の消費者物価指数報告についてのコメント」、2023年5月の総合CPIインフレとコアCPIインフレを分析したブログ（2023年6月）。
- 「食品インフレがついに沈静化の兆しをみせている」、食品の物価とインフレについての事実を概説したブログ（2023年6月）。
- 「同一賃金法制定記念日に寄せて、労働市場における女性について前進の兆しと残された課題」、同一賃金法制定移行の学歴、雇用、賃金における前進と、残された雇用におけるジェンダー・ギャップ」（2023年6月）。
- 「りんごとリンゴ——G7各国におけるインフレ・データの調和化を分析したブログ」（2023年6月）。
- 「6月の消費者物価指数——米国経済におけるディスインフレ、デフレ、購買力」、2023年6月に米国経済が経験したインフレ率低下と賃金上昇についてのブログ（2023年7月）。
- 「早期ケア・教育（ECE）市場における取得、適正価格、質の改善」、幼児にたいする適正価格で質の高いケアが欠如していることと、質の高い幼児教育のアベイラビリティと適正価格を拡大できる政策解決策についてのブログ（2023年7月）。
- 「人口高齢化調整後の労働市場指標は歴史的高水準」、高齢化の影響を考慮した後、労働供給と需要の強さについての事実を概説したブログ（2023年7月）。
- 「第2四半期実質GDP事前推計」、第2四半期実質GDPの事前推計を分析したブログ（2023年7月）。
- 「7月の消費者物価指数——基盤（影響）がすべて」、種々の時間軸におけるCPIインフレ計測についてのブログ（2023年8月）。
- 「連鎖反応——『1点の曇りもない』ディスインフレと、サプライチェーン緩和の役割」、低失業率にもかかわらず、サプライチェーン正常化がいかにインフレ低下に寄与したかについてのブログ（2023年8月）。
- 「新学生ローン返済計画は月々の返済額を減らすだけでない恩恵を借り手にもたらす」、連邦学生ローンの借り手にたいし、従前の所得主導型返済計画よりSAVEにメリットがあることについてのブログ（2023年8月）。
- 「バイデノミクスが米国製造業に新規外国投資を呼び込んでいる初期兆候」、米国製造業への海外直接投資の増加についてのブログ（2023年8月）。
- 「『期待すること』——2022年国勢調査の貧困、所得、健康保険報告」、2022年所得、貧困、健康保険報告について、国勢調査発表にたいするCEAの期待と重要な文脈を概説したブログ（2023年9月）。
- 「2022年所得、貧困、健康保険報告」、国勢調査局の2022年貧困、所得、健康保険報告からえられた主要調査結果についてのブログ（2023年9月）。
- 「慢性欠席と学習中断には総力を挙げたアプローチが必要である」、生徒の関与を改善することと、「COVID-19パンデミックによって悪化した慢性欠席に対処することの重要性についてのブログ（2023年9月）。
- 「2023年8月の消費者物価指数」、2023年8月のCPIインフレを分析したブログ（2023年9月）。
- 「クロスウォーク・トーク——PCEとCPIは何が違うのか？」、PCEとCPIはどのように、な

付録 A

- ぜ違うのかについてのブログ（2023 年 9 月）。
- 「非住宅サービス・インフレの最新情報——賃金感応的物価における前進」、非住宅サービス・インフレの賃金感応的部分の緩和と、住宅インフレの最新情報（2023 年 9 月）。
- 「2017 年減税法以降の連邦収入」、税収減が 2023 年財政赤字と、2017 年減税及び雇用法制定に遡る財政赤字に与えた影響についてのブログ（2023 年 10 月）。
- 「労働組合の抑止力と最近の全国労働関係委員会の措置」、全国労働関係委員会のセメックス建設資材太平洋合同会社にたいする決定と、労働組合組織化に影響を及ぼす経済的要因との関連についてのブログ（2023 年 10 月）。
- 「米国経済におけるヒスパニックの業績についての 4 つの事実」、ヒスパニック文化遺産月間を祝って、米国におけるヒスパニック・コミュニティの最近の経済的業績を浮き彫りにしたブログ（2023 年 10 月）。
- 「商業用から住宅用への転換——オフィス空室への対処」、需要の高い市場で過剰オフィス・スペースを住宅に転換させるメリットと課題を評価したブログ（2023 年 10 月）。
- 「米国消費者の行方は米国経済の行方」、消費と堅調な労働市場が経済成長にとって重要なことを浮き彫りにしたブログ（2023 年 10 月）。
- 「退職保障規則——退職後のために貯蓄するアメリカ人にたいする保護の強化」、抜け穴をふさぎ、アメリカ人が退職後のために受ける財務アドバイスが自らの最善の利益に確実にかなうように、労働省によって提案された新規則を概説したブログ（2023 年 10 月）。
- 「労働者エンパワーメントの力——雇用および失業の人種間格差縮小」、労働市場の人種間格差を縮小させるうえで逼迫した労働市場が果たす役割についてのブログ（2023 年 11 月）。
- 「米国救済計画の児童ケア安定化基金は、業界を安定させ、母親が仕事に復帰するのを助ける」、児童ケア価格、児童ケア労働者の雇用と賃金、母親の労働参加にたいして米国救済計画の安定化基金が及ぼした影響を概説したブログ（2023 年 11 月）。
- 「児童税額控除拡大が反貧困および所得増に及ぼした影響」、児童税額控除の 2021 年の拡大とその後の終了の影響についてのブログ（2023 年 11 月）。
- 「世界のクリーン・エネルギー製造業格差」、超党派インフラ法とインフレ抑止法がいかにクリーン・エネルギー技術の世界的製造を支援するかについてのブログ（2023 年 11 月）。
- 「ディスインフレの説明——供給、需要、その相互作用」、解き放たれたサプライチェーンの中心的役割を浮き彫りにするためにインフレを分解したブログ（2023 年 11 月）。
- 「流れに身を任せる——雇用統計の水面下に潜る」、11 月の雇用統計の 1 番上の数字の根底にあるダイナミクスの一部についてのブログ（2023 年 12 月）。
- 「ディスインフレの説明、第 2 弾——寄与度分析」、コア・インフレを財、住宅、非住宅サービスに分解したブログ（2023 年 12 月）。
- 「2023 年の米国経済を説明する 10 のチャート」、2023 年に米国経済の実績がいかに期待を上回ったかについてのブログ（2023 年 12 月）。
- 「気候・エネルギー・マクロ・モデリングの進捗報告」、CEA が他の連邦政府機関と協力して、大統領予算における気候リスクの定量化をいかに前進させたのかについてのブログ（2023 年 12 月）。

問題概要、講演、白書

- 「米国経済——どこから来てどこへ行くのか」、ブルッキングズ研究所でのジャレッド・バーンスタインによる講演（2023 年 2 月 8 日）。
- 「大統領予算のマクロ経済予測に気候変動の物

理的リスクおよび移行リスクを統合するための方法論と検討事項」、白書、行政予算管理局との共著、気候変動のマクロ経済効果を定量化し、それらをより完全に将来の予算予測に織り込むための検討事項を概説（2023年3月）。
- 「バイデン大統領の米国への投資アジェンダがいかにして力強く安定的で持続的で公平な成長の時代の基盤を築いたのか」、ピーターソン国際経済研究所でのCEA委員のヘザー・ブーシェイによる講演（2023年5月31日）。
- 「エネルギー省のクリーン水素ハブにたいする需要サイド支援の経済学」、クリーン水素容量拡大に対する需要サイド支援の重要性についての問題概要（2023年7月）。
- 「更新された合併指針による競争の保護」、米国の主要反トラスト法執行機関の更新された合併指針の草稿が、いかに現行の経済的事実と市場の現実を反映しているかについての問題概要（2023年7月）。
- 「経済政策研究所でのジャレッド・バーンスタイン委員長の所見」、バイデン－ハリス政権の国際貿易アプローチについての講演（2023年9月28日）。
- 「COVID-19リセッション以降、安定化基金は母親が仕事復帰するのを支援したのか？」、米国救済計画の児童ケア基金が母親の労働供給、家族のコスト増、保育士の賃金に及ぼした影響についての白書（2023年11）。
- 「サプライチェーンのレジリエンス」、サプライチェーンをよりレジリエンスあるものにするための前進と、将来の経済的ショックに備えるための進行中の取組についての問題概要（2023年11月）。
- 「『嵐を乗り切る』――連邦政府の取組は先進国における米国の教育水準を向上させた」、「COVID-19によるテスト・スコア低下にたいする連邦政府の政策対応、介入の成功、残された課題についての問題概要（2023年12月）。

情報公開

『大統領経済報告』は、経済諮問委員会年次報告とともに、政権の国内および国際経済政策を提示する重要な手段である。それは政府出版局で購入でき、www.gpo.gov/erp で無料で入手できる。本委員会の前記のすべての文書は、本『報告』も含め、www.whitehouse.gov/cea で入手できる。本『報告』で提供されているすべてのリンクは、出版時点において有効である。

経済諮問委員会スタッフ

フロント・オフィス

エイミー・ガンツ……首席補佐官
アーニー・テデスキ……チーフ・エコノミスト
モリー・オピンスキー……委員長特別補佐官
ケイレブ・スナイダー……委員特別補佐官
リード・フォーブル……委員特別補佐官

シニア・エコノミスト

アレッサンドロ・バルバリーノ……マクロ経済、労働、計量経済学
ジェイコブ・バスチャン……財政、社会保険
スティーブン・ブラウン……マクロ経済予測主幹
エヴァン・ギー……テクノロジー、産業組織
マイケル・ジェルーソ……健康と人口動態、財政

付録A

サンディール・フラツワヨ……国際貿易
ファリハ・カマル……国際貿易
カイル・メン……気候、エネルギー、環境
ジョナス・ナーム……産業戦略
エレナ・パテル……財政、税制、住宅
デヴィッド・ラトナー……労働、マクロ経済
クリスタ・シュウォーツ……金融
エリザベス・タッカー……国家安全保障上級顧問
リー・タッカー……労働

スタッフ・エコノミスト

ウィル・ノーバー……産業組織、気候
チネメル・オカフォー……国際
アスタ・ラジャン……労働、財政
レア・レンデル……労働
サム・スローカム……金融、マクロ経済、エネルギー
ジュリア・タッカー……労働、教育、ケア

リサーチ・アシスタント

エリン・ディール……マクロ経済
エイデン・リー……産業組織
シャウディ・メルヴァルザン……労働、国際、OECD
アーシャ・レディ・パット……教育、健康、国際
ナオミ・シンバーグ……気候、エネルギー、環境
ナタリー・トメ……住宅、財政

特別顧問

アンナ・キャサリン・パスナウ……クリーン・エネルギー、インフラ、労働

統計部

ブライアン・アモロシ……統計部主幹
マディソン・フォックス……統計部アソシエイト

事務部

メーガン・パッカー……財務・行政主幹

インターン

アユミ・アキヤマ、カーティク・アルナチャラム、キャスリーン・アシュビー、スティーブン・ベリット、アトレイア・バミディ、ニシ・カントゥ、アンドリュー・ガスパリーニ、チャメロン・グリーン、サイモン・ホドソン、アールジャブ・ジョシ、デーヴァンシュ・ジョッティンガニ、ヴィクトリア・キダー、マーガレット・リン、ヌール・ベン・ルタイファ、レベッカ・マン、アンドリュー・モリン、ジュリアン・チン・ワン、グリフィン・ヤング

『大統領経済報告』作成

アルフレッド・インホフ……編集者
シア・ギブス……編集者
マイケル・サリンスキー……編集者

萩原伸次郎監修・『米国経済白書』翻訳研究会訳

【翻訳者】

萩原 伸次郎(はぎわら しんじろう)　横浜国立大学名誉教授（総論、大統領報告、第1、2、6章）

大橋 陽(おおはしあきら)　立命館大学経済学部教授（第4、5、7章、付録A）

下斗米秀之(しもとまいひでゆき)　明治大学政治経済学部専任講師（第3章）

米国経済白書 2024

2024年10月5日　初版第1刷発行
監訳者　萩原伸次郎監修・『米国経済白書』翻訳研究会訳
発行者　上野教信
発行所　蒼天社出版（株式会社　蒼天社）
　　　　101-0051　東京都千代田区神田神保町 3-25-11
　　　　電話　03-6272-5911　FAX 03-6272-5912
　　　　振替口座番号　00100-3-628586
印刷・製本所　株式会社シナノパブリッシングプレス

©2024　Shinjiro Hagiwara et al.
ISBN 978-4-909560-40-7　Printed in Japan
万一落丁・乱丁などがございましたらお取り替えいたします。
Ⓡ〈日本複写権センター委託出版物〉
本書の全部または一部を無断で複写複製（コピー）することは、著作権法上での例外を除き、禁じられています。本書からの複写を希望される場合は、日本複写センター（03-3401-2382）にご連絡ください。

The Carl S. Shoup's Materials of Public Finance and Taxation

カール・S・シャウプ財政資料

横浜国立大学シャウプ・コレクション編集委員会
深貝 保則・伊集 守直・千原 則和
アドヴァイザー　W. Elliot Brownlee

B5判上製

全41巻　揃定価（本体 1,312,000 円＋税）（各巻本体 32,000 円＋税）

米国関連資料	全20巻	揃定価（本体 640,000 円＋税）
日本関連資料	全15巻	揃定価（本体 480,000 円＋税）
その他外国関連資料	全6巻	揃定価（本体 192,000 円＋税）

◆ 配本予定 2017 年 10 月より配本開始

年度	刊行月	配本	米国関係資料 編 日本関係資料 編 諸外国関係資料 編			ISBN	揃本体価格
2017年	11月	第1回配本	日本関係資料	第1回配本	第1, 9, 10巻	ISBN 978-4-901916-66-0	揃本体価格96,000円
	12月	第2回配本	日本関係資料	第2回配本	第3, 4, 5巻	ISBN 978-4-901916-67-7	揃本体価格96,000円
2018年	8月	第3回配本	米国関係資料	第1回配本	第1〜3巻	ISBN 978-4-901916-71-4	揃本体価格96,000円
	9月	第4回配本	米国関係資料	第2回配本	第4〜6巻	ISBN 978-4-901916-72-1	揃本体価格96,000円
	10月	第5回配本	米国関係資料	第3回配本	第7〜9巻	ISBN 978-4-901916-73-8	揃本体価格96,000円
	12月	第6回配本	米国関係資料	第4回配本	第10〜12巻	ISBN 978-4-901916-74-5	揃本体価格96,000円
2019年	1月	第7回配本	日本関係資料	第3回配本	第2, 11, 12巻	ISBN 978-4-901916-68-4	揃本体価格96,000円
	7月	第8回配本	米国関係資料	第5回配本	第13〜15巻	ISBN 978-4-901916-75-2	揃本体価格96,000円
	9月	第9回配本	米国関係資料	第6回配本	第16〜18巻	ISBN 978-4-901916-76-9	揃本体価格96,000円
	11月	第10回配本	諸外国関係資料	第1回配本	第1〜3巻	ISBN 978-4-901916-78-3	揃本体価格96,000円
2020年	1月	第11回配本	米国関係資料	第7回配本	第1, 20巻	ISBN 978-4-901916-77-6	揃本体価格64,000円
	9月	第12回配本	日本関係資料	第4回配本	全3冊	ISBN 978-4-901916-69-1	揃本体価格96,000円
	10月	第13回配本	日本関係資料	第5回配本	全3冊	ISBN 978-4-901916-70-7	揃本体価格96,000円
	11月	第14回配本	諸外国関係資料	第2回配本	全3冊	ISBN 978-4-901916-79-0	揃本体価格96,000円

蒼天社出版　〒101-0051 東京都千代田区神田神保町 3-25-11　喜助九段ビル　電話 03-6272-5911　FAX03-6272-5912

申込書

書店	編集・横浜国立大学シャウプ・コレクション編集委員会	申込数
	カール・S・シャウプ財政資料 全41巻 揃定価（本体1,312,000円＋税）	セット
	米国関連資料　全20巻　揃定価（本体 640,000 円＋税）	セット
	日本関連資料　全15巻　揃定価（本体 480,000 円＋税）	セット
	その他外国関連資料　全6巻　揃定価（本体 192,000 円＋税）	セット